Sonja Walter

Freude am Gestalten

Sonja Walter

FREUDE AM GESTALTEN

Urania-Verlag
Leipzig · Jena · Berlin

Mitautoren dieses Buches:

Karl Deutscher
Karl Eckstein
Brigitte Finsterbusch
Birgit Horota
Barbara König
Heilwig Krug
Susanne Lütke
Wolfram Petri
Ruth Pydde
Waltraud Radtke
Dr. Helmut Roitzsch
Renate Schamal
Harry Schmidt
Karin Thierbach
Jürgen Wagener

Walter, Sonja:
Freude am Gestalten / Sonja Walter. [Ill.: Klaus Thieme]. – 2. Aufl. – Leipzig; Jena; Berlin: Urania-Verlag, 1989. – 308 S.: 618 Ill. (z. T. farb.) ISBN 3-332-00120-5

ISBN 3-332-00120-5

2. Auflage 1989.
VLN 212-475/137/89 LSV 9189
Lektor: Eckhart Reinhold
Illustrator: Klaus Thieme, Leipzig
Buchgestaltung: Matthias Dittmann
Lichtsatz: INTERDRUCK Graphischer Großbetrieb Leipzig – III/18/97
Reproduktion, Druck und buchbinderische Verarbeitung:
Sachsendruck Plauen
Printed in the German Democratic Republic
Best.-Nr.: 654 085 4
02400

INHALT

Guten Tag, lieber Leser!

Wenn Sie in Ihrer Freizeit Ausgleich und Entspannung bei kreativer Tätigkeit suchen, finden Sie in diesem Buch Rat und Anregung. Wer sich zur Schnitzerei hingezogen fühlt, kommt ebenso auf seine Kosten wie der Liebhaber von Keramiken, wer sich für Textilgestaltung interessiert ebenso wie der Freund dekorativer Treibarbeiten oder Emails. Eltern werden es vielleicht zu schätzen wissen, daß eine ganze Reihe der hier beschriebenen Techniken Erwachsenen und Kindern gleichermaßen Vergnügen bereitet. Kleinen Basteleien mit Naturmaterial und Modelliermassen, in die man nur Phantasie und ein wenig Zeit investieren muß, stehen Verfahren gegenüber, die sich nicht von heute auf morgen erschließen.

Verlag und Herausgeber haben sich bemüht, unterschiedlichen Neigungen und Ansprüchen gerecht zu werden und eine repräsentative Auswahl unter den unzähligen Spielarten des angewandten Gestaltens zu treffen. Trotzdem kann es durchaus sein, daß Sie die eine oder andere Technik vermissen. Sagen wir es so: Nicht alles, was gelegentlich praktiziert wird, steht in diesem Buch, aber alles, was drinsteht, verdient es, praktiziert zu werden.

Zu unserem Streifzug durch die verschiedenen Techniken ist jeder eingeladen, der sich an individuell gestalteten Dingen erfreuen möchte und die Mühe des Selbermachens nicht scheut – ganz gleich, ob er schon Erfahrung auf diesem oder jenem Gebiet sammeln konnte oder gerade die ersten Schritte wagt. Die handwerklich-technischen Vorgänge sind ausführlich und verständlich erläutert und werden durch eine Fülle von Zeichnungen verdeutlicht, und auch die Regeln des dekorativen Gestaltens kommen nicht zu kurz, so daß niemand passen muß. Eine zusammenfassende Darstellung allgemeingültiger Gestaltungsprinzipien finden Sie am Anfang des Buches. Seiner Bedeutung wegen möchte ich diesen Abschnitt Ihrer besonderen Aufmerksamkeit empfehlen.

Die für das Buch ausgewählten Techniken haben übrigens bis auf wenige Ausnahmen eine lange, oft wechselvolle Geschichte. In gebotener Kürze geben darüber die Kapitelanfänge Auskunft.

Mit einigen historischen Bildbeispielen wollen wir außerdem ein wenig neugierig machen auf die Gestaltungskunst vergangener Generationen. Wer sich traditionellen Techniken zuwendet, ist gut beraten, auch den traditionellen Ausdrucksformen Beachtung zu schenken. An der klaren Gliederung neolithischer Gefäße, der ornamentalen Vielfalt alter Stickereien, der Farbenpracht bemalter Bauernmöbel können wir uns durchaus heute noch orientieren. Dieser Reichtum verdient wiederentdeckt und »nachgenutzt« zu werden.

Mißverstehen Sie das bitte nicht als Aufforderung zu unfruchtbarem Nachahmen. Es gehört zu den Hauptanliegen dieses Buches, die jedem Menschen innewohnenden schöpferischen Fähigkeiten und Talente entwickeln zu helfen. Text und Bild wollen zum Kombinieren und Experimentieren ermuntern und dazu anregen, eigene Absichten, Wünsche und Ideen zu verwirklichen. Gestalten sollte kreative Tätigkeit sein und sich nicht auf einen formaltechnischen Prozeß beschränken.

Viel Spaß nun beim Ausprobieren. Denken Sie aber daran: Rat und Ausführung sind bekanntlich zweierlei. Manches wird Ihnen anfangs vielleicht nicht so leicht von der Hand gehen, wie es sich liest. Entwürfe mißlingen zuweilen, Farben »beißen« sich, Papier zerreißt, Gips bindet früher ab als erwartet, Email platzt, Maschen fallen von der Nadel, und die modellierte Katze gerät zum Ziegenbock ... Lassen Sie sich von solchen Pannen nicht entmutigen. Ein Fehlschuß ist kein Grund, die Flinte ins Korn zu werfen. Nur Geduld – mit wachsender Erfahrung werden Wollen und Können einander immer näherrücken. Daß Sie sich bald schon durch erste Erfolge bestätigt sehen und die Freude am Gestalten niemals verlieren, wünscht Ihnen im Namen aller Mitarbeiter dieses Buches

Sonja Walter

P. S.: Allen, die mich bei der Erarbeitung dieses Buches beraten und unterstützt haben, möchte ich an dieser Stelle herzlich danken, insbesondere Frau Dr. Erika Karasek, Direktor des Museums für Volkskunde Berlin, sowie Frau Dr. Liesl Noack, Leiterin des Instituts für Volkskunstforschung beim Zentralhaus für Kulturarbeit in Leipzig.

VOM DEKORATIVEN GESTALTEN

1. Kapitel

In diesem Buch werden wir immer wieder auf zwei Worte stoßen: Ornament und Dekor bzw. Dekoration. Beide haben ihren Ursprung im Lateinischen. Ornare bedeutet schmücken, decor sowohl Schicklichkeit und Anstand als auch Anmut, Schönheit, Schmuck und Zierde. Wir bezeichnen heute als Ornament das Einzelmuster, als Dekor oder Dekoration die Gesamtheit des Schmucks eines Gegenstandes. Das Ornament ist also ein Teil des Dekors.

Ornament
Dekor

Durch verschiedene Arten der Anwendung – wir lernen sie auf den nächsten Seiten kennen – können aus demselben Ornament ganz unterschiedliche Dekors entstehen. Auch das Material des zu schmückenden Gegenstandes beeinflußt die Wirkung. Dieselbe Ornamentform kommt auf Stoff anders zur Geltung als beispielsweise auf einem Tongefäß. Deshalb eignet sich nicht jeder Dekor für jedes Material. Immer und in jedem Falle müssen Dekor und Gegenstand miteinander verschmelzen. Ein Dekor ist immer an den Gegenstand gebunden, der ihn bedingt und dem er dient. Er unterstreicht die Funktion des Gegenstandes und ist notwendiger Bestandteil der gestalterischen Einheit. Es besteht also ein enger Zusammenhang zwischen Dekor und Dekorträger.

Erst bei bewußter Berücksichtigung der jedem Werkstoff spezifischen Eigenheiten und künstlerischen Möglichkeiten entsteht die echte Harmonie von Form und Inhalt. So gilt es, vor jeder Arbeit die Gestaltungsmöglichkeiten zu erkennen, die einem Werkstoff entsprechen.

Der künstlerische Gehalt macht das Wesen einer Arbeit aus. Dabei muß sich die schöpferische Gestaltungskraft an bestimmte Gesetze und Forderungen halten, die ihr erst eine echte Entfaltung ermöglichen. Es kommt darauf an, dem Material eine ihm gemäße Form zu geben, es werkgerecht zu verarbeiten und einen Dekor auszuwählen, der dem Gegenstand ästhetischen Wert verleiht.

Bei einer Bluse aus grobem Leinen zum Beispiel würden wir einen Dekor aussuchen, der aus der Struktur des Stoffes herauswächst, die Gesamtform betont und durch kräftige Farben dem Material gerecht wird. Wesentlich ist, sich vor Augen zu halten, daß der Dekor eine dienende Funktion hat und damit einen dem Gegenstand untergeordneten Platz einnimmt. Übertreiben wir den Schmuck am Gegenstand – sei es bei einer Bluse oder einer Tonschale, einem selbstgefertigten Wandbehang oder einer Holzarbeit –, so vertauschen wir das natürliche Verhältnis von zweckgebundener und ideell-ästhetischer Aufgabe. Der Schmuck verselbständigt sich, und der Gebrauchsgegenstand erfüllt nur noch die Funktion eines Dekorträgers.

Der werkgerecht hergestellte Gegenstand wirkt schon durch seine Form und die Schönheit des Materials. Die Dekoration, das sei nochmals betont, hat sich homogen einzugliedern, um sinnvoll die Funktion des Gegenstandes zu unterstreichen und letztlich die ideell-ästhetische Wirkung zu erhöhen. »Vollkommenheit entsteht nicht dann, wenn man nichts mehr hinzufügen, sondern wenn man nichts (Überflüssiges) mehr wegnehmen kann.« Dieses Wort des französischen Schriftstellers Antoine de Saint-Exupéry ist es wert, daß man es sich einprägt.

Beim dekorativen Gestalten sollten wir uns streng an die Gesetze der Fläche halten, d. h. typische ornamentale Formen entwickeln und flächig arbeiten – ohne jede Räumlichkeit, ohne jede Perspektive. Der Dekor sollte immer in enger Beziehung zur Fläche stehen und aus der Fläche heraus entwickelt werden.

Zum dekorativen Gestalten eignen sich geometrische Muster sowie Pflanzen- und Tierornamente. In thematisch gebundenen Arbeiten können auch Menschen dargestellt werden. Sowohl die aus der organischen Welt abgeleiteten als auch der abstrakten Ordnung entnommenen Motive sind im Dekor verwendbar. Wesentlich ist, daß die bildnerische Form Dynamik und Rhythmus unserer Zeit erkennen läßt.

Zu schönen Ornamenten gelangen wir unter anderem durch intensives Naturstudium. Die Anordnung von Staubgefäßen oder Samen und die Oberflächenstruktur verschiedener Pflanzen und Früchte vermögen uns mannigfache Anregungen zu geben.

Wie werden Natur- und Gegenstandsformen zum Ornament?

Nicht dadurch, daß sie kopiert, silhouettiert oder schematisch geometrisiert werden. Der Gestalter soll sich von der Natur-

3

form anregen lassen, um seine individuelle dekorative Formgestaltung zu finden; denn nicht die Naturähnlichkeit organischer Gestaltungen kennzeichnet primär das Ornamentale, sondern das rhythmische Leben der Schmuckformen. So können Elemente und Farben vertauscht oder ergänzt, weggelassen oder neugeschaffen werden. Beispielsweise kann die einem Hühnergefieder eigene Form und Größenanordnung der Federn vereinfacht werden. Der rhythmische Farbwechsel der Federn drückt auch Allgemeines vom Rhythmus der Natur aus. Die neugeschaffene Harmonie ist zur ornamentalen Form geworden. Diese ornamentale Einzelform ordnet sich dem gesamten dekorativen Gefüge am Objekt unter und verschmilzt mit ihm. Je einfacher und klarer ein Ornament ist, um so vielfältiger und reicher sind die Möglichkeiten, mit ihm ein Ordnungsgefüge aufzubauen oder umgekehrt dieses in ein vorgefaßtes, dem Wesen des Gegenstandes verpflichtetes Formgefüge einfließen zu lassen.

Beim Umsetzen der Formen hilft uns häufig der Faltschnitt. Er zwingt uns dazu, das Typische zu erfassen und klare Linien herauszuarbeiten. Faltschnitte haben unter anderem als Entwurfsübungen für das dekorative Gestalten großen Wert.

Ein Ornament kann nach unterschiedlichen Gesichtspunkten gestaltet sein: a) vollkommen gleichseitig, d. h. spiegelsymmetrisch (Abb. 1), b) optisch symmetrisch, d. h. nur scheinbar gleichseitig bei optisch gleichem Eindruck (Abb. 2), und c) asymmetrisch, d. h. unregelmäßig (Abb. 3). Darüber hinaus untergliedern wir noch in das richtungslose (Abb. 4) und das richtungsbetonte Ornament (Abb. 5: senkrecht; Abb. 6: waagerecht; Abb. 7: senkrecht und waagerecht). Während das richtungslose Motiv beliebig anzuordnen ist, müssen wir beim richtungsbetonten Ornament darauf achten, daß es nicht kopfsteht, daß es der Form des Gegenstandes nicht zuwiderläuft und ihn dadurch unruhig und unharmonisch erscheinen läßt. Wenn wir beispielsweise eine Tischdecke mit einem Fischdekor schmücken, dürfen nicht sämtliche Fische »herausschwimmen« wollen.

Eine zur Schmuckform emporgestiegene Einzelform erhält erst dann den vollen Sinn des Dekorativen, wenn damit ein Rhythmus, sei er symmetrisch oder asymmetrisch, »niedergeschrieben« wird. Die Kompositionsprinzipien, nach denen wir aus einzelnen Ornamenten einen Dekor entwickeln können, sind sehr differenziert. Grundsätzlich unterscheiden wir 1. die gebundene oder rhythmische, 2. die ungebundene, freie Anordnung des Ornamentes und 3. die Relativierung und Rangordnung der dekorativen Elemente. Bei der gebundenen Anordnung kehrt das Motiv in einer vorher festgelegten Regelmäßigkeit wieder. Wir sprechen dann davon, daß das Muster »rapportiert« wird. Der Rapport kann eine gebundene (rhythmische) Reihung ergeben, aber auch eine

gebundene Anordnung

4

5

6

7

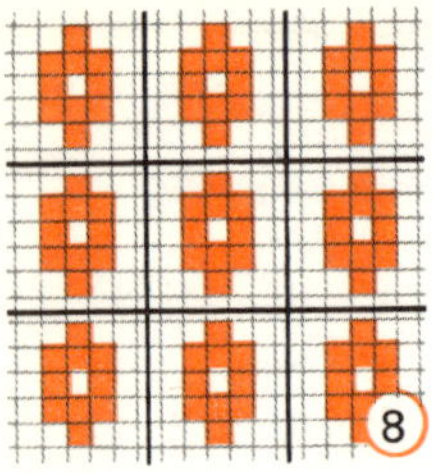
8

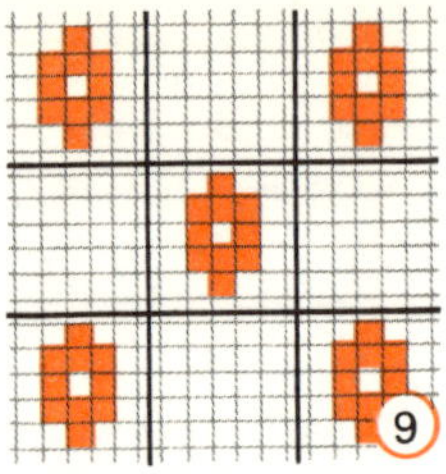
9

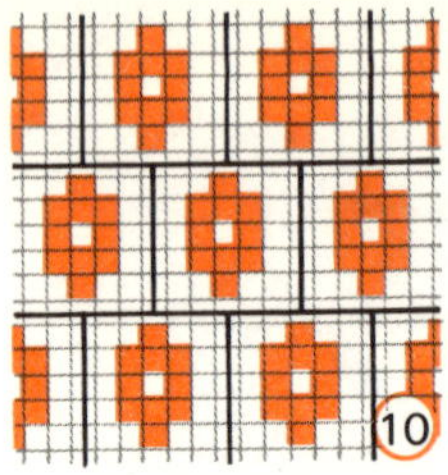
10

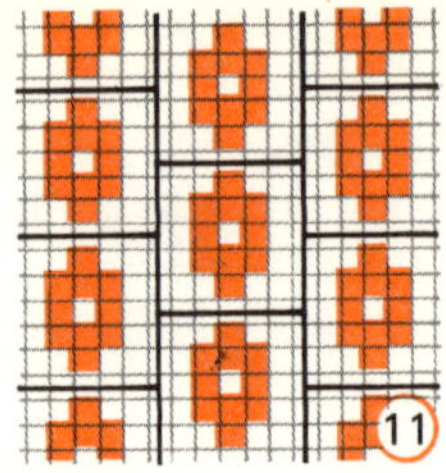
11

gebundene (rhythmische) Flächenaufteilung, wie sie z. B. auf vielen Dekorations- und Kleiderstoffen zu sehen ist. Die vier am häufigsten angewandten Rapportierungsarten bei den gebundenen Flächenmustern sind: der einfache Rapport (Abb. 8), der ausgesparte Rapport (Abb. 9), der waagerecht halbversetzte Rapport (Abb. 10) und der senkrecht halbversetzte Rapport (Abb. 11). Innerhalb dieser Rapportierungsarten haben wir noch verschiedene gestalterische Möglichkeiten. So können wir z. B. die richtungslose (Abb. 12), die waagerecht richtungsbetonte (Abb. 13), die senkrecht richtungsbetonte (Abb. 14) und die waagerecht und senkrecht betonte (Abb. 15) Anordnung wählen. Weitere interessante Varianten sind das Umkehren ornamentaler richtungsbetonter Motive – sei es im rhythmischen Wechsel der Motive, reihenweise oder entsprechend den anderen gestalterischen Möglichkeiten (Abb. 16) –, der Wechsel von Positiv und Negativ, d. h. von Grundform und Hintergrund (Abb. 17), sowie die Zentralisierung. Sie entsteht durch die Ordnung gleichartiger Ornamente um einen gemeinsamen Mittelpunkt. Lassen wir die Grenzen geometrischer Formen einander überschneiden, erhalten wir eine »Überschneidung«, auch »Durchdringung« oder »Verschränkung« genannt (Abb. 18).

Die gleichen gestalterischen Varianten bieten sich in der gebundenen Reihung. Abbildung 19 zeigt entsprechende Beispiele.

nicht-gebundene Anordnung

Bei der nichtgebundenen Anordnung können wir ebenfalls richtungslose und richtungsbetonte Reihungen und Flächenmuster gestalten. Das Ornament wird hier aber nicht rapportiert, sondern frei auf der Fläche arrangiert (Abb. 20). Die nichtgebundene Anordnung ist die anspruchsvollste und schwierigste Gestaltungsform und setzt das ganzheitliche Einfühlen in den Gegenstand und den ihm adäquaten Gesamtschmuck, der frei gestaltet wird, voraus. Sie verlangt große gestalterische Sicherheit und Erfahrung. Ein Entwurf ist unerläßlich.

Im besonderen kommt es hier auf die Harmonie der Kontraste an, wie die von

12

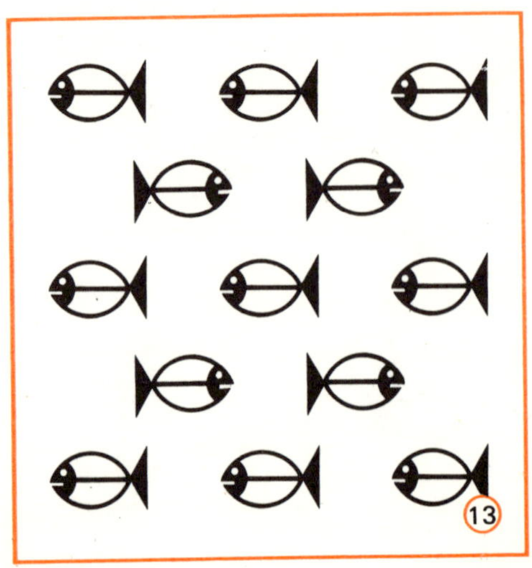
13

16

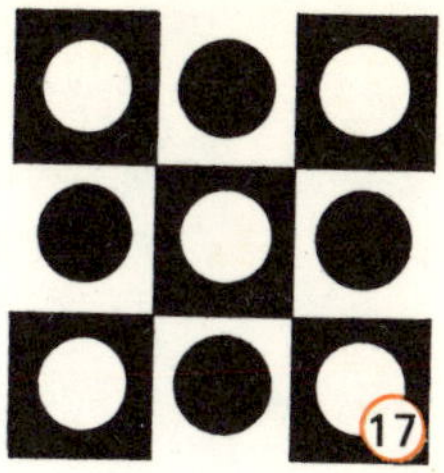

17

Ruhe und Bewegung, Punkt und Linie, Steigen und Fallen, Schwingung und Gegenschwingung, Form und Gegenform, Einzelform und Verband, Farbe und Gegenfarbe, hell und dunkel, rund und eckig, schmal und breit; lang und kurz, eng und weit, positiv und negativ, groß und klein, sowie auf eine ausgewogene Beziehung zwischen der ornamentalen Figur und ihrem Grund, die als Figur-Grund-Beziehung bezeichnet wird. Ist eine ornamentale Figur so gestaltet, daß sie durch ihre Berührung mit den benachbarten Figuren dem Grund auch eine bestimmte Form verleiht, verschmilzt die ornamentale Figur mit einem figuralen Grund. Erst wenn der »Grund« zwischen den »Figuren« Form und Gestalt bekommen hat, ist uns ein interessanter und lebendiger Dekor gelungen. Durch den Helligkeits- und Intensitätskontrast der Farben kann es dazu kommen, daß der figurale Grund gegenüber der ornamentalen Figur vordergründig in Erscheinung tritt. Dann sprechen wir von einem Figur-Grund-Umschlag.

Das Prinzip der Relativierung und Rangordnung der dekorativen Elemente weist auf die Verfahrensweise der Anordnung hin. Es gilt für die gebundene und für die freie Ordnung.

Ob uns ein Haus groß oder klein erscheint, hängt von der Größe der benachbarten Häuser ab. Ob uns ein Gegenstand sofort ins Auge fällt oder ob er nahezu unsichtbar bleibt, hängt von der Gegensätzlichkeit oder Ähnlichkeit seiner Umgebung, seines Hintergrundes ab. Auch innerhalb des Beziehungsgeflechtes eines Dekors ist die Bedeutung einer Einzelform immer relativ. Größe und Bedeutung eines Ornamentes ergeben sich aus dem Wert, den man benachbarten Formen und dem Hintergrund einräumt. Das »In-Beziehung-Setzen« bzw. Relativieren der Elemente untereinander soll sich aber nicht »irgendwie« vollziehen, sondern bewußt nach den bestimmten Absichten des Gestaltenden. Seine Absichten sind jedoch vielfältig. Deshalb wird er sie der Wichtigkeit nach ordnen und damit eine Rangordnung der inhaltlichen und formalen Elemente des Dekorativen schaffen. Es ist unmöglich, daß gleichzeitig in einem Dekor alle Elemente – Symmetrie und Rhythmus, Kontrast und Material, Form der Linie und Fläche, Helligkeit und Farbe sowie gegenständlicher Ausdruckswert des Ornamentes – gleich stark in der Wirkung eingesetzt werden. Das muß zur Dissonanz und zur optischen Zerstörung des Gegenstandes führen. Erst die richtige Rangordnung aller Elemente gibt dem Geschaffe-

Relativierung
Rangordnung

14

15

18

nen seine Harmonie. Um das zu erreichen, bedarf es der Relativierung.

Was alles muß miteinander in Beziehung gesetzt werden?

1. Die Auswahl eines Dekors muß vom Wesen, von der Funktion und Form des Gegenstandes sowie von dessen Bedeutung für den Menschen abhängig gemacht werden. Je anspruchsvoller die Gegenstandsform ist, um so zurückhaltender muß ihr Dekor gestaltet werden.
2. Die technische Ausführung des Dekors muß dem Material des Gegenstandes entsprechen.
3. Das dekorative Ordnungsgefüge soll mit dem einzelnen Ornament harmonieren. Je dynamischer das Ordnungsgefüge aufgebaut ist, um so ruhiger muß das einzelne Ornament wirken. Je differenzierter und bedeutungsvoller das Ornament ist, um so ruhiger sollte das Ordnungsgefüge sein.
4. Der Dekor ist mit dem Grund, der Gesamtform des Objektes, in eine harmonische Beziehung zu bringen.
5. Form und Größe des Ornamentes stehen mit der des Dekors in Beziehung und hängen von der Form und Größe des Gegenstandes ab. Jeder Dekor soll am Objekt genügend Ausdehnungsmöglichkeit besitzen.
6. Intensitäts- und Helligkeitswerte der Farben hängen von der verwendeten Menge sowie von ihrer farbigen Umgebung ab, in die sie eingebettet sind. Je aktiver die Farbe, um so kleiner die Fläche; je kontrastreicher die Farben, um so größer der Mengenunterschied.

Bleiben wir noch ein wenig bei den Farben, deren wohlgeordnetes und durchdachtes Verhältnis zueinander die Aussagekraft eines Dekors wesentlich bestimmt.

Primärfarben
Sekundärfarben

Wir haben es beim farbigen Gestalten mit Grund- und Mischfarben zu tun. Nach Goethes Arbeit über die Farbenlehre bezeichnen wir als Grund- oder Primärfarben Gelb, Rot und Blau, als Misch- oder Sekundärfarben diejenigen, die aus dem Mischen zweier Grundfarben entstehen. So ergeben Gelb plus Rot Orange, Gelb plus Blau Grün und Blau plus Rot Violett. Ordnen wir diese Mischfarben und ihre

19

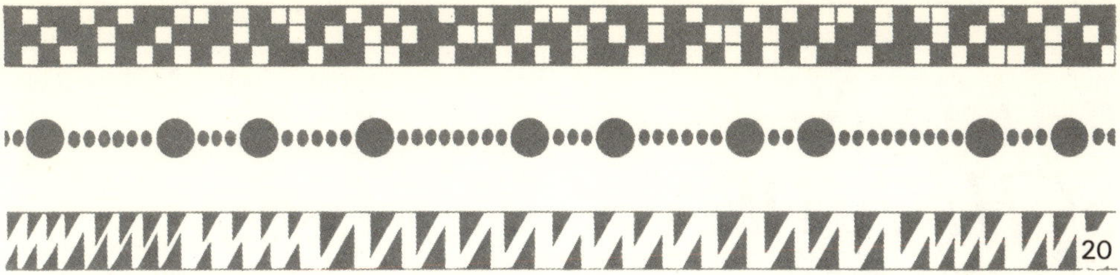

20

Grundfarben zu einem Kreis, so erhalten wir den sechsteiligen Farbkreis. In ihm liegt jeder Grundfarbe ihre Kontrastfarbe gegenüber.

Wir haben also folgende Kontrastpaare:
Gelb – Violett
Rot – Grün
Blau – Orange

Diese Kontrastpaare sind die Grundlage des farbigen Gestaltens. Untereinander und mit Weiß oder Schwarz gemischt, ergeben sie eine ganze Farbskala bis hin zum Grau.

Jede Farbe übt auf den Betrachter eine bestimmte Wirkung aus. So empfinden wir Gelb- und Rottöne als warm und freundlich, blaue dagegen lösen ein Gefühl der Kälte aus, und Grün beruhigt wohltuend. Optisch treten rote Farben hervor, blaue zurück. Helle Farben erscheinen uns leicht und beschwingt, dunkle Farben schwer und lastend. Bringen wir z. B. ein helles Ornament auf eine dunkle Fläche, wirkt es größer, als es wirklich ist; es zerfließt optisch. Umgekehrt wirkt ein dunkles Ornament auf hellem Grund fest umrissen und daher kleiner.

Wir arbeiten beim dekorativen Gestalten sowohl mit Deckfarben als auch mit Lasurfarben (nichtdeckenden Farben). Deckfarben lassen sich vor dem Auftragen mischen; übereinander gemalt, behalten sie jedoch ihren Farbwert. Wir können also beispielsweise eine mit roter Deckfarbe überzogene Schachtel mit einem Dekor in grüner Deckfarbe verzieren, ohne daß sich an beiden Farben etwas ändert.

Lasurfarben, die wir besonders in der Druck- und Färbetechnik verwenden, mischen sich während des Arbeitsvorganges miteinander, wobei auch ein Mischen vor dem Auftragen möglich ist. Ein Beispiel soll das verdeutlichen: Wird ein weißer Grundstoff mit einem Stempel rot bedruckt, bleibt das Rot unverändert. Bedrucken wir einen gelben Stoff mit der gleichen Farbe, wird sie ins Orange abgewandelt, je nach dem Anteil von Gelb und Rot. Wollen wir einen roten Druck auf weißem Grund mit Blau bereichern, erscheinen nur die Stellen blau, an denen der blaue Druck auf weißem Grund steht. Dort, wo er das Rot überlagert, erscheint ein violetter Farbton. Ganz anders bei dem rotbedruckten gelben Stoff: Blau erhält auf gelbem Grund einen grünlichen Einschlag, mit dem Orange verbindet es sich zum Rotviolett.

Diese Mischtöne müssen wir beim Stoffdruck sowie bei der Reservefärberei einkalkulieren und Zufälligkeiten bewußt durch ständiges Probieren ausschalten. Besonders bei der Wachsreservetechnik sollten wir vor jeder Arbeit eine große Anzahl Färbeproben anfertigen, um wirklich die geeignetsten Töne herauszufinden. Wenn wir diese Proben sammeln und beschriften, sind sie auch für spätere Arbeiten eine wertvolle Hilfe.

Zusammenfassend sei gesagt, daß gutes dekoratives Gestalten von vielen Faktoren abhängt. Nur wenn der Gegenstand material- und werkgerecht sowie seinem Zweck gemäß verarbeitet ist, wenn Ornament bzw. Dekor dem Dekorträger in Form und Farbe entspricht und die Anordnung ausgewogen und harmonisch ist, werden wir auf ein gelungenes Werk stolz sein können.

Deckfarben

Lasurfarben

FALTEN, SCHNEIDEN, KLEBEN

2. Kapitel

Ausgangsstoff dieser Techniken ist das Papier, ein Material, mit dem wir täglich in Berührung kommen, dessen Gebrauch uns völlig selbstverständlich und deshalb beinahe aus dem Blickfeld ästhetischer Gestaltungsmöglichkeiten entschwunden ist. Woher kommt eigentlich das Papier? Erfunden haben es die Chinesen vor etwa 2 000 Jahren. Doch sie hüteten ihr Geheimnis sorgsam. Erst 500 Jahre später gelangte die Kunst der Papierherstellung nach Korea und Japan. Als sie schließlich in Europa bekannt wurde, schrieb man das 12. Jahrhundert. Deutschlands erste Papiermühle, die Gleismühle bei Nürnberg, begann 1390 zu produzieren.

Im Prinzip blieb die Papierherstellung bis ins 19. Jahrhundert hinein unverändert: Jeder Bogen wurde einzeln mit der Hand geschöpft. Heute geschieht das nur noch mit besonders wertvollen Papieren. Alle anderen verlassen als Rollen mit kilometerlangen Bahnen die Papierfabriken.

Schon früh erkannte man, daß Papier auf Grund seiner Eigenschaften nicht nur als Schriftträger große Bedeutung hat, sondern daß es sich auch vorzüglich zum künstlerisch-dekorativen Gestalten eignet. Eine sehr lange Tradition haben die Papierschnitte – Falt- und Ornamentschnitte sowie Silhouetten- und Bildschnitte –, allgemein als Scherenschnitte bezeichnet, obwohl sie oft mit Hilfe des Messers entstehen. Sie gehen auf das Schattentheater zurück, eine beliebte Unterhaltung bei asiatischen Völkern, und wurden in China und Japan, auf Sri Lanka und Djawa bereits im 1. Jahrhundert u. Z. gepflegt. Die ältesten deutschen Scherenschnitte stammen aus dem 17. Jahrhundert. Es sind Andachtsbilder, auch Spitzenbilder genannt, deren Rand filigrane geometrische oder Pflanzenornamente sowie Tierszenen und Wappen zeigt. Sie alle wurden aus weißem Papier gestaltet – wir sprechen darum vom Weißschnitt – und dunkel hinterklebt. Später bediente man sich meist des Schwarzschnittes, was zu dem Namen »Schwarze Kunst« führte.

Die Technik des Schwarzschnittes, bei der alle Gegenstände flächig in ihrem Umriß geschnitten und vollkommen zusammenhängend dargestellt werden, kam im 18. Jahrhundert von Frankreich nach Deutschland. Hier erlangte sie rasch

a ①

b ①

außerordentliche Popularität. Einem Ausspruch Goethes zufolge war jedermann darin geübt. Aus der anfangs dominierenden Porträtsilhouette, die man gern als Andenken verschenkte, entwickelte sich bald der Bildschnitt. Namhafte Künstler, unter ihnen Philipp Otto Runge, Moritz von Schwind und Adolf Menzel, widmeten sich dem Bildschnitt und führten ihn zu hoher Meisterschaft. Nach dieser Blütezeit verlor die »Schwarze Kunst« für viele Jahrzehnte jede Bedeutung.

②

Der Scherenschnitt

Es gibt verschiedene Arten von Scherenschnitten. Sie alle wirken vom Umriß her und verlangen klare Formen ohne jede Perspektive, flüssige und zusammenhängende Linienführung sowie die Einbeziehung des Untergrundes in Format und Farbe. Die Auswahl des Papiers richtet sich nach dem Verwendungszweck. Am einfachsten verarbeiten sich die im Handel erhältlichen schwarzen und farbigen ungummierten Scherenschnitt- und Bastelpapiere. Gummierte Buntpapiere kleben beim Schneiden oft an den Fingern fest, außerdem platzt die Farbschicht an Faltstellen leicht ab.

Das Motiv zeichnen wir mit einem weichen Bleistift, bei dunklen Papieren mit Kreidestift, vor und schneiden es mit einer Stickschere, klein, spitz und mit geraden Schenkeln, aus. Der Untergrund muß sich farblich gut vom Schnitt abheben. Wir nehmen dafür wenig gehämmerte Kartons, Aquarellpapiere oder Zeichenkarton. Stark glänzendes Papier ist unzweckmäßig, weil der Kleber zu leicht abspringt. Den fertigen Schnitt kleben wir entweder abschnittsweise mit Fotokleber auf oder im

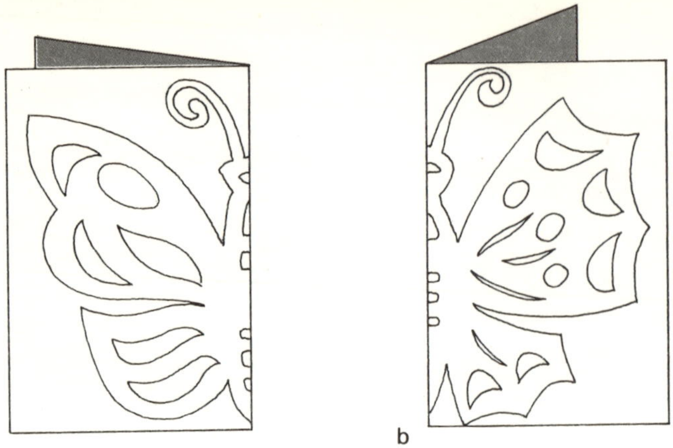

a b ③

ganzen, indem wir die gesamte Grundfläche mit Tapetenkleister oder ausgequollenen Zelluloseflocken bestreichen. Den überschüssigen Kleister entfernen wir durch Aufdrücken mit saugfähigem Papier.

Wir unterscheiden beim Scherenschnitt den freien Schnitt (Bildschnitt), den Faltschnitt um eine oder mehrere Achsen und den Klappschnitt.

Freier Schnitt

Der freie Schnitt stellt an das zeichnerische Vermögen und die künstlerische Umsetzung besonders hohe Ansprüche. In dieser Technik können sowohl Pflanzen und Tiere (siehe die Abb. 1a und 1b) als auch Personen, ganze Bildszenen sowie Porträts gestaltet werden. Dabei gilt es stets das Charakteristische des darzustellenden Motivs herauszuarbeiten. Zeichnerische Studien sind für den freien Schnitt unerläßlich. Auch sollte man am Anfang einfache Motive wählen, um erst einmal die Möglichkeiten und Grenzen des freien Schnittes zu erkunden. Bildschnitte können mit der Stickschere, aber auch mit dem Schneidmesser (einer geschützten Rasierklinge) gestaltet werden. Mit der Klinge arbeiten wir auf einer schnittfesten Unterlage; am besten auf einer Glasplatte.

Bildschnitt

c ③ d ③

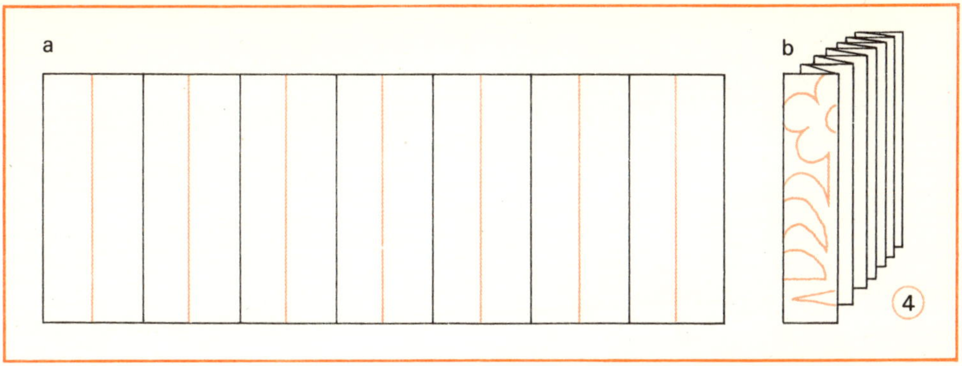

Faltschnitt

Mit Hilfe dieser Technik erreichen wir immer ein symmetrisch einwandfreies Ergebnis. Wie und wie oft das Papier gefaltet wird, unterscheidet die einzelnen Arten dieser Technik.

Der einfache Faltschnitt eignet sich besonders gut zur Herstellung individueller Glückwunschkarten zu allen Anlässen, als Raumschmuck und als Entwurf zu richtungsbetonten Stoffdrucken, Applikationen oder Stickereien.

Das Papier wird einmal gefaltet, und zwar so, daß die Rückseite obenauf liegt. Von dem Kniff ausgehend, zeichnen wir nun das senkrecht halbierte Ornament auf. Stilisierte Pflanzen- und Tiermotive (Abb. 2 und 3) entsprechen der Technik am besten. Tiere müssen in der Regel im Ganzen aufgezeichnet werden – unser Schmetterling bildet eine Ausnahme –, so daß sich auf dem auseinandergefalteten Schnitt ein Paar gegenübersteht. Damit sich genügend Verbindungsstellen ergeben, ist es angebracht, die Tiere mit einer Pflanze als Mittelteil zu kombinieren. Pflanzen hingegen kann man gut allein darstellen. Beim Schneiden beginnen wir mit den feinsten Innenzeichnungen. Dann kommen die größeren Teile und Zwischenräume an die Reihe und zuletzt die äußeren Linien. Klappen wir den Schnitt auseinander, zeigt sich ein um eine Achse spiegelgleich geschnittenes Ornament. Mit kleinen andersfarbigen Schnitten – kontrastierenden Flügeln für einen Vogel, verschiedenen Binnenzeichnungen für eine Blüte – können die einfachen Faltschnitte zusätzlich noch belebt werden. Auch farbiges Unterkleben kann ihnen besonderen Reiz verleihen.

einfacher Faltschnitt

Der Reihenfaltschnitt ergibt eine ganze Ornamentreihe. Wir können ihn unter anderem als Tischdekoration, als Wandfries sowie als Entwurfsübung für einen richtungsbetonten Stoffdruck oder eine Applikationskante benutzen. Aus Reihenfaltschnitten lassen sich außerdem bezaubernde weihnachtliche Faltsterne oder dekorative Transparentlaternen für Kinder- und Gartenfeste herstellen.

Reihenfaltschnitt

Für den Reihenfaltschnitt verwenden wir

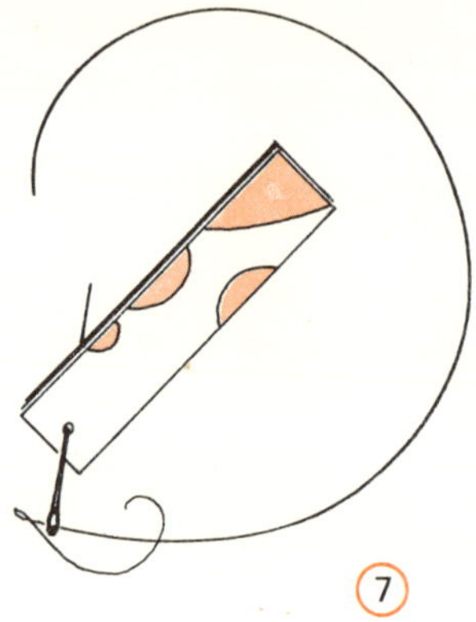

einen langen, gleichmäßig breiten Streifen Papier, den wir in Ziehharmonikafalten legen (Abb. 4a). Anschließend zeichnen wir das Muster auf (Abb. 4b). Das Ausschneiden geschieht am besten »in Raten«, da das gefaltete Papier für einmaliges Schneiden zu dick wäre. Wir erhalten so eine Kette aneinandergereihter Motive, vorausgesetzt, die einzelnen Ornamente bleiben an den Brüchen miteinander verbunden. Bei der silvesterlichen Tischdekoration auf Abb. 5 ist das Prinzip deutlich zu erkennen.

Faltstern

Wollen wir einen Faltstern (Abb. 6) arbeiten, benutzen wir einen Streifen Pergamentpapier, der ungefähr achtmal so lang ist wie breit. Beim Mustern spitzen wir das eine Ende des Faltenpäckchens zu, damit ein Stern entsteht. Durch das andere Ende ziehen wir einen Zwirnsfaden und verknüpfen ihn (Abb. 7), fächern die Kette auseinander und kleben die beiden Außenfalten mit Fotokleber zusammen. Durch die Spitze einer Sternfalte fädeln wir als Hänger einen weiteren Zwirnsfaden.

Transparentlaterne

Für eine Transparentlaterne (Abb. 8a) brauchen wir einen sechseinhalbfachen Reihenfaltschnitt aus dunklem Bastelpapier. Beim Ausschneiden des Motivs gilt es darauf zu achten, daß sowohl seitlich als auch oben und unten ein genügend breiter Rand stehenbleibt, wie aus Abb. 8b ersichtlich. Den fertigen Schnitt falten wir auseinander, glätten die Mittelachse jedes Ornamentes mit dem Bügeleisen und kleben Anfang und Ende der »Ziehharmonika« mit Fotokleber zusammen. Der halbe Schnitt dient dabei als »Untertritt«, d. h., er wird paßgerecht unter das Ornament der entgegengesetzten Seite geklebt (Abb. 8c). Die Faltschnitte werden nun mit Transparentpapier in warmer leuchtender Farbe (gelb, orange, rot) hinterklebt.

Boden und Deckel, die den Laternenkorpus um 2 bis 3 cm überragen sollten, fertigen wir aus fester Pappe. Den Deckel versehen wir mit einem Luftloch, in dessen Ränder wir Klebefalze einschneiden (Abb. 8d). Nachdem wir aus dem Boden ebenfalls Klebefalze herausgearbeitet haben, fügen wir die Laterne zusammen. Zum Schluß befestigen wir einen Bügel aus dünnem Draht am Deckel und ein Metall-

a

b

c

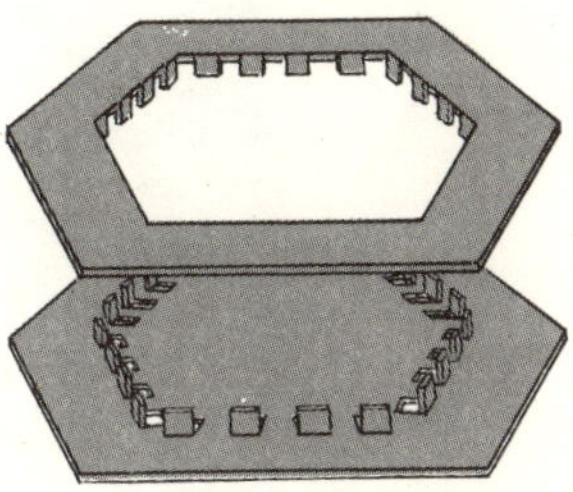

d

8

plättchen mit Dorn für die Kerze am Innenboden.

Zentralfaltschnitt

Der Zentralfaltschnitt ist ein vom Zentrum aus mehrachsig gefalteter Schnitt, der das aufgezeichnete Ornament je nach Anzahl der Achsen vier-, acht-, sechzehnmal oder noch öfter um den Mittelpunkt angeordnet erscheinen läßt. Wir brauchen dazu ein quadratisches Papier, das wir entsprechend den Abbildungen 9a bis 9d falten.

Beim Musterentwurf achten wir darauf, daß ein ausgewogenes Verhältnis von leicht und schwer, hell und dunkel entsteht, weil der Schnitt erst dann interessant wirkt – ein Hinweis, der für alle Faltschnitte gilt (Abb. 10).

Ein gleichmäßig und sauber geschnittener Zentralfaltschnitt ist überaus dekorativ und eignet sich als Raumschmuck, zum Verzieren von Glückwunschkarten, Tischkarten oder Spanschachteln sowie als Entwurf für die Gestaltung nicht richtungsbetonter Textilien.

Verwerfung

Klappschnitt

Die Verwerfung – auch Klappschnitt – kann den gleichen Verwendungszwecken dienen. Wir nehmen dazu Papier, das auf beiden Seiten gleichfarbig ist. Aus einem einfachen viereckigen Stück schneiden wir, ausgehend von einer Seitenkante, ein halbes oder ganzes Ornament heraus und klappen es spiegelgleich auf die andere Seite (Abb. 11a). Die Seitenkante ist nun zur Mittelachse geworden, und unser Ornament steht sich in zwei Ausführungen gegenüber, als Positivschnitt und als Negativschnitt (Abb. 11b).

Mobileanhänger

Papier ist leicht und deshalb ein ideales Ausgangsmaterial für beweglich angebrachten Raumschmuck. Als Anhänger für ein Mobile eignen sich die verschiedensten Papierarbeiten; die bereits bekannten Faltsterne ebenso wie kleine Zentralfaltschnitte, die für diesen Zweck aus Schreibmaschinenpapier gefertigt werden.

Ein beliebtes Motiv für Mobileanhänger

Falten, Schneiden, Kleben

sind Fische. Sie können auf unterschiedliche Weise entstehen. Für die auf Abb. 12 vorgestellten Faltfische knifft man ein Stück Zeichenpapier, skizziert den Rumpf und schneidet ihn aus beiden Papieren gleichzeitig aus, so daß wir ein Doppel erhalten. Wo sich Verbindungen an den Bruchkanten ergeben, am Rücken oder am Kopf, werden diese nicht getrennt. Wir zeichnen nun die Binnenmuster auf und schneiden sie aus. Sie können, falls gewünscht, farbig unterklebt werden. Auch bemalt sehen die Fische dekorativ aus. Für Schwanz und Flossen nehmen wir am besten weißes oder buntes Seiden- oder Durchschlagpapier. Es wird entweder als einfacher Faltschnitt gestaltet oder in Fächerfalten gelegt und beliebig gemustert (Abb. 13). Schwanz und Flossen schieben wir an entsprechenden Stellen ein Stück zwischen die beiden Rumpfhälften, die anschließend zusammengeklebt werden.

Faltfische

Nach dem gleichen Prinzip entstehen Faltvögel, die ebenfalls hübsche Mobileanhänger abgeben. Das Flügelpaar wird hier als Reihenfaltschnitt aus einem Stück geschnitten, beidseitig mit dem gleichen Muster versehen und bis zur Mitte durch den vorher geschlitzten Rumpf gesteckt.

Faltvögel

Haben wir die für unser Mobile vorgesehene Anzahl Fische fertiggestellt, balancieren wir jeden einzelnen zwischen Daumen und Zeigefinger aus, um den Schwerpunkt zu ermitteln. Genau an dieser Stelle ziehen wir dann dicht unter der Rückenlinie verknotetes Nähgarn oder sehr dünne Angelsehne als Aufhänger ein.

10

Für die Fische auf Abb. 14 brauchen wir dünnen weißen Karton. Nachdem wir sie ausgeschnitten haben, zeichnen wir mit Hilfe eines Lineals das abgebildete Binnenmuster vor und schneiden die durchgehenden Linien ein; am besten mit einem scharfen Messer. Das muß sehr sorgfältig geschehen, denn Ungenauigkeiten beeinträchtigen die Wirkung außerordentlich. Bei den unterbrochenen Strichen handelt es sich um Falzlinien für die »Schuppen«, die nun abwechselnd nach vorn und hinten geklappt werden. Das Auge stanzen wir mit einem Locher aus. Zuletzt bringen

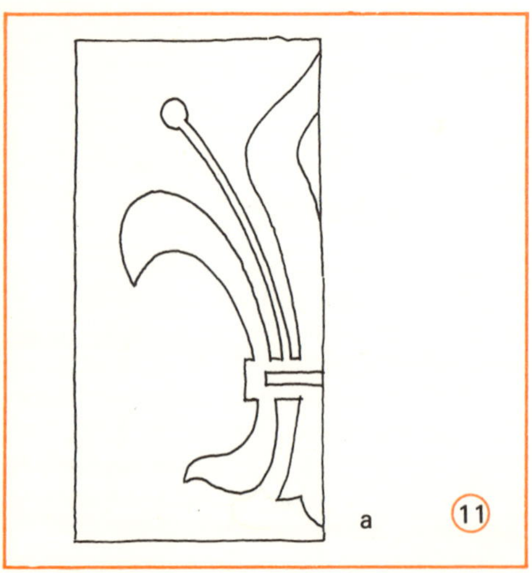

a 11

b

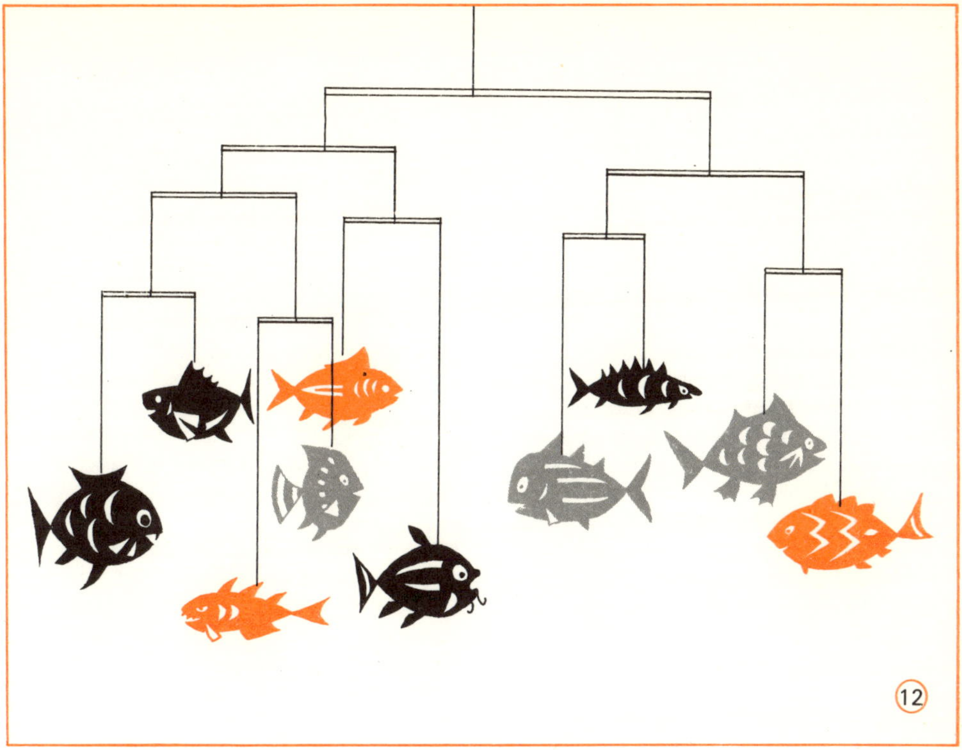

12

wir den Aufhänger an, dessen Sitz wir zuvor, wie bei den Faltfischen, zwischen Daumen und Zeigefinger erprobt haben.

Form und Größe der Fische lassen sich natürlich beliebig variieren. Auch für die »Schuppen« können wir uns andere Muster ausdenken. Zu einem kugeligen Fisch beispielsweise passen halbkreisförmige Einschnitte besser als gezackte.

Als Fensterschmuck kommen die plastisch wirkenden Fische übrigens genausogut zur Geltung wie als Anhänger für ein Mobile. Wir ziehen dazu mehrere auf einen Faden, wobei jeder einzelne mit einem Knoten im gewünschten Abstand fixiert wird.

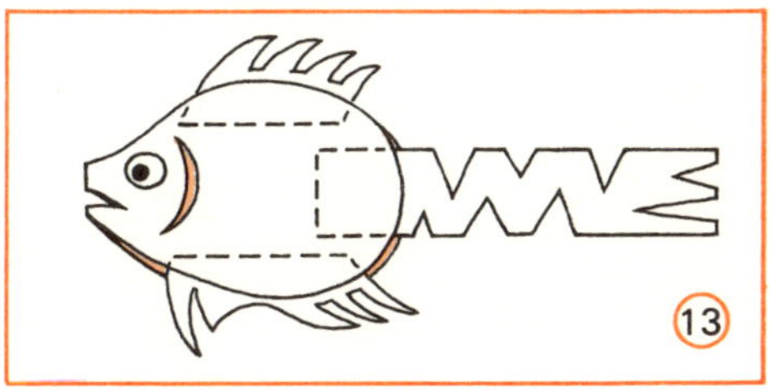

13

Muschelfische

Muschelfische (Abb. 15) sind eine Erinnerung an den Seeurlaub. Ihre Herstellung ist denkbar einfach: Flossen und Schwanz werden aus einmal gefaltetem, gummiertem Buntpapier geschnitten und zusammen mit einem Faden zwischen zwei Muschelhälften geklebt.

Ostervogel

Der Ostervogel (Abb. 16) soll die Reihe der Mobileanhänger beschließen. Er bildet die berühmte Ausnahme von der Regel, denn er kann auch als Einzelschmuck verwendet werden. Sein Körper – ein ausgeblasenes Ei – bekommt als Hals und Kopf eine Tülle aus Transparentpapier aufgeklebt, deren oberes Viertel fransig geschnitten wird. Die Fransen ziehen wir so über einen Scherenschenkel, daß sie sich nach außen wölben. Für den Schnabel – eine kleine Tülle aus Tansparentpapier – bringen wir unterhalb des Fransenbüschels eine Öffnung an und kleben ihn ein. Flügel und Schwanz werden aus gefächertem Transparentpapier gefertigt und in vorsichtig angebrachte Öffnungen des »Körpers« gesteckt – die Flügel allerdings erst, nachdem ein beidseitig verknoteter Aufhänger

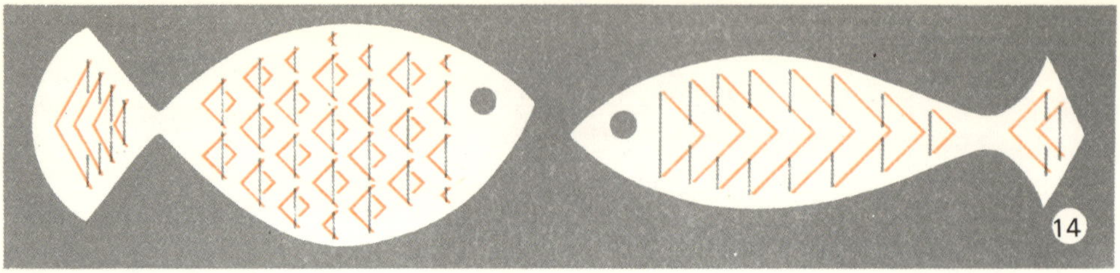
14

aus Bast oder Schnur eingefügt wurde. Wenn nötig, versehen wir den Aufhänger mit einem Tropfen Klebstoff.

Das Mobile fertigen wir aus Rundholzstäbchen oder Draht. In die Stäbchen kerben wir an beiden Enden Vertiefungen ein, damit die Fäden mit den Anhängern nicht verrutschen können. Die Drahtenden biegen wir zur Öse und knüpfen die Fäden dort ein. Diese müssen stets so bemessen sein, daß sich die Anhänger nicht gegenseitig behindern, sondern frei schweben können. Das gilt auch für die Verbindungsfäden zwischen den einzelnen Stäbchen.

Montiert wird das Mobile von unten nach oben. Zuerst befestigen wir die Anhänger, verbinden dann die untersten Sprossen mit den darüberliegenden Stäbchen usw., bis wir beim Träger angekommen sind. Dabei müssen wir immer genau den Schwerpunkt austarieren. Das gerät oft zum Geduldsspiel, besonders dann, wenn die Anhänger unterschiedlich groß sind wie bei unserem Modell auf Abb. 12. Anhänger von einheitlichem Format sind leichter ins Gleichgewicht zu bringen. Natürlich kann man das Mobile auch einfacher konstruieren (Abb. 17 und 18).

Damit unser Mobile wirklich mobil, nämlich beweglich ist, sollten wir es dort aufhängen, wo es von der Luft in Schwingung versetzt wird, im Korridor, in Türnähe, neben den »Verkehrswegen« innerhalb der Wohnung oder über dem Ofen beispielsweise. In Zimmerecken, in denen die Luft »steht«, sind Mobiles fehl am Platze – es sei denn, wir stellen Kerzen darunter.

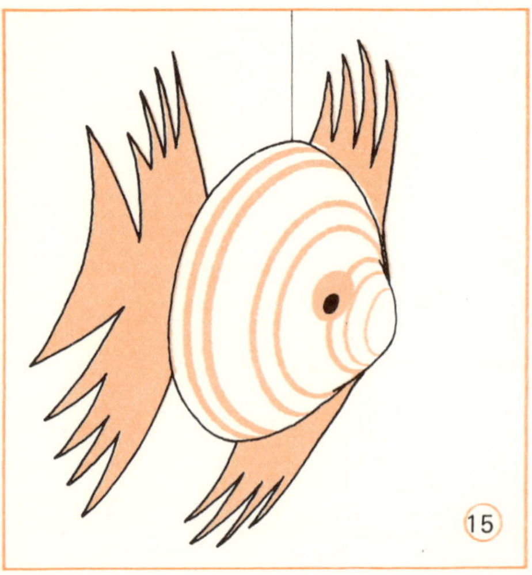
15

Schmuckpapiere

Die hier vorgestellten Schmuckpapiere sind vielseitig verwendbar. Sie eignen sich als Vorsatz und Bezug für Fotoalben, Tagebücher, Schreib- und Sammelmappen, wir können Buchumschläge daraus herstellen, kleine Geschenke damit einschlagen und Kartonagen kaschieren. Ein einfacher Pralinenkasten zum Beispiel läßt sich so ohne großen Aufwand in einen gefälligen Schmuckkarton verwandeln.

Kleisterpapier

Wir brauchen dazu ein Reißbrett, Klebestreifen, ungemustertes weißes oder anderes einfarbiges Papier (gut eignet sich z. B. die Rückseite glatter Tapeten), Kleister aus Weizenstärke, Farben (wasserlösliche Beizen, Stoffmalfarben, farbige Tusche, Tinte, Plakatfarbe), flache und runde Pinsel, einen Schwamm sowie verschiedene Model zum Mustern.

Bevor wir das Papier anfeuchten, auf das Reißbrett oder eine andere Arbeitsunterlage spannen und mit Klebestreifen an allen vier Seiten befestigen, bereiten wir uns den Kleister. In etwas kaltem Wasser rühren wir einen Eßlöffel Weizenstärke glatt und überbrühen mit einem halben Liter ko-

16

chendem Wasser. Der Kleister muß puddingähnlich sein und darf nicht aufgekocht werden. Wir bestreichen damit gleichmäßig und nicht zu dick das feuchte Papier und bringen unmittelbar danach die gewünschten Farben auf. Wenn wir den Kleister vorfärben, sparen wir uns das Einmalen der Farben. Und jetzt der Höhepunkt: das Mustern. Hier dürfen wir erfinderisch sein. Mit kleinen Modeln aus Kunststoff, mit groben Kämmen, Korken, Bürsten, Pinseln, Holzwolle, Schwämmen, quergebrochenen Streichholzschachteln usw. können wir phantastische Muster erzielen, solange Kleister und Farbe noch feucht sind und sich auf dem Papier verschieben lassen. Entsprechend der Form und der Führung des Models entstehen Streifen, Spiralen, Punkte, Karos oder anderes mehr. Danach lassen wir das Papier trocknen und bügeln es auf der linken Seite. Die Schauseite reiben wir mit farblosem Bohnerwachs ein; das Schmuckpapier wird dadurch strapazierfähiger.

Mustern

Abzugspapier

Benötigtes Material wie beim Kleisterpapier. Wir streichen zwei angefeuchtete, auf das Reißbrett gespannte Bogen mit Kleister ein und tragen auf beide unterschiedliche, aber gut aufeinander abge-

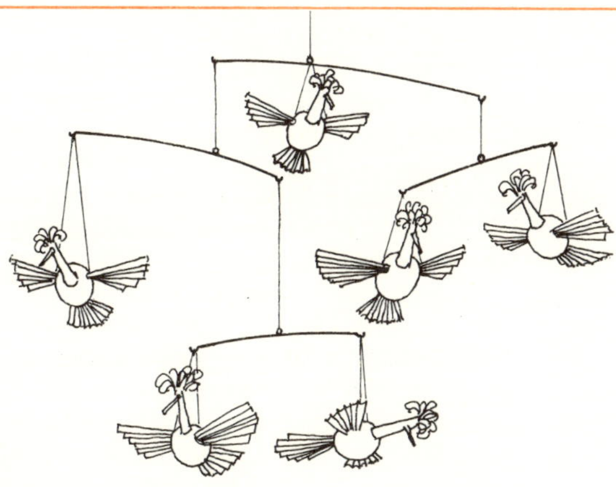

17

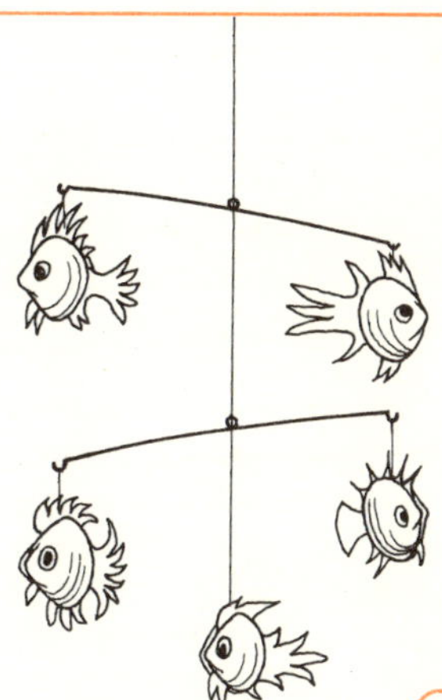

18

stimmte Farben auf. Die Bogen legen wir aufeinander und drücken sie fest zusammen. Dann lösen wir an einer Ecke den oberen Bogen vorsichtig vom unteren und ziehen ihn schnell herunter.

Knitterpapier

Auch hierfür wird das Ausgangsmaterial gut angefeuchtet, auf dem Reißbrett befestigt und in bekannter Weise mit Kleister und Farbe vorbereitet. Dann nehmen wir es von der Unterlage ab und knüllen es, mit der bekleisterten Seite nach innen, fest zusammen. Kurz darauf ziehen wir den Bogen vorsichtig auseinander. Das Papier ist nun mit einer interessanten Äderung überzogen. Wir lassen es trocknen, bügeln es linksseitig und wachsen die Oberfläche.

Schmuckpapier mit Marmorierungseffekt

Bringen wir kleine Tropfen wasserfester Ausziehtusche auf eine Wasseroberfläche, so breiten sie sich dort zu einem Film aus. Durch behutsames Kreisen mit einem Stäbchen geht dieser in frei angeordnete, weich geschwungene Strukturen über. Wo sie am schönsten ausgeprägt sind, legen wir einen weißen Papierbogen auf die Wasseroberfläche und heben ihn nach etwa einer Minute wieder ab. Auf seiner dem Wasser zugewandten Seite haftet nun die Tuscheschicht. Durch Helligkeits- und Farbstufungen sowie die unterschiedliche Breite des Linienverlaufs besteht eine Ähnlichkeit mit der Zeichnung von Marmorgestein.

Zwar beruht diese Technik weitgehend auf Überraschungseffekten, doch können wir auch gestalterisch eingreifen. Strebt man beispielsweise Ringmuster an, so tropft man schwarze Tusche im Wechsel mit andersfarbiger konzentrisch ineinander. Spiralig verlaufende Strukturen entstehen, wenn wir auf das vom Einlaufenlassen bewegte Wasser Tusche tropfen und noch vor Beruhigung des Wasserspiegels das Papier auflegen. Werden verschiedene Blautöne (Ultramarin-, Preußisch- und Kobaltblau) im Wechsel mit Gelb ineinandergetropft, ergibt sich ein schönes Farbspiel mit hellen Abgrenzungslinien.

Die vom Wasser abgehobenen Papierbogen legen wir zum Trocknen auf Zeitungspapier und saugen überschüssiges Wasser mit Zellstoff ab. Falls erforderlich, wird das Papier auf der ungefärbten Seite mit warmem Bügeleisen geglättet.

Da sich nur selten die gesamte Papierfläche zur Weiterverarbeitung eignet, sucht man mit Hilfe von Passepartoutstreifen jene Zonen aus, die durch Kontraste in Form, Farbe, Richtung und Ausdehnung spannungsreich und klar gemustert sind, und stellt davon rechteckige Ausschnitte her.

Eine andere Methode, Marmorierungseffekte zu erzielen, beruht auf dem Zusammenwirken von Leim und Ölfarbe.

Bei diesem Verfahren teigt man Zelleimkonzentrat mit etwas weniger Wasser als zum Tapetenkleben an und füllt den dicken Brei ungefähr 5 cm hoch in eine breite Schüssel oder eine ausgediente Fotoschale. Von zwei bis drei in Tuben erhältlichen Künstlerölfarben rühren wir nun jeweils ein etwa 2 cm langes Stück mit ein wenig Terpentinöl (Verdünnung) zu einer sämigen Masse an und sprühen mit dem Pinsel einige Tropfen jeder Farbe auf den Leimbrei. Mit feiner Pinselspitze taucht man nun behutsam in diese Farbtropfen und verbindet sie zu zarten Strukturen, wobei sich die Farben teilweise zu Zwischentönen vermischen.

Zum Übertragen des Musters legen wir einen Bogen Zeichenpapier flach auf den Brei, heben ihn kurz darauf wieder ab und spülen den mit aufgenommenen Leimbrei unter nicht zu starkem Wasserstrahl ab. Auf dem Papier bleiben die Farbstrukturen klar und deutlich zurück.

Sollte das Ergebnis nicht zufriedenstellen, war entweder der Leimbrei oder die Ölfarbe zu dünn oder zu dick angerührt. Um die Fehlerquelle auszuschalten, brauchen wir also nur die Konsistenz des einen oder anderen Bestandteiles entsprechend zu verändern.

Dem Entstehungsweg entsprechend, fallen die Farbstrukturen stets weich und geschwungen aus und haben daher einen eigenartigen Reiz. Ihr Verlauf ist während des Arbeitsvorganges stärker beeinflußbar, also weniger dem Zufall überlassen als bei der zuerst geschilderten Marmorierungsmethode.

Wachsgrafik

Diese Technik eignet sich vor allem für die Gestaltung von Schmuckkarten. Wir brauchen dazu Wachsmal- oder -signierstifte, ein Messer, Transparentpapier im Format A 4 und A 5 sowie weißen Zeichenkarton und Kleber. Beim Arbeiten schützen wir den Tisch durch einen Stoß Altpapier.

Von verschiedenfarbigen Wachsstiften raspeln wir mit einem Messer einige Stückchen auf die Mitte eines Transparentpapierbogens, legen ein zweites Blatt Transparentpapier darüber und bringen die Farbstiftmasse durch kurzes Aufsetzen eines warmen Bügeleisens zum Schmelzen. Daraufhin wird der obere Transparentpapierbogen schnell abgehoben. Auf beiden Papierseiten zeigt sich nun, spiegelbildlich zueinanderstehend, das Mischungsergebnis der verflüssigten Farben mit der faszinierenden Besonderheit, während des Abkühlens teils in flächenhafter Ausdehnung zu verbleiben, teils in reliefartigen Stegen unterschiedlichster Größe, Gliederung, Richtung, Dichte und Höhe zu erstarren. Aus dem Zusammenspiel von Farben, Formen und Strukturen heben sich – mit Phantasie betrachtet – Baumgruppen, Gletscherlandschaften, Tropfsteinhöhlen, Unterwasserpflanzen und andere Gebilde ab.

Besonders deutliche Konturen entstehen durch Beimengen schwarzer Wachsstiftraspel. Auch sind gezielte Farbmischungen möglich: Olivtöne erhält man beispielsweise durch Einsatz von Grün, Gelb und Braun, während aus Rot und Blau verschiedene Violettabstufungen hervorgehen. Der Strukturverlauf ist ebenfalls beeinflußbar: Wird beim Abheben des Deckblattes die Richtung geändert, erhält er eine lebhafte Dynamik; hebt man den Bogen stufenweise verzögert ab, erstarrt das Wachs in Wellen mit zarten Säumen.

Bald findet man heraus, daß bei zu hoher oder zu langer Temperatureinwirkung die Wachsfarbmasse ins Papier eindringt und kaum Strukturen bildet, bei zu geringen Temperaturen hingegen pastenartig verklebt. Benutzt man zuviel Farbmasse, quillt sie im geschmolzenen Zustand an den Transparentpapierrändern hervor und verschmutzt das Bügeleisen. Meist lassen sich aber die zunächst mißglückten Bogen durch erneutes Überbügeln doch noch spannungsreich strukturieren.

Falten, Schneiden, Kleben

Mit vier weißen Kartonstreifen, die zum rechteckigen Passepartout gelegt werden, tasten wir die interessantesten Ausschnitte auf dem Transparentpapier ab, umranden sie mit spitzem Bleistift, schneiden sie aus und kleben sie auf weißen Zeichenkarton, der zu Klappkarten entsprechender Größe gefalzt sein kann. Dabei lassen wir beidseitig gleich breite weiße Ränder stehen; den unteren Rand wählen wir etwas breiter als den oberen.

FLECHTEN, KNÜPFEN, WICKELN MIT NATURMATERIAL

3. Kapitel

Vor noch gar nicht so langer Zeit waren Gegenstände aus Schilf, Weide, Bast oder Stroh in jedem Haushalt zu finden. Die Frauen gingen mit derben geflochtenen und gewickelten Körben zum Markt und trugen beim Spaziergang den feineren leichten Zierkorb am Arm. Die Kiepe, aus Birken- oder Weidenruten geflochten, war besonders auf dem Lande üblich, und ebenso gehörten Möbel aus Korbgeflechten zu den vertrauten Dingen des täglichen Lebens.

Sind die Ruten, der Bast, das Stroh endgültig vergessen? Bis vor einigen Jahren schien es so. Doch dann entdeckte man ihre Schönheit neu und wandte sich diesen vielfältig verwendbaren Naturmaterialien wieder zu.

Einen besonderen Platz in der Strohverarbeitung nehmen heute die haltbaren und schön gefärbten Hüllblätter der Maiskolben, die »Lieschen«, ein. Selbst beim Anbau von Silomais bleiben bei der Ernte viele Lieschen auf dem Felde liegen, die wir nur aufzusammeln brauchen. Allerdings sind diese unausgereiften Blätter nicht für jede Technik zu verwenden. Getrocknet eignen sie sich aber gut für Maiswebarbeiten und kleine Basteleien.

Beim Wickeln, Knüpfen und Flechten wollen wir uns auf Materialien beschränken, die wir leicht beschaffen können. Das sind vorwiegend: Bast, Mais-, Roggen-, Weizen- und Haferstroh, Schilfblätter, Binsen, Ruten von Weiden, Birken und Ginster sowie Kiefernwurzeln. Außerdem verwenden wir Kunstbast und Schnur.

Das Vorbereiten von Maisstroh

Maisstroh läßt sich sowohl flechten als auch wickeln und knüpfen. Die Vorarbeiten sind für alle drei Techniken die gleichen. Wir besorgen uns am besten die mittleren Hüllblätter der Maiskolben – die äußeren sind zu hart, die inneren nur für ganz feine Arbeiten zu gebrauchen – und als Hilfsgeräte lange dicke Stopfnadeln mit und ohne Spitze, einen Fingerhut, einen Häkelhaken Nr. 2 1/2, eventuell eine Flachzange sowie einen Holzhammer oder ein schweres, glattes Holz.

In handwarmem Wasser weichen wir so

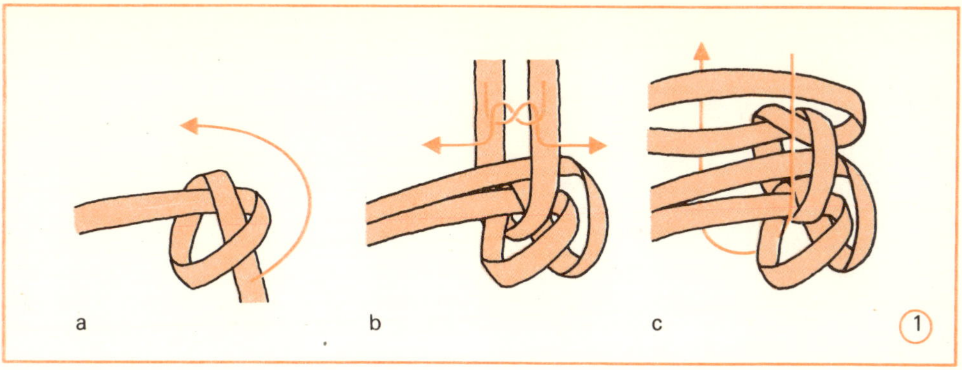

viele Lieschen ein, wie wir voraussichtlich in einem Arbeitsgang verbrauchen. Sind sie geschmeidig, werden sie in einem alten Tuch fest ausgedrückt. Die harten Enden und eventuell gefranste Spitzen schneiden wir mit der Schere ab. Für wuchtige, rustikale Arbeiten verwenden wir die Blätter in ganzer Breite. Soll der Gegenstand leichter und feiner werden, teilen wir sie: Von der Mitte ausgehend, reißen wir jedes Blatt in Streifen von 1 bis 1,5 cm Breite. Die Seitenstreifen müssen wir etwas breiter halten als die aus der Blattmitte, die ja wesentlich stärker ist.

Damit die Streifen nicht vorzeitig trocknen, schlagen wir sie in ein feuchtes Tuch ein. Sie mehrmals einzuweichen empfiehlt sich nicht, denn Maisstroh wird schnell stockig und gelb. Wichtig ist, daß wir zügig und sehr fest arbeiten, da sich das feuchte Material nach dem Trocknen lokkert. Durch Klopfen mit einem Holzhammer oder einem Stück Holz wird die fertige Arbeit geglättet. Anschließend lassen wir sie dann in einem gutgelüfteten Raum trocknen.

Knüpfen mit Maisstroh

Wenn wir das Wort Knüpfen hören, denken wir gewiß an Knoten. Knüpfarbeiten aus Maisstroh bestehen in der Tat aus vielen Knoten, die sich in fortlaufenden Runden aneinanderreihen. Wir können in dieser Technik sowohl runde als auch ovale Gegenstände, insbesondere Untersetzer, Schalen und Körbe, anfertigen. Wählen wir eine runde Form, verknoten wir als Anfang einen Maisstreifen zu einem Ring (Abb. 1a). Beide Streifenenden legen wir glatt übereinander nach links. Durch diesen Ring ziehen wir einen neuen Streifen und knüpfen ihn etwa 1 cm neben dem ersten Knoten über beide Streifenenden (Abb. 1b). Auch die nun verbleibenden Enden werden nach links gelegt (Abb. 1c). Diesen Vorgang wiederholen wir so oft, bis die erste Runde geschlossen ist. In der zweiten Runde arbeiten wir noch einmal alle Knoten durch die Mitte des Ringes (Abb. 1d). Erst ab dritter Runde ziehen wir die Streifen mit dem Häkelhaken von hin-

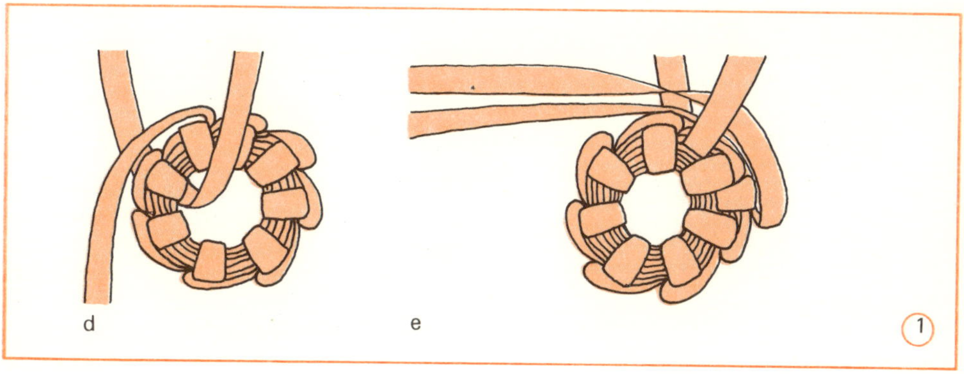

ten nach vorn zwischen die letzte und vorletzte Runde (Abb. 1e). Benutzen wir die Stopfnadel, so stechen wir von vorn nach hinten.

Wenn wir darauf achten, daß die Streifenenden unterschiedlich lang, die Knoten sehr straff gebunden und auf der Oberseite nicht zu sehen sind, wird die Arbeit einheitlich stark und sauber. Und noch etwas ist wesentlich: Die Knüpfstellen müssen stets gleich weit voneinander entfernt sein, auch wenn die Runden größer werden. Wir ziehen dann ab und zu statt einen zwei Streifen durch ein Loch und verknoten sie. Diesen Vorgang nennt man »Zunehmen«. Damit sich keine unansehnlichen Wellen ergeben, darf das nur allmählich geschehen.

Wollen wir die Arbeit abschließen, lassen wir die Einlagestreifen nach und nach immer dünner und kürzer werden und ziehen die letzten fünf bis sechs Enden unter die Knoten der letzten Runde.

Fertigen wir ovale Formen, müssen wir anstelle der Schlinge mit einem Zopf aus Maisstreifen (Abb. 8a) beginnen, in den wir dann die Lieschenstreifen einhängen. Soll eine Schale entstehen, so wird die Einlage je nach der gewünschten Form allmählich oder aber steil über die letzte Bodenrunde geführt und ebenso weitergearbeitet.

Durch die Technik sind wir zu klaren, einfachen Formen gezwungen. Besondere Effekte können wir erzielen, wenn wir helleres und dunkleres oder verschiedenfarbiges – grünliches, bräunliches bis violettes – Maisstroh kombinieren. Die Musterung muß sich jedoch der Form anpassen, die um so schöner wirkt, je regelmäßiger die Arbeit ausgeführt ist.

Wickeln mit Maisstroh

Die Wickeltechnik eignet sich für alle Gegenstände, die wir auch im Knüpfverfahren herstellen können. Sie ist sehr einfach: Maisblattstreifen werden um eine Einlage gewickelt und in regelmäßigen Abständen mit der vorangegangenen Runde verbunden. Als Einlage nehmen wir Mais- oder ungedroschenes Roggenstroh. Meist haben wir aber so viele Maisstrohabfälle, daß sie als Einlage reichen. Den Anfang und die erste Runde arbeiten wir in der Knüpftechnik. Erst in der zweiten Runde beginnen wir zu wickeln (Abb. 2a). Dabei schlingen wir das lange Ende des Knüpfstreifens von rechts oben nach links unten jeweils zweimal um die Einlage und ziehen es dann erst durch die Mitte. Wir wickeln also immer von hinten nach vorn und von rechts nach links. Die Einlage ergänzen wir immer wieder durch lange Blätter, damit sie gleichmäßig dick bleibt. Ab dritter Runde ziehen wir den Streifen nicht mehr durch den Mittelring, sondern stechen ihn entweder zwischen letzte und vorletzte Runde oder durch die letzte Runde. Dabei muß uns die Stopfnadel helfen, in die der Wickelstreifen gefädelt wird.

Wir können unsere Arbeit auch auf andere Art beginnen: Ein Stück der Einlage wird fest umwickelt, entsprechend der Grundform rund oder oval gebogen und befestigt (Abb. 2b und 2c). Mit Wickeln geht es dann weiter, wie schon beschrieben. Für ovale Gegenstände, wie die Schale auf Abb. 3, wird immer dieser Anfang gewählt.

Haben wir, bei einem Papierkorb bei-

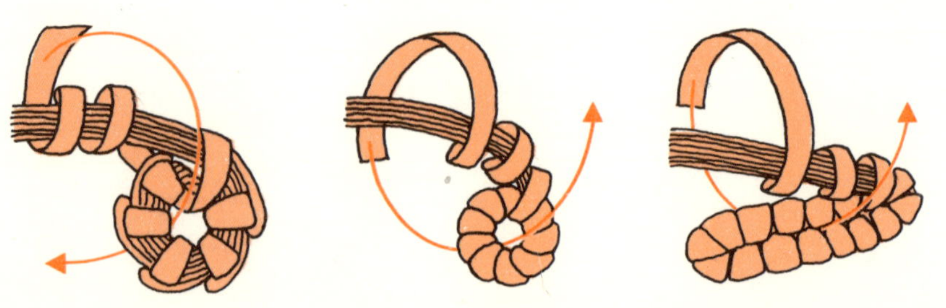

a b c ②

Voranstehende Seite:
1 Scherenschnitt aus Polen

2–10 Durch Falten, Schneiden und Wölben über den Scherenrücken entstanden: Tisch- und Raumdekoration aus Papier

Folgende Seiten:
11, 12 Papierplastiken von Edi Kallista »Professoren« – »Dirigent«

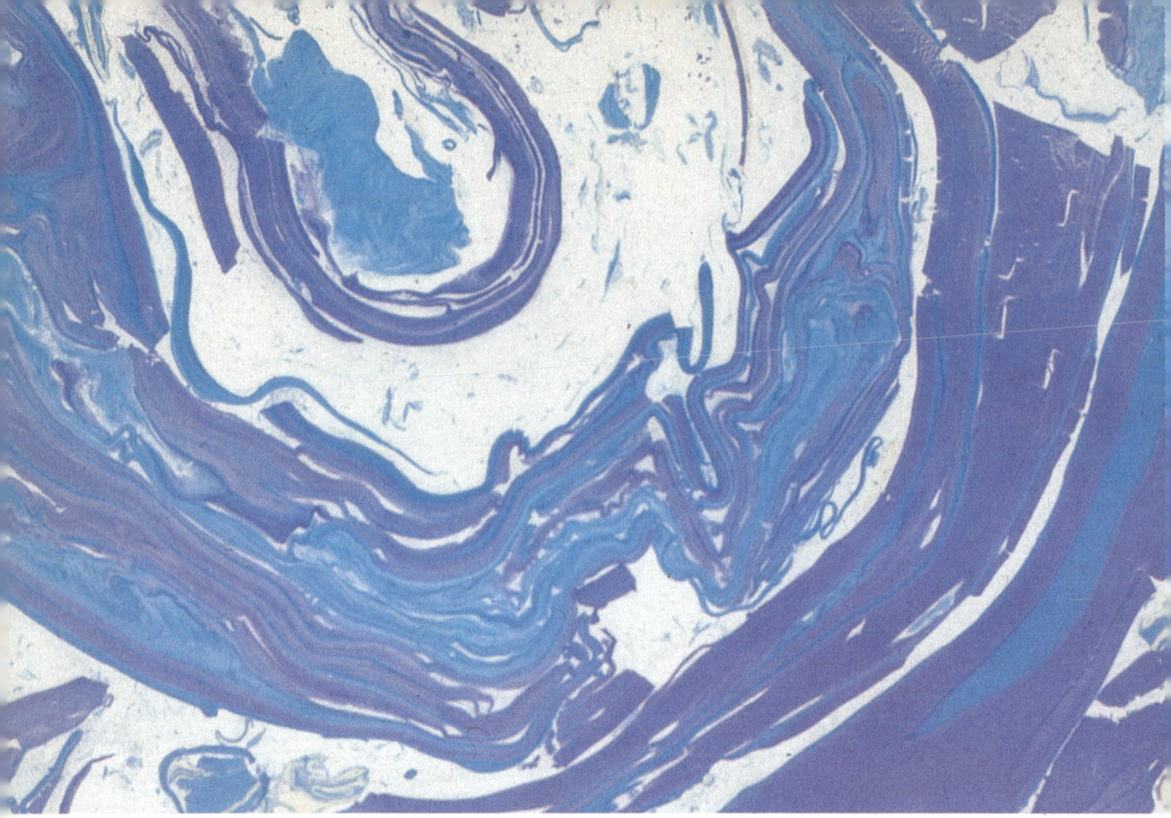

13, 14 Marmorpapiere

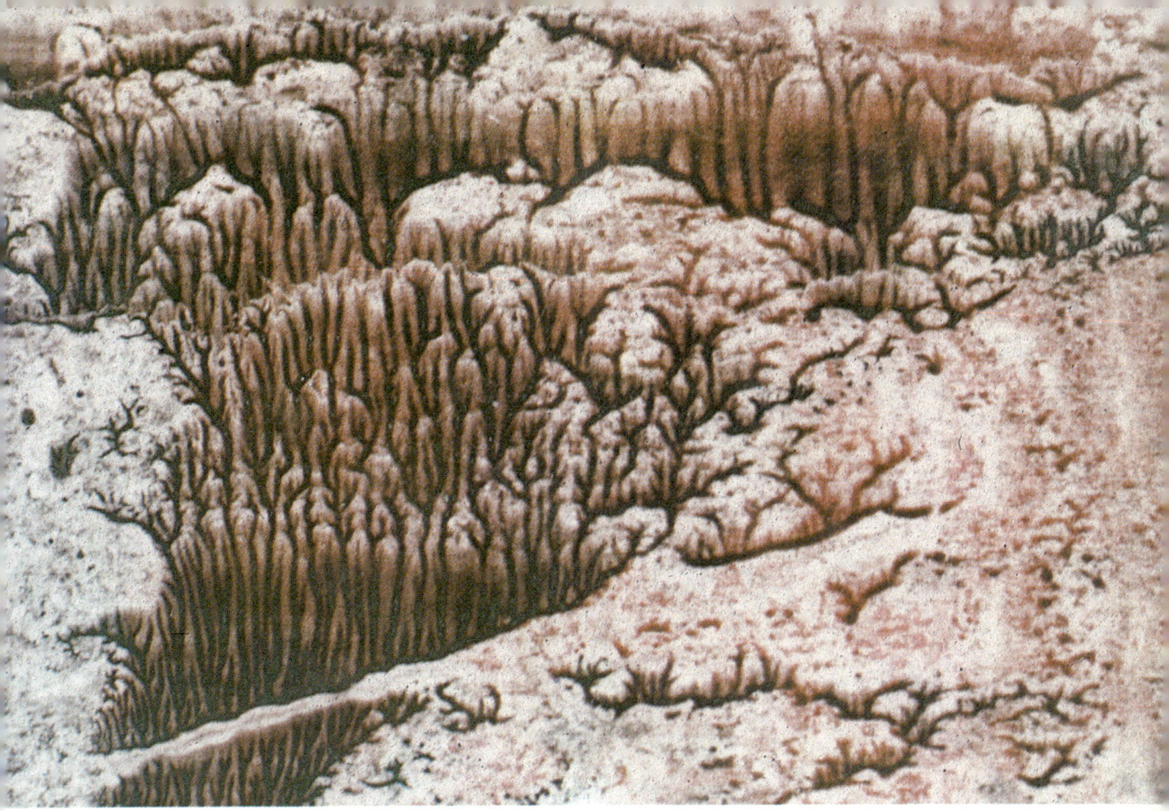

15–17 Wachsgrafiken

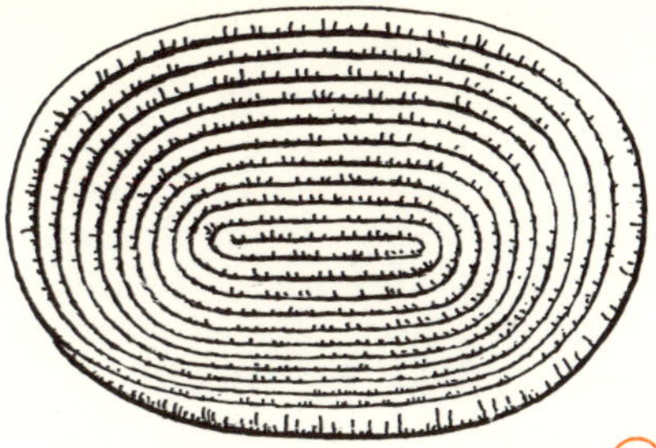

3

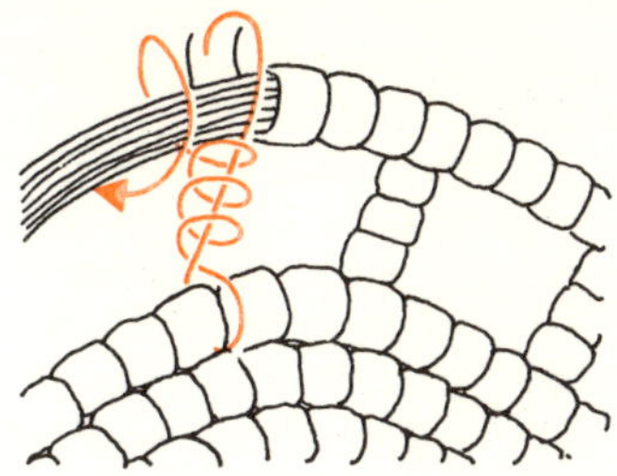

7

spielsweise, den Boden fertig und wollen steil in die Höhe arbeiten, so legen wir die Wickelstränge von nun an nicht mehr nebeneinander, sondern übereinander. Wikkeln wir die Stränge teilweise übereinander, erhalten wir eine allmählich ansteigende Form.

Durch verschiedene Verbindungsstiche lassen sich zahlreiche Muster gestalten. An einem Werkstück sollten wir aber nur eine Stichart anwenden und nicht mehrere gleichzeitig ausprobieren wollen.

Der Überfangstich (Abb. 4) wird durch Umwickeln der Einlage von hinten nach vorn und durch Einstechen zwischen die letzte und vorletzte Runde oder in die letzte Runde von vorn nach hinten gearbeitet. Er läßt sich vielfach variieren. Wir können ihn regelmäßig und unregelmäßig versetzen, in bestimmten Abständen neben dem Stich der vorangegangenen Runde anbringen, ihn in die Mitte der vorigen Runde oder auch in die obere Hälfte setzen, so daß er kaum sichtbar ist.

Stechen wir durch die zuletzt gearbeitete Runde, benötigen wir eine lange, spitze Stopfnadel und die Flachzange. Ohne sie müßte man sonst zu kräftig ziehen und könnte den Streifen dabei zerreißen. Fädeln wir den Streifen zweimal nebeneinander zwischen letzter und vorletzter Runde durch und stechen in jeder folgenden Runde zweimal zwischen die beiden Stiche, erhalten wir den doppelten Zopfstich (Abb. 5). Werden bei zunehmender Größe die umwickelten Teile von Stich zu Stich zu lang, müssen wir Zwischenstiche anbringen.

doppelter Zopfstich

Wenn wir jeweils in den Überfangstich der vorigen Runde arbeiten, entsteht der Kettstich (Abb. 6).

Überfangstich

Kettstich

Für den Achterstich, mit dem man schöne durchbrochene Randkanten (Abb. 7) arbeiten kann, braucht man ausgesprochen lange Maisblattstreifen. Leider erreicht der bei uns wachsende Mais die erforderliche Blattlänge nicht. Der Achterstich findet daher hierzulande vorwiegend bei Bastwickelarbeiten Anwendung. Er wird aus diesem Grunde im Abschnitt »Gewickelte Bastarbeiten« näher beschrieben.

Achterstich

Benutzen wir kurze Maisstrohblätter,

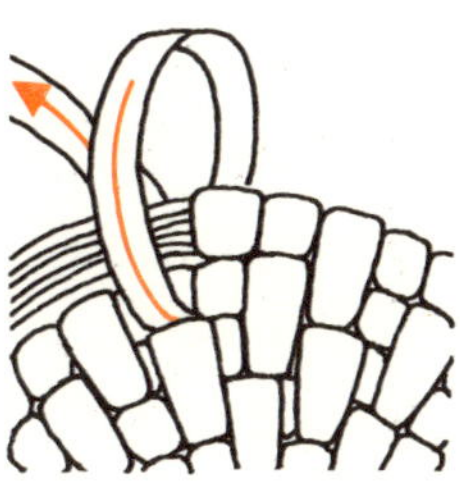

4

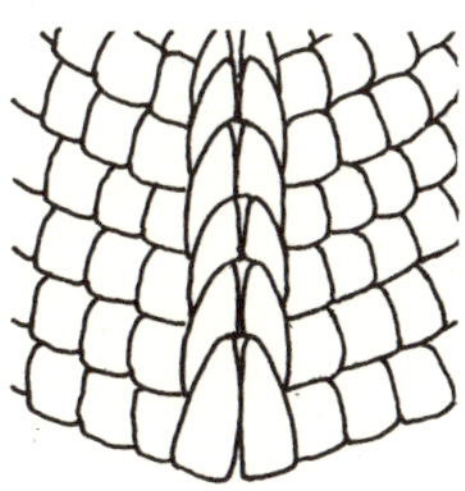

5

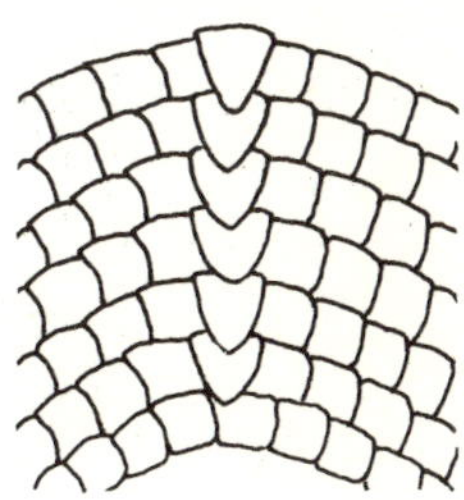

6

Flechten, Knüpfen, Wickeln

müssen wir öfter neue Wickelstreifen anlegen. Das neue Blatt wird dann an seinem festen Ende abgeschrägt und mit dieser Spitze zwischen den alten Streifen und die Einlage gewickelt. Nach einigen Wickelrunden – die Stärke der Einlage ist hier entscheidend – liegt der neue Streifen obenauf und befestigt den alten mit.

Mit dem Erneuern der Einlage dürfen wir nicht so lange warten, bis die alte zu Ende ist. Es entstehen sonst Wülste, Brüche oder Vertiefungen. Wir stecken daher in regelmäßigen Abständen – wir finden bald heraus, wann unsere Einlage dünner wird – ein neues Blatt oder neue Halme zwischen die alte Einlage, so daß sich fast mit jedem Wickeln auch ein Einlageblatt erneuert. Gegen Ende lassen wir die Einlage ganz allmählich dünner werden und umwickeln schließlich noch 1 bis 2 cm der vorigen Runde mit. Das Ende des Streifens ziehen wir dann unsichtbar in das Gewickelte ein. Gelingt uns der Abschluß noch nicht so gut, können wir mit einem geknüpften Rand abschließen, der unkorrekte Stellen ausgleicht.

Flechten mit Maisstroh

Einen Zopf hat wohl jeder schon geflochten. Ein Zopf aus Maisstroh macht jedoch etwas mehr Mühe als ein Bast- oder Wollzopf, weil die Streifen sehr kurz sind. Für

Dreierzopf

den Dreierzopf binden wir eine durch 3 teilbare Anzahl Lieschenstreifen möglichst verschiedener Länge am dicken Ende zusammen. Mit einem haltbaren Faden befestigen wir dieses Bündel an einem Haken, an der Türklinke oder am Fenstergriff und können nun mit dem Flechten beginnen (Abb. 8a). Wenn eine Strähne dünner wird, legen wir, sobald sie in der Zopfmitte ist, einen neuen Streifen so ein, daß er nach oben rechts liegt. Das neue Blatt wird schon beim nächsten Überkreuzen festgehalten. Auf der Rückseite kontrollieren wir die Gleichmäßigkeit. Wir können sowohl flache als auch gedrehte Dreierzöpfe arbeiten. Beim flachen Zopf werden die Strähnen glatt und sehr fest verkreuzt. Ein gedrehter Zopf entsteht, wenn wir die Außensträhnen beim Flechten leicht verdrehen. Flache Zöpfe eignen sich gut für Taschen, dünne Untersetzer, leichte Schalen, auch als Hüllen für Flaschen, gedrehte dagegen für derbere Arbeiten wie Körbe, stabile Schalen, dicke Untersetzer, Badematten usw.

Fünferborte

Henkel, Einfassungen und Schlaufen werden gern aus Fünferborte hergestellt. Sie ist breiter und elastischer als der Dreierzopf. Wir befestigen dafür zunächst fünf zusammengebundene Strähnen. Überkreuzen wir beim Dreierzopf immer nur den mittleren Strang, so durchflechten wir beim Fünferzopf, von links kommend, drei Strähnen (Abb. 8b) und kreuzen dann die äußerste rechte nach vorn über den jeweiligen Flechtstrang. Das Anlegen der Blattstreifen erfolgt wie beim Dreierzopf: Sobald das Blattende kürzer wird, legen wir mit der linken Flechtsträhne zusammen einen neuen Streifen ein. Durch die Überkreuzungen wird er beim nächsten Flechtschlag schon festgehalten.

Von den fertigen Zöpfen schneiden wir die noch vorstehenden Enden sauber ab, klopfen sie mit einem Holzhammer vor-

8

9

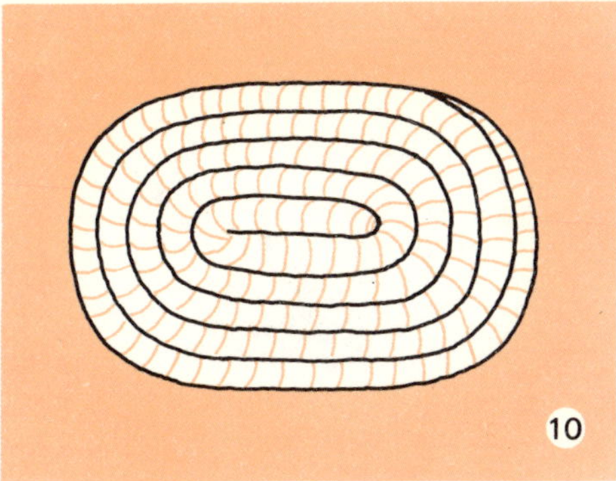

10

sichtig glatt und lassen sie anschließend trocknen. Sie gehen dabei etwas zusammen. Sind sie dann zu steif zum Verarbeiten, feuchten wir sie ganz leicht an. Mit Nadel und festem Leinenzwirn können sie jetzt hochkant oder flach nebeneinanderliegend zusammengenäht werden (Abb. 9). Damit die Stiche möglichst unsichtbar bleiben, ziehen wir die Fäden sehr fest an. Für manche Formen (Taschen, Untersetzer (Abb. 10), Buchhüllen u. a.) fertigen wir uns einen Schnitt an, bei anderen arbeiten wir über Modelle, oder wir formen bei genügend Erfahrung frei. Weitere Anwendungsbeispiele für Maisstrohzöpfe finden Sie im Kapitel »Puppen und Tiere«.

Stroh als Flechtmaterial

Stroh ist besonders dekorativ durch seinen schönen Glanz. Wir verwenden ungedroschenes, gleichmäßig starkes, von den Knoten befreites Stroh, das wir etwa 2 bis 3 Stunden in warmem Wasser (bei heißem Wasser genügen 10 Minuten) geweicht haben.

Während wir beim Maisstroh durch Drehen, Verkreuzen und Anziehen einen Zopf erhalten, entsteht der Strohzopf – besser die Strohborte – durch rechtwinkliges Umschlagen der Halme an den Außenkanten. Der Strohzopf wird im Gegensatz zu allen anderen Zöpfen nicht von oben nach unten, sondern von unten nach oben geflochten.

Lernen wir nun einige Borten kennen, die die Grundlage für viele Stroharbeiten bilden: Taschen, Schalen, Sommersandalen, lustige Tiere und vieles andere mehr.

Dreierzopf

Um einen sauberen Anfang für einen Dreierzopf zu bekommen, brauchen wir zwei Halme gleicher Stärke und drücken sie flach. Einen davon knicken wir in der Mitte rechtwinklig um und hängen den zweiten, entsprechend der Abb. 11a, hinein. Nun haben wir drei Halme und können durch ständiges rechtwinkliges Knikken der beiden äußeren eine flache Borte flechten (Abb. 11b, c, d). Müssen wir anlegen, lassen wir den alten Halm noch zwei bis drei Schläge mitlaufen. Am Ende versäubern wir die Kanten, indem wir die Strohenden abschneiden, und klopfen die Borte mit dem Holzhammer glatt oder bügeln sie leicht. Solange der Zopf noch feucht und biegsam ist, nähen wir ihn, je nach Entwurf, hochkant oder flach zusammen. Die Stiche müssen sehr fest sein, damit die getrocknete Arbeit nicht an Form verliert. Das Glätten ganzer Flächen erfolgt bei flach vernähten Borten mit dem Bügeleisen, bei hochkant vernähten mit dem Holzhammer. In beiden Fällen darf die Arbeit noch nicht trocken sein. Während

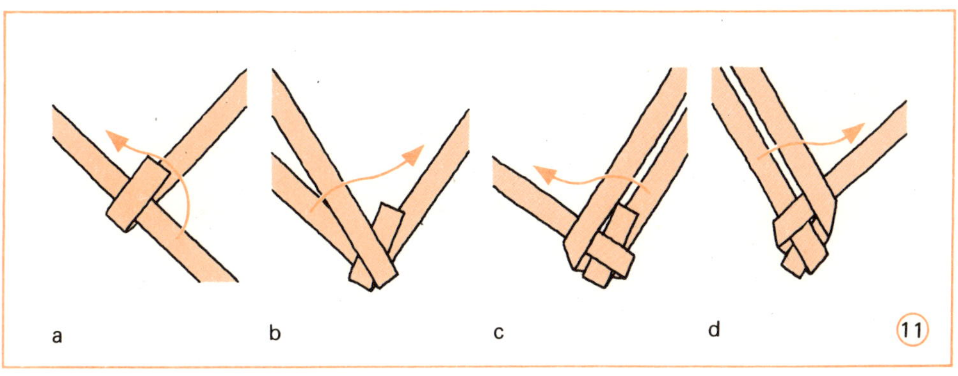

11

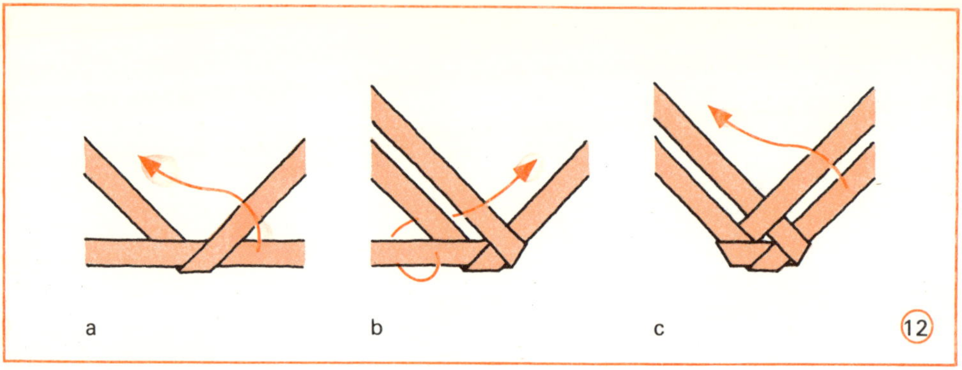

man den flach vernähten Zopf für alle Arten von Taschen, Schalen und ähnlichen leichten Gegenständen verwendet, eignet sich der hochkant vernähte für derbere Untersetzer, aber auch für Strohtiere (siehe Kapitel »Puppen und Tiere«). Bei all diesen Arbeiten beginnen wir in der Mitte und wickeln und vernähen spiralförmig nach außen. Wählen wir eine andere als die runde Form, muß der Anfang auch dieser Form entsprechen. Am sichersten hilft uns dabei eine Wickelskizze, aus der jeder Arbeitsgang ersichtlich ist. Die Borte läßt sich in feuchtem Zustand sehr gut in die gewünschte Form, Dreieck, Oval oder Rechteck usw., drücken.

vierströhniger Zopf

Den viersträhnigen Zopf arbeiten wir, wie aus den Abb. 12a bis f ersichtlich, in Leinenbindung, d. h., wir über- und untergehen die Halme im Wechsel, wobei die äußeren Halme auf der einen Seite nach hinten und auf der anderen nach vorn umgeschlagen werden. Die Fünferborte können wir sowohl in Leinenbindung als auch in Köperbindung flechten. Wie die Abb. 13a bis d zeigen, werden bei der Köperbindung jeweils die beiden inneren Halme übersprungen. Zu beachten ist, daß die äußeren Halme der Fünferborte, arbeiten wir sie in Leinenbindung, immer nach vorn umgeschlagen werden. Flechten wir sie in Köperbindung, schlagen wir – wie beim viersträhnigen Zopf – auf der einen Seite nach hinten, auf der anderen nach vorn um. Da diese Borten breiter sind, sich biegen und stauchen lassen und schneller fertig werden, können wir daraus auch größere Gegenstände anfertigen. Für den Hut (Abb. 14) wurde Fünferborte in Köperbindung verwendet und mit groben Stichen sichtbar an den Kanten übereinandergenäht.

Bei der Verarbeitung zu Henkeln und dergleichen sollte man immer auf Borten aus ungerader Halmanzahl zurückgreifen, da sich die geradzahligen Borten zu leicht verwinden.

Tiroler Borte

Besonders schön ist die Tiroler Borte (Abb. 15a bis g), die aus vier Halmen geflochten wird und sich vorzüglich für Strohhüte, Taschen und alle flach verarbeiteten Werkstücke eignet. Zu Anfang knik-

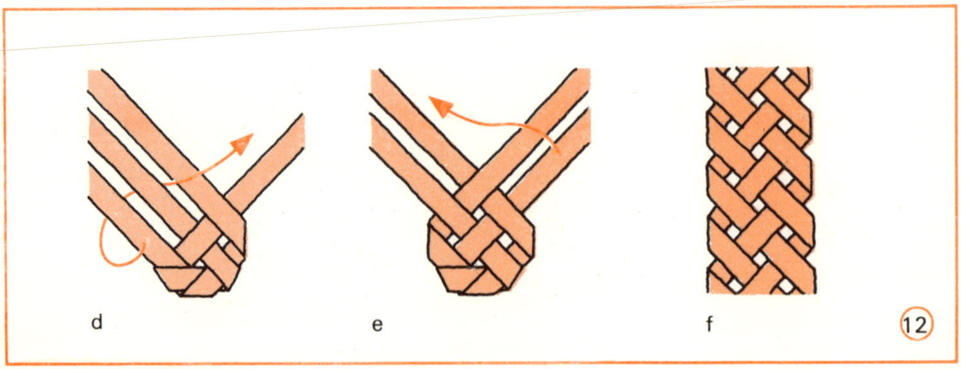

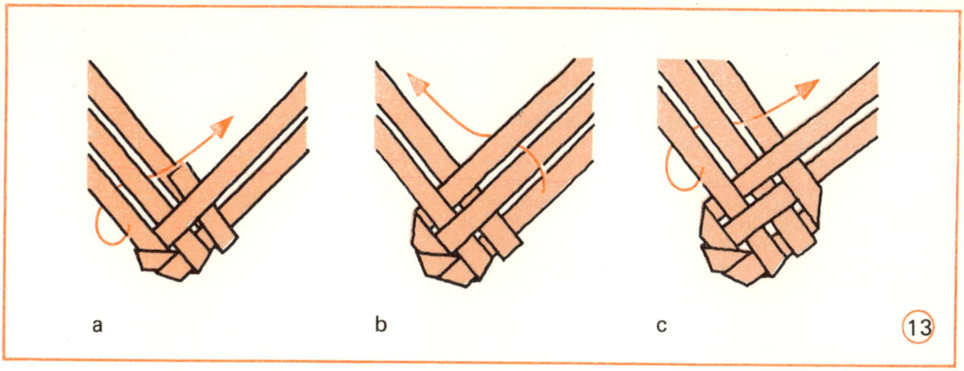

13

ken wir wieder einen Halm, diesmal etwa im Winkel von 60°, und legen in ihn einen zweiten ein. Beide Halme werden in verschiedenen Längen geknickt, damit das Anlegen nicht bei allen vier Strähnen auf einmal geschehen muß. Die Tiroler Borte schlagen wir immer nach hinten um. (Alle übrigen Arbeitsgänge entnehmen wir der Abbildung.) Sie wirkt sehr gut, wenn man sie mit den Zacken aneinander oder schuppenförmig übereinander zusammennäht.

Weihnachtsschmuck aus Stroh

Als Material benötigen wir wieder ungedroschenes Hafer-, Weizen- oder Roggenstroh, dazu rotes, blaues oder naturfarbiges dünnes Garn – am besten Perlgarn – sowie Schere, Zeichenkarton, Klebstoff und ein Bügeleisen. Bei den winterlichen Basteleien mit Stroh nehmen die Sterne wohl einen vorrangigen Platz ein. Wir unterscheiden drei Arten von Strohsternen, die schon im Namen ihre Herstellungsart verraten: gebundene, geflochtene und geklebte Sterne.

Gebundene Sterne

Sie bieten die größten gestalterischen Möglichkeiten. Bei ihrer Anfertigung üben wir uns im Gestalten eines Einzelornaments, denn als solches wirken sie später, ganz gleich, wofür wir sie verwenden, ob als Schmuck auf einer vorweihnachtlichen Tischkarte, ob als Anhänger eines Mobiles oder eines weihnachtlichen Straußes.

Für gebundene Sterne können wir nach Belieben ganze und gebügelte gespaltene, dicke und dünne, lange und kurze Halme verschiedener Strohsorten und auch interessant gefärbte stärkere Grashalme kombinieren. Wichtig ist nur, daß wir sie binden und nicht zusammennähen.

Unser erster Strohstern (Abb. 16) entsteht aus vier gleich langen geweichten Halmstückchen, die wir entweder in ihrer natürlichen Form belassen oder gespalten und gebügelt haben. Wir legen sie sternförmig übereinander und umweben sie zwei- oder

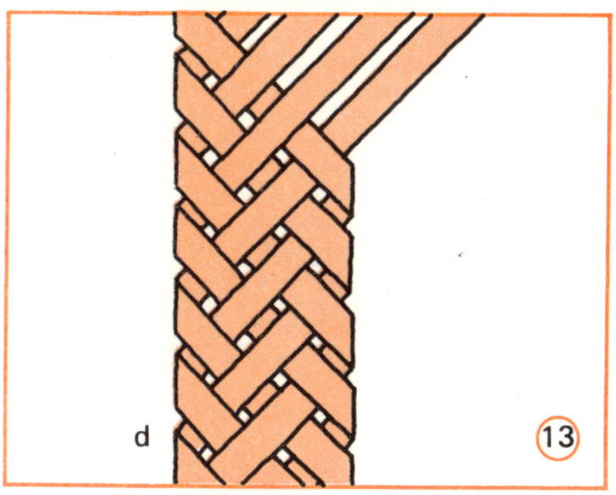

13

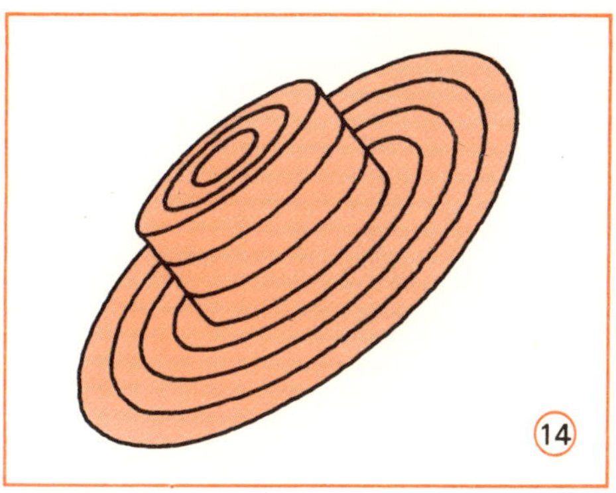

14

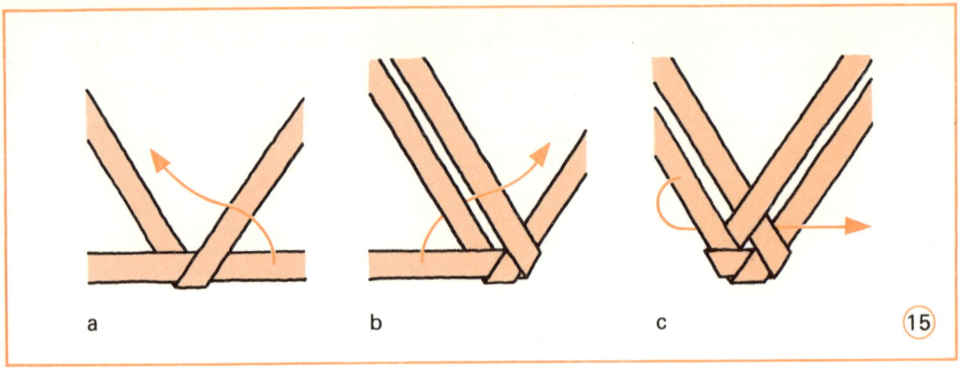

mehreremal mit einem farbigen Faden. Den Faden knoten wir zusammen und benutzen die Enden gleich als Aufhänger. Gespaltene Halme können wir noch durch vorsichtiges Beschneiden mit einer feinen Schere, einem scharfen Messer oder einer (gesicherten!) Rasierklinge verzieren; allerdings müssen wir immer berücksichtigen, daß sich das Strohmaterial dabei leicht abspaltet.

Wenn wir einen größeren Stern, z. B. aus den feinen Spitzen des ganzen Strohs bestehend, über oder unter einen kleineren binden, entsteht ein vielstrahliger Stern (Abb. 17).

Ein aus stärkeren ganzen Halmen gebundener Stern ergibt die ideale Mitte für einen großen Steckstern. Wir vervollständigen ihn durch einen Kranz Rund- oder Spitzbögen aus geschlitztem (gebügeltem und angefeuchtetem) Stroh und geben ihm damit ein blütenähnliches Aussehen. Anfang und Ende der Strohstücke werden in die Halme des Mittelteils eingesteckt und -geklebt (Abb. 18). Die Anzahl der Bögen, die die einzelnen Strahlen miteinander verbinden, richtet sich nach der Größe der Halmöffnungen.

Umwickeln wir ein feuchtes Halmbündel in der Mitte ganz fest mit einem Faden, so daß sich die Halme spreizen, und binden wir ein zweites, ebensolches Bündel darüber, bekommen wir einen dicken, vielstrahligen Stern (Abb. 19).

Geflochtene Sterne

Bei geflochtenen Sternen bleibt uns nicht sehr viel gestalterischer Spielraum. Sie alle bauen auf einem quadratischen Mittelteil auf. Wir verwenden entwender flachgebügelte ganze oder ebenfalls gebügelte gespaltene Halme, legen davon eine ungerade Zahl parallel nebeneinander und beschweren die Spitzen mit einem Buch oder etwas Ähnlichem. Nun durchflechten wir sie im mittleren Drittel mit einer gleichen Anzahl Halme, versetzen aber in jeder Reihe die Folge. Das geflochtene Innenteil wird befestigt, indem wir es mit einem farbigen Faden umweben. Die Halmenden können wir auf verschiedene

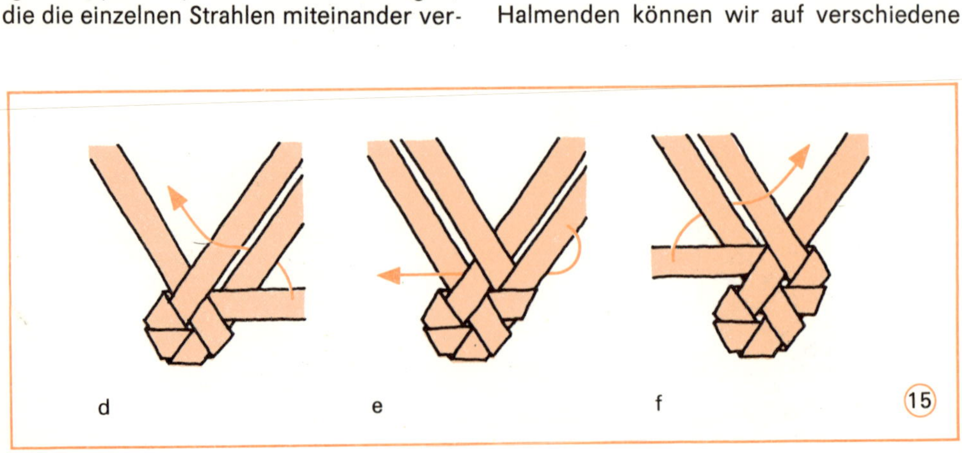

Länge bringen und beliebig auszacken (Abb. 20).

Geklebte Sterne

Sie ähneln den Strohintarsien und können sehr variabel gestaltet werden (Abb. 21). Als Arbeitsmaterial benutzen wir möglichst breitgespaltene, gebügelte Halme. Außerdem brauchen wir eine dünne Kartonscheibe als Mitte, die wir so groß zuschneiden, wie die Innenfläche des Sterns bis zum Zackenanfang werden soll. Diese Scheibe müssen wir entsprechend der Halmbreite einteilen. Wir bekommen so eine genaue Schablone für das Zuspitzen unserer Strohhalme. Ein Tip hierfür: Wir tragen den Radius auf unserem Strohhalm entsprechend Abb. 22 ein, zeichnen die Verbindungslinie und brauchen nun nur noch exakt zu schneiden. Die Aufzeichnung muß auf beiden Seiten des Kartonkreises genau übereinstimmen, da sich sonst die frei bleibenden Halmenden nicht decken. Die zugespitzten Halme kleben wir auf beiden Seiten sternförmig von der Mitte aus auf. Wir müssen dabei sehr sauber arbeiten, damit keine Lücken entstehen, durch die der Karton sichtbar würde. Die nach außen überstehenden Halme beschneiden wir und kleben sie ebenfalls zusammen, nachdem zwischen zwei ein Hänger eingeschoben wurde.

Kugeln und Ringe

Geklebte Kugeln und Ringe sind ebenfalls ein hübscher Schmuck für den Weihnachtsstrauß oder -baum. Sie werden aus gespaltenen und gebügelten Halmen ge-

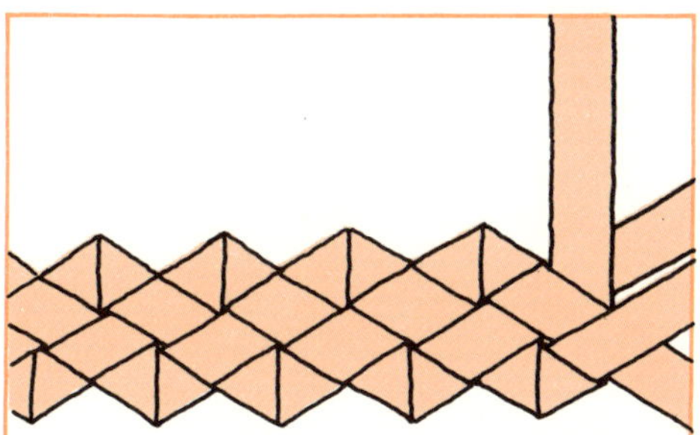

g

15

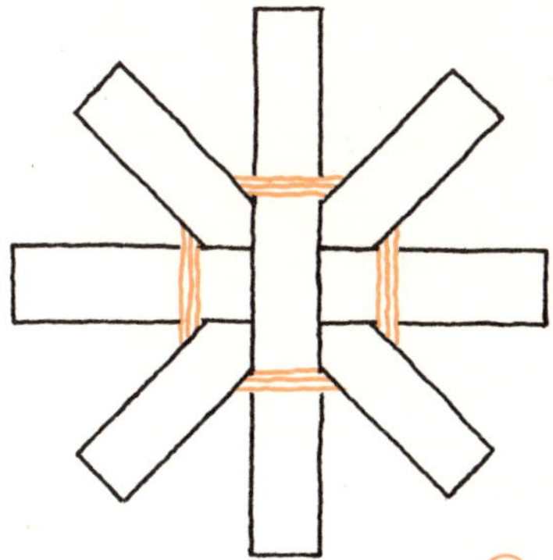

16

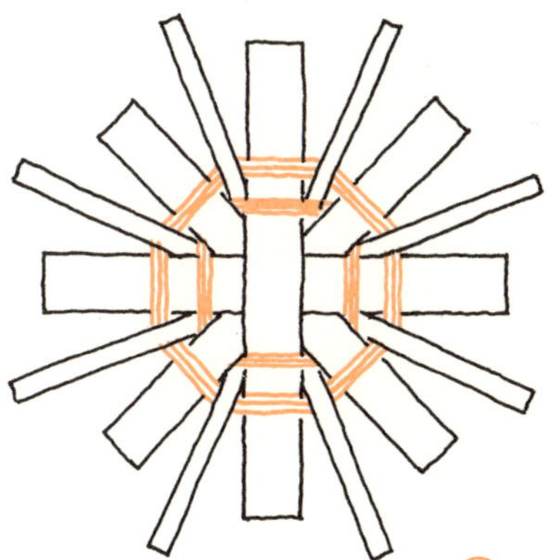

17

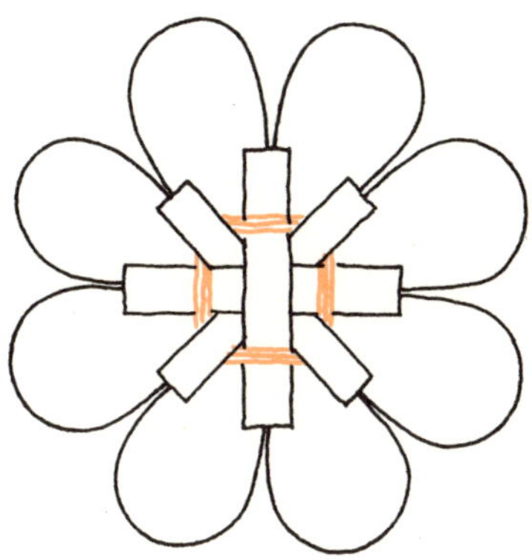

18

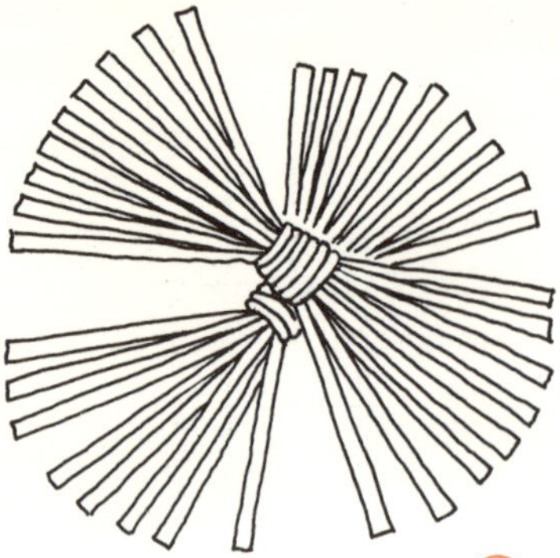
19

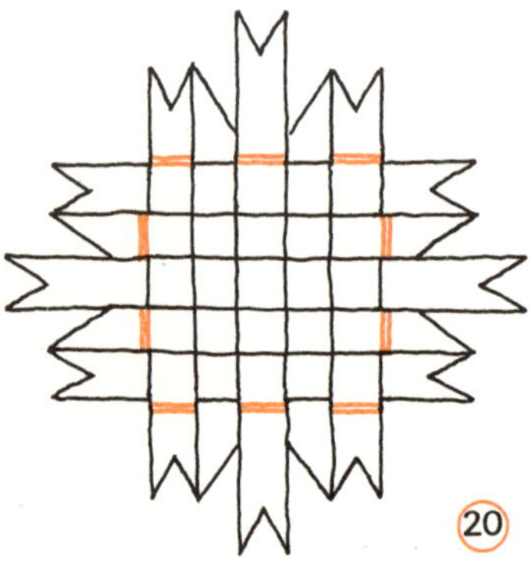
20

21

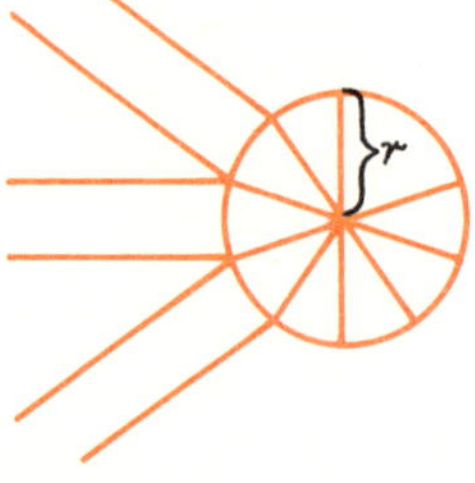

22

23

fertigt, die wir vorher über einen Stift oder die Kante des Tisches ziehen, damit sie sich runden. Für die Kugel (Abb. 23) kleben wir uns drei gleich große Reifen. Zwei davon binden wir oben rechtwinklig zueinander zusammen. Den dazu benutzten Faden verwenden wir gleich für den Hänger. Den dritten Reifen kleben wir quer um den Bauch der Kugel. Der Ringschmuck kann aus drei oder mehreren verschieden großen Reifen bestehen. Sie werden der Größe nach exzentrisch geordnet und zusammengebunden (Abb. 24).

Gewickelte Bastarbeiten

Naturbast eignet sich vorzüglich als Wikkelmaterial. Er gibt den daraus gefertigten Gegenständen allein schon durch seine verschiedenen Breiten und Stärken ein interessantes Gepräge. Sehr gut wickelt sich auch Kunstbast. Da er breiter ist als Naturbast, geht die Arbeit damit schneller von der Hand. Kunstbast kommt vor allem für Papierkörbe, Schalen, Hülltöpfe und Untersetzer mit Stroh- und Schnureinlage in Frage. Wir wählen dafür möglichst kräftige Farben aus, lassen aber Rosa und Lila beiseite. Lindenbast sollten wir nur bedingt verwenden, weil er sehr steif und stumpf ist und sich bei der Arbeit leicht spaltet. Als Einlagematerial können wir Stroh oder Schnur benutzen, auch Birkenreiser, Ginsterruten, dünne Zweige der Trauerweide und geschälte Kiefernwurzeln. Die Zweige schneiden wir im Frühjahr oder Herbst, wenn sie keine Blätter tragen. Trockene Reiser sind unbrauchbar.

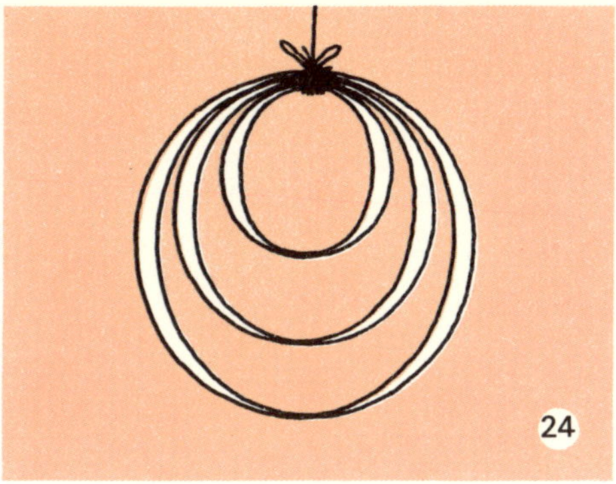

24

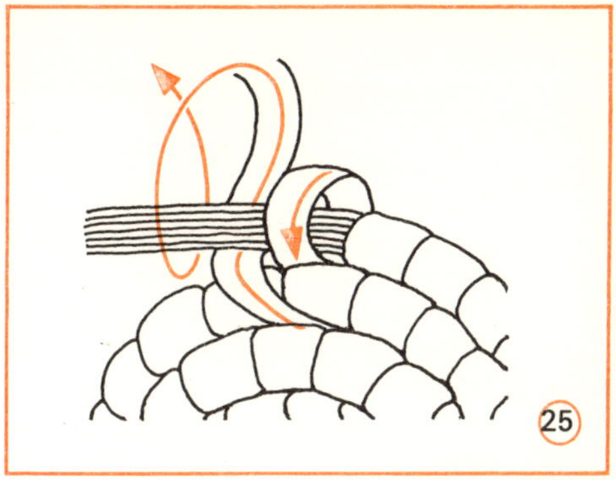

25

Die Technik des Wickelns ist die gleiche wie beim Maisstroh: Wir arbeiten von hinten nach vorn und von rechts nach links. Als Befestigungsstiche bedienen wir uns des Überfangstiches in seinen verschiedenen Variationen sowie des Achterstiches. Den Anfang bildet wieder die bereits bekannte, fest umwickelte Öse (siehe Abb. 2b und 2c). Der Achterstich (Abb. 25) wird folgendermaßen gearbeitet: Wir wickeln einige Male um die Einlage und stechen, von oben hinten kommend, zwischen die letzte und vorletzte Runde, ziehen den Wickelstreifen nach vorn über die vorletzte Runde und führen ihn hinter die Einlage zurück, um wieder mit dem Wickeln zu beginnen. Dieser Stich ergibt in der Fläche keine Musterung, er läßt einzig und allein das Material wirken. Dafür können wir mit ihm dekorative Abschlußkanten arbeiten, die an Hohlsaumstäbchen erinnern (siehe Abb. 7). Zu diesem Zweck wird die Achterschlaufe etwas lockerer geschlungen und, von der letzten Runde ausgehend, von unten nach oben umwickelt. Abb. 26 zeigt einen Obstkorb mit einer solchen Randverzierung, Abb. 27 einen ganz und gar in dieser Technik gefertigten Einkaufskorb.

Achterstich

Zum Umwickeln von Zweigen und Kiefernwurzeln nehmen wir am besten Naturbast oder auch Lindenbast, jedoch keinen Kunstbast. Wir verfahren dabei so, daß die Einlage sichtbar bleibt, arbeiten also mit weiten Stichen, die gleichzeitig Haltestiche sind. Ab und an können wir auch kurze Strecken ganz umwickeln, so daß Einlagematerial und Wickelmaterial sich abwechseln. Für solche Arbeiten besorgen wir uns eine kräftige Nadel, möglichst eine Schusternadel. Damit wird der Bast nur durch die oberen Zweige der Einlage gezogen, da sonst das Werkstück zu dick würde. Die

26

27

Einlage, darauf achten wir stets, muß wiederum ganz gleichmäßig bleiben, die stärkeren Enden werden immer zuerst angelegt. Soll die Arbeit beendet werden, lassen wir die Einlage verlaufen. Der Rand wird dicht umwickelt, entweder mit Bast oder dem Einlagematerial. Umwickelte Zweige und Wurzeln eignen sich vorwiegend für derbere Gegenstände, Körbe sowie ausladende Bodenschalen.

Erwähnt sei noch das Umwickeln fester Unterlagen mit Bast oder Kunstbast. In dieser denkbar einfachen Technik kann man mit geringem Zeitaufwand hübsche kleine Geschenke, wie z. B. Serviettenringe, Behältnisse für Knöpfe oder andere Haushaltartikel, anfertigen. Zur Arbeit benötigen wir außer dem Wickelmaterial Abfälle von Plastrohren jeden Kalibers, je eine Stopfnadel mit und ohne Spitze, feste und biegsame Pappe sowie Stecknadeln.

Serviettenringe

Für Serviettenringe sägen wir ein Stück kleinkalibriges Plastrohr in gleich lange Teile, die mit Hilfe der stumpfen Nadel im rechten Winkel zur Schnittkante umwickelt werden (Abb. 28). Das Ende des Bastfadens wird auf der Innenseite verstochen. Wir können die Serviettenringe sowohl einfarbig als auch mehrfarbig gestalten. In Naturbast passen sie gut auf einen rustikal gedeckten Tisch.

Dosen

Für Behältnisse bzw. Dosen sägen wir entsprechende Stücke von dickerem Rohr zurecht. Anschließend schneiden wir aus fester Pappe zwei runde Scheiben in Größe des Rohrdurchmessers, abzüglich 1 mm für Boden und Deckel, zu, außerdem aus biegsamer Pappe ein Rechteck in Umfang und Höhe des Rohres. Dieses Rechteck fügen wir mit einfachen Stichen zur

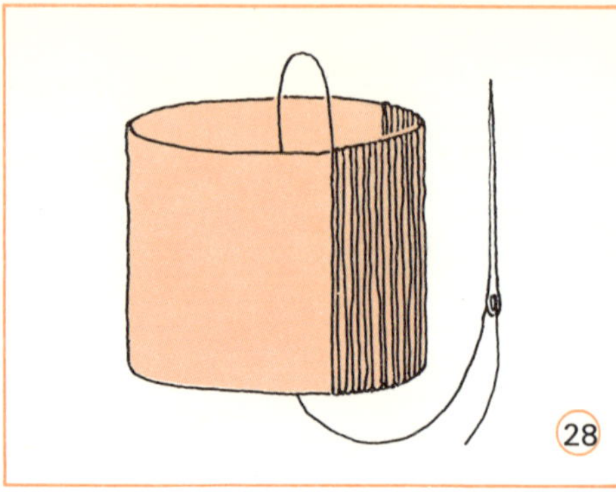

28

Röhre zusammen (Abb. 29a), die wir umwickeln und später als Deckelfang in das ebenfalls umwickelte Rohr stecken und am unteren Rand befestigen. Auch Boden und Deckel werden umwickelt. Dabei führen wir den Bastfaden stets in einer Richtung über die Mittelachse (Abb. 29b). Um zu verhindern, daß die ersten Wickelrunden verrutschen, stecken wir Stecknadeln in die Außenkante der Pappe. Zum Schluß nähen wir den Boden und ein Stück des Deckels unsichtbar ein.

Boden und Deckel umwickelter Behältnisse können übrigens auch mit Teneriffaspitze überfangen werden (siehe Kapitel »Spitzentechniken«). Die Dose erhält dadurch ein ganz anderes Aussehen.

Geflochtene Körbe aus Ruten

Unser Arbeitsmaterial zum Korbflechten schneiden wir uns beim Frühjahrs- oder Herbstspaziergang. Wir brauchen starke und schwache Weidenruten; die starken

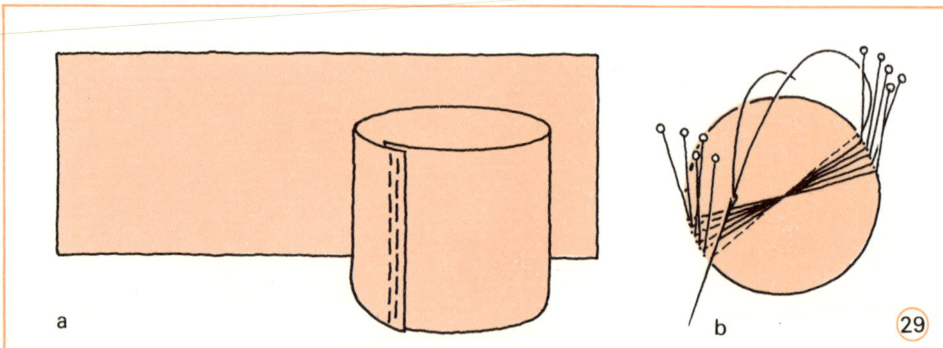

29

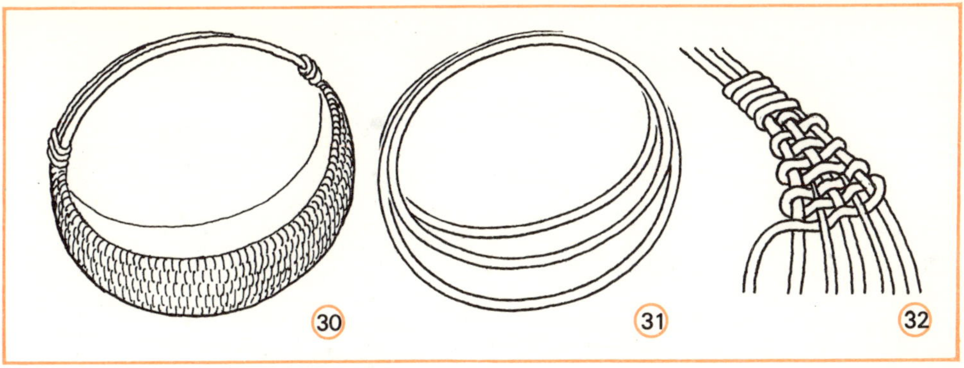

30 31 32

für das Gerüst, die schwachen zum Durchflechten. Für manche Körbe eignen sich auch dünne Birkenreiser oder Binsen als Flechtruten. Sie werden vor dem Verarbeiten ins Wasser gelegt. Weidenruten sind geschält oder ungeschält verwendbar. Sie lassen sich allerdings nur schälen, solange sie grün sind; selbst dann müssen sie oft erst eingeweicht werden. Größere Körbe wirken besonders dekorativ, wenn die Ruten nicht abgezogen wurden. Die Färbung der Rinde ist sehr reizvoll.

Können wir unsere Flechtarbeit nicht an einem Tage beenden, weichen wir sie, zusammen mit den Flechtruten, bis zum nächsten Tag ein.

Henkelschwinge

Für eine österliche Henkelschwinge (Abb. 30) biegen wir drei Weidenruten zu Ringen (Abb. 31) und verbinden die Nahtstellen mit Drahtstiften oder durch Umwickeln mit feinem Draht. Zwei Ringe müssen gleich groß sein. Ihr Durchmesser ergibt den Zwischenraum von den Rändern zum höchsten Punkt des Henkels. Der Durchmesser des dritten Ringes muß der Tiefe der Schwinge vom höchsten Punkt des Henkels bis zum Boden entsprechen. Wir halten ihn folglich entsprechend größer. Diese drei Ringe fassen wir an einer Stelle zusammen, und zwar so, daß der große in der Mitte liegt. Wir haben jetzt den höchsten Punkt des Henkels in der Hand. Von hier ausgehend, umwickeln wir nach beiden Seiten hin die Hälfte des Henkels mit dünnen Birkenreisern, Weidenruten oder Binsen. Nun biegen wir die drei Ruten ein wenig auseinander und durchflechten sie im Anschluß an die Wickelstelle mit den gleichen dünnen Reisern, bis wir einen festen Halt im Henkel haben. Ehe wir weiterflechten, drücken wir erst die drei Bügel in ihre endgültige Lage. Der größere verläuft jetzt in der Mitte des späteren Bodens, die beiden kleineren bilden den Rand der Öffnung. Außerdem stecken wir neue Speichen in die länger werdenden Flechtschläge ein (Abb. 32). Die beiden neben dem mittleren Weidenbügel liegenden Speichen müssen im Umfang etwas über

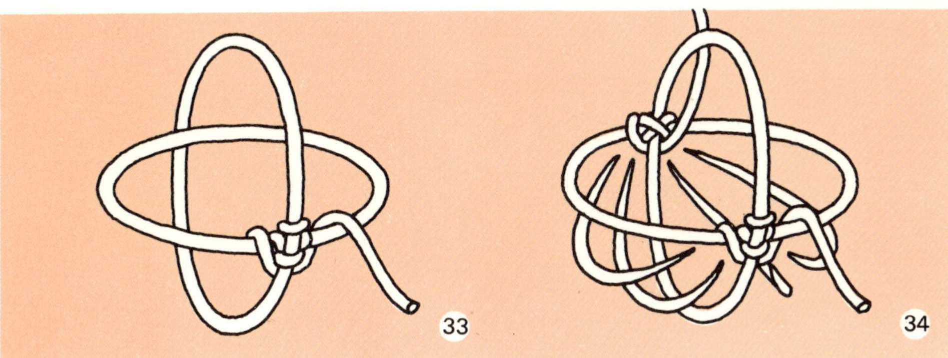

33 34

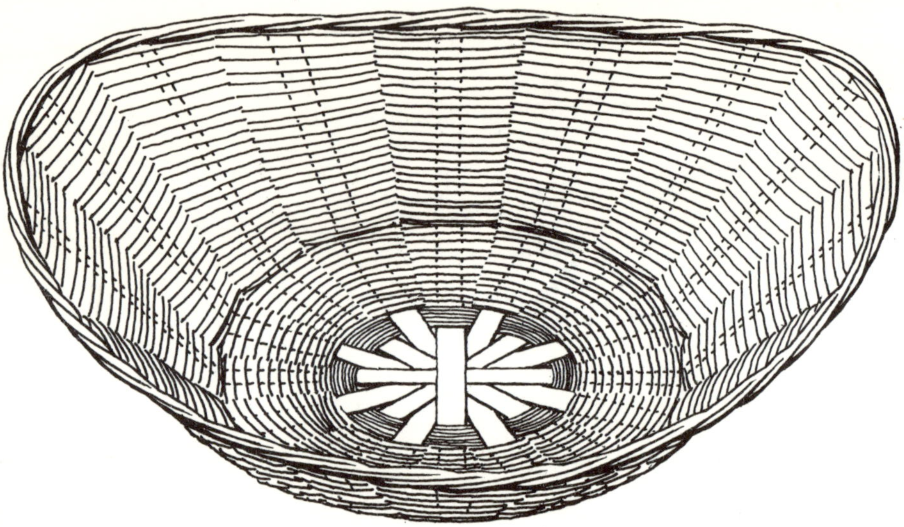

35

diesen hinausgehen, damit die Schwinge Stand bekommt. Wir flechten nun gleichmäßig auf beiden Seiten weiter, immer eine Speiche über-, eine untergehend. Müssen wir eine neue Flechtrute einlegen, führen wir sie zwei Schläge mit der alten zusammen und arbeiten dann mit ihr allein weiter. Am Schluß wird mit einer Gehölzschere oder einem scharfen Messer gut verputzt.

Schwingen- oder Purzelkorb

Aus zwei starken Weidenruten biegen wir Ringe und stecken sie so ineinander, daß der eine waagerecht, der andere senkrecht steht. Die beiden Kreuzungsstellen umwickeln wir mit dem dünnen Ende einer grünen Weidenrute (Abb. 33) und überflechten sie anschließend einige Male. Die Flechtrute führen wir dann, den Henkel auslassend, eins auf, eins ab, so lange hin und her, bis wir in die länger gewordenen

36

Flechtschläge neue Speichen einstecken können (Abb. 34). Auch bei diesem Korb muß die Mittelspeiche – die untere Hälfte des senkrechten Ringes – von den beiden rechts und links angrenzenden Bügeln etwas überragt werden. Wir setzen das Flechten fort, bis sich der Purzelkorb von beiden Seiten schließt, und versäubern ihn dann.

Auch ohne Henkel wirkt die breite Schwinge sehr schön.

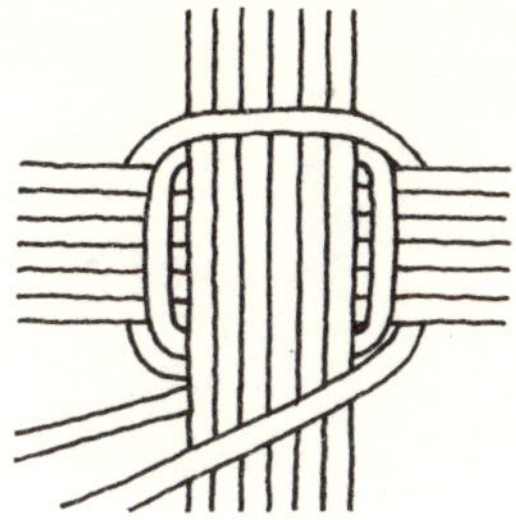
37

Obstkörbchen

Das leichte Körbchen wird beim Flechten rund geformt (Abb. 35). Bestimmten bisher die Weidenbügel Größe und Form der Körbe, übernimmt jetzt ein gesondert gearbeiteter Boden diese Funktion. Für den Boden schlitzen wir drei bis vier kräftige, etwa 25 cm lange Weidenruten in der Mitte mit einem Messer so weit auf, daß wir durch diesen Spalt vier ebensolange und starke Ruten durchstecken können. Steht uns nur feines Material zur Verfügung, so nehmen wir statt vier Ruten fünf oder sechs. Das so entstandene Stakenkreuz wird nun mit dünnen Ruten durchflochten. Es gibt zwei verschiedene Arten des Durchflechtens: mit einer Rute und mit zwei Ruten. Arbeiten wir mit einer, benötigen wir eine ungerade Stakenzahl. Um sie zu erhalten, steckt man zusammen mit der Flechtrute noch eine halbe Stake zusätzlich in den Schlitz des Stäbekreuzes. Zwei Runden arbeitet man über vier, unter vier, über vier, unter fünf Staken (Abb. 36a, b), ehe man sie auseinanderteilt und zwei auf, zwei unter zu flechten beginnt. Kommen wir an die Stelle, wo wir die halbe Stake eingesetzt haben, untergehen wir drei Stäbe. Auf diese Weise fertigen wir noch etwa drei weitere Runden – das richtet sich nach der Stärke unseres Flechtmaterials –, dann hat unser durchflochtenes Stakenkreuz die gewünschte runde Form (Abb. 36c). Wir biegen nun die Staken strahlenförmig auseinander und flechten regelmäßig eins auf, eins unter, bis der Boden genügend groß ist. Die Flechtruten drückt man bei jedem Arbeitsgang fest mit einer Stricknadel an die vorige Runde an.

Wollen wir mit zwei Ruten arbeiten, brauchen wir eine gerade Stakenzahl. Wir stecken beide Flechtruten gleichzeitig in die Schlitze des Stäbekreuzes und beginnen nun die Stakenbündel so zu umflechten, daß immer eine Rute darüber, die andere darunter verläuft (Abb. 37). Dabei ergibt es sich von selbst, daß sich die Runden immer versetzen. Haben wir etwa drei Runden – je nach Stärke der Ruten – so geflochten, teilen wir das Stakenbündel und umflechten jeweils zwei Staken, bis wir schließlich nach einigen weiteren Runden über und unter die einzelnen Staken

38

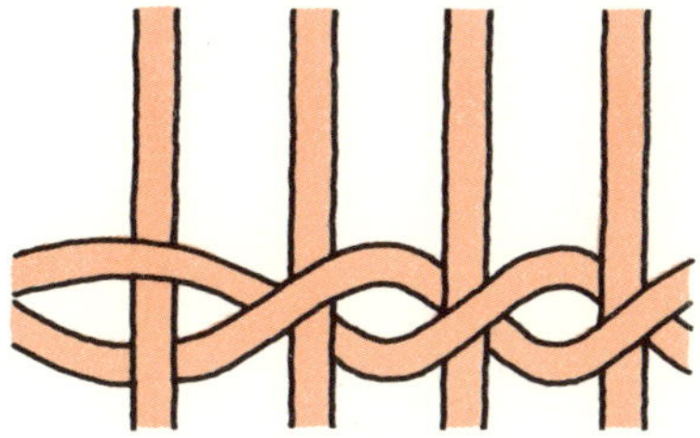
39

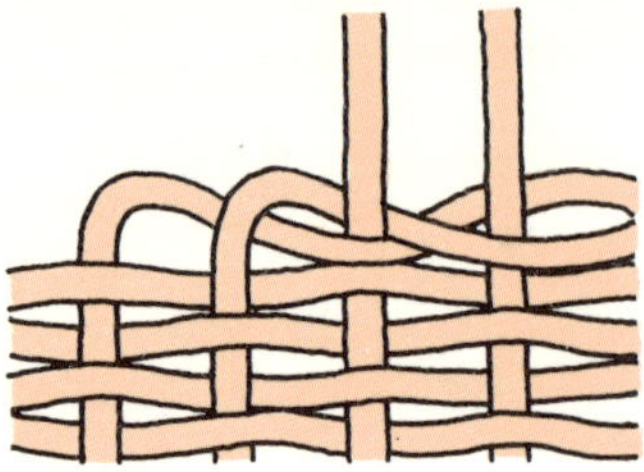

40

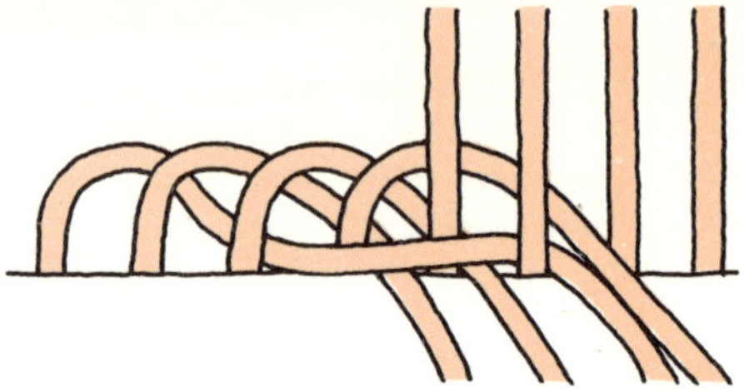

41

arbeiten. Die Flechtruten dürfen während des Flechtvorgangs niemals straff angezogen werden, sie würden die Staken damit aus ihrer Ebene drücken; jede Flechtrute muß sich in lockerem Bogen um die Speichen legen.

In den fertigen Korbboden schieben wir rechts und links neben jeden Bodenstab eine neue, etwa 50 cm lange Stake ein – sie kann dünner als die Bodenstaken sein – und schneiden danach alle Bodenstäbe kurz ab. Entsprechend Abb. 38 flechten wir jetzt mit drei Ruten einen verstärkten Bodenrand, die Kimme. Ihr lassen wir eine Fitzrunde folgen. Sie wird, wie aus Abb. 39 ersichtlich, mit zwei Ruten gearbeitet. Nun beginnen wir die Seitenstaken hochzubiegen und die Korbwand zu flechten, die wir beliebig, schräg oder gewölbt, formen können. Den Korbrand flechten wir aus den Staken. Es gibt verschiedene Randbefestigungen. Wir wollen hier nur zwei kennenlernen: den einfachen Korbrand (Abb. 40) und den Zuschlag (Abb. 41). Den einfachen Korbrand fertigen wir in einem Zuge, für den Zuschlag sind zwei Flechtgänge nötig. Beim abschließenden Verputzen schneiden wir alle überstehenden Ruten auf der Innenseite ab. Damit der Korb einen hohlen Boden und dadurch genügend Standfestigkeit bekommt, stellen wir ihn feucht auf den Kopf, beschweren ihn mit einem Stein oder Gewicht und lassen ihn so trocknen.

MAKRAMEE

Noch vor wenigen Jahren fast unbekannt, erfreut sich das Verknoten und Verknüpfen von Fäden und Schnüren zu dekorativen Taschen, Netzen, Wandbehängen oder modischem Beiwerk heute großer Beliebtheit im internationalen Maßstab. Seinem Ursprung nach gehört Makramee zu den ältesten Handarbeitstechniken überhaupt. Vermutlich wurde es von den Assyrern lange vor unserer Zeitrechnung aus der Technik der geknüpften Franse entwikkelt. In Europa soll Makramee durch die Mauren heimisch geworden sein – zuerst in Spanien, dann in Italien und schließlich auf dem ganzen Kontinent. Die Damen schätzten Makramee damals vor allem als preiswertes modisches Accessoir, das die teure Klöppelspitze ersetzte. Alte Lexika zählen Makrameearbeiten daher – ebenso wie Spitze – zu den »Frivolitäten«. Durch die maschinelle Herstellung feiner Spitze geriet das Makramee im 19. Jahrhundert nahezu in Vergessenheit. Erst in unseren Tagen fand es neue Freunde. Ihnen will der folgende Beitrag Grundfertigkeiten dieser reizvollen Technik vermitteln und als Anregung für eigene Versuche dienen.

Als erstes eine grundsätzliche Bemerkung.

Im Gegensatz zu Gehäkeltem oder Gestricktem ist das fertige Makrameestück nicht elastisch. Die Knüpftechnik eignet sich daher in erster Linie für dekorative Gegenstände wie Modeschmuck, Gürtel, Taschen, Wandschmuck, Raumteiler usw. Für Bekleidung kommt sie allenfalls als Borte oder Besatz in Frage.

Material

Zum Knüpfen lassen sich alle haltbaren und nichtelastischen Fäden, Schnüre, Garne und Kordeln, ganz gleich, ob geflochten oder gedreht, verwenden: Bastel- und Verpackungsschnur verschiedener Stärke ebenso wie Perl-, Fischer-, Schulgarn, Sattlerzwirn und Dederonschnur. Da einfarbiges Material die Knüpfstruktur besser zur Geltung bringt, sollte man auf mehrfarbig gezwirnte Schnüre verzichten. Mehrfarbige Muster wirken weitaus attraktiver, wenn sie mit verschiedenen einfarbigen Schnüren gearbeitet werden.

4. Kapitel

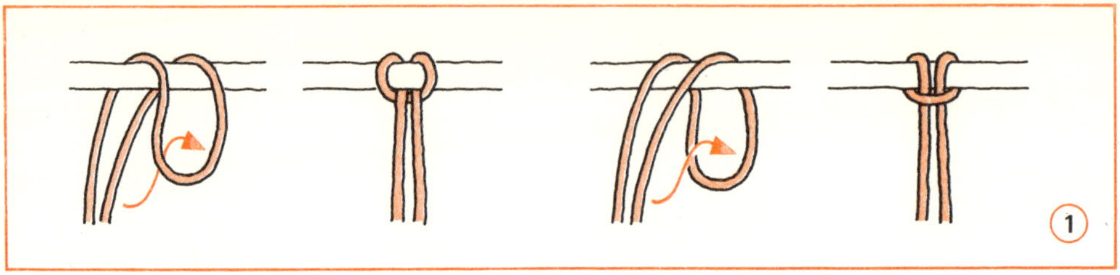

Für den Materialzuschnitt gilt, daß die einzelnen Fäden drei- bis fünfmal so lang sein müssen, wie das fertige Stück einmal werden soll. Bei locker Geknüpftem, z. B. einem Netz, benötigt man natürlich weniger als bei dichtem Geknüpf, einer Tasche etwa. Außerdem ist bei dicken Schnüren der Verbrauch im Verhältnis größer als bei dünnen Fäden. Hinzu kommt, daß die einzelnen Fäden durch die verschiedenen Muster unterschiedlich schnell verbraucht werden. Wir bemessen deshalb die Fadenlänge lieber reichlich, denn das Ansetzen ist kompliziert und fast immer als Fehler sichtbar. Da zu Beginn der Arbeit stets Doppelfäden aufgeschlungen werden, schneiden wir die eben beschriebene Fadenlänge doppelt zu.

Es empfiehlt sich, neben der Knüpfarbeit immer einige Versuchsfäden bereitzuhalten, an denen man die einzelnen Knotenarten und Knotenverbindungen üben kann. Dazu eignen sich am besten geflochtene Schnüre aus Dederon (Wäscheleine). Die Knoten lassen sich hier leicht wieder lösen, und man kann die Schnüre immer wieder benutzen.

Die Anzahl der Fäden für ein Makrameestück richtet sich nach der gewünschten Breite, und diese hängt natürlich von der Stärke des Materials ab. Die Fadenzahl sollte sich aber immer durch 4 teilen lassen, also x mal 4 Fäden. Dabei darf x niemals eine Primzahl sein, wenn sich die einzelnen Musterkombinationen auch seitlich wiederholen sollen.

Wichtig ist, daß die Knüpfarbeit etwa in Schulterhöhe vor uns hängt. Wir müssen also nach einer geeigneten Aufhängemöglichkeit suchen. Ein auf den Tisch gestellter Stuhl oder ein Kleiderbügel, an dem die Arbeit vorübergehend befestigt wird, kann gute Dienste leisten. Auch an Schranktürgriffen, Fensterriegeln oder ähnlichem läßt sich arbeiten. Kleinere Gegenstände werden mit Stecknadeln an eine Sessellehne oder auf ein Kissen gesteckt.

Das Aufschlingen

Jede Arbeit beginnt mit dem Aufschlingen der Fäden am oberen Rand. Dieser wird bei Modeschmuck von der Kette gebildet, bei Taschen von den Griffen oder Trageriemen, beim Wandbehang von einer Holzleiste. Auf alle Fälle muß der obere Rand straff gespannt sein. Zum Aufschlingen schneiden wir uns, wie schon er-

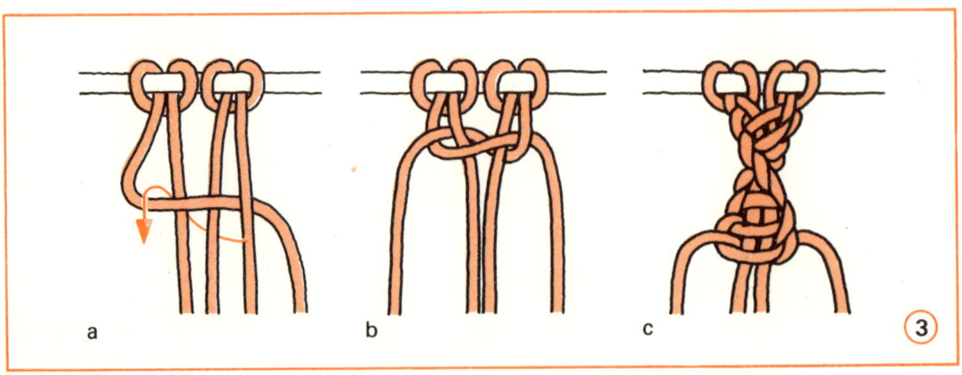

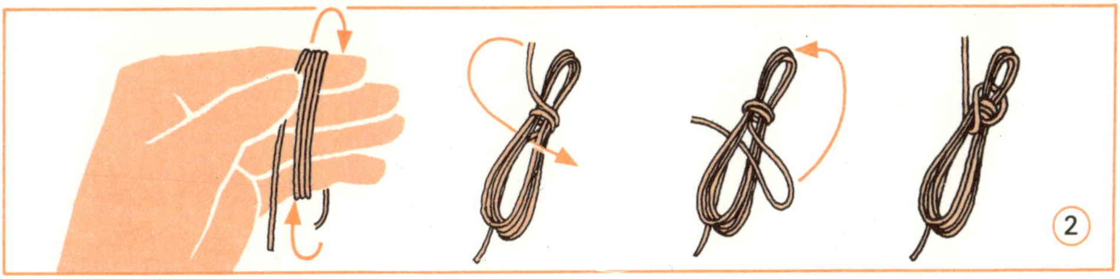

wähnt, stets Doppelfäden zu. Ihre Mittelschlaufe wird wahlweise von vorn oder von hinten über den Rand geschoben und beide Fadenenden hindurch- und festgezogen, wie auf Abb. 1 zu sehen ist.

Bei großen Makrameearbeiten sind die einzelnen Fäden besonders zu Anfang sehr lang. Damit sie sich nicht verheddern, muß man sie aufrollen. Entsprechend Abb. 2 fassen wir den Faden an einem Ende und wikkeln ihn um die Finger, nehmen die entstandene Docke mit ein paar Windungen im oberen Drittel zusammen und befestigen das Ganze mit einer Schlaufe, die zuerst durch das größere und dann über das kleinere Ende der Docke geschlungen wird. Diese Docken lassen sich leicht lösen, so daß wir die Länge der Arbeitsfäden gut regulieren können.

Die Knoten

Spiralknoten und Flachknoten

Leicht zu erlernen und doch sehr vielfältig in den damit zu fertigenden Mustern sind der Spiralknoten, auch Wendelknoten genannt, und der Flach- oder Weberknoten. Beide werden mit vier Fäden geknüpft.

Der Spiralknoten kann sowohl von links als auch von rechts beginnend geschlungen werden. Wie die Außenfäden von links beginnend um die beiden Mittelfäden zu knoten sind, sehen wir auf Abb. 3. Abb. 4 zeigt den Knoten rechts beginnend. Haben wir sechs bis sieben Spiralknoten untereinander geknüpft, so weist das entstehende Knotenband eine halbe Drehung auf. Die Abb. 3c und 4c verdeutlichen, daß sich die Spirale bei rechts bzw. links beginnenden Knoten jeweils in die entgegengesetzte Richtung dreht. Diesem Drall darf man nicht entgegenwirken.

Wechselt man jeweils einen links beginnenden und einen rechts beginnenden Knoten ab, so dreht sich das entstehende Knotenband nicht mehr. Diese Verbindung beider Spiralknoten nennt man Flachknoten. Abb. 5 zeigt vier untereinandergearbeitete Flachknoten. Man kann sie leicht an den linken Außenmaschen zählen.

Durch Versetzen der Knoten seitlich um zwei Fäden werden die einzelnen Knotenbänder miteinander verbunden. Der Rhythmus, in dem wir die Knoten versetzen – ob bereits nach einer Reihe oder erst nach mehreren –, bestimmt das dabei entstehende Muster. Weitere Mustervarianten ergeben sich, wenn man zwischendurch

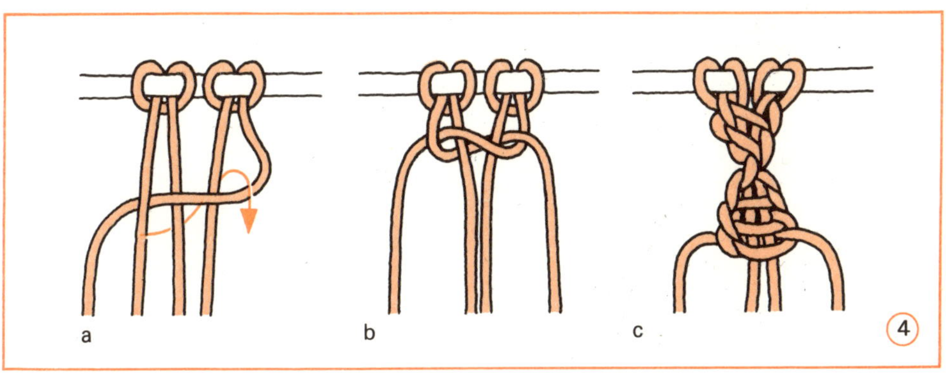

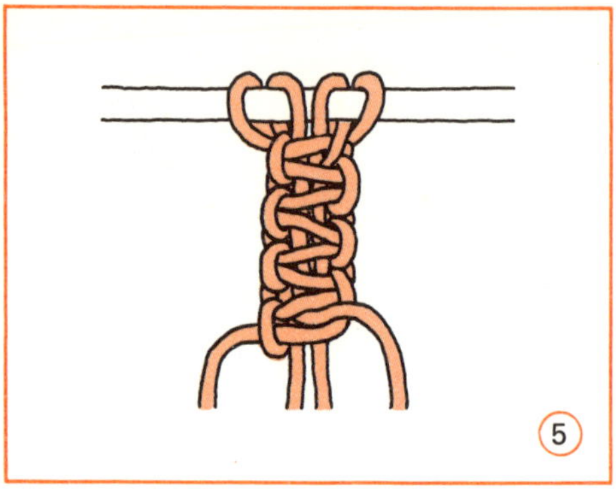

Fäden frei hängen läßt. Man kann dadurch zu Dreiecken, Rhomben oder schräg verlaufenden Linien kommen.

Rosette

Soll eine Rosette entstehen, dann nehmen wir nach dem ersten Flachknoten für den zweiten und dritten jeweils von der Seite neue Außenfäden zum Verknoten hinzu (Abb. 6). Mit den letzten Fäden schlingen wir noch einmal zwei oder drei Flachknoten und lassen die Fäden, die vorher hinzugenommen wurden, wieder hängen. Natürlich kann man solch eine Rosette mit noch mehr Fäden entsprechend größer anfertigen.

Beherrscht man den Spiral- und Flachknoten sowie einige Mustervarianten, kann man schon Netze, Taschen und sogar Wandbehänge herstellen. Wollen wir ein

Netz
Tasche

Netz oder eine Tasche arbeiten, knüpfen wir zuerst zwei Knotenbänder als Tragriemen. Den Materialverbrauch dafür können wir ziemlich genau bestimmen: Für die beiden Mittelfäden benötigen wir das doppelte Maß der vorgesehenen Riemenlänge plus vierfache Netzlänge plus Fransenzugabe. Für die Außenfäden, die ja über die gesamte Riemenlänge geknotet werden, brauchen wir etwa doppelt soviel wie für die Mittelfäden. Jeder Trageriemen wird also aus einem langen und einem kürzeren Doppelfaden geknüpft. Beide Doppelfäden hängt man mit der Mittelschlaufe an einen Haken (Türklinke) und knotet mit den langen Außenfäden Flachknoten um die kürzeren Mittelfäden, bis die beabsichtigte Riemenlänge erreicht ist. Dann führt man alle vier Fäden durch die am Haken befindlichen Schlaufen und legt die beiden nunmehr längeren Fäden auf die andere Seite zurück, wie auf Abb. 7 ersichtlich. Schließlich reguliert man den Abstand für die beabsichtigte Netz- oder Taschenbreite und schlingt die inzwischen zugeschnittenen Doppelfäden über dem entstandenen sechsfachen oberen Rand auf. Zu beachten ist dabei, daß man für Taschen, die ja ein dichtes Muster verlangen, mehr und längere Doppelfäden benötigt als für Netze, bei denen die Flachknoten in relativ großen Höhenabständen versetzt werden, damit sich das Geknüpf seitlich dehnen läßt.

Haben wir auch den zweiten Trageriemen in der beschriebenen Weise fertiggestellt, knüpfen wir die ersten Reihen der beiden Netzteile, und zwar getrennt. Erst

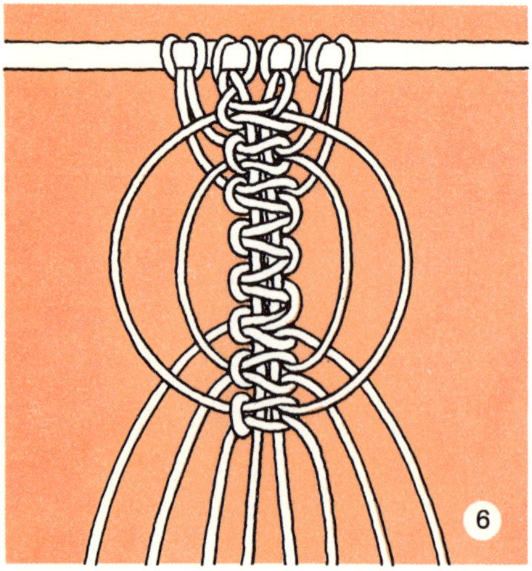

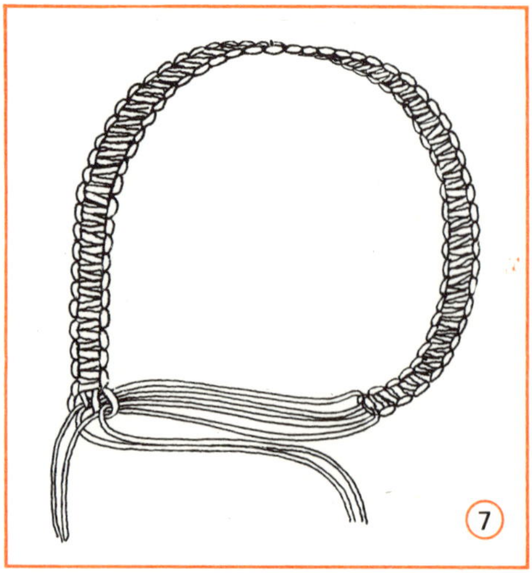

8

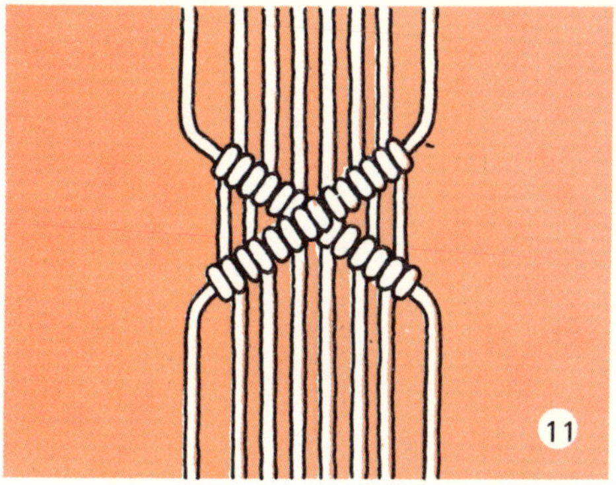

11

nach etwa 10 bis 15 cm Länge arbeiten wir rundherum, wobei beide Teile durch Versetzen der Knoten oder Kreuzen der Randfäden miteinander verbunden werden. Als Abschluß verknoten wir die Fadenenden der Vorder- und Rückseite zu Fransen. Dieses schmückende Element können wir nun noch variieren, etwa durch die Fransenlänge oder durch Verknoten von mehreren Fäden zu dicken Quasten (Abb. 8). Vor den Fransen eine Reihe fester Rippenknoten zu knüpfen, wie im folgenden Abschnitt beschrieben, sieht ebenfalls gut aus.

Rippenknoten und Kettenknoten

Der Rippenknoten wird mit jeweils zwei Fäden gearbeitet, dem Führungsfaden (FF) und dem Arbeitsfaden (AF). Man kann die Rippen schräg nach unten (Abb. 9) oder waagerecht (Abb. 10) knüpfen und sowohl von links nach rechts (Abb. 9 und 10) als auch von rechts nach links. Der Führungsfaden liegt immer straff in der Hand, in deren Richtung die Rippe verlaufen soll. Mit der anderen Hand schlingen wir den AF zweimal um den FF. Erst dann ziehen wir auch den AF fest, aber so, daß sich der Knoten noch hin- und herschieben läßt. Die meisten Fehler entstehen durch vorzeitiges Straffziehen des Arbeitsfadens! Wichtig ist, daß mit dem FF beim Schräg-nach-unten-Arbeiten exakt 45 Grad eingehalten werden. Aus den diagonal verlaufenden Rippen, die sich kreuzen (Abb. 11) sowie Rhomben und Winkel bilden können, lassen sich die verschiedenartigsten Muster gestalten.

Für die durchgehend waagerechte Rippe müssen wir zusätzlich einen Faden als Führungsfaden einarbeiten. Dazu ist am Fadenende ein Knoten anzubringen und beim Einknüpfen vorübergehend an geeigneter Stelle festzustecken, damit man ihn richtig straffziehen kann. Solche waagerechten Rippen eignen sich gut zur Unterteilung der Arbeit in Musterstreifen, aber auch als Abschluß vor den Fransen. Will man keinen Faden extra einarbeiten, muß man die waagerechten Rippen von der Mitte nach außen oder von außen zur Mitte in zwei Teilen knüpfen, da sich die Arbeit sonst seitlich um einen Faden in der Breite verschiebt.

Eine Variante des Rippenknotens ist der Kettenknoten. Er eignet sich besonders zum Anfertigen von Halsketten. Wie der Rippenknoten wird auch der Kettenknoten mit zwei Fäden gearbeitet. Im Unterschied zu ihm wechselt man jedoch beim Ketten- Halsketten

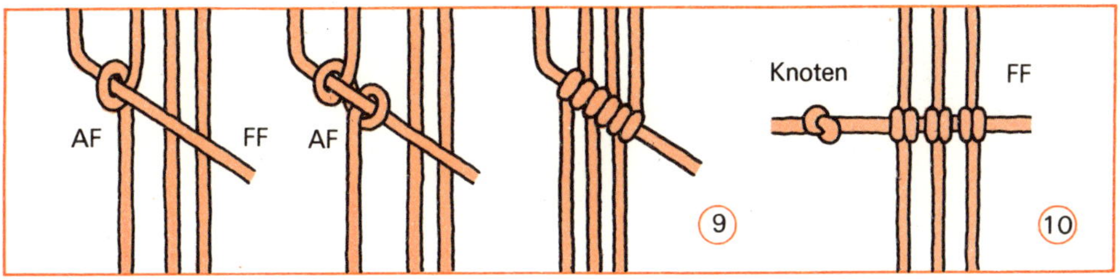

9 10

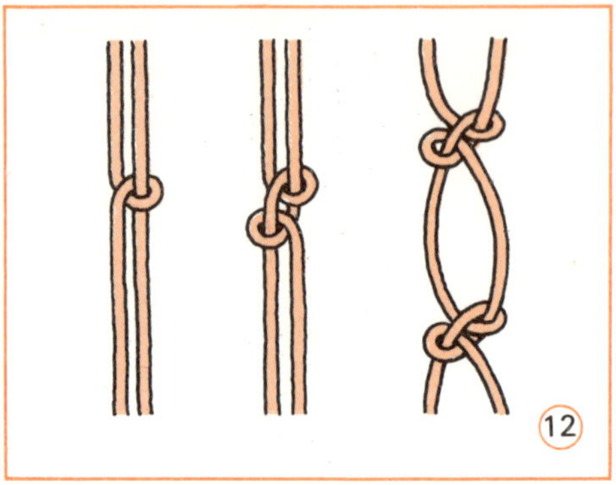

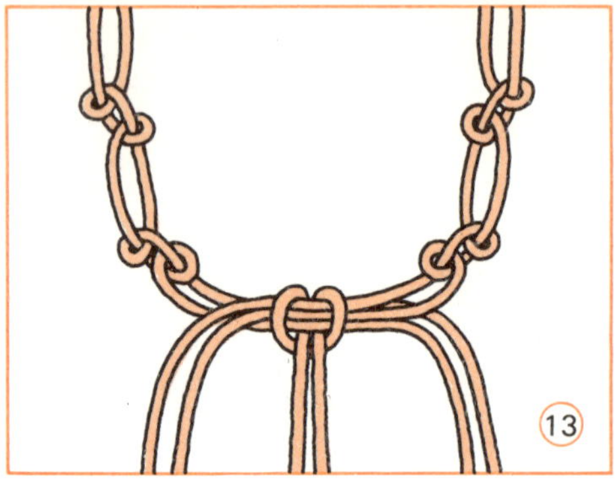

knoten nach jeder einzelnen Umschlingung Führungs- und Arbeitsfaden aus (Abb. 12). Für den Halsschmuck kann man die Kettenknoten nun dicht an dicht setzen oder nach einem oder mehreren Knoten einen Abstand lassen. Man arbeitet die Kette übrigens genauso wie die Trageriemen eines Netzes und schlingt in der vorderen Mitte Doppelfäden für den Anhänger auf. Die Fadenenden der Kette knüpft man in den Anhänger mit ein, wie auf Abb. 13 zu sehen.

Wenn wir den Rippenknoten beherrschen, wird es uns auch nicht schwerfallen, ihn in seiner senkrechten Form auszuführen. Wie auf Abb. 14 ersichtlich, dienen beim senkrechten Rippenknoten die herunterhängenden Fäden als Führungsfäden. Um sie herum werden mit einem extra einzuarbeitenden Arbeitsfaden jeweils der Reihe nach die zwei Umschlingungen des Rippenknotens geknüpft. Ein besonderes Gepräge erhält das Geknüpf, wenn die einzuarbeitenden Fäden aus andersartigem oder andersfarbigem Material bestehen. Bei einem Theatertäschchen aus schwarzem oder weißem glänzendem Garn zum Beispiel kann man die Klappe durch Bordüren aus Gold- oder Silberfäden hervorheben, die als senkrechte Rippen gearbeitet werden.

Eine damastähnliche Struktur ergibt sich bei Verwendung gleichfarbiger Fäden aus mattem und glänzendem Garn. Zu interessanten Ergebnissen kommt man auch, wenn waagerechte und senkrechte Rippen im Wechsel geknüpft werden. Auf diese Art lassen sich sogar Ornamente und Bilder gestalten.

Bei einem durchgehend über die ganze Arbeit verlaufenden Querfaden, der ja sehr lang sein muß, empfiehlt es sich, gleich mit dem Knäuel zu knüpfen. Damit das Knäuel nicht von selbst aufrollt, befestigt man den Faden mit einer Stecknadel, bei dickem Material mit einer Rouladennadel. Die Nadel wird schräg mit Gegenspannung eingesteckt und der Faden vorher etwas verzwirnt (Abb. 15).

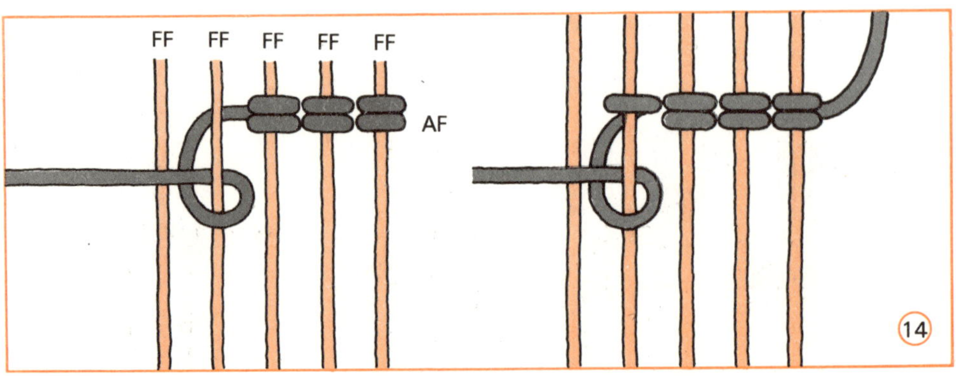

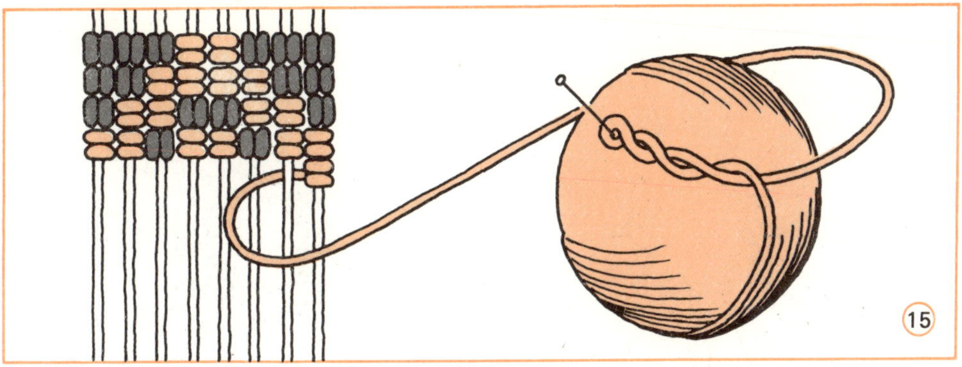

15

Ziegelknoten

Der Ziegelknoten hat seinen Namen daher, daß er dem Mauerwerk ähnelt. Er gehört ebenfalls zu den Knoten, die mit zwei Fäden geschlungen werden, allerdings erfordert es etwas Übung, ihn exakt und gleichmäßig auszuführen. Der Fadenverbrauch ist, verglichen mit einer ebensodicht geknüpften Fläche aus anderen Knoten, etwas geringer, und das fertige Stück ist dünner und leichter. Abb. 16 zeigt, wie der Ziegelknoten geschlungen wird: Man greift zwei Fäden mit der linken Hand und schlingt mit der rechten Hand den rechten Faden um den linken und durch die entstehende Schlaufe des rechten Fadens. Beim Straffziehen muß man darauf achten, daß der Knoten ganz oben sitzt und die über beide Fäden verlaufende Schlaufe waagerecht liegt. Auf diese Weise setzt man Knoten neben Knoten. In der folgenden Reihe wird um einen Faden versetzt gearbeitet (Abb. 17). Wie mit dem Rippenknoten kann man auch mit dem Ziegelknoten Dreiecke, Rhomben und andere Musterelemente knüpfen und Flächen füllen. Sehr gut eignet sich der Ziegelknoten außerdem zur Verbindung nebeneinanderliegender Knotenbänder oder Musterelemente sowie schräggeknüpfter Rippen. Man läßt die Rippen dann nicht kreuzen, sondern setzt einen Ziegelknoten in die Mitte (Abb. 18).

Rundgeknüpftes

In Makrameetechnik lassen sich nicht nur gerade Flächen, Quadrate, Rechtecke und Bänder fertigen, sondern auch runde Gegenstände, wie z. B. Deckchen, die an Klöppelspitze erinnern, aber auch rundgewölbte Dinge. So können wir uns beispielsweise einen glockenförmigen Lampenschirm oder einen romantischen Sommerhut knüpfen. Beim Fadenzuschnitt gehen wir hier von dem beabsichtigten Radius des Gegenstandes aus. Wir messen also von der Kreismitte bis zum Rand. Die Fadenlänge berechnen wir fünffach – den Doppelfaden folglich zehnfach, denn

Lampenschirm

Sommerhut

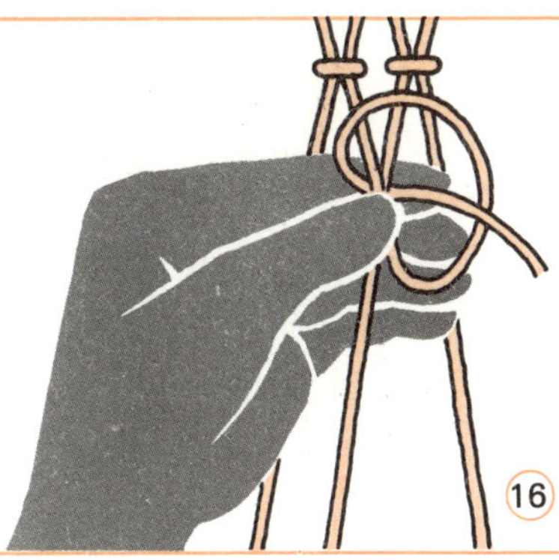

16

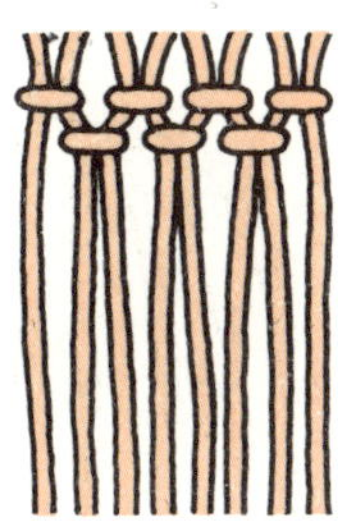

17

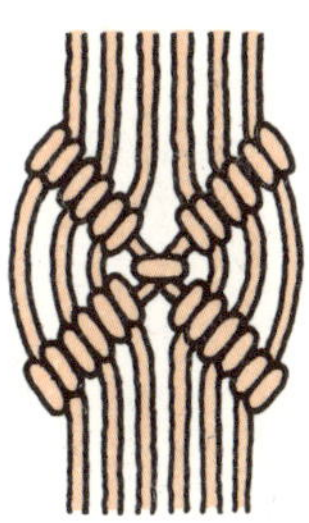

18

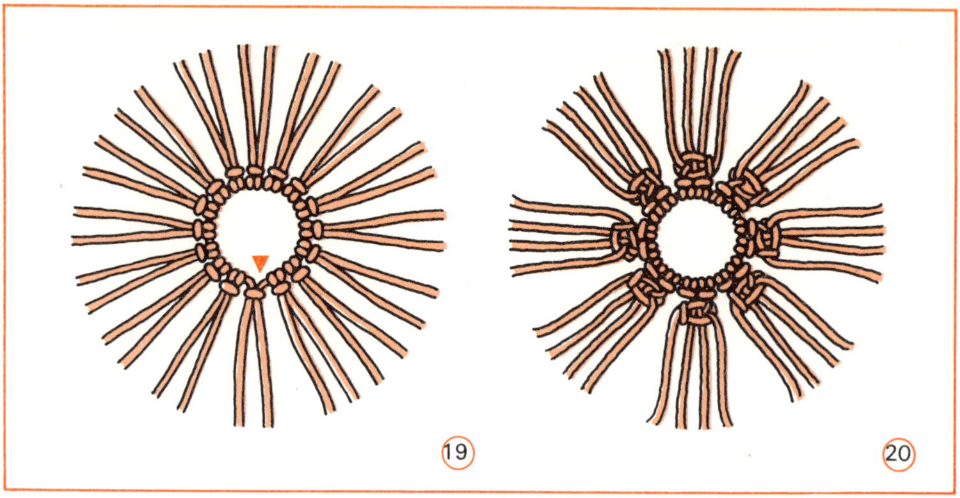

Rundgeknüpftes muß in dichter Struktur gearbeitet werden, da es nicht hängt und durch die Schwerkraft zusätzlichen Halt bekommt, sondern aufliegt und sich leicht verziehen kann.

Für den Anfang benötigen wir fünf- bis achtmal zwei Doppelfäden, je nachdem, wie oft sich das vorgesehene Muster auf der Kreisrundung wiederholen soll. Entsprechend Abb. 19 bilden wir mit dem Mittelstück eines Doppelfadens eine Schlinge, die wir mit einem Ziegelknoten schließen. Der Pfeil in der Zeichnung markiert die Stelle, wo der Ring geschlossen würde. Nun schlingen wir die übrigen Doppelfäden auf diesen Ring und stabilisieren den Anfang mit ein oder zwei Runden Flachknoten (Abb. 20). Die Restfäden der Anfangsschlinge werden mit verarbeitet.

Eine andere Möglichkeit für den Arbeitsbeginn zeigt Abb. 21. Hier werden vier Fäden miteinander verflochten und je zwei der acht Enden mit einem Ziegelknoten verbunden. Dann kreuzt man jeweils zwei Fäden und schlingt in die entstehenden Ringe weitere Doppelfäden ein (Abb. 21c). Bei diesem Anfang entsteht immer ein vierseitig symmetrisches Muster.

Das Kreuzen von Fäden und Aufschlingen von neuen Fäden an der Kreuzungsstelle ist eine Methode, die Fadenanzahl für das Rundknüpfen zu vervielfachen. Weitere Möglichkeiten des Zunehmens: 1. Zwei Fäden mit einem neuen Doppelfaden in Form eines Spiralknotens umschlingen (Abb. 22a). 2. Gleichzeitig drei neue Doppelfäden durch Rippenknoten an zwei Fäden befestigen (Abb. 22b). 3. Drei Fäden nacheinander einknüpfen (Abb. 22c). Welche Form wir für das Zunehmen wählen, richtet sich nach dem vorgesehenen Muster. Es sollte bei Rundgeknüpftem immer

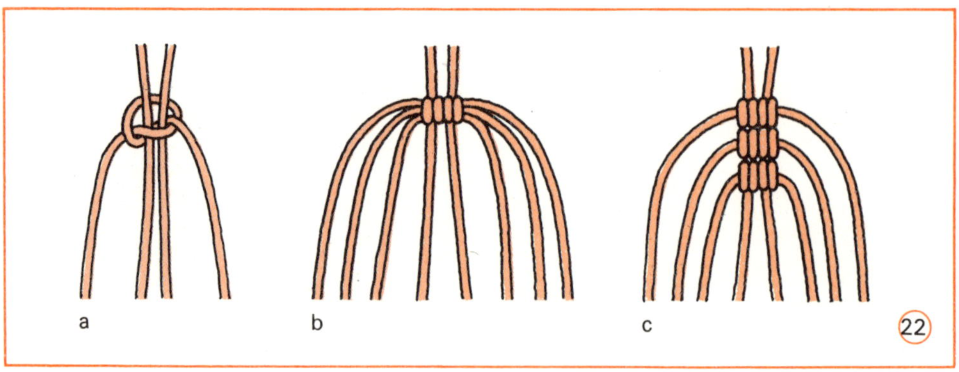

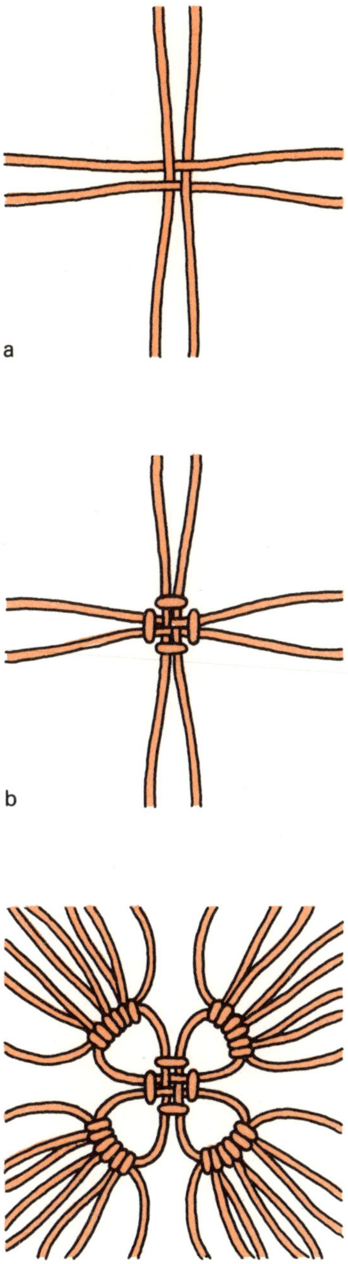

a

b

c

21

streng symmetrisch sein. Für die Zunahmefäden gilt, daß sie um so kürzer sein können, je weiter die Arbeit gediehen ist.

Als günstig erweist es sich, eine Rundknüpfarbeit auf eine Schaumgummiunterlage aufzustecken, damit man beim Knoten Halt hat und die Arbeit beliebig drehen kann. Rundgewölbte Gegenstände müssen dann aber sehr bald von der Unterlage genommen werden. Fertigen wir einen Hut, sollten wir ihn von nun an immer wieder aufprobieren. Beim Weiterarbeiten kann man ihn dann recht gut über das eigene Knie stülpen.

Je nach Material und Verwendungszweck bekommt der Hut zum Schluß eine mehr oder weniger breite Krempe. Sie kann einen geraden oder auch einen welligen Rand haben. Wichtig ist, daß Krempen immer besonders fest geknotet und daß genügend Fäden hinzugenommen werden. Als Abschluß eignen sich am besten zwei bis drei Runden Rippenknoten. Die unvermeidlichen Fransen am Rand hält man sehr kurz.

Kragen

Ein weiteres Beispiel für Rundgeknüpftes ist der Kragen. Man beginnt ihn natürlich nicht im Zentrum des Kreises, sondern mit einer Schnur, die der Halsweite des Kleidungsstückes entspricht. Sie kann geknüpft sein, günstiger erweist sich jedoch eine Reihe gehäkelter Luftmaschen. In jede Luftmasche werden dann ein bis zwei Doppelfäden eingeschlungen. Das Zunehmen geschieht in der schon beschriebenen Weise. Am besten fertigt man sich einen Papierschnitt für den Kragen an, um ein Muster für die Rundung zu haben.

Gestaltungsvarianten

Wer schon ein wenig mit der Makrameetechnik vertraut ist, wird sicher nach Gestaltungsvarianten suchen, die es ihm erlauben, von der allzustrengen Symmetrie abzugehen, gerade Ränder und Knotenbänder durch Zacken, Ecken und Schlingen aufzulockern, voluminöse oder plastische Knotenkombinationen zu knüpfen und fremde Materialien einzuarbeiten. Dafür nun einige Beispiele.

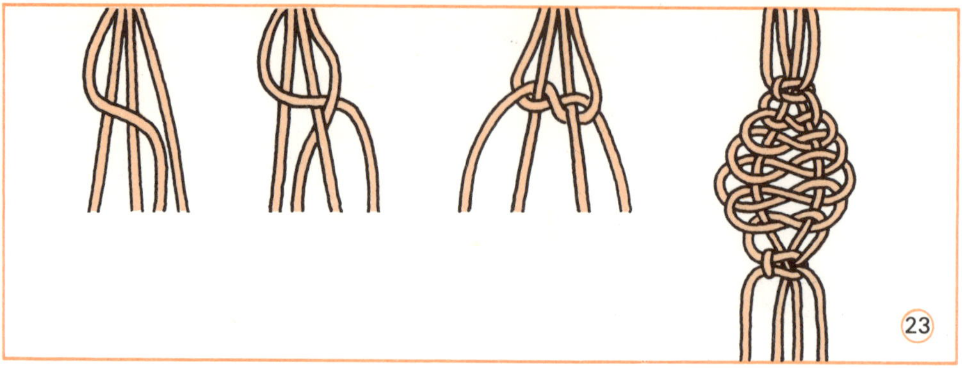

23

Flechtknoten

Der Flechtknoten gehört zu den seitlich voluminösen Knoten. Er wird mit vier Fäden geschlungen (Abb. 23) und geht vom Flachknoten aus. Durch das Kreuzen der Außenfäden zwischen den beiden Mittelfäden verlaufen diese schräg auseinander, und der Knoten verbreitert sich. Jeder nachfolgende Flechtknoten läßt das entstehende Knotenband in die Breite wachsen. Diese Eigenschaft muß man bei seiner Anwendung und bei der Kombination mit dem Flachknoten, durch den das breite Knotenband wieder zusammengezogen wird, berücksichtigen. Ein Oval oder ein Kreis aus Flechtknoten in Verbindung mit Flachknoten kann flächigen Knüpfarbeiten interessante Akzente verleihen. Knotenbänder, auf denen rhythmisch die Flach- mit den Flechtknoten wechseln, ergeben vor allem reizvolle Gürtel. Man beginnt solch einen Gürtel mit einem Flachknoten, läßt vier bis zehn Flechtknoten sowie erneut ein bis zwei Flachknoten folgen und arbeitet in gleichem Rhythmus bis zum Schluß weiter. Zu beachten ist, daß die für den Gürtel aufgeschlungenen Doppelfäden unterschiedlich lang sein müssen, da sich die Mittelfäden kaum, die Außenfäden jedoch sehr stark verbrauchen. Bei einer Taillenweite von 80 cm bemißt man die Mittelfäden mit je 1,25 m, die Außenfäden mit je 5,25 m.

Gürtel

Brezelknoten

Breit ausladend ist auch der Brezelknoten, zumal, wenn wir ihn mit doppeltem oder mehrfachem Faden arbeiten. Seine Anfertigung erfordert allerdings etwas Übung. Wir knüpfen ihn entsprechend Abb. 24, indem wir zuerst den linken Faden legen und

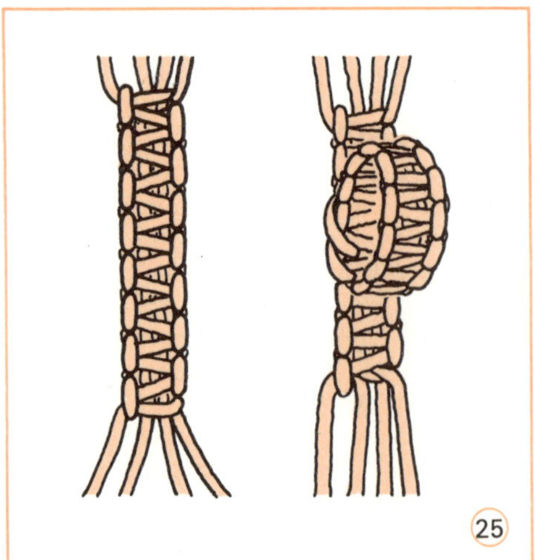

25

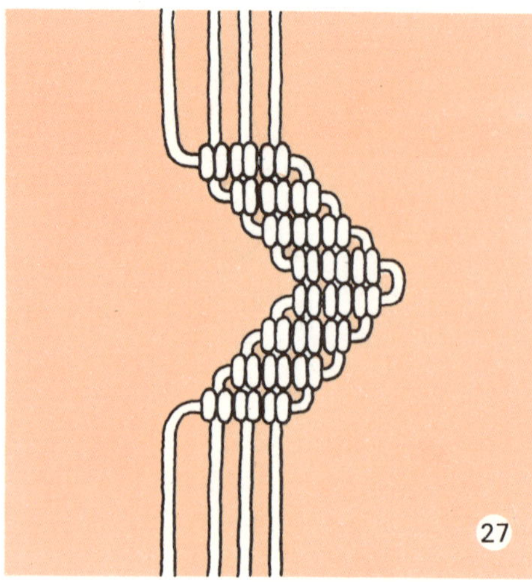

27

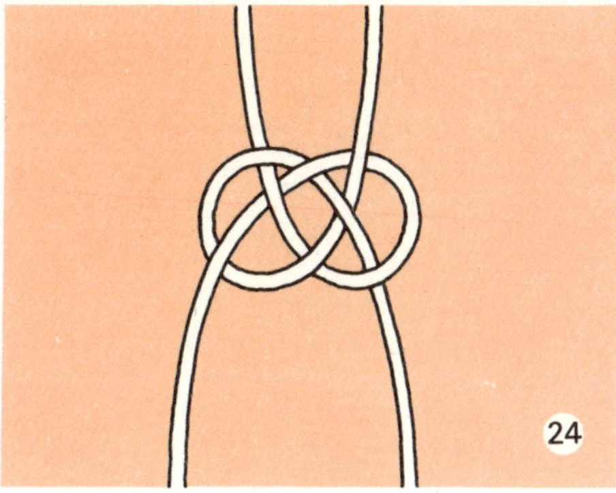
24

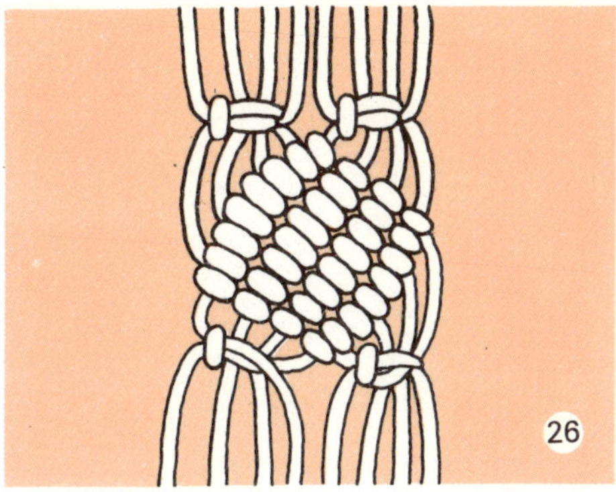
26

dann den rechten hindurchschlingen. Der Knoten darf nicht zu fest angezogen werden.

Ring

Er zählt, wie die bereits beschriebene Spirale, zu den plastisch wirkenden Knoten und läßt sich aus einem Flachknotenband oder einem Band dichter Kettenknoten formen. Dazu schlingt man das Band nach acht bis zehn Knoten von unten nach oben zum Ring und knüpft einen weiteren Knoten gleicher Art um das Band herum. Abb. 25 zeigt den Arbeitsvorgang mit einem Flachknotenband.

Knotenperle

Sie besteht aus Flach- und Rippenknoten. Wie auf Abb. 26 zu sehen, werden zuerst zwei Flachknoten nebeneinandergeknüpft, denen ein Quadrat aus vier Reihen schrägliegender Rippenknoten folgt. Zwei Flachknoten bilden den Abschluß. Diese beiden Knoten müssen sehr fest angezogen werden, damit sich das Rippenknotenquadrat wölbt.

Zacken

Von der geraden Form wegführend, entstehen Zacken durch seitlich versetzte waagerechte Rippenknoten (Abb. 27). Auch senkrechte Rippen lassen sich versetzt arbeiten. Abb. 28 zeigt, wie dabei zusätzlich Schlingen gebildet werden können. Flachknotenbänder erlauben die Schlingenbildung ebenfalls, und zwar sowohl einseitig (Abb. 29) als auch beidseitig.

Knotenblume

Sie (Abb. 30) erhält ihre Form durch paarig angeordnete Schlingen. Man beginnt mit einem Flachknoten, kreuzt danach die Außenfäden und befestigt die entstandene Schlinge mit Rippenknoten, die mit den Mittelfäden geknüpft werden. Sitzen die beiden Rippenknoten fest, so kann man die Schlingengröße nachträglich regulieren. Dann kreuzt man erneut, knüpft Rippenknoten usw., bis die gewünschte Form erreicht ist. Den Abschluß bildet wieder ein Flachknoten.

Kombinieren mit anderen Materialien

Sehr beliebt ist das Kombinieren von Makramee mit anderen Materialien. Ein Rezept dafür, was in dieser Hinsicht machbar ist und was sich verbietet, gibt es nicht. Auf keinen Fall jedoch darf man die Arbeit überladen. Sparsam gesetzte Akzente wir-

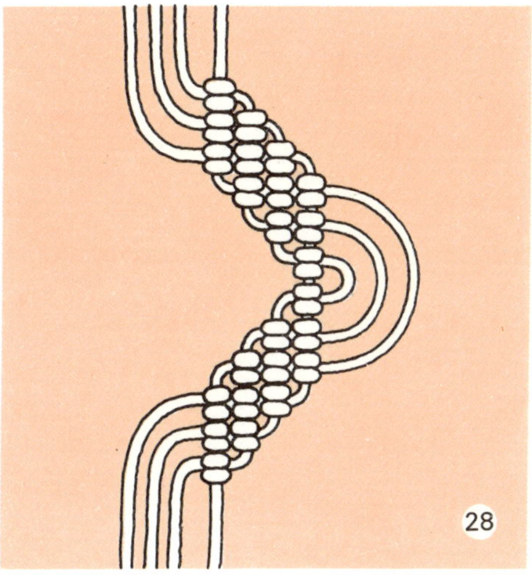
28

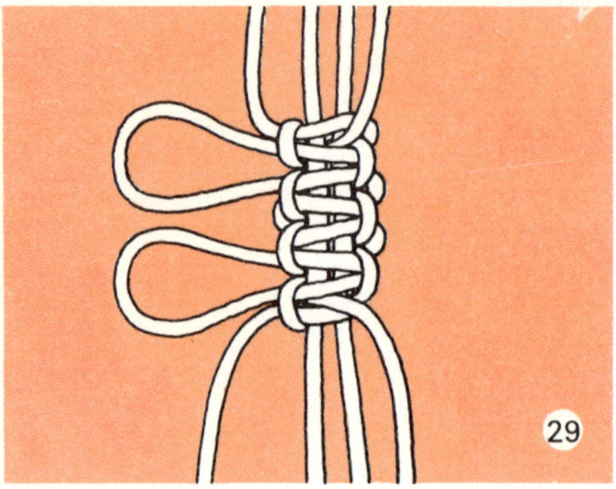
29

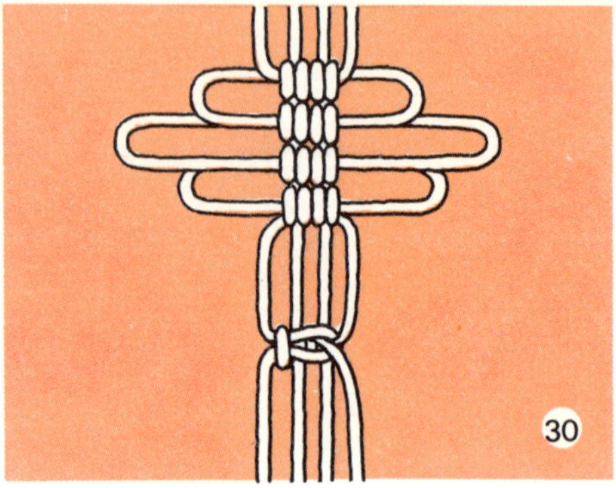
30

ken immer am besten. Wichtig ist auch, daß wir nur miteinander harmonisierende Materialien kombinieren. Besondere Vorsicht ist bei Perlen aus Glas oder Plast geboten. Sie sprengen sehr leicht den einheitlichen Stil der Arbeit. Am besten passen Glasperlen zu Halsschmuck aus seidigen Fäden. Sie erfüllen hier sogar eine wesentliche funktionelle Aufgabe, indem sie den Schmuck vorteilhaft beschweren. Plastperlen kommen vor allem als Ergänzung von Kunstbastarbeiten in Frage. Rustikales aus Hanfschnur hingegen sollte mit Naturmaterial – Holzperlen, Ästchen oder auch Steinen – angereichert werden. Steine lassen sich allerdings schwer bohren und glätten. Gern werden deshalb rund- oder glattgeschliffene Lochsteine vom Meeresstrand, sogenannte Hühnergötter, in das Geknüpf eingefügt.

Abschließend sei erwähnt, daß man Makramee nicht nur mit anderen Materialien, sondern auch mit anderen Techniken, Wickeln und Flechten beispielsweise, kombinieren kann. Wer Freude am Experimentieren hat, sollte es ausprobieren und sich damit neue Wege bei der Gestaltung erschließen.

FARBIG GESTALTETE STOFFE

5. Kapitel

Gelungene selbstgestaltete Textilien, ganz gleich ob als Raumschmuck, als Kleidungsstück oder modisches Beiwerk, lenken stets das Augenmerk auf sich, denn sie alle haben eines gemeinsam: die Einmaligkeit des Entwurfs und der Ausführung, die jedem Stück seinen Wert und dem Raum oder der Trägerin eine besondere Note gibt.

Seit Gewebe hergestellt werden, versucht man auch, sie zu schmücken. Dabei entstanden die verschiedensten Techniken. Das Wachsreserveverfahren wurde wahrscheinlich auf Djawa, heute zur Republik Indonesien gehörend, entwickelt. Dort erhielt es auch seinen Namen: Batik. Dieses Wort ist von »ambatik«, dem Begriff für »zeichnen, schreiben«, abgeleitet und deutet darauf hin, daß der Stoff eine Wachszeichnung erhält, bevor er gefärbt wird. Die Javaner führen sie mit dem Tjanting, dem Malkännchen, aus. Die Kunst des Batikens diente einst dazu, dem Sarong (Festgewand) des begüterten Javaners eine feingemusterte negative Zeichnung zu geben. Der Sarong der ärmeren Bevölkerung wurde mit Stempelbatik, dem Tjap, versehen. Nicht nur in Asien, auch in Afrika wendet man das Wachsreserveverfahren schon sehr lange an. In Europa blieb es bis zur Jahrhundertwende unbekannt. Erst als Djawa auf der Pariser Weltausstellung Batiken zeigte, lernte man es auch hier schätzen.

Eine sehr alte Technik ist auch das Bedrucken von Stoffen. Da sich Textilien viel schneller zersetzen als andere Zeugen der Vergangenheit, läßt sich wissenschaftlich nicht genau nachweisen, wann und wo der Stoffdruck zuerst auftrat. Sicher ist, daß die Anfänge in den Jahrhunderten vor unserer Zeitrechnung liegen.

Beim Stoffdruck wird meist mit Hochdruckmodeln gearbeitet, das sind Stempel mit erhaben herausgearbeiteten Motiven. Sie können aus den verschiedensten Materialien bestehen. Die wichtigsten sind Holz als traditionelles Material, Linol, Kartoffeln, Gummi oder Kork. Auch Metallbänder und Nägel können zu einem Muster geformt und auf einer Holzunterlage befestigt werden, so daß ein Metallmodel entsteht. Holzmodel werden heute vorwiegend zur Herstellung von Blaudrucken verwendet. Bei allen diesen Stempeln färbt die erhöhte

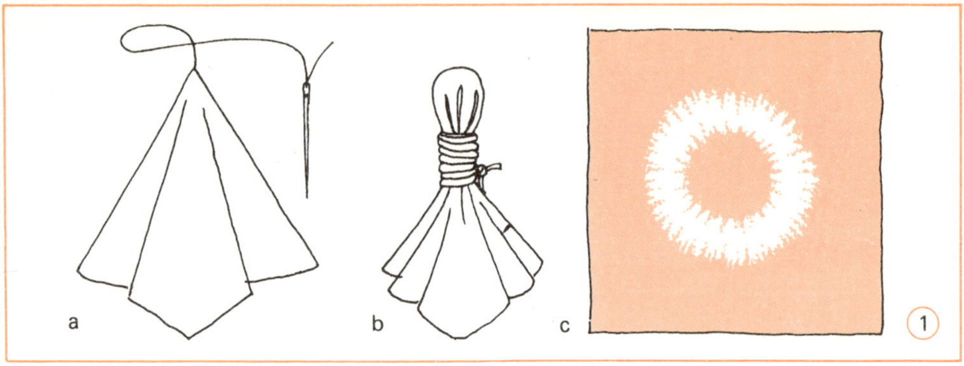

Musterung den Stoff direkt – wir sprechen von einem stellenweise begrenzten Färben im Direktdruck. Im Flachdruck kann man ebenfalls zu schönen Ergebnissen kommen; der Glasdruck ist ein Beispiel dafür. Bei ihm ist jeder Pinselstrich, der auf die Druckplatte gemalt wird, auf dem Gewebe sichtbar. Wir müssen uns jedoch immer vor Augen halten, daß wir es hier mit einer Drucktechnik zu tun haben, und wir dürfen niemals versuchen, Effekte ähnlich der Stoffmalerei erzielen zu wollen. Dies ist ein vollkommen eigenständiges Gebiet der Textilgestaltung und muß auch als solches behandelt werden.

Die Stoffmalerei bietet ebenso wie die anderen textilen Schmucktechniken schöne und vielseitige Anwendungsmöglichkeiten. Sie gelangte besonders in den ostasiatischen Ländern zu hoher Blüte. Bei uns ist sie noch häufig Zielscheibe berechtigter Kritik, weil diese Technik nicht werkgerecht angewendet wird. So entstehen beispielsweise Landschaften mit Vorder- und Hintergrund und ganze »Gemälde« als Wandbehänge. Die Stoffmalerei verleitet allerdings auch sehr dazu, mit Pinsel und Farbe so umzugehen, als habe man ein Bild zu malen. Aber gerade in dieser Technik ist es außerordentlich wichtig, sich streng an die Gesetze der Fläche zu halten und die zu gestaltenden Motive zu stilisieren.

Batik

Die Abbindetechnik

Es gibt verschiedene Arten der Abbindetechnik. Mit echter Batik haben sie allerdings nur gemeinsam, daß sie ebenfalls zu den Reserveverfahren zählen, denn die Grundfarbe wird durch festes Abbinden reserviert, d. h. erhalten. Wir stellen diese Techniken an den Anfang, weil sie zeichnerisch und entwurflich weniger Anforderungen stellen als die Wachsbatik. Das soll aber nicht heißen, daß man bei der Abbindefärberei ohne jede gestalterische Überlegung auskommt und sich von dem zufälligen kompositorischen wie farblichen Effekt überraschen lassen darf. Da wir es bei

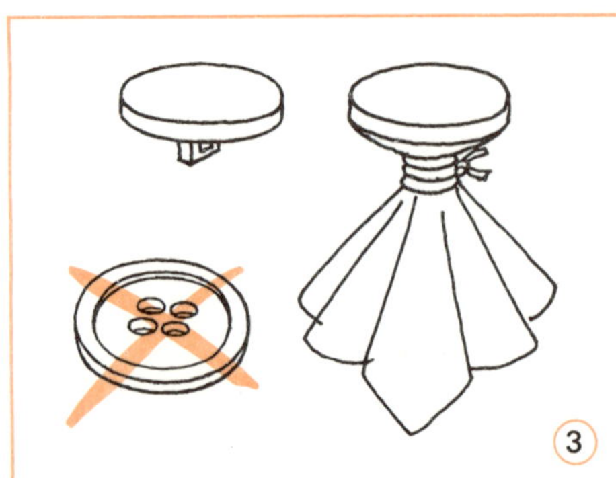

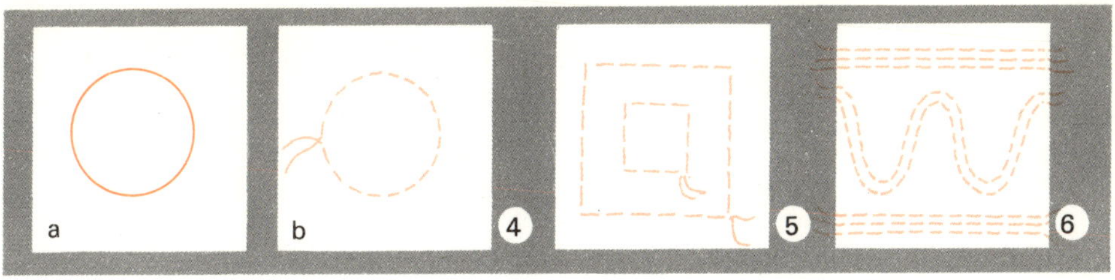

dieser Technik vorzugsweise mit geometrischen Mustern und Streifen zu tun haben, müssen wir diese Formen auch einordnen, komponieren und die passenden Farben dazu auswählen.

Im Abbindeverfahren gemusterte Stoffe wirken effektvoll und außergewöhnlich. Zu Kleidern und Blusen, T-Shirts und Strandbekleidung, Tüchern, Schals und Kissen verarbeitet, kommen sie besonders gut zur Geltung. Auch Tischdecken in Abbindetechnik sehen sehr hübsch aus, sofern die übrigen Raumtextilien farblich und im Dekor zurücktreten.

Als Arbeitsmaterial benötigen wir hellen, ungemusterten Stoff (Baumwolle, Zellwolle, Seide), Nadel und festen Zwirn, runde Knöpfe (ohne Durchstichlöcher) oder Steine, Schulgarn in hellen Farben, Stoffarben, einen Bleistift Nr. 2 und Emailgefäße zum Färben und Spülen. Für die letztgenannte Technik außerdem Holzbrettchen verschiedener Länge und Breite.

Bevor wir einen Stoff zweckgerichtet verarbeiten, sollten wir erst einige Proben anfertigen: In der Mitte eines quadratischen, etwa 30 cm × 30 cm großen Stoffstückes ziehen wir einen kurzen Faden mit dickem Knotenende durch und halten ihn straff (Abb. 1a). Unterhalb des Knotens nehmen wir den Stoff zusammen und umwickeln diese Stelle 1 bis 3 cm breit fest mit derbem Garn (Abb. 1b). Den Faden verknoten wir und legen die Probe in klares Wasser. In der Zwischenzeit bereiten wir in einem nicht zu kleinen Emailgefäß, der Vorschrift auf dem Farbbeutel entsprechend, ein Farbbad vor, in dem wir unsere Probe unter Zusatz von Kochsalz und Essig etwa 20 bis 30 Minuten kochen lassen, bis die gewünschte Tönung erreicht ist. Wenn wir als Grundmaterial Seide haben, darf die Färbetemperatur 60° nicht überschreiten. Ist unser Stoff schön kräftig gefärbt, spülen wir ihn so lange in Essigwasser, bis es klar bleibt. Nun können wir den Abbindefaden entfernen und das Ergebnis bewundern: Die Stellen, die wir fest abgebunden hatten, sind noch ebensohell wie vor dem Färben. Es entstand ein 1 bis 3 cm breiter, heller, unregelmäßig gezackter Kreis auf farbigem Grund (Abb. 1c). Nach dem Spülen lassen wir den Stoff trocknen und vermeiden dabei pralle Sonne. Wir bügeln ihn, wenn er noch etwas feucht ist.

Bei der nächsten Arbeitsprobe verfahren wir in der gleichen Weise, nur daß wir jetzt nach unserem Ermessen in Abständen öfter abbinden (Abb. 2): unter dem Knoten beispielsweise 1 cm breit abbinden und 2 cm darunter nochmals 0,5 cm breit. Nach dem Färben hat dann der Kreis eine betonte Mitte und eine dünnere Umrandung. So können wir mit Phantasie schon bei diesem einfachen Kreis variieren.

Wenn wir ein quadratisches Stoffstück mit der Mitte über einen glatten Knopf ohne Durchstichlöcher (Abb. 3) oder über einen runden Stein legen und dann darunter wie vorhin abbinden, erhalten wir wieder nach dem Färben eine Kreisform. Die Größe der Kreise richtet sich ganz nach den Abbindebreiten, die wir wählen.

Wir haben noch eine dritte Möglichkeit des Abbindens. Mit einem Zirkel schlagen wir auf dem hellen Grund um den Mittelpunkt einen Kreis (Abb. 4a). Ist kein Zirkel vorhanden, finden sich im Haushalt genug runde Gegenstände, um die wir eine Linie ziehen können. Mit einer Nadel und festem Zwirn ziehen wir entsprechend Abbildung 4b entlang der Linie Vorstiche ein (Heftstiche). Beide Fadenenden werden fest zusammengezogen, noch einigemal um die Reihstelle gewickelt und verknotet. Als Ergebnis erhalten wir wieder einen hellen Kreis im gefärbten Stoff.

Die verschieden gewählten Breiten, Größen und Abstände ergeben große und kleine, leichte und schwere Kreise, die

Farbig gestaltete Stoffe

eine Fläche interessant gestalten. Mit Hilfe des Vorstichs können wir aber nicht nur Kreise, sondern auch Quadrate (Abb. 5). Rechtecke, Rhomben, Tropfen, Streifen, geschwungene Linien (Abb. 6) usw. abbinden. In jedem Falle müssen wir auf exaktes Vorzeichnen Wert legen.

Bei allen Formen, die wir wählen, wird die Lage zueinander vor dem Zusammenschnüren festgelegt. Bei Kreisen genügt meist die Angabe des Mittelpunktes und der Radiusbreite. Wenn wir die Figuren umstechen, warten wir mit dem Zusammenziehen, bis alle Formen umheftet sind. Das erleichtert die Arbeit und ermöglicht außerdem eine gute Übersicht.

Übereinanderfärben

Bei den besprochenen Verfahren erzielen wir stets zweifarbige Muster: in der hellen Grundfarbe und dem eingefärbten dunkleren Ton. Durch Übereinanderfärben können wir den Stoff aber auch mehrfarbig mustern. Dabei bleiben die Abbindefäden nach dem ersten Farbbad ungeöffnet. Haben wir z. B. ein weißes Tuch reserviert und grün gefärbt, spülen und trocknen wir es und binden im grünen Grund erneut Kreise ab (Abb. 7). Jetzt legen wir das wiederum angefeuchtete Tuch in ein dunkelbraunes Farbbad. Nach dem Spülen lösen wir die Abbindefäden und haben nun ein braunes Tuch mit grünen und weißen Kreisen. Wichtig ist, daß wir immer von Hell nach Dunkel färben, also mit dem hellsten Farbton beginnen und mit dem dunkelsten aufhören, und die Abbindefäden erst ganz zum Schluß entfernen.

Auch ein einzelner Kreis läßt sich durch zusätzliches Reservieren mehrfarbig gestalten. Wir vergrößern dazu nach dem ersten Farbbad die Abbindebreiten des Kreises, umwickeln noch offene Stellen oder binden erneut in einiger Entfernung von der Mitte ab (Abb. 8). Beachten müssen wir, daß bei mehrmaligem Übereinanderfärben Mischfarben entstehen. Soll beispielsweise auf einem rotgefärbten Tuch ein reines Blau im Muster erscheinen, so muß vor dem Blaufärben das reservierte Weiß an den entsprechenden Stellen aufgebunden werden. Nur an diesen Stellen wird der Stoff nach dem Färben die ungemischte blaue Farbe zeigen, während der rote Grund einen violetten Ton angenommen hat.

Färbeproben sind bei dieser Technik unerläßlich. Wie schon im Kapitel »Vom dekorativen Gestalten« empfohlen, sollten wir die Proben beschriften und sammeln, damit wir immer wieder darauf zurückgreifen können.

Schal

Bisher sprachen wir davon, wie man durch Abbinden verschiedene Formen erzielt. Bei einer anderen Art des Reservefärbens, ebenfalls aus der Südsee bekannt, entsteht das Muster durch Falten des Stoffes. Wollen wir einen Schal in dieser Technik gestalten, falten wir hellen Stoff entsprechender Größe ziehharmonikaähnlich zusammen. Dann nehmen wir zwei Brettchen, ebensobreit wie die Falten und etwa 3 bis 4 cm länger als die Stoffbreite des Schals. Den gefalteten Stoff legen wir zwi-

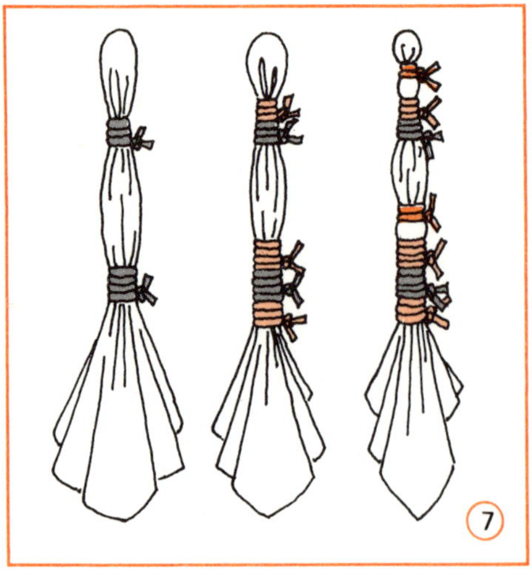

7

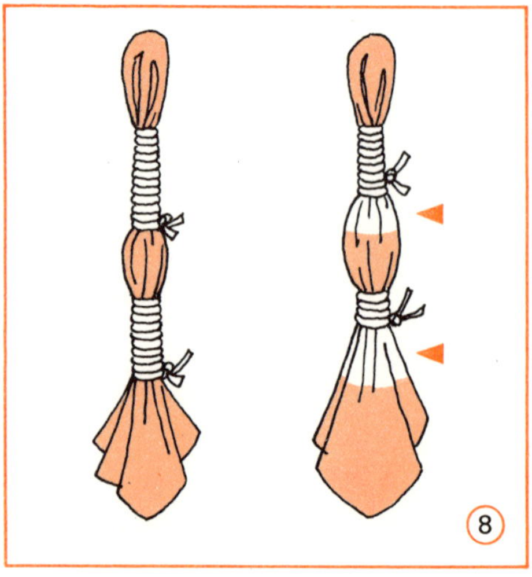

8

9

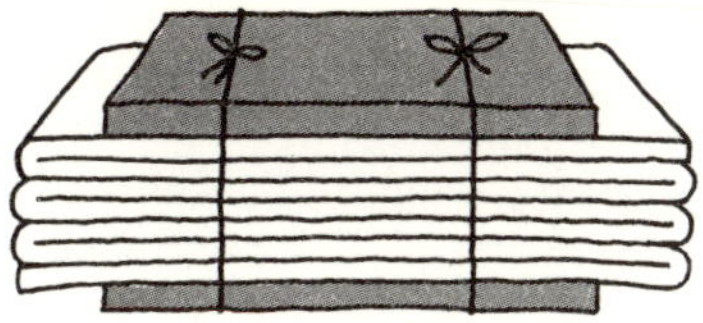

10

schen die Brettchen, die an zwei oder drei Stellen fest umschnürt und damit zusammengepreßt werden (Abb. 9). Nach dem Anfeuchten färben wir, wie beschrieben. Die Farbe dringt nur an den Brüchen ein, und es ergibt sich eine einfache Querstreifenmusterung. Breite und Länge der Brettchen können variiert werden. Sind die Brettchen kürzer, als der Stoff breit ist, entsteht eine dunkle Kante (Abb. 10). Nach dem Färben können wir neu falten, so erzielen wir mehrfarbige Streifen. Längs- und Querfalten ergeben ein Karomuster.

Stempelbatik

Diese Technik, die auch als Tjap bezeichnet wird, eignet sich besonders gut zur Gestaltung dekorativer Kanten und Bordüren in Verbindung mit locker gemusterten Flächen. Sie hat vor allem für modische Kleidung sowie rustikalen Raumschmuck Bedeutung. Stempelbatik ermöglicht eine Vielzahl von Mustern. Abb. 11 zeigt als Beispiel eine Bluse, daneben die Stempel, die zum Mustern der zugeschnittenen Teile verwendet wurden.

Material und Arbeitsgerät: Leichte Baumwollstoffe oder reine Seide, hell und ungemustert, Bienen- und Erdwachs (Stearin) im Verhältnis 1:2, Wachstiegel und Wassergefäß – ein Milchkocher tut die gleichen Dienste –, ein kleiner Emailtopf, eine Emailwanne, ein Eimer oder ein anderes größeres Gefäß, Bügeleisen und Bügelunterlage, ein feines Sieb, Stoffarben, Löschpapier, Zeichenkohle sowie verschiedene Stempel.

Die Stempel (Abb. 12) müssen technikbedingt sehr einfach und unkompliziert sein. Wir schneiden sie aus Kork oder Holz zurecht, z. B. Dreiecke, Quadrate, Kreuze. Runde Korken verschiedener Größe verwenden wir als Punkte oder, nach Entfernen der Mitte, als Ringe. Offene Kreise erhalten wir durch regelmäßiges Einstecken von Stecknadeln mit Glaskopf in den Rand eines runden Korkens. Die Nadeln dürfen nur etwa 1 cm tief eingesteckt werden und müssen alle die gleiche Höhe haben. Werden die Abstände zwischen den Nadelköpfen größer gewählt, ergeben sich blütenähnliche Gebilde. Auch gebogene Metallbänder – an einem Holzgriff befestigt –, Metallformen für Weihnachtsgebäck sowie Reißzwecken oder Schrauben eignen sich als Stempel.

Stempel

Die Arbeitstechnik: Zunächst waschen wir aus dem Stoff die Appretur heraus, trocknen und bügeln ihn und geben mit Zeichenkohle Hilfslinien für den Musterverlauf an. Dann spannen wir den Stoff

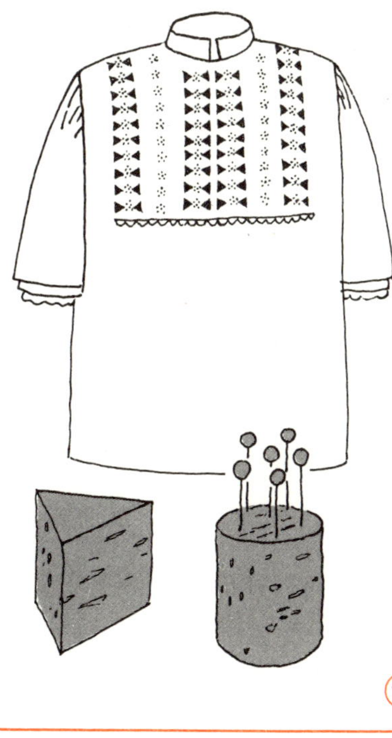

11

sehr straff über die Öffnung eines Tischkastens, zwischen zwei Stühle, über einen Bilderrahmen oder ein Tablett (Abb. 13). Die Wachsmischung wird in einem Tiegel auf geschlossener Heizfläche (Herd oder Heizplatte) geschmolzen und anschließend durch einen Leinenlappen in einen zweiten Tiegel gegossen, um Schmutz und Lichtdochte auszufiltern. Damit das Wachs nicht zu heiß wird und sich eventuell zersetzt, halten wir es während der Arbeit im kochenden Wasserbad flüssig. Wir sollten die für die Arbeit erforderliche Wachsmenge stets auf einmal ansetzen. Durch nachträgliches Zubereiten ändert sich möglicherweise die Zusammensetzung, was einen unterschiedlichen Auftrag und unterschiedliche Sprünge zur Folge hätte. Wichtig ist auch, daß sich beim Drucken immer genügend Wachs im Tiegel befindet. Eventuell müssen wir nachgießen.

Sobald das Wachs heiß ist, tauchen wir das obere Viertel unseres Stempels ein, warten, bis sich das Material ein wenig erwärmt hat, lassen das Wachs abtropfen und drucken dann schnell hintereinander. Über dem Stoff halten wir den Stempel stets ganz gerade, damit das Muster klar aufgetragen und nicht durch Kleckse verdorben wird.

Beachten müssen wir, daß das Wachs beim Drucken ganz und gar in den Stoff eindringt. Die bedruckte Stelle nimmt dann eine transparente dunkle Tönung an. Bleibt sie hell, so sitzt das Wachs nur obenauf und reserviert die Grundfarbe nicht. Häufigste Ursache dieses Fehlers: Das Wachs wurde zu kalt aufgetragen.

Nachdem wir unseren Stoff bedruckt haben, nehmen wir ihn vom Rahmen und tauchen ihn in kaltes Wasser – wir schrecken ihn ab. Das aufgetragene Wachs bekommt dadurch feine Sprünge, in die beim späteren Färben Farbe eindringt und das Muster mit zarten Äderchen überzieht. Während das Gewebe wässert, bereiten wir das Farbbad vor: In einem kleinen Emailtopf lösen wir Stoffarben nach Vorschrift auf, füllen eine genügend große Emailwanne – der Stoff muß locker darin schwimmen können – mit handwarmem Wasser (bis 40 °C), gießen durch ein Haarsieb das Farbkonzentrat hinein, setzen etwas Kochsalz zu, bei Seide außerdem einen kräftigen Schuß Essig, und legen dann für mindestens 30 Minuten den vorbenetzten Stoff ein. Damit er gleichmäßig Farbe annimmt, muß er während dieser Zeit ständig von der Farbflotte bedeckt bleiben und leicht bewegt werden. Ohne zu wringen oder zu drücken, spülen wir unsere Stempelbatik anschließend gründlich in kaltem Wasser. Dem letzten Spülbad setzen wir so viel Essig zu, daß es sauer riecht. Lassen wir uns nicht zu sehr von dem dunklen Ton nasser Stoffe täuschen! Nach dem Trocknen wirken die Farben wesentlich heller.

Das Werkstück sollte an der Luft – nicht in praller Sonne und nicht am Ofen – trocknen. Anschließend wird es entwachst. Dazu stellen wir das Bügeleisen bereit und decken die Bügelunterlage mit

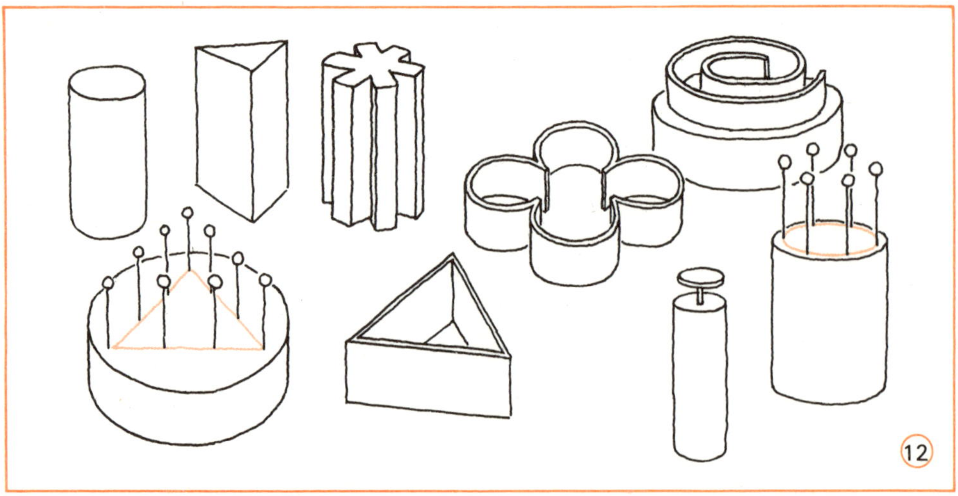

12

Voranstehende Seite:
18–20 Weihnachtsschmuck aus Stroh

21 Schale aus Maisstroh
22 Aus Ruten geflochtene Körbe

Vorhergehende Seite:
23 »Thüringer Brautpaar«, Makramee

24, 25 Wandschmuck, Wachsbatik

26 Seidenschal, Wachsbatik
27, 28 Kartoffelstempeldruck (Entwürfe)
29 Schal in Glasdrucktechnik

30 Klappkarte mit Glasmonotypie
31 Glasmonotypien (Arbeitsproben)

32 Glasmonotypie »Dezembersonne«

33 Blusenärmel mit Stoffmalerei
34 Stoffmalerei (Entwurf)

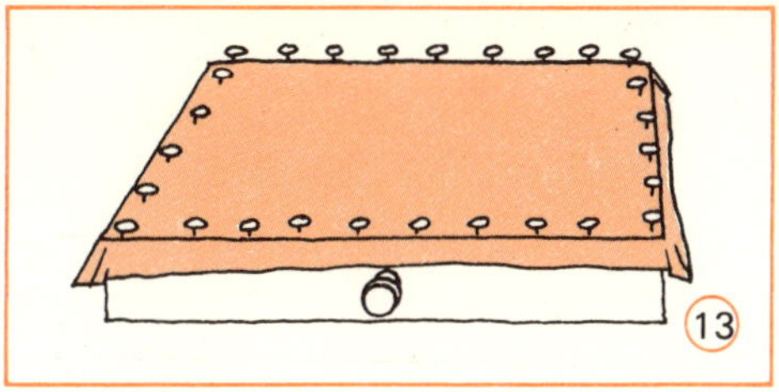

13

mehreren Bogen Zeitungspapier ab. Obenauf legen wir eine Schicht saugfähiges, unbedrucktes Papier – Fließ-, Lösch-, Seidenpapier oder Zellstoff – und dazwischen unsere Stempelbatik. Wenn wir jetzt mit dem heißen Eisen darübergleiten, schmilzt das Wachs und wird von den Papierlagen aufgesaugt. Wir wechseln so oft das Papier und bügeln so lange, bis der Stoff keine fettigen Spuren mehr aufweist. Aus dem noch steifen Gewebe entfernen wir die letzten Wachsreste durch ein Bad in gereinigtem Benzin, das wir im Interesse der Sicherheit stets im Freien vornehmen. Manchmal macht sich auch eine mehrmalige Wäsche erforderlich. Nach dem Benzinbad schlagen wir den Stoff an der Luft aus, bis sich das Benzin verflüchtigt hat. Das Gewebe ist nun wieder weich, und das gestempelte Muster hebt sich weiß vom gefärbten Grund ab – durchzogen von jenen Farbäderchen, denen jede Wachsbatik, und damit auch die Stempelbatik, ihr typisches und lebendiges Aussehen verdankt.

Stempelbatiken sollten nicht öfter als zweimal gefärbt werden, am besten Ton in Ton – in hellem und dunklem Braun, Grün oder Blau beispielsweise. Wollten wir mehrmals färben, müßten wir die ersten Stempel auf hellem Grund erneut abdekken, weil das Wachs bei häufigem Färben leicht abspringt und dann nicht mehr reserviert. Das wäre eine sehr große Mühe und beim Stempeln technisch kaum möglich.

Soll ein hell eingefärbter Stoff noch einmal gefärbt werden, so spülen und trocknen wir ihn und stempeln dann erneut, wobei wir jetzt den hellen Farbton reservieren. Wird nun dunkel gefärbt, haben wir eine weiß-hell-dunkel-gemusterte Stempelbatik geschaffen, die im weißen Grund feine Sprünge in hell und dunkel aufweist.

Wachsbatik

Diese Technik ist eine der schönsten, aber gewiß auch anspruchsvollsten auf textilem Gebiet. An Material benötigen wir die gleichen Gefäße, Stoffe, Farben und Wachse wie bei der Stempelbatik. Hinzu kommen breit- und rundgebundene Pinsel in verschiedenen Stärken. Die rundgebundenen Pinsel müssen eine gute Spitze haben und dürfen keine »Besen« sein.

Wichtigste Voraussetzung für eine gelungene Wachsbatik ist der Entwurf. Jede Batik soll ein Einzelstück werden, und sie unterliegt den erwähnten Gesetzen des dekorativen Gestaltens. Wie wir einen Gegenstand mustern, richtet sich nicht zuletzt nach seinem Verwendungszweck. Bei einem Kissen zum Beispiel müssen wir beachten, daß es nicht nur eine »Sonntagsseite« bekommt, sondern über die Nahtstellen hinweg als Körper gestaltet wird. Für einen Vorhang bieten sich Reihungen an. Figürliche Darstellungen dürfen dabei keine Bildfunktion erhalten. Ganz anders bei einem Wandbehang. Er kann in einem Raum zum Blickfang werden und an die Stelle eines Bildes treten. Motive und Farben müssen deshalb besonders sorgfältig ausgewählt werden.

Die Motivskizzen für eine Wachsbatik werden immer in Originalgröße angefertigt. Den am besten gelungenen Entwurf zeichnen wir mit Tusche nach und kolorieren ihn. Wichtig ist, daß wir bei der Farbwahl für unser Werkstück die Umgebung berücksichtigen, in der es später zur Geltung kommen soll: beim Schal den Mantel, bei Kissen und Behang die Räumlichkeit, für die wir arbeiten usw. Eine Sammlung von Färbeproben leistet jetzt gute Dienste. Wer noch keine besitzt, kommt nicht umhin, durch eine Reihe von Probefärbungen die günstigsten Varianten herauszufinden. Am leichtesten haben wir es beim Ton-in-Ton-Färben. Es führt immer zu einem harmonischen Ergebnis.

Sind wir mit der Farbzusammenstellung zufrieden, so übertragen wir den Entwurf auf den Stoff. Dabei gibt es verschiedene Möglichkeiten. Bei Seide und dünnen Baumwollgeweben sieht man den untergelegten Entwurf mit den Tuschelinien durch und kann diese mit einem weichen Bleistift auf dem Stoff nachziehen. Für feste, un-

Tauchverfahren

durchsichtige Gewebe fertigt man sich mit der Nähmaschine eine Stechpause vom Originalentwurf an, indem man ohne Ober- und Unterfaden bei großer Sticheinstellung die Linien langsam nachnäht. Den gelochten Entwurf legt man auf den Stoff und folgt mit Zeichenkohle oder einem Mullsäckchen, in dem sich geriebene Papierasche befindet, den Linien. Auf dem Stoff erscheint der Entwurf nun als enggepunktete Linie, die wir leicht mit Bleistift nachziehen können.

Wie im vorigen Abschnitt beschrieben, spannen wir das Werkstück straff auf den Rahmen, erhitzen das Wachs und tragen es mit dem Pinsel auf (Abb. 14): dünne Linien mit einem feinen, langhaarigen, rundgebundenen Pinsel, größere Flächen mit einem breitgebundenen Pinsel. Auch hier achten wir wieder darauf, daß das Wachs den Stoff durchdringt. Da es sehr schnell erkaltet, ist längeres Malen also nicht möglich; es sei denn, man besitzt ein Wachskännchen (Handwerksanfertigung), das in Djawa gebräuchliche Tjanting (Abb. 15). Damit zu arbeiten erfordert aber sehr viel Übung und eine sichere Linienführung. Beim Wachsauftrag sowohl mit Pinsel als auch mit Tjanting sind unschöne Ansatzstellen zu vermeiden. Wir müssen folglich zügig arbeiten. Dabei schützen wir unseren Stoff vor zufälligen Flecken, indem wir nach dem Eintauchen ein Stück Papier unter den Pinsel bzw. das Wachskännchen halten.

Klotzverfahren

Wissen sollten wir, daß man durch veränderte Wachszusammensetzung – normalerweise wird bekanntlich Bienenwachs und Stearin im Verhältnis 1:2 verwendet – bestimmte Effekte erzielen kann: Erhöht man den Stearinanteil, wird das Wachs spröder und springt leichter, so daß die Anzahl der Farbäderchen steigt; nehmen wir mehr Bienenwachs, bleibt es geschmeidiger, und Sprünge sind seltener.

Beim Färben von Batiken kennen wir drei verschiedene Arten: das Tauchverfahren, das Klotzverfahren und das Ätzverfahren. Das Tauchverfahren bringt das schönste und harmonischste Ergebnis. Wir verstehen darunter das Färben vom hellsten bis zum dunkelsten Ton nacheinander und übereinander, wobei die Batik immer vollkommen in die Farbe getaucht wird. Haben wir alle Stellen abgedeckt, die hell bleiben sollen, färben wir wie bei der Stempelbatik im Farbbad bis 40 °C. Nach dem Spülen und Trocknen wiederholen wir den Färbe- und Abdeckvorgang so oft, wie Farben in unserem Entwurf vorgesehen sind. Mehr als fünfmal zu färben ist allerdings nicht ratsam. Stellen wir eventuell nach dem zweiten Färben fest, daß das Wachs an einigen Stellen schlecht deckt, empfiehlt es sich, nach dem Trocknen noch einmal alles gut zu wachsen, bevor wir neu einfärben. Entfernt wird das Wachs, wie wir bereits wissen, durch Ausbügeln und Auswaschen. War das Wachs stellenweise sehr dick aufgetragen, kann man es vorher vorsichtig abkratzen.

Eine häufig angewandte Technik, die aber den in der Farbwahl noch unsicheren Anfänger leicht zu papageienhafter Buntheit verführt, ist das Klotzverfahren. Entgegen dem Tauchverfahren, bei dem Grundsätzlich nur Mischfarben entstehen, ermöglicht es, reine Farben nebeneinanderzusetzen: leuchtendes Gelb beispielsweise neben leuchtendes Blau. Unterschiedlich ist auch der Färbeprozeß. Die einzelnen zu färbenden Flächen werden zunächst mit Wachs umrandet und dann mit einem Pinsel oder Schwämmchen in den gewünschten Farben bemalt, wobei die Wachskonturen das Ineinanderlaufen verhindern. Die aufgelösten Farben verarbeiten wir in diesem Fall als Konzentrat, verdünnen sie also nicht. Nach dem Farbauftrag wird der Stoff vom Rahmen genommen, leicht durchge-

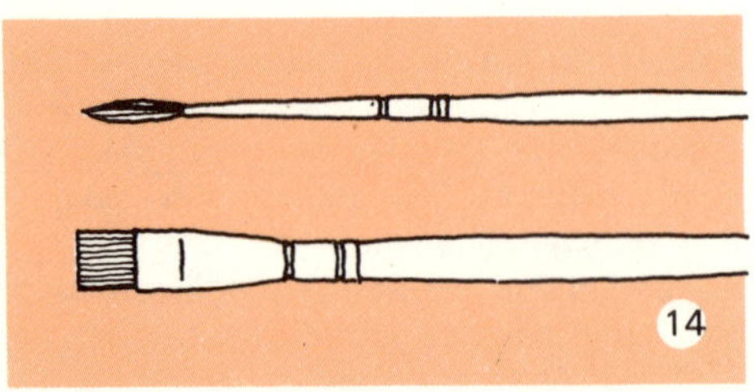
14

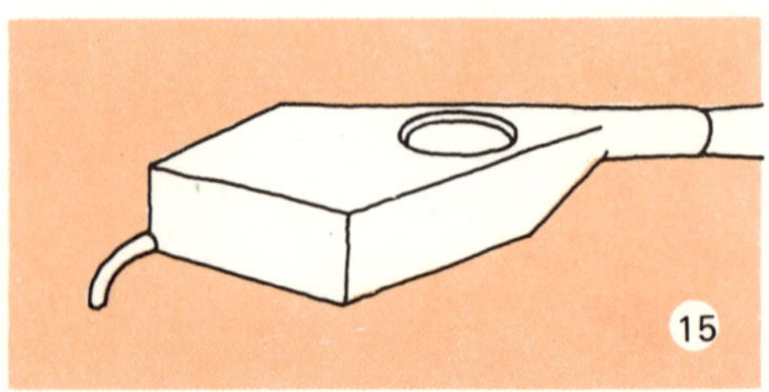
15

spült und liegend – nicht hängend! – getrocknet. Anschließend decken wir die farbigen Flächen mit Wachs ab und färben auf klassische Art – im Tauchbad – den Grund ein.

Selbstverständlich muß beim Klotzen die Wachsumrandung schon im Entwurf berücksichtigt werden. Und noch etwas ist wichtig: Im Klotzverfahren gemusterte Stoffe geben beim Waschen Farbe ab, so daß sie nach und nach ausblassen. Wäscht man sie zu warm, besteht außerdem die Gefahr, daß die Farben ineinanderlaufen. Kleidungsstücke daraus zu fertigen ist deshalb nicht zu empfehlen. Das Klotzverfahren eignet sich vor allem für kurzlebiges modisches Beiwerk sowie für Raumschmuck.

Erwähnt sei noch, daß wir auch Vliseline auf diese Art mustern können. Da das eingefärbte Material transparent ist, lassen sich daraus hübsche Sonnenrollos herstellen (Mechanik eines ausgedienten Springrollos verwenden).

Ätzen

Eine andere Möglichkeit, verschiedene ungemischte Töne nebeneinanderzusetzen, bietet das Ätzen. Es wird mit dem Tauchverfahren gekoppelt, d. h., der Stoff wird zwischen den einzelnen Tauchbädern teilweise entfärbt, so daß keine Mischfarben entstehen. Ein Beispiel: Wir färben unser Werkstück im Tauchverfahren von Gelb bis Rot und legen es nach der letzten Rotfärbung in Entfärber-Lösung. (Anstelle von Entfärber können wir auch Natron oder Salzsäure im Verhältnis 1:10 verdünnen – Vorsicht aber, immer die Säure ins Wasser gießen, nie umgekehrt; Hautkontakt unbedingt vermeiden.) Überall dort, wo wir nicht mit Wachs abgedeckt haben, werden dadurch die gelben und roten Töne weggeätzt. Färben wir nun nach dem Spülen und Trocknen blaue und später grüne Töne ein, werden diese in unverfälschtem Farbwert wiedergegeben.

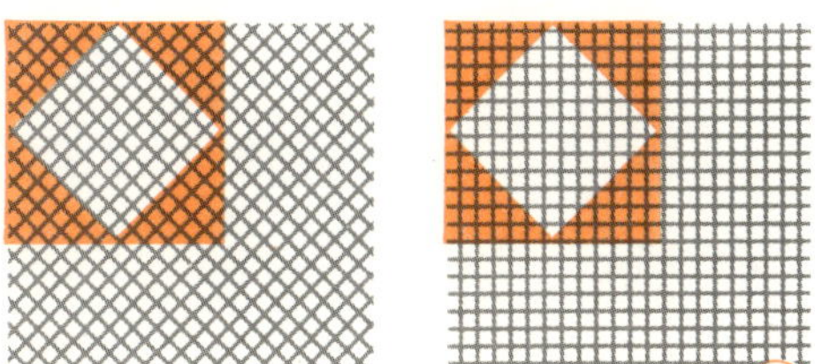

falsch richtig 16

Ein wesentlicher Hinweis noch für das Entfärben. Alle Farben, in denen Blau enthalten ist, verblassen zu hellem Blau, nur die Rottöne verschwinden völlig. Am leichtesten läßt sich im allgemeinen reine Seide entfärben.

Stoffdruck

Zum Bedrucken eignen sich alle hellen Stoffe mit glatter Oberfläche, z. B. Linon, Batist, Leinen, Popeline, Nessel, Seide und Polyamidseide, aus denen wir vorher die Appretur durch Überbrühen (Vorsicht, Polyamidseide nur handwarm behandeln!) entfernt haben. Das geglättete Gewebe wird anschließend durch eingebügelte, eingeheftete oder mit dem Bleistift punktierte Linien markiert, damit der Model gut anzusetzen ist.

Wir benutzen, wenn nicht ausdrücklich anders angegeben, Stoffmalfarben. Sie sind untereinander mischbar und brauchen nicht in ihrem reinen Ton verwendet zu werden. Berücksichtigen müssen wir, daß sie nur lasierend sind, also durchsichtig erscheinen. Auf dunklen Stoffen kommen sie folglich nicht zur Geltung.

Drucken wir zum erstenmal, sollten wir zunächst an ein kleines Stück herangehen und etwa die Kante einer Serviette oder die Ecke eines Mitteldeckchens gestalten. Später können wir zur Kleidung passendes modisches Beiwerk, Blusen oder Kleider bedrucken. Kleidungsstücke schneiden wir stets vorher zu und probieren mit Papierstreifen aus, wo die Muster oder Kanten am besten wirken.

Damit unser Stoff am Ende wirklich so aussieht, wie wir ihn uns vorgestellt haben, sind Probedrucke auf Fließpapier unerläßlich. Erst wenn uns das Ergebnis auf Papier zufriedenstellt, bedrucken wir den Stoff. Wir legen ihn dazu auf eine glatte, weiche Unterlage, eine alte Schlafdecke oder Molton, über die wir eine Lage Zellstoff oder Fließpapier gebreitet haben. Das Papier saugt die überschüssige Farbe auf und verhindert, daß die Unterlage beschmutzt wird. Der Druck muß immer im Fadenlauf erfolgen, d. h. senkrecht und waagerecht zum Schuß- und Kettfaden des Gewebes (Abb. 16).

17

Nach dem Druck lassen wir die Farben gut trocknen. Anschließend bügeln wir den Stoff intensiv von rechts und links (auch hier wieder Vorsicht bei Polyamidseide). Dadurch wird die Farbe wasch- und kochfest im Stoff fixiert.

Kartoffeldruck

Diese einfache Hochdrucktechnik erfordert wenig Aufwand. Allerdings übersteht der Kartoffelstempel keine längere Beanspruchung, er muß deshalb öfter erneuert werden. Außer mehreren Kartoffeln brauchen wir ein Küchen- oder Taschenmesser, eine Zeitung als Unterlage, einen Tintenstift und einige Pinsel.

Der Stempel entsteht so: Wir sägen (nicht schneiden!) die Kartoffel mit dem Messer in zwei gleiche Teile. Beide Flächen müssen sehr glatt sein (mit dem Finger kontrollieren).

Auf eine Kartoffelhälfte zeichnen wir das Muster, umreißen es mit dem Messer und heben danach vorsichtig die Flächen heraus, die nicht drucken sollen (Abb. 17). Auf diesen Model übertragen wir gleichmäßig die Stoffarbe, je nach Entwurf ein- oder zweifarbig.

Mit Kartoffelstempeln können wir nicht nur Stoffe bedrucken, sondern auch Papier – Einschlagpapier, Tisch- und Glückwunschkarten, Lesezeichen und ähnliches.

Linoldruck

Er zählt ebenfalls zu den Hochdrucktechniken. Der Linolmodel hat den Vorteil, daß er immer wieder verwendet werden kann.

Für den Druckstock brauchen wir folgendes Arbeitsmaterial: Linoleum oder Reste von nicht zu dünnem Gummibelag, eine Linol- (Abb. 18) oder Holzschnittgarnitur, eine Fotowalze (Abb. 18), weiße Kreide, Kohlepapier, Bleistift und Schere.

Das Druckmuster entwerfen wir auf Zeichen- oder Transparentpapier. Dabei müssen wir beachten, daß es im Druck seitenverkehrt erscheint. Zur Gestaltung eignen sich besonders Faltschnitte: Zentralfaltschnitte für eine Fläche, weil sie sich leicht nach allen Seiten erweitern lassen, Reihenschnitte für Kanten. Sie dürfen allerdings nicht zu fein in der Linienführung sein. Die Technik, das merken wir spätestens beim Schneiden, zwingt zu klaren, stark vereinfachten Formen. Sehr interessant wirken positiv und negativ geschnittene Muster, die im Wechsel gedruckt werden.

Nachdem wir die Linoloberfläche mit

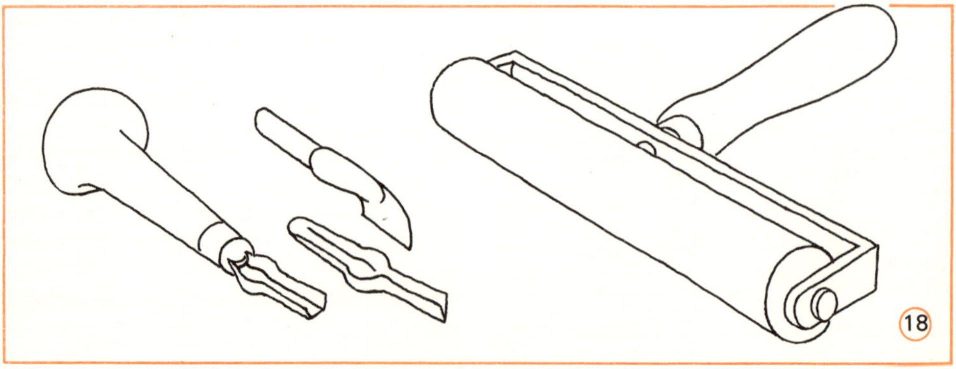
18

Kreide eingerieben und Kohlepapier aufgelegt haben, wird der Entwurf übertragen. Nun umreißen wir mit dem Konturenmesser das Muster und arbeiten danach mit den kleineren und größeren Federn die Flächen heraus. Um Unfälle zu vermeiden, ist beim Linolschneiden das Messer stets vom Körper weg zu führen. Die linke Hand liegt hinter der rechten Arbeitshand und hält das Material.

Der Model sollte nicht wesentlich größer sein als das Motiv. Damit wir ihn besser handhaben können, kleben wir ihn auf ein Stück Holz gleichen Formats (Abb. 19). Die Farbe kann auf verschiedene Art aufgetragen werden. Kleine Druckstöcke pinseln wir entweder mit Stoffmalfarbe ein oder drücken sie auf ein Stempelkissen, das mit der gleichen Farbe getränkt ist. (Einfache Stempelkissen fertigen wir aus Mullbinden, Filz oder Schaumgummi an.) Für größere Model verwenden wir Linoldruckfarben. Wir drücken sie auf eine Glasplatte und walzen sie mit einer Fotowalze gleichmäßig aus, bis ein quietschender Ton hörbar wird. Dicke Farben können mit Terpentinöl geschmeidiger gemacht werden. Wir rollen nun die Fotowalze über die Glasplatte und färben damit anschließend den Model ein.

Der Linolmodel druckt sich nicht so leicht ab wie der Kartoffelmodel, er muß mit einem Holzhammer oder mit der Faust kräftig angeschlagen werden.

Mosaikdruck

Für einen Mosaikdruck schneiden wir einfache Formen (Quadrate, Rechtecke, Kreise, Dreiecke) aus Kartoffeln, Linol,

19

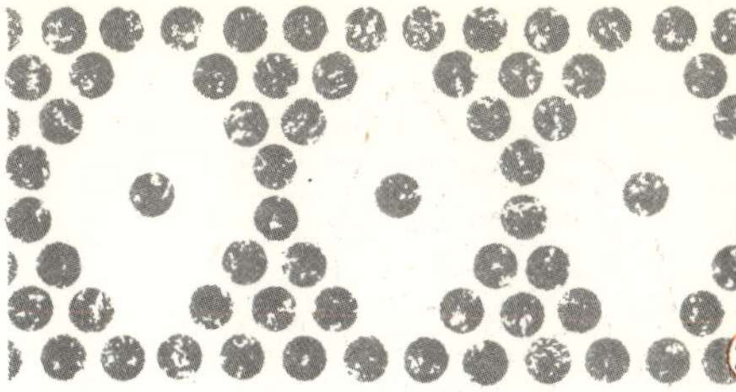

20

Farbig gestaltete Stoffe

Gummi oder nehmen Korken und füllen mit den kleinen Stempeln ein vorgezeichnetes Muster aus (Abb. 20).

Materialdruck

Bei diesem Hochdruckverfahren können wir mit den verschiedenartigsten Modeln arbeiten. Radiergummi, Holz, Kork, Schaumgummi, Gips, in die gewünschte Form geschnitten, eignen sich zum Drucken – und sogar mit Farbe eingewalzte Blätter. Variationen bietet diese Druckart mehr als genug. Durch die unterschiedliche Beschaffenheit des Materials entstehen interessante Strukturen, die ein Muster im Muster bilden. Diese Strukturen lassen sich noch unterstreichen, indem wir den Druckstock mit Stoff (Tüll oder einem anderen Strukturstoff) beziehen oder mit Nägeln besetzen. Hier sollten wir einiges ausprobieren. Wir werden überrascht sein, was alles dabei herauskommt. Das Experiment darf natürlich nicht zu unschönen, kuriosen Formen verführen. Auch auf die Rapportierung sollten wir achten.

Interessante Druckstöcke liefern auch manche Gebrauchsgegenstände, z. B. Schraubverschlüsse, Backformen, Schrauben und Zahnräder. Ein Muster mit mehrfarbigen Ringen kann man mit Hilfe eines Trinkglases gestalten. Zum Einfärben wird der Rand des Glases auf unterschiedlich getränkte Stempelkissen gedrückt.

Kordeldruck

Der Model für diesen Hochdruck wird folgendermaßen gefertigt: Wir legen eine beliebig starke gedrehte oder geflochtene Kordel zu einem Muster und kleben sie auf ein Stück Holz. Das aufgeklebte Muster oder Ornament darf sich nicht überschneiden. Wichtig ist auch, daß die Kordel aus einem Stück besteht (Abb. 21).

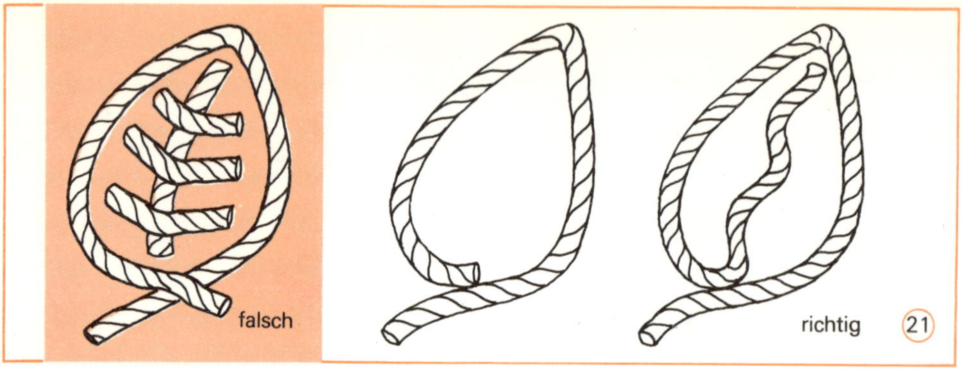

Zum Abdrucken walzen wir die Kordel mit der Fotowalze ein oder drücken sie auf ein Stempelkissen. Beim ersten Druck müssen wir reichlich Farbe auf die Kordel bringen; denn sie muß sich erst vollsaugen. Auf dem Stoff erscheint das gedruckte Ornament, der Beschaffenheit der Kordel entsprechend, strukturiert.

Glasdruck

Der Glasdruck (Abb. 22) ist ein Flachdruck. Auf unserem Model zeigen sich also keine erhabenen Muster. Wir arbeiten in dieser Technik mit verschieden geformten Glasscheiben, die wir uns am besten vom Glaser zuschneiden lassen. Gut geeignet sind auch Dia-Rahmen. Sie können bei Bedarf leicht mit dem Glasschneider verkleinert werden. Auf ihre Rückseiten werden Korken oder Holzklötzchen als Griffe geklebt, damit sie gut handhabbar sind. Streichen wir nun mit dem Borstenpinsel die Farbe auf das Glas, so entsteht eine Struktur, die nachher auf dem Stoff wiederkehrt. Diese Struktur können wir bewußt gestalten, indem wir Wellenlinien, Spiralen, waagerechte und senkrechte Striche in bestimmter Anordnung ausführen oder bei einer runden Scheibe die Farbe von der Mitte zu den Rändern hin auftragen. Damit der Stoff keine Flecke bekommt, setzen wir die Ränder der Glasscheibe zuerst kurz auf saugfähiges Papier auf. Danach drücken wir den Model schnell auf den Stoff.

Nach jedem Druck wischen wir den Model ab und streichen ihn neu ein. Zur Gestaltung von Mustern wird die Farbe mit Hilfe eines Holzstäbchens, einer Kartoffel oder eines Pappstreifens teilweise von der Glasscheibe abgehoben. Wollen wir mit zwei oder noch mehr Farben drucken, tragen wir sie entweder gleich zusammen auf oder drucken die einzelnen Farben nacheinander auf den Stoff. Für jede Farbe wird ein anderer Pinsel verwendet.

In dieser Technik können wir ebensogut einen Gruppenrapport, einen Flächenrapport wie eine freie Gliederung gestalten. Der Glasdruck eignet sich besonders für Meterware (Deko-, Kleider- oder Blusenstoffe). Er läßt sich auch mit dem Linoldruck oder dem Kartoffeldruck kombinieren. Dabei verwenden wir den Glasdruck als Unterdruck. Der Überdruck braucht im Format nicht mit dem Unterdruck übereinzustimmen, er kann größer oder kleiner sein.

23

25

Monotypie

Wer schon etwas geübter ist, kann sich an die Monotypie, eine anspruchsvolle Art des Glasdrucks, heranwagen. Bei dieser Technik wird mit freier Zeichnung gearbeitet. Im Gegensatz zu anderen Druckverfahren eignet sie sich daher nicht für Rapporte. Als erstes zeichnen wir das Muster für unsere Monotypie in Originalgröße auf Papier. Anschließend bestreichen wir die Glasplatte mit Stoffmalfarbe oder walzen sie mit Linoldruckfarbe ein, legen vorsichtig den Entwurf darunter und ziehen mit einem zugespitzten Holzstab oder etwas ähnlichem das Muster frei nach. Dabei heben wir dort, wo die Linien verlaufen, die Farbe von der Platte. Nun legen wir den zu bedruckenden Stoff auf die Glasplatte und drücken ihn sanft an. Das muß sehr umsichtig geschehen, denn spätere Korrekturen sind nicht möglich. Im Ergebnis erscheint das Muster linear auf dem Stoff, nur hin und wieder von Farbflecken durchsetzt – ein Effekt, den man auch bewußt anlegen kann.

24

Ein Tuch aus reiner Seide, mit einer Monotypie als Schmuck wirkt außerordentlich apart. Und es bleibt immer ein Einzelstück – darum auch der Name Monotypie für diese Druckart (mono = allein).

Stoffmalerei

Die Stoffmalerei wirkt sehr lebendig und ausdrucksvoll, verlangt aber etwas zeichnerisches Können und die Fähigkeit, Formen flächig aufzulösen. Darum wollen wir uns zunächst einmal mit den Möglichkeiten der Gestaltung vertraut machen.

Bei der einfachsten Art der Stoffmalerei werden die Motive in einheitlicher Farbge-

26

29

bung konturiert. Mit dem Rundpinsel können wir die Umrißlinien verstärken oder abschwächen und die Innenflächen strukturieren (Abb. 23 und 25). Überschneiden sich zwei Motive, führen wir die Konturen des einen über die des anderen hinweg, umranden also beide Darstellungen vollständig. Dadurch wird die Perspektive aufgehoben. Abb. 24 zeigt ein Anwendungsbeispiel für diese Malart.

Ein völlig anderer Eindruck entsteht durch Farbflächen ohne Konturen (Abb. 26 und 28). Ergeben sich hierbei Überschneidungen, halten wir sie entweder in der Mischfarbe der hintereinanderliegenden Motive oder sparen die Konturen an den

27

28

entsprechenden Stellen aus. Auf diese Weise werden wiederum verschiedene Gegenstände auf eine Ebene gebracht.

Fügen wir der Farbfläche dunkle Konturen zu oder füllen vorher gezeichnete Umrisse mit Farbe – beide Techniken sind möglich –, wirkt die Malerei besonders lebendig. Konturen und auch feine Binnenzeichnungen werden mit dem Rundpinsel gemalt oder mit der Feder getuscht. Für Kleidung und Gebrauchsgegenstände sollte man allerdings keine Ausziehtuschen verwenden, da sie nicht so naßecht sind wie Textilfarben. Den Untergrund beziehen wir in die Gestaltung mit ein, indem wir die Farbe nicht überall bis an die Umrandung heranführen und Überschneidungen gegebenenfalls freilassen. Die Abb. 27 sowie 29 bis 31 stellen in dieser Malart gestaltete Details an Kleidung und modischem Zubehör – für die Stoffmalerei besonders geeignete Anwendungsmöglichkeiten – vor.

Farbig gestaltete Stoffe

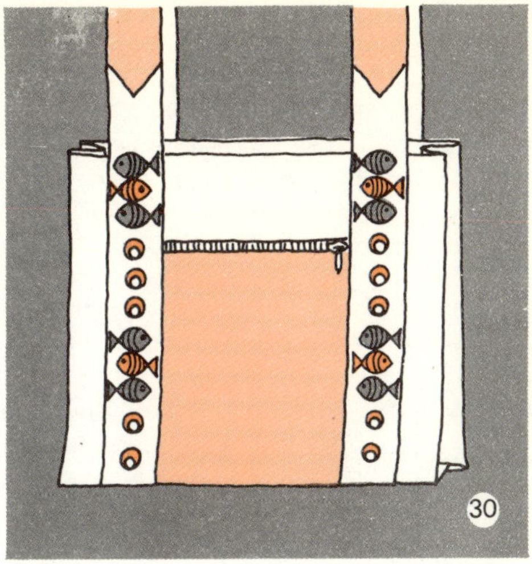

30

Material

Einfarbiger leinenbindiger Stoff (Linon, Leinen, Nessel, Popeline, Seide oder Polyamidseide), Stoffmalfarbe, einige Flach- und Rundpinsel verschiedener Stärke, Reißnägel oder Stecknadeln, Lösch- oder Fließpapier, alte Gefäße zum Mischen der Farben, Bleistift und Papier, bei Bedarf Zeichenfeder, Federhalter und Ausziehtuschen, wenn vorhanden, ein Reißbrett.

Arbeitstechnik

Zuerst brühen wir die Appretur aus dem Stoff. Wollen wir nur mit farbigen Tuschen arbeiten, legen wir ihn anschließend in ein Bad, dem essigsaure Tonerde zugefügt wurde. Sie schließt die Poren des Gewebes und verhindert, daß dünnflüssige Farben auslaufen. Allerdings müssen wir, soll sie voll wirksam werden, gleich nach dem Trocknen und Bügeln mit dem Malen beginnen.

Der Entwurf wird unter durchsichtige Gewebe gelegt und mit einem weichen Bleistift nachgezeichnet. Auf stärkere helle Stoffe pausen wir ihn mit Hilfe von Graphitpapier – kein Kohlepapier! – auf. Haben wir keines zur Hand, helfen wir uns folgendermaßen: Wir schwärzen die Rückseite der Skizze mit einem sehr schräg gehaltenen Bleistift, legen das Papier mit der Graphitschicht nach unten auf den Stoff und ziehen die Konturen des Motivs nach. Beide Verfahren hinterlassen eine Zeichnung, die sich leicht abradieren läßt. Wollen wir den Entwurf auf ein dunkles Gewebe übertragen, färben wir die Rückseite

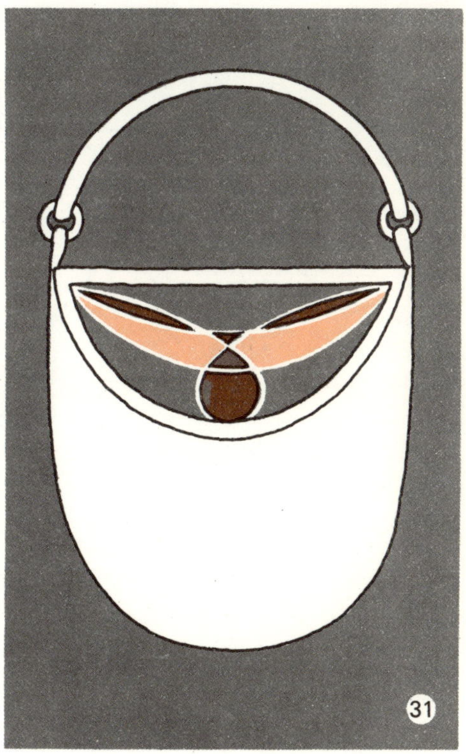

31

mit Schneiderkreide, so daß beim Nachziehen der Konturen helle Linien aufgepaust werden.

Ein Reißbrett oder einen alten Tisch polstern wir nun mit mehreren Lagen Zeitungspapier, decken mit Lösch- oder Fließpapier ab und spannen unseren Stoff darüber. Zuerst malen wir die hellsten Flächen des Motivs aus, zuletzt die dunkelsten. Um die noch feuchte Farbe beim Malen nicht zu verwischen, arbeiten wir, wie beim Schreiben, von links nach rechts. Dunkle Stoffe sollten vor dem endgültigen Farbauftrag weiß grundiert werden. Die durchscheinenden Textilfarben erhalten dadurch Leuchtkraft.

Ist die Arbeit abgeschlossen, lassen wir den Stoff liegend antrocknen, um ein Auslaufen der noch flüssigen Farben zu vermeiden.

Später können wir ihn dann zum endgültigen Trocknen aufhängen. Die einzelnen Flächen dürfen sich aber nicht berühren, weil ein Abfärben immer noch möglich ist. Naßecht wird unser Stoff erst durch linksseitiges Bügeln. Damit die Bügelunterlage nicht mit gemustert wird, legen wir ein altes Tuch darüber.

COLLAGE UND APPLIKATION

6. Kapitel

Der Begriff Collage leitet sich von dem französischen Wort coller = kleben ab und bezeichnet ein Klebebild aus Papier oder Stoff. Zu den Pionieren dieser Technik gehörten so namhafte Maler wie Pablo Picasso, Georges Braque und Max Ernst. Sie entwickelten die zuvor selten angewandte Collage in den ersten Jahrzehnten unseres Jahrhunderts weiter und machten sie einem breiten Publikum bekannt.

Weit älter als die Collage ist die Applikation, eine Technik, bei der gemusterte und ungemusterte Stoffteile auf einen Grundstoff aufgenäht werden. Sie diente in Gotik und Renaissance vorwiegend der Auszier von Kirchenschmuck, fand aber bald auch Verbreitung in anderen Bereichen. Für die Gestaltung von Wandbehängen sowie modischem Zubehör hat die Applikation – vielfach mit Stickerei kombiniert – bis heute nichts an Aktualität verloren.

Eine gute entwurfliche Vorarbeit für dekorative Applikationen ist der Faltschnitt in seinen drei Ausführungsarten – Zentral-, Reihen-, einachsiger Schnitt –, denn er bedingt schon das Umsetzen der Formen. Für thematische Applikationen hingegen eignen sich Papier- und Stoffcollagen als gestalterische Übung. Gelungene Collagen können wir als selbständigen – wenn auch meist nur kurzlebigen – Wandschmuck verwenden.

Collagen

Papiercollage

Wir benötigen dafür Papierkleber, Messer, Schere und Bleistift, festen Karton als Untergrund und die verschiedensten einfarbigen und gemusterten Papiere: Zeitungspapier, Schmuckpapier, Glückwunschkarten, Fotos, Illustrationen jeder Art, Tapetenreste, alte Kalender, Krepp- und Seidenpapier – was sich gerade findet.

Alle leichten, heiteren Themen sind in dieser Technik umsetzbar. Wir können das Papier entweder schneiden oder reißen; gerissene Papiercollagen wirken meist interessanter. Manche Papiersorten lassen sich leichter reißen, wenn man sie vorher angefeuchtet hat.

Bei unserer Klebearbeit werden wir fest-

Collage und Applikation

stellen – und das trifft im Prinzip auch auf die Applikation zu –, daß gemustertes Material die Arbeit belebt und ihr einen lockeren Charakter gibt, zu viele gemusterte Papiere aber zu große Unruhe erzeugen. Wir müssen folglich versuchen, durch Einsetzen glatter Farbflächen Ruhe in die Darstellung zu bringen. Die Ornamente kleben wir nicht ineinander, sondern dort, wo es erforderlich ist, in ihrer Reihenfolge übereinander. (Das gilt wiederum auch für die Applikation.) Bei einer Sternblüte (Abb. 1) würden wir also die Staubgefäße auf den sternförmigen Untergrund kleben und nicht etwa, wie bei der Intarsie, in den Stern einsetzen. Die richtige Reihenfolge beim Aufkleben soll ebenfalls an einem Beispiel erläutert werden (Abb. 2). Gestalten wir ein Kind, das einen Korb in der Hand hält, kleben wir die Teile in der bezifferten Reihenfolge auf – so wie es der Wirklichkeit entspricht. Überall dort, wo wir übereinanderkleben, schneiden wir etwa einen Zentimeter an. Wir erhalten also ein dünnes Flachrelief.

Stoffcollage

Hierzu besorgen wir uns eine große Anzahl bunter, gemusterter und ungemusterter Stoffreste, bügeln sie gut und schneiden sie nach einem Entwurf passend aus, um sie mit Klebstoff auf die Unterlage aus Karton zu bringen. Diesmal bemühen wir uns, den Untergrund mit entsprechenden Resten deckend zu bekleben. Bei der Spielerei mit dem Material werden wir manche Möglichkeit entdecken, mit der ganz bestimmte Wirkungen zu erreichen sind, so z. B., daß durchsichtige Gewebe auf einer kräftigen Farbe abschwächen, aufhellen oder verdunkeln können oder daß festliche Gewebe einer Märchenszene erst ihren phantastischen Charakter geben.

Materialcollage

Papier und Stoff können auch gut miteinander kombiniert werden. Ebenso ist es möglich, andere Materialien, zum Beispiel Glasperlen, Muscheln, Steinchen, Kordeln und sogar Metallteile wie Zahnräder, in die Collage einzubeziehen. Das Ergebnis bezeichnet man als Materialcollage. Materialcollagen werden ihrer größeren gestalterischen Möglichkeiten wegen den reinen Stoff- oder Papiercollagen oft vorgezogen.

Die Anfertigung von Collagen wird viel zu unserer gestalterischen und farblichen Sicherheit beitragen. Unter den Schmucktechniken nimmt die Collage einen ernst zu nehmenden Platz ein, wenn sie auch nicht so vielgestaltig zu verwenden ist wie die Applikation.

Applikationen

Stoffapplikation

Als Arbeitsmaterial brauchen wir farbige Filze oder Tuche sowie viele bunte, gemusterte und ungemusterte Stoffe, festen Untergrundstoff, Wollreste und bunte Garne, Stick-, Steck-, Nähnadeln, Nähgarn, Transparentpapier, eine scharfe spitze Schere und ein Stanzeisen, Holzkohlen- oder Papierasche, Bleistift und Radiergummi, Seidenpapier, Papierkleber, Wäschesteife und Vliseline mit Klebeschicht.

Die Auswahl des Applikationsmaterials richtet sich nach dem späteren Verwendungszweck. Wie jeder andere Schmuck muß sich selbstverständlich auch die Applikation der Funktion unterordnen. Für eine Tischdecke beispielsweise wählen wir anderes Material als für ein Kleidungsstück oder eine Handtasche. Für den Anfang sind Filz- oder Tuchapplikationen ratsam. Filze und Tuche fransen nicht aus und sind leicht zu verarbeiten. Außerdem ist zu beachten, daß unser Material mit dem Unter-

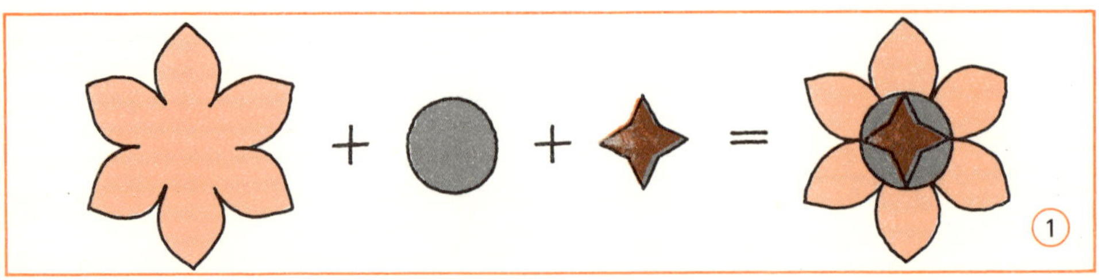

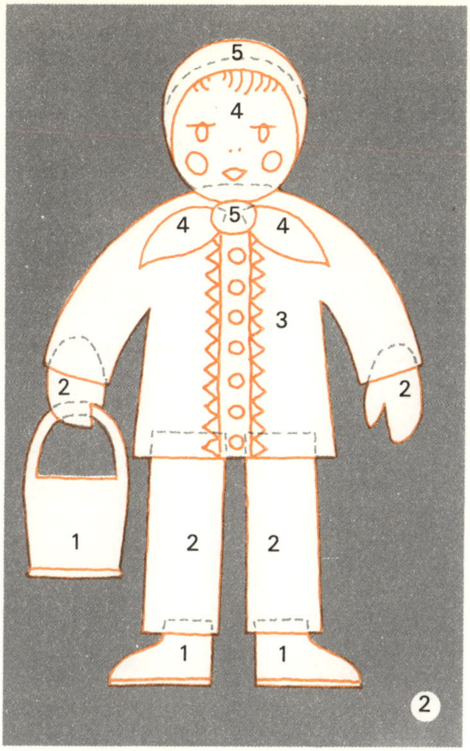

2

grund harmoniert, sowohl vom Gewebe her als auch farblich. Der Untergrund, der immer fester sein sollte als der aufgebrachte Stoff, muß mit in die Gestaltung einbezogen werden.

Wir unterscheiden grundsätzlich zwei Arten: die einfache Applikation und die Applikation mit Stickerei. Bei der einfachen Applikation befestigen wir das Motiv mit Zweckstichen (Stiche, die lediglich der Befestigung dienen) auf neutralem Grund. Ob wir dazu die Nähmaschine benutzen oder auf klassische Art mit der Hand arbeiten, bleibt uns überlassen. Wir können sowohl nur ungemusterte oder nur gemusterte als auch beide Stoffarten zusammen verwenden. Sticken wir Ornamente, Trennungslinien, schmückende Umrandungen oder ähnliches auf die aufgenähten Stoffe – der Grund bleibt wiederum neutral –, erhalten wir die zweite Art der Applikation. Sie eignet sich hauptsächlich für einfarbige Gewebe. Die Stickerei darf allerdings die Applikation nicht erdrücken, sonst sind wir unversehens in ein Grenzgebiet hinübergewechselt, zur Bildstickerei.

Collage und Applikation

Bei der Bildstickerei, die immer auf leinenbindigem Grund gearbeitet wird, benutzt man gern für größere Flächen applizierte Formen – deshalb sei sie hier erwähnt –, während alles übrige gestickt wird. In ihrem heiteren und lockeren Charakter gleicht sie der Applikation und ist, aufgespannt und mit einem textilen Passepartout umgeben – ohne Glas natürlich –, ein ebenso schöner Raumschmuck. In der Größe allerdings sollte sie sich davon unterscheiden. Während die Applikation nie zu klein und verspielt ausfallen darf, muß bei der Bildstickerei auf jedes Detail Wert gelegt werden.

Bildstickerei

Wichtig für die Bildstickerei ist der Entwurf. Wir übertragen ihn mit Hilfe von Graphitpapier auf das Leinen oder zeichnen ihn frei mit Bleistift oder Kohlestift auf. Beim Sticken kann die Vorzeichnung leicht verwischen, wir müssen sie deshalb öfter auffrischen. Ehe wir eine Bildstickerei beginnen, ist es ratsam, zunächst zahlreiche Stickproben auf Leinen anzufertigen, um später bei jeder zu füllenden Fläche auf den geeigneten Stich zurückgreifen zu können. Dabei dürfen wir die Stiche variieren, desto vielfältiger wird die Wirkung sein. Die gebräuchlichsten Füllstiche sind: der Kettenstich, der schmale, hochgezogene Hexenstich, der Stielstich und der Plattstich. Sie alle sind im Kapitel »Sticken« ausführlich beschrieben. Hinzu kommen der weniger bekannte Füllstich in persischer Leinenstickerei, den Abb. 3 zeigt, und der Flechtstich (Abb. 4), der einem Stopfen auf dem Stoff gleichkommt. Darüber hinaus eignen sich alle im Kapitel »Sticken« dargestellten Zierstiche für die Bildstickerei – wenn nicht als Füllstiche, so als Gestaltungsstiche bei Umrandungen, Verzierungen und Details.

Bei unseren Stickproben sollten wir auch üben, für ein größeres Motiv ein Stück einfarbigen Stoff zu applizieren oder besser

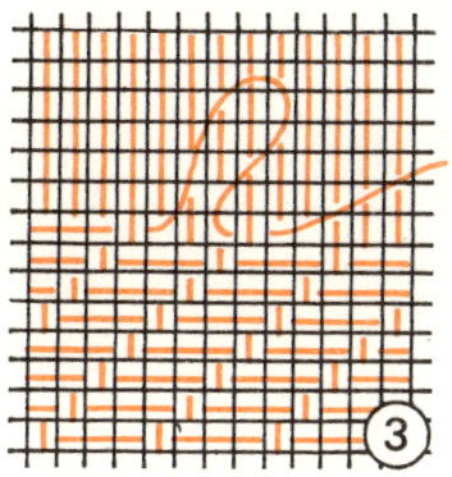

3

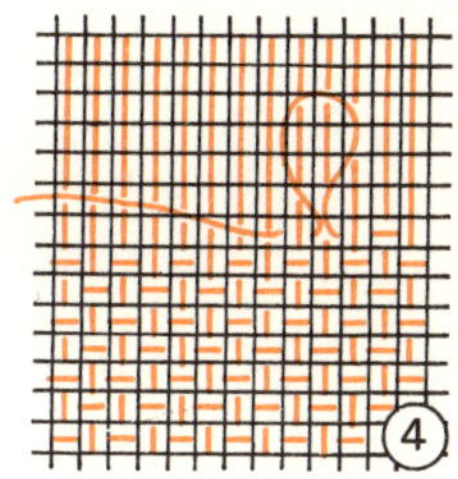

4

5

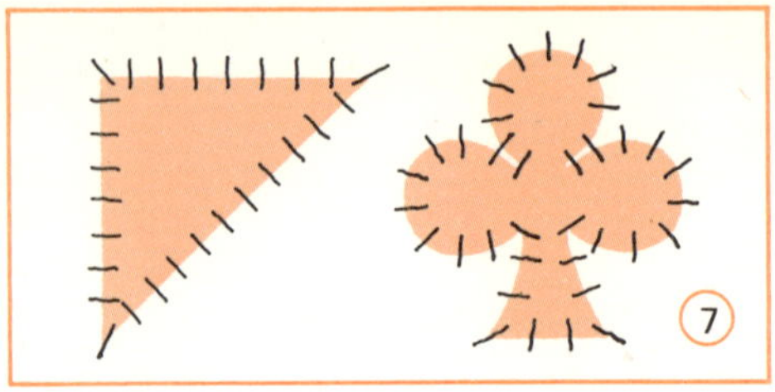
7

aufzusticken. Als Hauswand, als Dach, als Wolke oder Baum beispielsweise kann diese Stofffläche, entsprechend überstickt, die Füllstiche ersetzen.

Als Stickgarn eignen sich alle Garnsorten. Wir können selbst an einem Stück mehrere Sorten verwenden. Wollen wir beispielsweise die Sonne darstellen, erzielen wir durch Stickseide Glanz; Holz wird durch Stopftwist verdeutlicht, und Dachziegel leuchten schön, wenn sie mit Perlgarn gestickt wurden.

Der Vollständigkeit halber sei noch eine Applikationsform erwähnt, die mehr gestalterische Vorarbeit und Sicherheit verlangt

Stoffbild

als alle bisher genannten: das Stoffbild. Hier werden nicht nur die Motive, sondern auch der Grund mit entsprechendem Stoff deckend gefüllt, so wie bei der Stoffcollage. Die Reste für den Untergrund müssen wir besonders sorgsam aussuchen, um der Aussage zu entsprechen und die Harmonie zu gewährleisten. Oft werden hier wieder durch ein Übereinander von kräftigen und zarten Geweben erstaunliche Effekte erzielt, z. B. bei der Darstellung von Wasser, Himmel, Wolken. Wir können damit Stimmungen ausdrücken. Da das Stoffbild, wie auch die Bildstickerei, das Auge zum perspektivischen Sehen verleitet, wollen wir uns an dieser Stelle noch einmal daran erinnern, daß wir bei allen textilen Gestaltungen streng beim Gesetz der Fläche bleiben müssen.

Und nun zum Arbeitsablauf:

Zuerst fertigen wir einen farbigen Entwurf an und pausen ihn zweimal auf Transparentpapier. Den eigentlichen Entwurf brauchen wir als Farbvorlage und Anordnungsskizze, eine Pause als Schnittmusterbogen und die andere als Stechpause. Durch die Stechpause, die uns bereits vom Batiken her geläufig ist, reiben wir Papier- oder Holzkohlenasche und übertragen so das Motiv auf den fadengerade liegenden Untergrund. Danach werden auf unserem Schnittmuster alle Stellen markiert, die einen Untertritt erhalten müssen, und die benötigten Stoffreste zugeschnitten. Wir erleichtern uns das Zuschneiden, wenn wir lockergewebte Stoffe, die rasch ausfransen, mit Seidenpapier unterkleben und leichte Stoffe mit Wäschesteife einstreichen und trockenbügeln oder Vliseline unterkleben.

Bei Filzen erübrigen sich derartige Vorbereitungen, hingegen ist es angebracht, für Innenmusterungen statt der Schere das Stanzeisen zu benutzen. Damit kann man leichter und genauer arbeiten. Bei gemusterten Stoffen schneiden wir immer das Motiv aus der bunten Fläche heraus und nicht etwa eine Blüte aus einem Blütendekor (Abb. 5). Das wäre grundfalsch.

Nun heften wir die Stoffteile genau nach Entwurf auf den Untergrund und betrachten die Arbeit noch einmal an dem ihr später zugedachten Platz. Hebt sich z. B. der Untergrund des Behangs nicht genügend von der Tapete ab, paßt die Tasche nicht

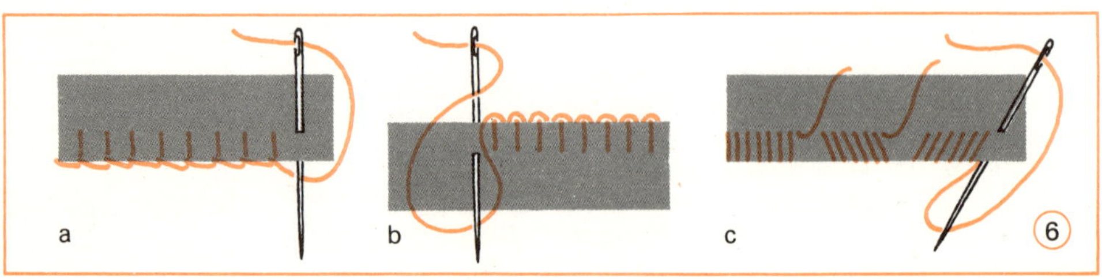

6

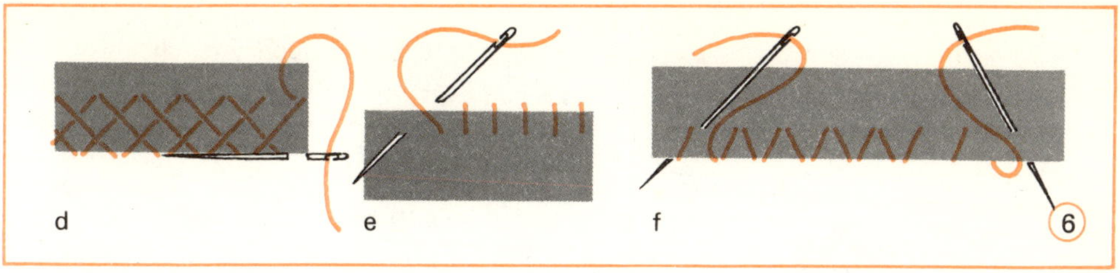

zum betreffenden Kleid oder »beißt« sich die Tischdecke mit den Polstermöbeln, jetzt können wir noch korrigieren.

Ist alles zur Zufriedenheit gelöst, beginnen wir mit dem Aufnähen. Wesentlich ist, daß der Nähfaden dem Stoff entspricht. Für Seide werden wir keinen Wollfaden nehmen; ein Seidenfaden dagegen kann durchaus zum Aufnähen – nicht Aufsticken – von Filzen und anderen nichtfransenden Stoffen dienen. Applizieren wir mit der Maschine, so stellen wir den dichten Zickzackstich oder einen dichten Zierstich ein.

Verschiedene Stiche können die Wirkung der Applikation erheblich beeinflussen. Applizieren wir beispielsweise Filz mit einem einfachen Nähstich, erreichen wir einen starken Kontrast zwischen den einzelnen Farben und Flächen. Nähen wir das gleiche Material mit andersfarbigem Garn in Zierstichen auf, werden die Übergänge weicher und die Kontraste gemildert.

Besonders gut zum Applizieren fransender, lockergewebter Stoffe eignen sich: der Schlingstich (Abb. 6a), der Knopflochstich (b), der dichtgestickte Plattstich (c) und der geschlossene Hexenstich (d). Für wenig oder nichtfransende Stoffe kommen sowohl die vorgenannten Stiche in Frage – wir können sie auch variieren, sie locker sticken usw. – als auch der einfache, senkrecht gestochene Nähstich (e), der Zickzackstich (f), der einfache Hexenstich (g) und der Kreuzstich (h). Wollen wir den Überfangstich anwenden, müssen wir das Motiv vorher befestigen, damit es nicht ausfranst. Ist das geschehen, legen wir einen schmückenden andersfarbigen Wollfaden oder eine Schnur darum und nähen beides mit senkrecht gestochenen Nähstichen an den Untergrund (i). Mit jedem Stich müssen wir genau der Form des applizierten Motivs nachgehen (Abb. 7), also Ecken herausarbeiten und bei Rundungen die Stiche innen enger halten als außen. Zuspitzungen können eventuell ganz überstickt werden. Zierstiche benutzen wir auch, um Details aufzusticken, die unmöglich auszuschneiden wären, und natürlich zum ornamentalen Schmuck einzelner Motive. Durch eine harmonisch eingegliederte Stickerei kann eine Applikation an Aussagekraft und Lebendigkeit gewinnen.

Als letztes versäubern wir unsere Applikation – etwa durch einen applizierten Rand oder durch Säume –, bringen bei einem Behang Schlaufen, einen Umschlag, Garnschlingen oder geknüpfte Fransen an, bei einer modischen Tasche einen ebenso modischen wie haltbaren Henkel. All das muß sehr sorgsam geschehen. Eine Applikation ist außerordentlich dekorativ und darf nicht durch unzulängliche Verarbeitung in ihrer Harmonie gestört werden.

Schnurapplikation

Die Applikation hat in den letzten Jahren immer wieder zu Experimenten angeregt,

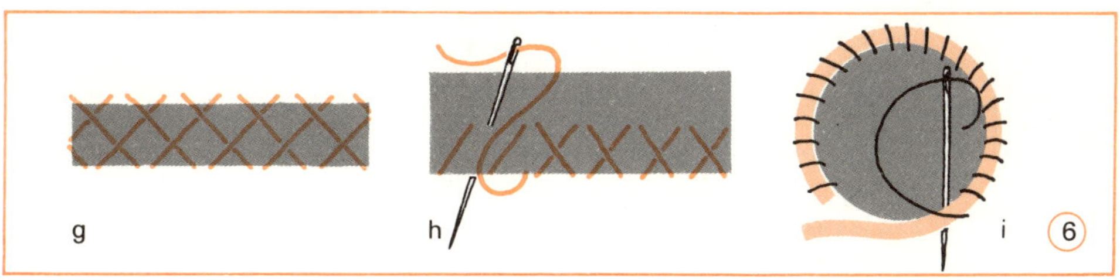

und sie wurde um neue Varianten bereichert. Eine davon ist die Schnurapplikation. Anstelle von Stoffteilen werden hier verschiedenfarbige Kordeln, alte Wäscheleinen, gehäkelte Schnuren und geknüpfte Bänder appliziert, hauptsächlich auf großformatige Taschen.

Hirtentasche

Für die mit Schnurapplikation verzierte Umhängetasche nach Art alter Hirtentaschen (Abb. 8) brauchen wir derbes Grundmaterial, wie Sackleinen, Manteltuch oder grobe Strickerei (besonders schön in naturfarbener Wolle). Der Taschenbeutel wird aus einem Stück geschnitten bzw. gestrickt. Empfohlene Abmessung: 40 cm × 90 cm plus Naht und Umschlag.

Vom Applikationsmotiv fertigen wir eine Linienzeichnung an, nach der wir die Schnur mit lockerem Schrägstich, Hexenstich oder dem unsichtbaren Saumstich auf das Grundmaterial sticken. Als Stickergänzung eignet sich besonders der Kettenstich. Zum Schluß wird die Tasche an beiden Seiten zusammengenäht, abgefüttert und an den Außenkanten mit einer dicken Kordel, die gleichzeitig als Hänger dient, eingefaßt.

Spitzenapplikation

Schöne Spitzen sind es wert, daß wir auch die Reste verwenden, z. B. als Applikationsmaterial. Spitzenapplikationen sind einfach herzustellen: Man schneidet geschlossene Spitzenelemente aus, heftet sie auf einen geeigneten Stoffgrund und fixiert sie, über den festen Rand arbeitend, mit Langettenstich (Schlingstich). Anschließend wird der Stoff unter der Spitze vorsichtig mit einer Stickschere entfernt.

Auf den Ärmeln einer nicht zu sportlichen Bluse, auf zarten Tischdecken

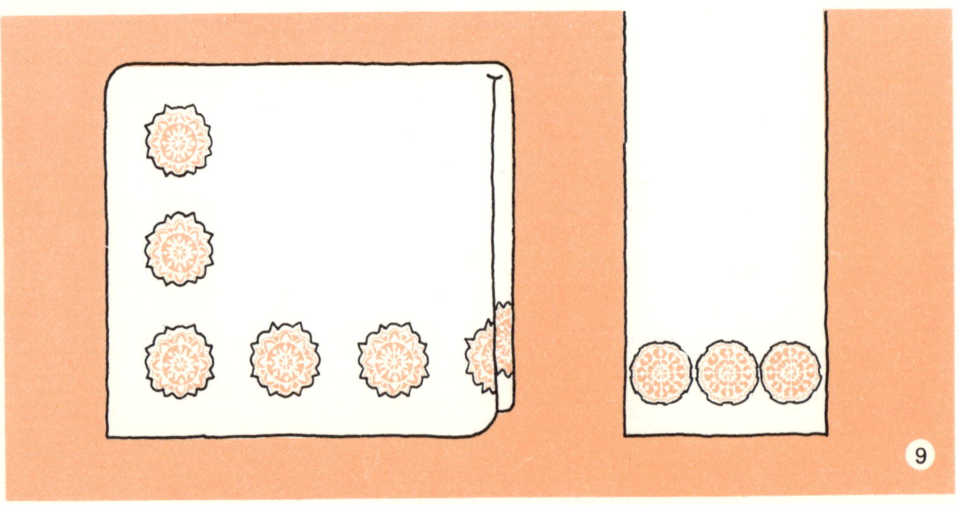

(Abb. 9), Umschlagtüchern oder Platzdeckchen kommen Spitzenapplikationen besonders vorteilhaft zur Geltung. Am schönsten wirkt dieser Schmuck, wenn Spitze und Stoffgrund den gleichen Farbton haben. Eine Ausnahme bilden Umschlagtücher. Sie können auch mit farblich kontrastierenden Spitzenelementen besetzt werden. Der Stoffgrund muß dann allerdings erhalten bleiben. Damit beim Waschen keine Probleme auftreten, sollten wir immer nur Materialien mit annähernd gleichen Gebrauchseigenschaften kombinieren, also Baumwollspitze mit Baumwoll- oder Baumwollmischgeweben und synthetische Spitze mit synthetischen Stoffen.

OSTER-SCHMUCK

7. Kapitel

Es ist ein alter, über viele Länder verbreiteter Volksbrauch, das Ei – Symbol der Fruchtbarkeit und des Ursprungs allen Lebens – zu schmücken. Für Europa läßt er sich bis ins 10. Jahrhundert zurückverfolgen. Lange Zeit beschränkte man sich darauf, die Eier zum Osterfest lediglich einzufärben. Schmucktechniken, die es erlauben, ein simples Hühnerei in ein kleines Kunstwerk zu verwandeln, tauchen erstmals im 17. Jahrhundert auf – zur gleichen Zeit übrigens wie die Legende vom eierlegenden Osterhasen. Heute kennen wir eine Vielzahl von Möglichkeiten, Ostereier zu verzieren. Dieses Kapitel will damit vertraut machen.

Bevor wir an die Arbeit gehen, sollten wir uns darüber klarwerden, daß das Ei keine Fläche, sondern ein Körper ist und dementsprechenden Schmuck verlangt. Das heißt, die Linien und Ornamente müssen den Rundungen des Eies folgen (Abb. 1).

Die Ritztechnik

Hierzu brauchen wir verschiedene spitze Gegenstände (eine Nadel, einen angeschliffenen Nagel, ein kleines Taschenmesser) und Ostereierfarben.

Die Eier kochen wir etwa eine halbe Stunde lang in konzentrierter Farblösung und trocknen sie vorsichtig durch Rollen auf einem Läppchen oder auf Zellstoff ab. (Ausgeblasene Eier sind für diese Technik weniger geeignet.) Nun kratzen wir, ausgehend von einem Punkt oder von einer Linie, rund um das Ei verschiedene Ornamente ein, und zwar so lange, bis die weiße Grundfarbe zum Vorschein kommt. Die Ritz- oder Kratztechnik ermöglicht sehr feine Muster, erfordert aber auch eine besonders sichere und ruhige Hand.

Das Ätzen

Auch zum Ätzen verwenden wir kräftig gefärbte Eier; wir müssen sie aber zuvor ausblasen, da die Säure die Eischale durchdringt. Das geschieht so: Mit einem spitzen Gegenstand, einer Nadel oder dem

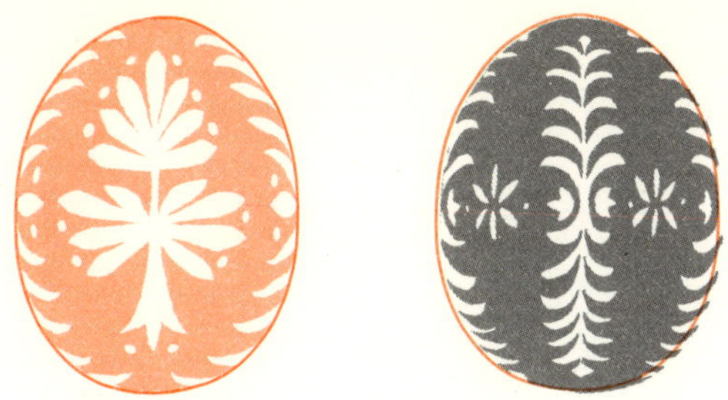

1

Eierpiker, durchstechen wir das Ei an den beiden schmalen Rundungen und blasen vorsichtig den Inhalt heraus. Sollen die Eier an einen Osterstrauß gehängt werden, muß ein Faden in der Mitte eines halbierten Streichholzes befestigt und durch die Öffnung in das Ei geschoben werden. Die beiden kleinen Löcher können dann mit Wachs verschlossen werden.

Zum Ätzen benötigen wir eine spitze Stahlzeichenfeder oder einen Gänsefederkiel, ein Fläschchen Salzsäure, im Verhältnis 1:3 bis 1:5 verdünnt, und einen feuchten Lappen. Vorsicht beim Umgang mit der Säure! Auf das gefärbte und getrocknete Ei skizzieren wir mit Zeichenfeder oder Gänsekiel und Salzsäure dünne Linien, Punkte, Ornamente usw. und wischen sie mit dem feuchten Lappen sofort wieder ab, da sich die Säure sehr schnell ausbreitet.

Wir erhalten wie bei der Ritztechnik weiße Muster auf farbigem Grund, die aber kräftiger hervortreten. Wollen wir ein Ei mehrfarbig mustern, färben wir es erst dunkel ein – bei den ausgeblasenen Eiern sind auch Stoffarben zu verwenden –, ätzen dann und färben es in einem helleren Ton. So können wir noch verschiedene Male verfahren. Im Gegensatz zur Batikfärberei muß hier stets der dunkelste Ton zuerst und der hellste zum Schluß gefärbt werden. Nur so behalten unsere Ornamente das gewünschte Kolorit. Vor Arbeitsbeginn sollten wir uns jedesmal gründlich die Hände waschen, da Schweiß- und Fettspuren ein gleichmäßiges Einwirken der Säure verhindern.

Die Ätztechnik ist älter als die Ritztechnik, wird aber nur noch selten angewandt. Wir wollen sie wieder aufleben lassen, weil sie sehr dekorativ und gleichzeitig einfacher ist als das Kratzen.

Die Wachstechnik

Wir benötigen gutgesäuberte weiße Eier, ausgeblasen oder gekocht, einen alten Löffel, dessen gebogener Stiel in eine halbe Kartoffel gesteckt wird (Abb. 2), etwas Wachs (zu gleichen Teilen Bienen- und

2

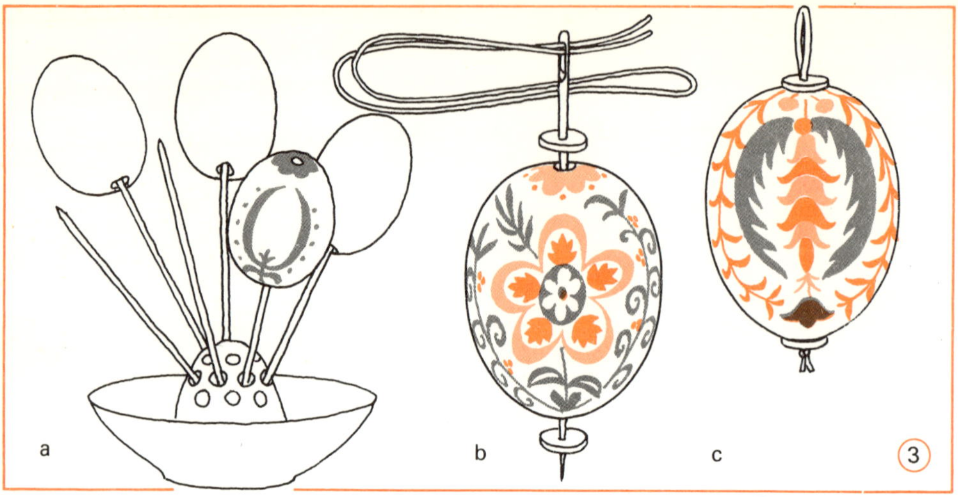

Erdwachs), eine kleine Kerze oder eine regulierbare Petroleumlampe, Ostereierfarben oder Stoffarben und mehrere Gefäße zum Färben (Weckgläser). Weiterhin zwei kleine Stäbchen, in deren Spitze wir je eine Stecknadel einspießen (eine mit großem und eine mit kleinem Kopf) und Gänsefedern, die wir bis auf das obere Ende schleißen. Diese Federn schneiden wir, der Abb. 2 entsprechend, zu kleinen geometrischen Formen.

In den gebogenen Löffel geben wir etwas Wachs, erhitzen es über der Kerze oder Petroleumlampe – lassen es aber nicht kochen – und tupfen es mit den zugeschnittenen Federkielen auf das Ei. (Das Wachs kann auch in einer Blechbüchse auf der Herdplatte verflüssigt werden.) Mit den Stecknadelkuppen, die wir für Striche und Punkte benutzen, verfahren wir ebenso, bis wir das gesamte Muster mit Wachs abgedeckt haben. Stets muß sich die Stecknadelkuppe in dem Wachs erst erhitzen. Da das Wachs sehr schnell erkaltet, nehmen wir am besten noch handwarme gekochte Eier; wir brauchen dann nicht so oft neu einzutauchen.

Das fertig gemusterte Ei kommt nun in die Farblösung, deren Temperatur bei 30 °C liegen soll. Ist die Lösung heißer, schmilzt das Wachs, ist sie zu kalt, verbindet sie sich nicht so gut mit der Eischale. Nach dem Färben trocknen wir das Ei durch vorsichtiges Rollen auf einem weichen Lappen. Möchten wir das Ei mehrfarbig gestalten, tragen wir jetzt zum zweiten Male Wachs auf, soll es zweifarbig bleiben, entwachsen wir. Das geschieht durch Drehen des Eies über der Flamme, das schmelzende Wachs wird mit einem Lappen abgewischt. Nach einmaligem Färben erscheinen nun alle Stellen, die vorher mit Wachs abgedeckt waren, als weißes Muster auf dem farbigen Ei, das durch das geschmolzene Wachs obendrein noch schön glänzt.

Das Bekleben mit Stroh

Zu dieser sehr schönen, aber auch mühsamen Technik brauchen wir dunkelgefärbte ausgeblasene oder gekochte Eier, Hafer- und Roggenstroh, Alleskleber, ein Taschenmesser, eine Schere, dünnes Seidenpapier und eine Pinzette.

Die ungedroschenen Strohhalme schlitzen wir auf und schaben sie mit dem Taschenmesser auf der linken Seite so lange, bis sie wie gebügelt aussehen. Bei diesem Vorgang wird das Stroh etwas dünner, es wölbt sich und paßt sich dadurch der runden Eiform an. Die breitgeschabten Halme kleben wir parallel dicht nebeneinander auf das Seidenpapier. Aus der leicht gewölbten Strohfläche schneiden wir nun kleine geometrische Muster, die wir zum Ornament zusammensetzen und mit Alleskleber auf das gefärbte Ei kleben. Die Unterlage aus Seidenpapier verhindert, daß sich kleine ausgeschnittene Strohteile abspalten. Beim Verarbeiten einzelner Strohstreifen können wir folglich auf diesen Schutz verzichten.

Das Bemalen

Die vor allem in Ungarn beliebte Technik erfordert etwas zeichnerisches Talent, denn als Schmuckmotive dienen alte folkloristische Elemente der Holzmalerei und der ungarischen Blumenstickerei mit ihrer ausgefeilten ornamentalen Gestaltung.

Zum Bemalen werden Eier bevorzugt, die von Natur aus braun sind. Nach dem Ausblasen überziehen wir sie mit farblosem Nitrolack und lassen sie trocknen. Am besten spießen wir sie dazu auf Wurstspeiler und stellen diese in eine Blumensteckschale (Abb. 3a). Anschließend werden die Eier mit Nitrolack in kräftigen, wenig abgemischten Farben bemalt. Um ein Ineinanderlaufen zu verhindern, tragen wir auf sämtliche Eier durchgängig erst die eine, dann die andere Farbe auf usw., bis schließlich alle Farbflächen gefüllt sind. Nitrolack trocknet sehr schnell, so daß dabei keine Wartezeiten entstehen.

Mit Blütenornamenten bemalte Eier wirken außerordentlich dekorativ. Sollen sie einen Birkenstrauß schmücken, sieht es lustig aus, wenn wir jedes Ei zusammen mit zwei farbigen Filzscheiben auf kontrastierenden Nähgummi fädeln und daran aufhängen (Ab. 3b und c).

Verschiedene andere Schmuckarten

Außer den beschriebenen gibt es eine Reihe seltener angewandter Techniken, die aber einen Versuch durchaus lohnen.

Ein reizvoller Schmuck, der allerdings ein wenig Geschick im Umgang mit der Schere voraussetzt, sind sauber aufgeklebte zierliche Faltschnitte aus feinem, leuchtendfarbigem Papier. – Nicht minder

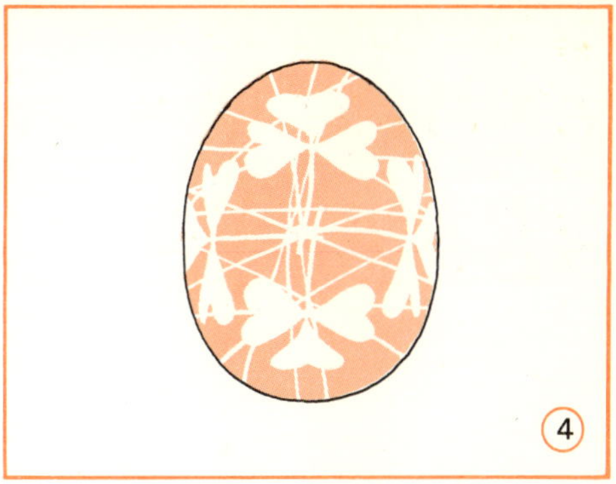

4

dekorativ wirken aufgeklebte Spitzenornamente. Steht uns weiße Spitze zur Verfügung, verwenden wir gefärbte Eier. Farbige Spitze kommt am besten auf weißem Eigrund zur Geltung.

Kindern vor allem bereitet es viel Freude, Ostereier mit Kartoffelstempeln zu bedrucken. Man verfährt dabei genauso wie beim Stoffdruck (siehe dort). – Eine andere bei Kindern beliebte Technik ist die Verzierung mit kleinen Flachreliefs aus Modelliermassen, die auf ein weißes gekochtes Ei gedrückt und im Backofen leicht angetrocknet werden.

Eine fast vergessene Schmuckform ist das Aufbinden junger Blätter mit anschließendem Färben. Wir suchen dazu die ersten Blättchen von Löwenzahn, Lupine, Petersilie oder anderen Pflanzen mit interessant geformtem Laub und binden sie mit dünnen Zwirnsfäden glatt um das Ei (Abb. 4). Der Faden muß straff angezogen werden, damit die Blättchen gut aufliegen. Anschließend färben wir das Ei mit Ostereier- oder Stoffarbe. Nach Entfernen des Fadens und der Blättchen heben sich die hellen Blattornamente zart vom farbigen Grund ab.

Weitere Schmuckformen sind das Umflechten mit Bast oder feinem Draht sowie das Bedrucken mit farbigem Wachs. Wir wollen es bei den genannten Techniken bewenden lassen. Wenn wir sie beherrschen, werden wir später auf eigene Faust weiter experimentieren können, vielleicht sogar neue Verfahren finden.

LEDER-ARBEITEN

8. Kapitel

Gegerbte Häute werden ihrer Haltbarkeit, ihrer vielseitigen Verwendbarkeit und ihrer natürlichen Schönheit wegen von alters her geschätzt. Von der primitiven Lederherstellung – der Fettgerbung, einer der ältesten Methoden, die schon 8000 Jahre v. u. Z. angewandt wurde – spannt sich der Bogen bis zu einer mit kompliziertesten Verfahren arbeitenden modernen Lederindustrie, die durch wissenschaftliche Fachinstitute beraten wird.

Ebenso wie das Stroh ist das Leder einer der Grenzwerkstoffe im textilen Gestalten. Damit das anspruchsvolle Material voll zur Geltung kommen kann, muß es seiner Eignung gemäß verarbeitet werden. Wir wählen darum stets eine unserem Vorhaben entsprechende Ledersorte. Dabei können wir nicht schlechthin von der Einteilung in Schweins-, Rinds-, Kalbsleder ausgehen, denn nicht die Haut an sich, sondern erst der Gerbeprozeß verleiht jedem Leder seinen Wert. So wird das Ziegenleder sowohl in das weiche, anschmiegsame Glacéleder (ein beliebtes Material für Handschuhe) als auch in das durch Festigkeit und geringe Lederstärke bekannte Saffianleder (zur Herstellung von Brieftaschen geeignet) verarbeitet. Oder nehmen wir das Schweinsleder: Es wird in seiner derben Art vorwiegend für schöne und haltbare Taschen verwendet. Als weiches Chromleder dagegen bewährt es sich für Waschlederhandschuhe.

Zur großen Skala der Ledersorten gehören auch die edlen Leder von Schlangen und Fischen. Sie sind für kleinere, besonders wertvolle Gegenstände geschätzt.

Außer echten Ledersorten finden wir im Handel noch die unechten. Beim Galanterieleder kaschiert man den weniger wertvollen Ausgangsstoff, meist Schweinsspaltleder, durch Aufpressen einer edlen Narbung. Auch beim Wildleder, das echt aus Reh-, Hirsch- oder Rentierhaut gegerbt wird, gibt es unechte Sorten. Meist nimmt man dazu die Unterseite anderer Häute, häufig die vom Ziegenleder. Diese unechten Leder sind für viele Zwecke verwendbar. Bestecktaschen, kleine Unterarmtaschen, Theaterbeutel, Buchhüllen und andere Dinge lassen sich werkgerecht daraus fertigen. Selbstverständlich benutzen wir es auch für alle Probestücke. Lediglich für anspruchsvolle kunsthandwerkliche Ar-

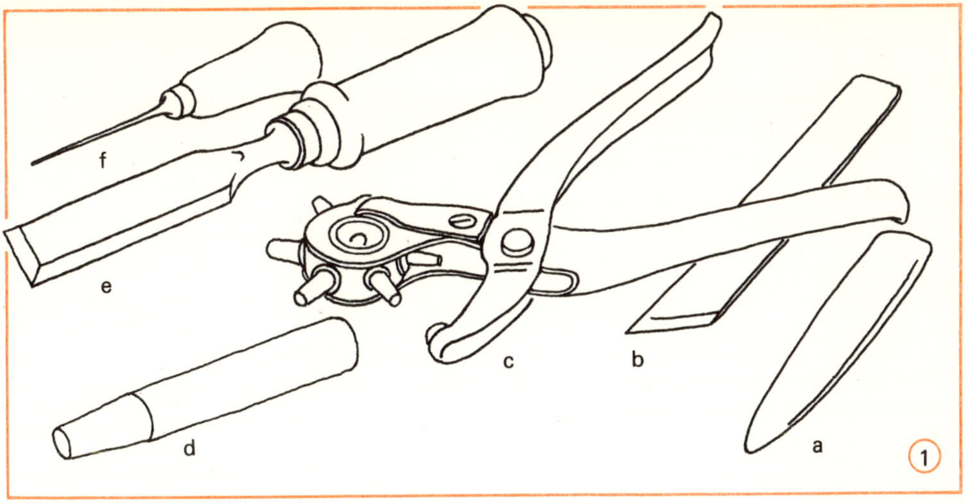

1

beiten, die wir uns allerdings erst dann vornehmen sollten, wenn wir in der Technik sicher sind, ist echtes Leder zu empfehlen.

Material und Arbeitsgerät

Das zu verarbeitende Leder, dünnes Futterleder oder Futterstoff, eine Revolverlochzange (Abb. 1c) und ein entsprechendes Locheisen (1d) für größere Löcher, ein Ledermesser (1b) oder ein scharfes Taschenmesser, ein Stecheisen (1e) für Schlitze, einen Eisenwinkel, eine Schusterahle (1f) zum Anreißen und Durchstechen, eine scharfe Schere, Dreikantnadeln in verschiedenen Stärken, Leinenzwirn in passenden Farben, Klebstoff oder Gummilösung, Pappe sowie ein Falzbein (1a).

Der Zuschnitt

Jeder Lederarbeit muß ein Entwurf vorangehen. Erst wenn wir einen der Größe unserer Tierhaut entsprechenden Schnitt hergestellt haben, beginnen wir mit dem Zuschneiden und Verarbeiten. Sollte das Leder noch faltig und wellig sein, feuchten wir es an und spannen es auf ein Brett zum Trocknen. Ist das Leder eventuell zu hart, fügt man dem Wasser etwas Glyzerin bei und behandelt es, wie beschrieben.

Den Schnitt legen wir auf die rechte Seite des Leders, um schlechte Stellen in der Haut unter Kontrolle zu haben. Mit einer Schusterahle zeichnen wir die Konturen auf. Dabei achten wir auf die Dehnbarkeit des Materials, die oft nach einer Seite hin größer ist. Dann schneiden wir mit dem Ledermesser auf einer starken Papp-

2

3

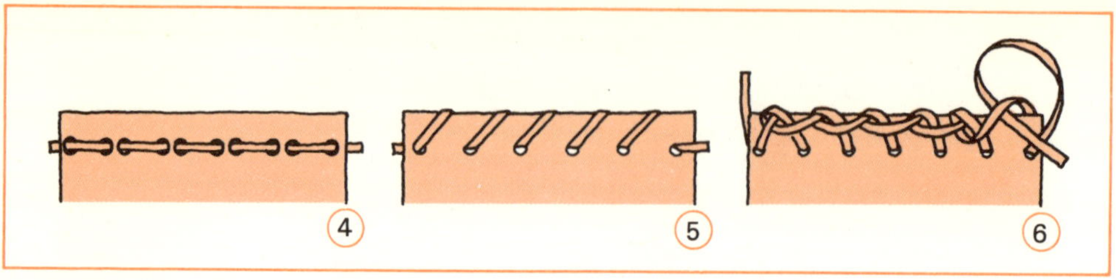

unterlage oder einem Holzbrett zu. Müssen gerade Kanten geschnitten werden, legt man die Metallschiene an. Auch eine gutschneidende Schere kann, wenn kein Ledermesser zur Hand ist, aushelfen.

Verbindungsarten

Unser Material können wir entweder mit Lederriemchen zusammenfügen oder mit Nadel und Faden. Haben wir uns für die erste Möglichkeit entschieden, müssen wir aus unseren Lederresten schmale Riemchen schneiden (Abb. 2). Gerade Streifen trennen wir mit dem Messer ab. Ist keine gerade Fläche mehr vorhanden, zerteilen wir ein rundes Lederstück spiralförmig mit der Schere, von außen beginnend (Abb. 3). Diese Spirale läßt sich leicht geradedehnen. Zwei Arten von Leder eignen sich für ein Zusammenfügen mit Riemchen nicht: einmal die sehr steifen wie Rindsleder, zum anderen sehr feine, dünne; sie sind nicht haltbar genug.

Haben wir ein Ledermaterial, das den Anforderungen der ersten Technik entspricht, lochen wir den Rand gleichmäßig mit der Lochzange. Die Abstände vom Rand und von einem Loch zum anderen richten sich nach der Stärke des Leders und nach dem ausgewählten Befestigungsstich, doch sollte der Abstand vom Rand 0,5 cm nicht übersteigen. Wenn wir lochen, legen wir unter unser Leder noch ein Stück Pappe, um das Messer der Lochzange nicht abzustumpfen. Sollte unser Material an der Außenkante zu stark sein, schärfen, d. h. schaben wir mit dem Ledermesser innen etwas aus. Ebenso verfahren wir immer dann, wenn unsere Riemchen etwas zu kurz sind und wir aneinanderkleben müssen. Vor dem Lochen verleimen wir auch die zu verbindenden Außenkanten. Der Gegenstand, besonders Taschen oder Beutel, ist dann in den Nähten haltbarer. In jedem Fall preßt man die aneinandergeklebten Teile einige Zeit.

einfacher Vorstich

Schrägstich

Zopfstich

Schlingenstich

Kreuzstich

verknoteter Kreuzstich

Alle Verbindungsstiche sollten wirkungsvoll sein, da sie oft der einzige Schmuck sind. Gut eignen sich zum Verbinden einzelner Teile der einfache Vorstich (Abb. 4), der das Material und seine Schönheit voll zur Geltung bringt, ohne von ihm abzulenken, sowie der Schrägstich (Abb. 5), ein allgemein üblicher Stich für das Umranden von Kanten. Außerdem der anspruchsvollere Zopfstich (Abb. 6), der Schlingenstich (Abb. 7), der Kreuzstich (Abb. 8) und der verknotete Kreuzstich (Abb. 9). Der Kreuzstich kann sowohl auf die vom Sticken her bekannte Art mit nur einem Streifen als auch mit zwei Streifen gleichzeitig gearbeitet werden. Für den verknoteten Kreuzstich sind stets zwei Streifen erforderlich; denn jedes Kreuzchen wird hier durch einen einfach geschlungenen Knoten ergänzt.

Verbinden wir zwei Teile mit Nadel und

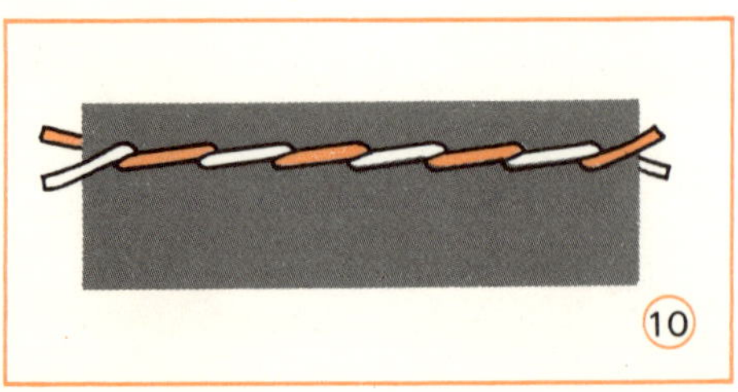

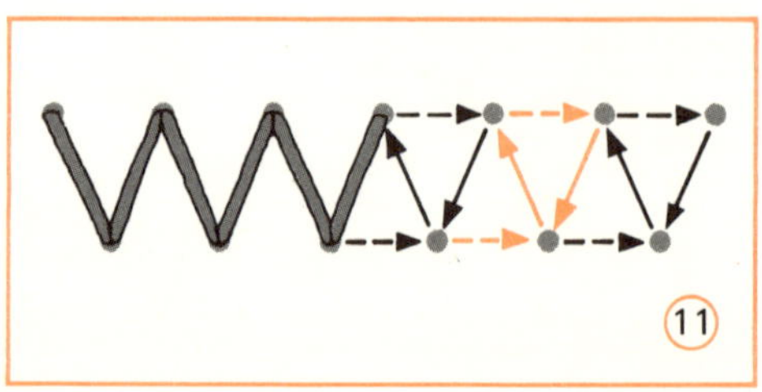

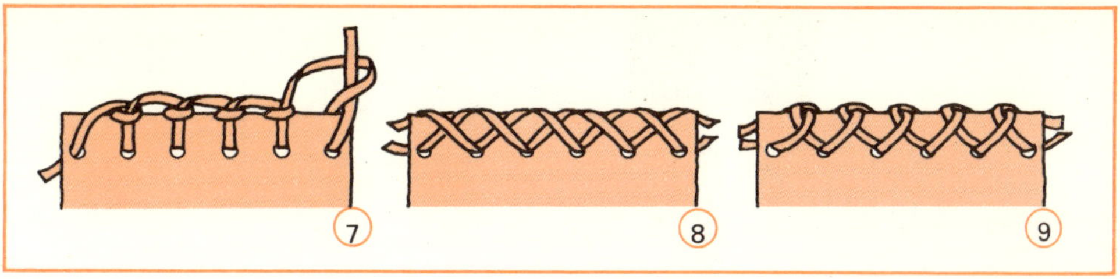

7 8 9

Faden, so arbeiten wir bei starkem Leder mit Schustergarn sichtbar nach außen, bei feinem Material unsichtbar nach innen wie bei Stoff. Starke Lederteile schärfen wir dort, wo sie aufeinandergenäht werden, etwas aus. Mit einem Locheisen oder einer Lochzange ist es meist nicht möglich vorzulochen, deshalb stechen wir mit der Schusterahle über einem weichen Holz die Löcher vor und nähen dann mit zwei Nadeln von Vorder- und Rückseite gleichzeitig den Schusterstich (Abb. 10). Um den Faden haltbarer zu machen – bei starkem Leder verwenden wir Hanfgarn – und ein Aufrauhen zu vermeiden, wachsen wir ihn mit einem Kerzenstumpf. Beim Schusterstich achten wir darauf, daß immer gleichmäßig von derselben Seite zuerst eingestochen und der durchgezogene Faden auch immer beim Gegenstich in die gleiche Richtung gehalten wird. Dadurch erreichen wir eine leichte Schrägstellung jedes Stiches und damit die typische Form des Schusterstiches.

Ebenso, aber ohne erst vorstechen zu müssen, fügen wir dünnere Lederteile mit farbigem Leinenzwirn aneinander. Dazu benutzen wir die Ledernadel, die eine dreikantig angeschliffene Spitze besitzt. Vorsicht, daß nicht der zweite Faden während des Durchstechens zerschnitten wird!

Schmuckelemente

Das Verzieren glatter Flächen sollten wir erst einmal auf einem Lederrest probieren, um zu sehen, was uns am besten gefällt. Schusterstich

Zierstiche

Einfache Zierstiche sind der Zackenstich (Abb. 11), der durch Schlitze gearbeitete Vorstich (Abb. 12), der durch Schlitze oder Löcher gearbeitete versetzte Vorstich (Abb. 13) und der Flechtstich (Abb. 14) durch breite Schlitze. Alle Abstände messen wir genau aus, damit das Muster immer aufgeht. Bei Lederarbeiten stören Ungenauigkeiten sehr. Zackenstich Vorstich Flechtstich

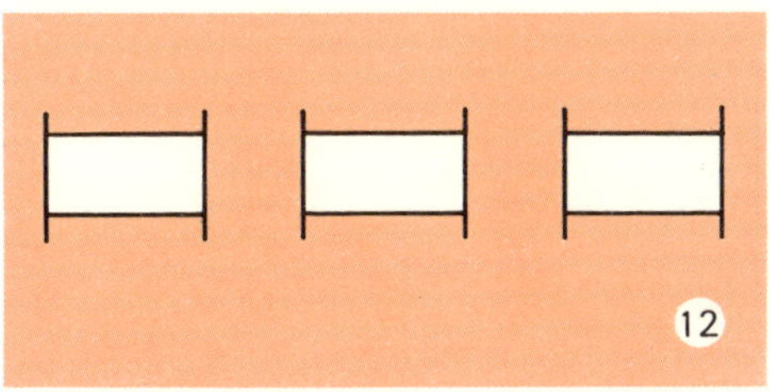

12

Falzen

Starkes glattes Leder können wir mit dem Falzbein verzieren. Durch gleichmäßigen Druck mit der Spitze ist es möglich, Vertiefungen in das Leder zu kerben und es so zu mustern. Hierbei sollten wir streng ornamental vorgehen; Koggen und röhrende

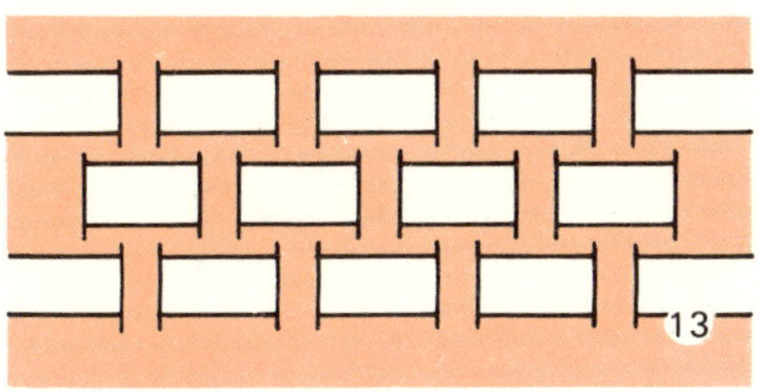

13

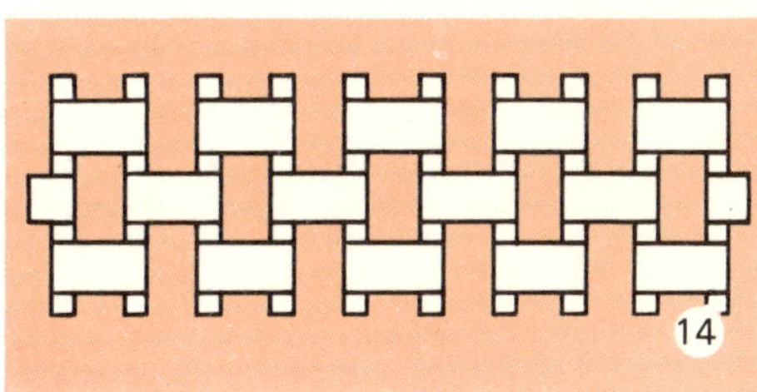

14

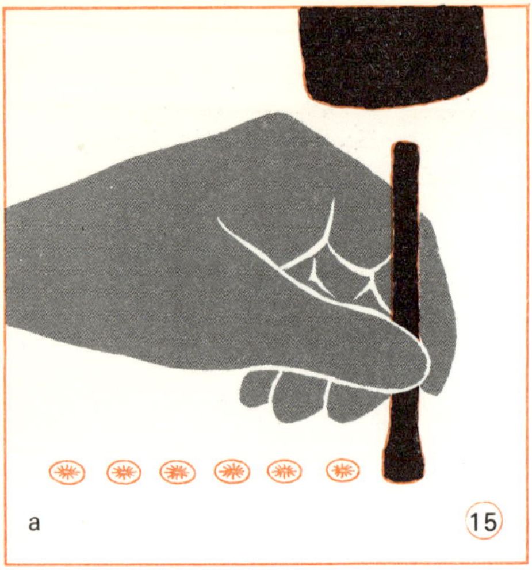

15

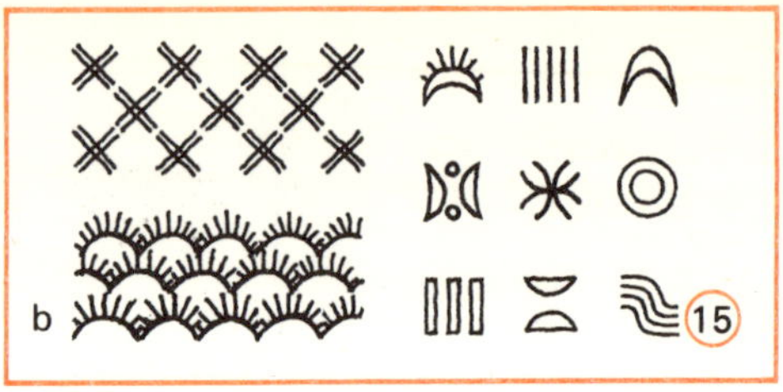

15

deten (vgl. Kapitel »Collagen und Applikationen«).

Hirsche auf Schreibmappen sind fehl am Platze.

Stickerei

Die Kombination von Leder und Stickerei wirkt sehr apart. Auf schlichten Taschen kommt dieser Schmuck besonders gut zur Geltung. Die in Form und Größe auf das Format der Tasche abgestimmte Stickerei erhält eine Art Passepartout aus Leder. Dieser Rahmen wird aus einem Stück geschnitten und mit Nähstichen oder mit der Maschine entlang der Innenkante auf die Stickerei gesteppt. Beim Aufnähen auf die Tasche legen wir die Naht an die Außenkante des Rahmens.

Applikationen

Für Taschen und Beutel sind Applikationen ein hübscher Schmuck. Als Applikationsmaterial können wir außer Leder auch Stoff (Filz oder Tuch) verwenden. Die Aufnähtechnik entspricht der bei Stoff angewendeten (vgl. Kapitel »Collagen und Applikationen«).

Prägen

Mit Zierstempeln (Punziereisen) lassen sich reliefartige ornamentale Muster in die Lederoberfläche eindrücken. Die Zierstempel (Kreise mit Binnenstruktur, Rauten, Quadrate mit Waffel-, Streifen- oder Zickzackmuster usw.) werden auf die angefeuchtete Lederoberfläche gesetzt und mit dem Holzhammer kräftig angeschlagen (Abb. 15).

Das Abfüttern von Ledergegenständen

Als Futter eignen sich für derbere Gegenstände Spaltleder und andere dünne, weiche Leder, für Taschen, Beutel, Westen und ähnliches auch Stoffe. Arbeiten aus steifem Rindleder brauchen nicht abgefüttert zu werden. Füttern wir mit Leder, schneiden wir das Futter etwas kleiner und kleben es vor dem Lochen an den Rändern leicht an. Am besten probiert man die Größe des Futters vorher aus, denn bei Biegungen verkürzt sich die Innengröße beträchtlich! Dann wird das Futterleder zusammen mit dem Oberleder gelocht und mit dem Randstich gehalten. Futter aus

16 17 18

15

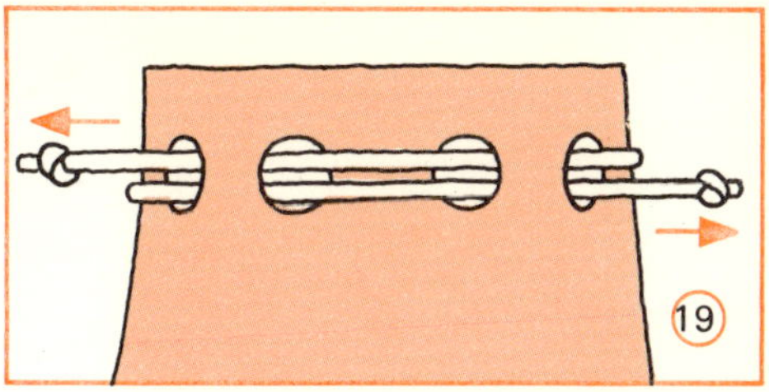
19

Stoff versäubert man an Außenkanten – bei Gegenständen aus dickem Leder durch Umschlagen und Ankleben – und befestigt es dann weiter wie Lederfutter. Stofffutter eignet sich für eine Randverarbeitung mit Löchern nur dann, wenn diese klein gewählt werden. Trotz Anleimens würden größere Löcher im Stoff fransen. Deshalb schiebt man das Stoffutter, wo es möglich ist, unter ein Begleitteil – Taschenklappen z. B. arbeitet man möglichst immer doppelt – und klebt das Leder auf. Taschenbeutel aus Stoff befestigt man nach dem Einstecken in den Lederbeutel am oberen Rand mit einem Zweckstich. Bei dünnem Leder läßt sich das Futter aus Stoff mit Steppstichen auch verdeckt annähen.

Verschlüsse und Henkel

Über materialgerechte Verschlüsse und Henkel nachzudenken lohnt sich immer, denn sie sollen nicht nur Funktions-, sondern auch Schmuckelement sein. Hüten wir uns vor allem vor kleinlichen Effekten. Glänzende Metallringe oder Henkel aus imitiertem Horn beispielsweise verniedlichen die wertvolle Lederarbeit.

Einer Unterarmtasche gibt häufig schon ein genügend großer Überschlag den gewünschten Verschluß. Angearbeitete Lasche und Einsteckriegel – offen oder verdeckt – können ihn eventuell ergänzen (Abb. 16); sie müssen natürlich bereits in die Schnittgestaltung mit einbezogen werden. Knebelknöpfe aus Leder (Abb. 17) und dünne Lederschlaufen (Abb. 18) nach Art der marokkanischen Verschlüsse sind besonders bei Schultertaschen und Bekleidungsgegenständen angebracht. Die wohl einfachste Art, durch Löcher am oberen Rand ein Lederband zu ziehen, wendet man vorwiegend bei Lederbeuteln an (Abb. 19).

Nicht nur Ledergürtel, auch gestickte, gehäkelte, geknüpfte, geflochtene oder gewebte Gürtel erhalten durch interessante Lederverschlüsse eine besondere Note. Abb. 20 zeigt eine Variante mit Schnallen, Abb. 21 einen Bindeverschluß in Kombination mit anderem Gürtelmaterial.

Als Griffe oder Henkel bieten sich ebenfalls verschiedene Möglichkeiten. Derbe Griffe erhält man, wenn durch eine in der Mitte gesteppte Lederrolle zwei Schnüre gefädelt oder große Holz- oder Metallringe mit Leder überzogen werden (Abb. 22). Aus

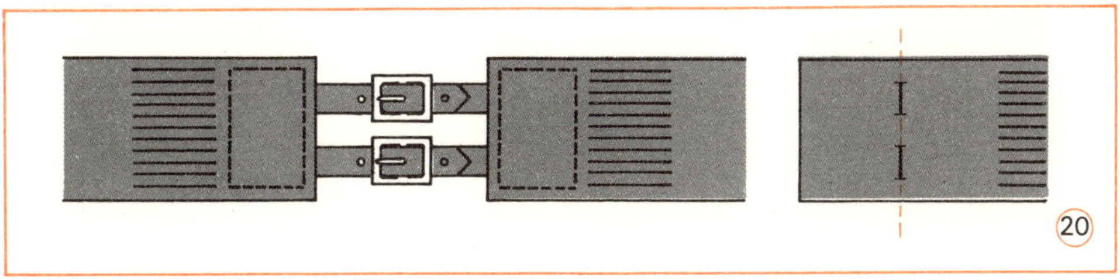
20

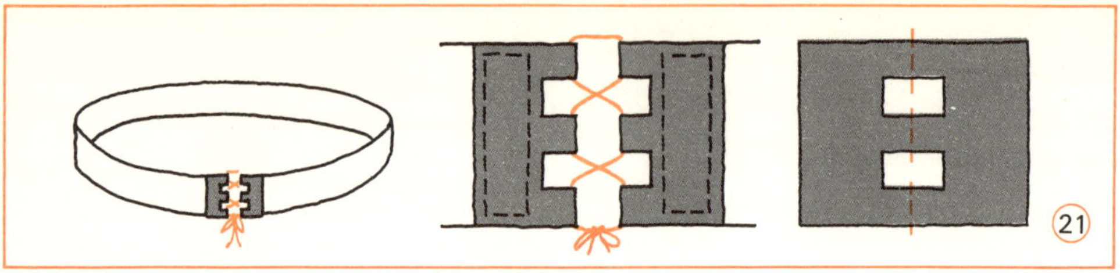

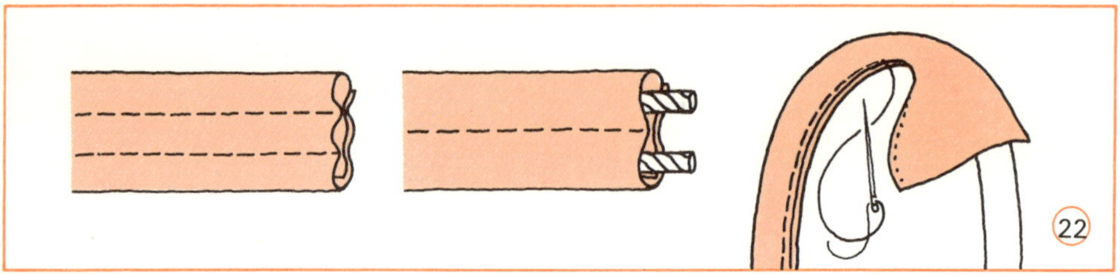

einer über eine Schnur geflochtenen Lederkordel läßt sich das Zugband für einen Beutel herstellen und aus doppeltem, gestepptem Leder ein Henkel für eine Einkaufstasche.

Angearbeitet werden die Henkel unterschiedlich (Abb. 23). Sehr gebräuchlich sind das Zwischennähen zwischen Futter und Oberleder, das Aufsetzen auf die Tasche, das Befestigen mit Lederschlaufen sowie das Umnähen von Bügeln mit dem Oberleder und das Anschneiden an den Gegenstand, was allerdings einen guten Schnitt voraussetzt.

Immer und in jedem Fall sollte unserer Arbeit das Handwerkliche anzusehen sein, ohne daß sie einen »gebastelten« Eindruck erweckt. Industrieformen und -verschlüsse ahmen wir besser nicht nach, sondern suchen möglichst nach eigenen Lösungen.

Nützliches aus Resten

Lederabfälle kann man häufig in Orthopädie-Werkstätten bekommen. Wir sollten diese Gelegenheit wahrnehmen, denn aus Resten lassen sich mancherlei hübsche und praktische Dinge herstellen, z. B. große Beutel für den Wochenendeinkauf, modische Unterarmtaschen und Autokissen. Die genannten Gegenstände werden nach dem schon bekannten Prinzip gefertigt: Einen Entwurf in Originalgröße zerschneiden wir wie ein Puzzlespiel und benutzen die Papierformen als Schnittmuster für die Lederreste. Um uns das Zusammennähen zu erleichtern, kleben wir die Lederstückchen auf Vliseline und verbinden sie dann mit Hexen- oder Zickzackstichen.

Auch kleine Gürteltaschen, Taschentuchbehälter und Kosmetiktaschen sowie Ketten – gefalzt, in Verbindung mit Stickerei, Naturmaterial oder Modelliermasse – können aus Lederresten entstehen.

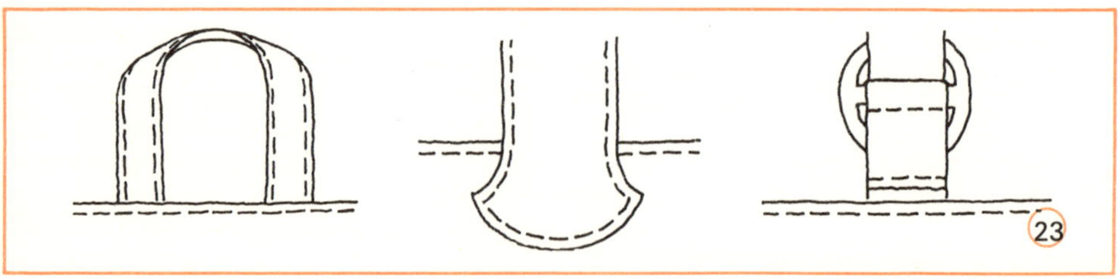

PUPPEN UND TIERE

9. Kapitel

Welches Kinderherz hängt wohl nicht an einem Püppchen oder einem Teddy? Wir waren da gar keine Ausnahmen. Wollen wir uns ein Stück Kindheit zurückholen, einfach durch die Freude am Gestalten dieser Dinge? Es macht Spaß, ein Figürchen selbst zu erfinden und lebendig zu gestalten: ein Püppchen oder ein Tier für die Jüngsten der Familie, ein Maskottchen für IHN oder eine Dekoration für unsere vier Wände. Vielleicht sind auch Freunde des Kasperle unter uns, die sich gern Handpuppen arbeiten, um damit spielen zu können. Humor, Fingerspitzengefühl für das Material, einen ordentlichen Schuß Phantasie und vor allem Liebe zur Sache brauchen wir zu all dem.

Kasperle und sein Gefolge

Das hölzerne Kasperle entstand aus dem Hanswurst, den man schon, bevor er von der Bühne verbannt wurde, in das Handpuppentheater übernahm. Kasperle geht aus jeglichen Abenteuern siegreich hervor, er sprüht vor Witz und unverwüstlich guter Laune. Er kennt nicht die Lustigkeit des Clowns, die plötzlich in Schwermut umschlägt. Allem Wunderbaren und Seltsamen begegnet er höchst prosaisch und erzeugt so unerwartete Komik. Selbstverständlich wird von Kasperle erwartet, daß er schnell auf Zurufe reagieren und Antwort geben kann.

Jedem Puppenspiel muß eine Idee zugrunde liegen. Wir können Anekdoten, Märchen oder auch Lieder ausbauen. Spielen wir bekannte Märchen, lassen wir Kasperle weg. Beim Handpuppenspiel ist das gesprochene Wort nicht möglich ohne Gebärden. Um Wiederholungen der Gesten zu vermeiden, lassen wir die Puppen zwischendurch eine Tätigkeit verrichten und halten die Dialoge kurz und klar. Gesprochenes Wort wird unmittelbar in Gebärde umgesetzt. Das ist möglich, weil der Spieler die Puppen direkt mit der Hand führt. Die lebhafte Gestik weist darauf hin, daß das Handpuppenspiel aus den romanischen Ländern, wo man beredt mit den Händen spricht, zu uns kam.

Wenn wir Handpuppen basteln, müssen wir abstrahieren und alles Nebensächliche und Zufällige weglassen. Wir formen bei jeder Figur das für sie Typische heraus und unterstützen es durch bewußte Übersteigerungen. Fangen wir bei unserem Kasperle an (Abb. 1). Da er den gesunden Menschenverstand verkörpert, werden ihm folglich ein pfiffiges Gesicht mit fröhlichen Augen und lachendem Mund gegeben. Ein buntkariertes Kleid und eine Zipfelmütze gehören natürlich auch dazu. So braucht Kasperle nur zu erscheinen und noch nicht einmal sein Tri, tra, tralala anzustimmen, schon wissen doch alle Kinder – Kasperle ist wieder da.

Großmama

Kasperle

Seppl

Kasperles bester Freund, der Seppl (Abb. 2), ist nicht solch ein Draufgänger und fixer Bursche wie unser Held. Aber er ist freundlich und verschmitzt und geht mit Kasperle durch dick und dünn. Entsprechend seinem Charakter werden wir ihn auch anders gestalten als das Kasperle.

Teufel

Grete

Natürlich dürfen wir Kasperles Grete nicht vergessen (Abb. 3). Sie schimpft ab und an mal mit ihm – und das scheint auch nötig zu sein –, doch sie hat ihn gern und ist immer wieder gut zu ihm. Sie könnte ein rundes, rotwangiges und fröhliches Gesicht haben.

Kasperle braucht auch eine liebe Großmama (Abb. 4). Ihr steht ein freundliches, gütiges Gesicht an und eine große Brille, die wir sehr einfach aus Draht biegen und unter den Haaren festnähen können. Ihr schlohweißes Haar stecken wir vielleicht zum Knoten. Die Augenbrauen zieht Großmutter hoch, um über die Brille sehen zu können, die ganz vorn auf ihrer Nase sitzt. Meist beschäftigt sie sich mit einem Strickstrumpf. Sie ist sehr emsig und immer besorgt um ihr liebes Kasperle. Omas tragen, sind sie schon so alt wie diese, gern ein dunkles Kleid, geschmückt mit einem kleinen Spitzenkragen.

Zum Teufel, wer fehlt denn nun noch? Na, wer schon, der Teufel höchst persönlich (Abb. 5). Die schwarze Farbe seines Kopfes, aus dem die weißen Augäpfel und Zähne (weiße Bohnen können wir dazu nehmen) herausleuchten, lassen ihn recht gruselig aussehen. Natürlich modellieren wir ihm Hörner und einen Pferdefuß, und an die schwarze Kleidung nähen wir einen

Schwanz. Wir wickeln dazu Stoffstreifen über Draht.

Das sind wohl die Hauptpersonen des Kasperlespiels. Sie können nun, je nach Handlung, beliebig ergänzt – durch den molligen Koch auf Abb. 6 beispielsweise – oder auch ausgetauscht werden.

Handpuppenköpfe

Unsere Puppenköpfe müssen ein gutgewölbtes Hinterhaupt bekommen. Das Gesicht gliedern wir in drei größengleiche Teile: Stirn-, Nasen- und Kinnpartie. Um bestimmte Charaktere zu betonen, verändern wir die einzelnen Proportionen. Verkörpert die Puppe ein Kind, teilen wir das Gesicht in der Höhe durch weit auseinanderliegende große Augen in Hälften. (Abb. 7 und 8 zeigen die kindlichen Proportionen im Verhältnis zu denen des erwachsenen Menschen.) Die Physiognomie der Puppen kommt für alle Zuschauer am besten zur Geltung, wenn der Kopf zur Gesamtgröße im Verhältnis 1:5 gestaltet wird, wir können auch noch 1:4 nehmen. Zwischen den einzelnen Puppen machen wir aber keine Größenunterschiede. Wir verwenden für alle die gleichen Maße und auch das gleiche Material. Die plastische Behandlung sollte ebenfalls gleich sein. In diese Stilisierungseinheit müssen wir auch Hände und Füße mit einbeziehen sowie die Einzelheiten des Kopfes. Es geht beispielsweise nicht, daß wir die Augen einer Puppe malen, einer anderen aber Knopfaugen geben oder einer gemaltes Haar und einer anderen eine Perücke. Wir verarbeiten auch nie echtes Haar oder Kunsthaar. Je bewußter wir die Puppe im Gegensatz zu ihrem natürlichen Vorbild, dem Menschen, gestalten, um so überzeugender wird sie wirken. Wir können Puppenköpfe ganz vereinfacht herstellen, indem wir auf eine Holz- oder Zellstoffkugel Mund, Ohren, Nase und Augen aus Filz oder Leder kleben, aus Malermakulatur modellieren oder mit Farbe aufmalen.

Puppen und Tiere

Ausgestopfte Köpfe aus Stoff oder Trikot verwenden wir besser nicht, da sie bei dem temperamentvollen Kasperlespiel bald ihre Form verlieren würden.

ausgestopfte Köpfe

4 5 6

geschnitzte Köpfe

Geschnitzte Köpfe aus abgelagertem Lindenholz sind sehr schön, aber relativ schwer. Wir müssen sie vom Hinterkopf und vom Hals her aushöhlen. (Mit der entsprechenden Arbeitstechnik machen wir uns im Kapitel »Gestalten in Holz« vertraut.)

modellierte Köpfe

Wollen wir modellierte Köpfe, formen wir sie erst in Plastilin (sie werden auf einer gefüllten, also standfesten Flasche bzw. einem Rundholz angelegt) und kaschieren sie dann (Abb. 9). Kaschierte Köpfe sind hohl und folglich leicht. Wir benutzen dazu Papierschnitzel und Kleister. Geeignet ist jedes ungeleimte Papier, also Zeitungs- und Packpapier. Damit die Ränder gut aneinanderhaften, reißen – nicht schneiden! – wir es in etwa 2 cm × 2 cm große Stücke. Für den Kleister verrühren wir Kartoffelmehl in kaltem Wasser zu einem schlanken Brei und erwärmen ihn unter ständigem Rühren bis zum Kochen. Wir können statt dessen auch kalt angemachten Tapetenkleister nehmen. Das Kaschieren kann auf zweierlei Art erfolgen: 1. durch Bekleben des Plastilinmodells von außen, 2. durch Auskleistern einer nach dem Modell gefertigten Gipsform von innen.

kaschierte Köpfe

Wenden wir die erste Technik an, weichen wir zunächst etliche Papierstückchen in Wasser ein. Sie ergeben die erste Schicht, die unmittelbar der modellierten Form aufliegt und als Trennschicht dient. Darauf kleben wir dann mit unserem Kleister sechs weitere Papierschichten. Die Schnitzel bestreichen wir auf beiden Seiten und drücken sie mit den Fingern gut an. Um Lufteinschlüsse zu vermeiden, gleiten wir dabei stets von der Mitte nach außen über die Schnitzel. (Das Papier wirft sich, wenn Luftbläschen darunter bleiben.) Für Vertiefungen in der Form können wir auch das Modellierholz benutzen. Es ist günstig, zwei unterschiedlich bedruckte oder gefärbte Papiere zu nehmen, z. B. bei Zeitungen einmal den weißen Rand, einmal den bedruckten Teil. So können wir besser kontrollieren, ob die Schichten richtig ausgeklebt sind. Den kaschierten Plastilinkopf lassen wir langsam an einem luftigen Ort trocknen. Nach dem Trocknen schneiden wir mit der Rasierklinge vom Hinterkopf einen Deckel ab und holen den Plastilinkern mit Hilfe einer stabilen Häkelnadel heraus. Aus dem Deckel heben wir das Plastilin zuletzt heraus, damit die Form Spannung behält und sich nicht verzieht. Danach bestreicht man die eine Schnittkante mit schnellklebendem Leim (z. B. Fotokleber) und setzt die andere darauf. Vorbedingung für den Erfolg ist eine saubere Schnittkante. Sind Risse entstanden, ist das Zusammenkleben schwer. Anschließend reißen wir uns weiße Papierstückchen wie zum Kaschieren und kleben zunächst vier davon als Fixierpunkte an einander gegenüberliegende Stellen der Naht. Danach können wir, ohne uns vorsehen zu müssen, zwei oder drei Papierschichten ringsherum kleben. Ist alles trocken, lassen sich die Nahtstellen nach Bedarf abschleifen. Bekommt der Kopf später eine Perücke, sind sie nicht mehr zu sehen.

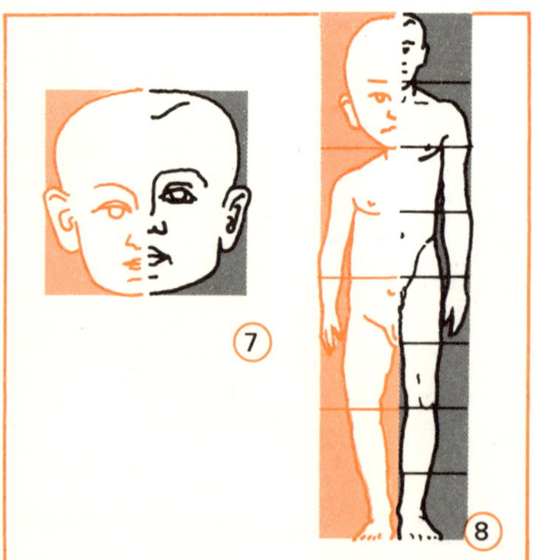

Bei der zweiten Technik, die ein noch präziseres Übertragen des Modells gestattet, fertigen wir uns eine »Verlorene Form« aus Gips an. Wie wir das machen, lesen wir im Kapitel »Keramik« nach. Sehr zu empfehlen ist es, die Form mit einem Faden zu teilen.

Die Formhälften (Abb. 10) pinseln wir mit Schellack aus. Sie werden dadurch dauerhafter, und wir können sie beliebig oft verwenden. Außerdem löst sich das Papiermaché leichter heraus.

Auf die Innenseite der Formteile tragen wir hier zunächst eine Trennschicht aus farblosem Bohnerwachs auf und kleistern dann sechs Schichten Zeitungspapier dar-

Voranstehende Seite:
35 Papiercollagen (Mosaiken) »Warm und kalt«

36 Materialcollage »Landschaft am Meer«
37 Stoffcollage »Meerespflanzen«

38 Papiercollage »Regenbogen«
39 Papier-Stoffcollage (Ausschnitt) »Weißer Baum«

Folgende Seiten:
40 Materialcollage »Unter Wasser«

41, 42 Materialcollagen »Lebensuhr« und »Blaue Blume«

43 Wandbehang »Blumen und Schmetterlinge«, Applikation
44 Weste mit Applikation (Detail)

45, 46 Osterschmuck

Folgende Seite:
47 Leder – mit Pelz und Email kombiniert
48 Ledergürtel und -armband

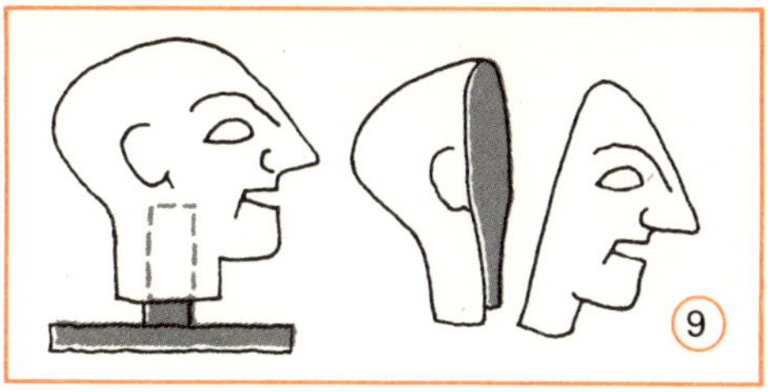

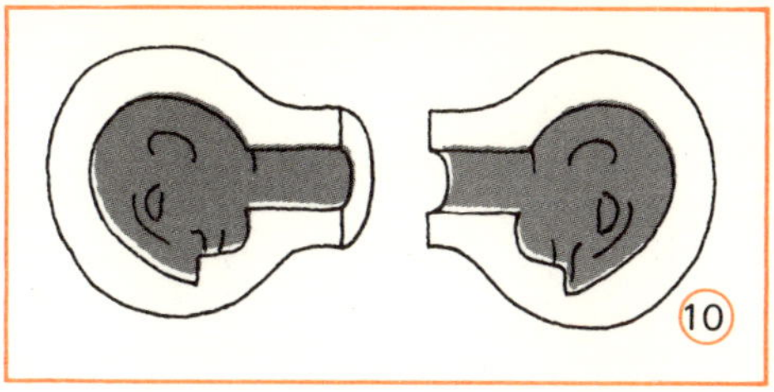

über. Sind die Papiermachéhälften trokken, nehmen wir sie heraus und fügen sie zusammen, wie vorhin beschrieben.

Wir können auch volle Papiermachéköpfe herstellen. Die Grundmasse ist zerkleinertes und zerkochtes Zeitungspapier, das mit Schlämmkreide oder Mehl und Leim gemischt wird. Das richtige Verhältnis müssen wir selbst ausprobieren. Diese Masse legen wir ebenso wie Plastilin auf einer geschlossenen Flasche oder einem Rundholz an. Ist der Kopf trocken, reiben wir ihn mit Sandpapier glatt.

Nehmen wir für die Modelliermasse statt Zeitungspapier feine Sägespäne (drei Teile Sägespäne auf ein Teil Wasser und ein Teil Schlämmkreide), lassen sich die Köpfe nach dem Trocknen mit dem Schnitzmesser bearbeiten. Diese Masse ist aber recht schwer. Wir sollten sie deshalb über einem Papierball formen, den wir aus trockenem Zeitungspapier um den Flaschenhals bzw. das Rundholz geknüllt haben.

Kinn, Nase und die anderen Gesichtsteile kaschieren wir mit Malermakulatur an. Diese Teile verstreichen wir sorgfältig an den Rändern, damit sie gut mit dem Untergrund verbunden sind.

Papiermachéköpfe

Aus Modelliermasse geformte und im Backofen gehärtete Handpuppenköpfe sind ebenfalls ausdrucksvoll und haltbar. Sie werden über verschnürte Zeitungspapierknäuel geformt (vgl. Kapitel »Modellieren ohne Ton«).

Grundieren

Vor dem Bemalen können wir die Köpfe grundieren. Bei denen aus farbiger, gehärteter Modelliermasse erübrigt sich das allerdings. Auch sonst ist es nicht unbedingt erforderlich. Für die Grundiermasse bereiten wir zuerst den Leim. Als Verhältnis wollen wir uns dafür merken: 200 g Perl- oder Tafelleim auf 1 l Wasser. Ein Glas fertiger Leim wird mit einem Eßlöffel Öl vermischt. Im Verhältnis 1:1 schütten wir nun Talkum oder Schlämmkreide dazu. Diesen Brei färben wir so ein, daß ein kräftiger Hautton entsteht (rosa wirkt bei elektrischem Licht zu blaß), und tragen ihn dünn auf. Eine dicke Schicht würde platzen. Ist die Masse trocken, glätten wir mit feinem Sandpapier die Oberfläche.

Bemalen

Zum Bemalen der Köpfe nehmen wir

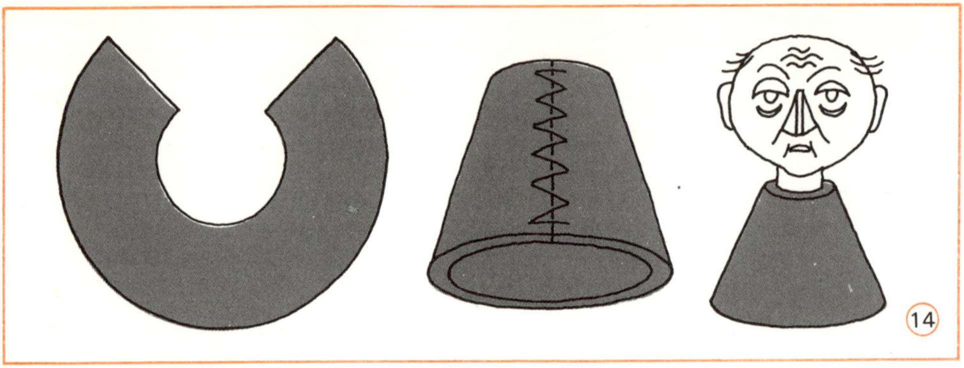

Künstlerölfarbe oder Latex. Wollen wir eine rauhe Oberfläche, wird die Farbe mit einem Pinsel aufgetupft. Zu beachten ist, daß Haar und Augen auf Ölfarbe schlecht haften, deshalb bringen wir beides vorher an.

Perücke

Für die Perücke eignen sich Bindfaden, Bast, Seiden-, Woll- oder Baumwollfäden, Fell, Filzstreifen sowie Schnürsenkel. Fäden oder Bast steppen wir mit der Hand, besser noch mit der Nähmaschine, auf ein Band. Damit die Füßchen der Maschine auch greifen, nähen wir über dünnem Papier, das dann entfernt wird. Eine Igelfrisur entsteht, wenn wir in vorgebohrte Löcher kurze Stücke Bindfaden oder Schnürsenkel einkleben. Locken werden aus Filzstreifen gedreht und aufgeklebt. Fell schneiden wir zu und kleben es ebenfalls auf.

Augen

Als Augen können wir Glasperlen, Knöpfe oder Holzperlen verwenden. Wollen wir einer hohlen Form Glasperlen- oder Knopfaugen einsetzen, nähen wir diese auf ein Stück Stoff, schneiden in Höhe der Augenhöhlen Schlitze in das Papiermaché, kleben die angenähte Perle auf, stecken den überstehenden Stoff durch die Schlitze in das Innere des Kopfes, wo wir ihn gut verleimen; Holzperlen spalten wir mit dem Messer, leimen die Kugelhälften ein, bemalen und lackieren sie dann. Man kann auch in gemalte Augen eine Glasperle als Pupille einfügen. Aber erst ausprobieren!

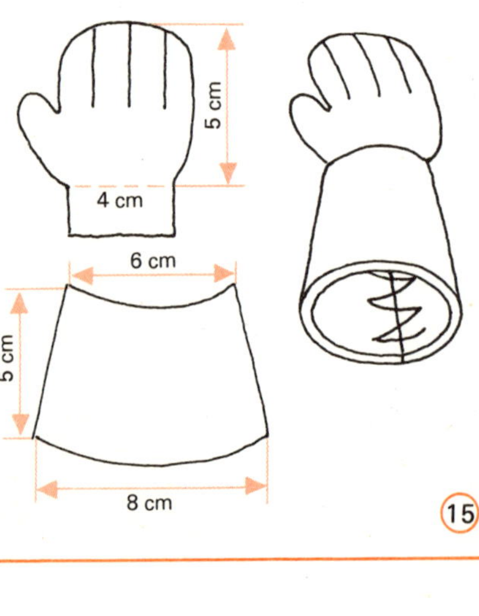

15

Körper

Den Körper der Handpuppe bilden unsere Hand und unser Arm. Wir sehen auf den Abbildungen 11 bis 13, daß wir den Kopf mit dem Zeigefinger und die Arme mit dem Daumen und dem Mittelfinger bzw. dem kleinen Finger dirigieren. Wir können auch gemeinsam mit Zeige- und Mittelfinger den Kopf führen. Er wird dadurch bedeutend beweglicher. In diesem Falle spielen auch Ring- und kleiner Finger gemeinsam. Der Puppenhals reicht bis kurz vor das zweite Glied des Zeigefingers.

In Köpfe, die keinen Hals haben oder bei denen die Halsöffnung zu groß ist, kleben wir eine Papphülse als Halt für den Spielfinger ein. An das Ende des Halses kleben oder wickeln wir einen Wulst, der das Abrutschen des Kostüms verhindert (Abb. 14). In die Halsöffnung des Kleides nähen wir innen Gummiband ein. So sitzt es fest und ist doch schnell auswechselbar.

Die Puppen lassen sich besser führen, wenn der Spieler einen dreifingrigen Handschuh trägt. Die Hand ist dann unter dem Kostüm auch nicht so wahrnehmbar für die Zuschauer. Wir nähen den Handschuh aus Nessel.

Kleidung und Gliedmaßen

Das Kostüm arbeiten wir im Kimonoschnitt. Um unserer Hand genügend Bewegungsfreiheit zu geben, nähen wir eine Rückenfalte ein. Wir wählen keine schweren Stoffe, die steif abstehen und häßliche Falten werfen. Ein einfaches Puppenkostüm können wir uns aus einem kreisförmig geschnittenen Stück Stoff herstellen, Durchmesser 40 bis 60 cm. In die Mitte schneiden wir ein Loch für den Kopf der Puppe. Danach bringen wir, ungefähr 13 cm von der Mitte entfernt, im Abstand eines Kreisviertels zwei kleine Einschnitte für die Hände an.

Der Kopf soll vier- bis fünfmal im Körper enthalten sein, also nähen wir für einen 10 cm großen Kopf ein 40 bis 50 cm langes Kleid. Mit Kordel, Litze, Schleifchen, Knöpfen usw. schmücken wir das Puppenkostüm. Die Zutaten kommen auf einfarbigem Stoff besser zur Geltung. Wir wählen sie größer, als es für das Kostüm zu erwarten wäre, denn unser Maßstab ist ja der Puppenkopf.

Hände

Hände schneiden wir wie Fäustlinge aus dünnem hellem Filz oder anderem Stoff zu, nähen sie zusammen, wenden und wattieren sie und steppen auf der rechten Seite die Finger ab. Beim Einnähen in die entsprechenden Schlitze des Kostüms ist es ratsam, Papphülsen mit zu befestigen, wie auf Abb. 15 dargestellt. Wir können die Finger auch einzeln fertigen und direkt an die Handschuhe des Spielers annähen. Dann reichen wir mit den Fingerspitzen bis zur Handfläche der Puppe, und sie kann richtig zufassen. In diesem Fall bringen wir aber nur vier Finger an. Der Zuschauer wird es nicht bemerken, und die Hand wirkt unkomplizierter.

Kostüm

Die Arme der Puppen verlängern wir nicht.

Füße und Beine

Füße und Beine kann die Puppe nur im Sitzen und Liegen gebrauchen, da die Spielleiste ja nicht der gedachte Fußboden ist. Sie werden aus Papiermaché, Holz oder ausgestopftem Stoff hergestellt. Als Schenkel dient eine Pappröhre, die mit den Beinen verbunden ist und in die wir die Finger der anderen Hand einführen,

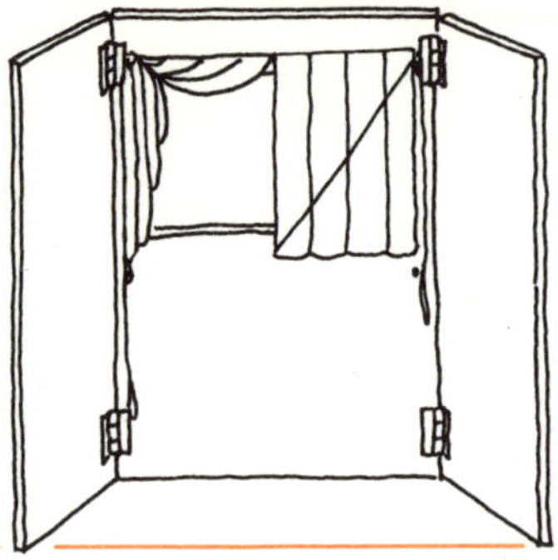

17

18

um mit ihnen spielen zu können. Die Beine näht man an den Kittel an – es muß dann eine Öffnung für unsere Spielfinger gemacht werden –, oder wir verbinden die Beine gar nicht mit dem Körper und spielen ganz frei mit der anderen Hand (Abb. 13). Haben wir Übung darin, wird es nicht bemerkt werden.

Tiere im Handpuppenspiel

Tierfiguren (Abb. 16) bringen wir auf ein mittleres Maß, d. h. kleine Tiere vergrößern, große verkleinern wir. Wenn nicht unbedingt nötig, ziehen wir ihnen kein Kostüm an, sondern deuten nur eines an. Ihr Körper ist beim Spiel ohnehin kaum zu sehen. Den Kopf der meisten Tiere, z. B. Katze, Hund und Teddy, können wir genau wie den der Handpuppen herstellen. Gut lassen sich auch Spielzeugtiere aus Stoff verwenden. Wir entfernen aus ihrem Körper die Füllung und höhlen den Kopf ein wenig aus, damit unser Finger Platz findet. Ein Vogelköpfchen nähen wir uns am

19

20

zweckmäßigsten aus Stoff. Damit es plastisch wirkt, wattieren wir es aus. Den Schnabel formen wir aus Papiermaché und kleben ihn auf. Arbeiten wir ihn zweiteilig, können wir ihn beim Spiel mit Zeige- und Mittelfinger bewegen.

Spielbühne und Requisiten

Einen zusammenlegbaren Spielschirm können wir uns aus einem mit Stoff überzogenen Lattengerüst gut selbst bauen (Abb. 17). Für den Hausgebrauch genügt es auch, wenn wir einfach Stoff zwischen einen Türrahmen spannen und dahinter spielen. Der Stoff darf nicht zu schwer sein; eine Decke beispielsweise würde die Stimme zu sehr dämpfen.

Den Bühnenausschnitt richten wir nach der Größe der Puppen. Die Puppe bewegt sich nicht auf der Spielleiste, der gedachte Fußboden liegt tiefer. Von dieser Linie müssen wir auch beim Anbringen der Requisiten, Möbel, Bäume usw., ausgehen (Abb. 18). Die Größenverhältnisse zwischen Puppe und Requisiten müssen in Einklang gebracht werden. Wir können durchaus verkleinern, was größer ist, und vergrößern, was kleiner ist als die Puppe. Die Handpuppe darf z. B. eine Tasse in Normalgröße benutzen. Wenn eine Perspektive in den Kulissen gegeben ist, sollte die Horizontale in Höhe der Puppenaugen liegen. Für Handpuppen ist eine flächige Dekoration am geeignetsten. Der Hintergrund muß farbig so gestaltet sein, daß die Puppen zur Geltung kommen.

Puppen und Tiere

Spielschirm

Wollen wir bei Beleuchtung spielen, stellen wir einfach Kerzen auf einen Tisch vor die Bühne. Das flackernde Kerzenlicht läßt die Puppen ungemein lebendig wirken.

Marionette und Hampelmann

Mit dem kessen Vogel auf Abb. 19 schließen Kinder gewissermaßen im Handumdrehen Freundschaft, denn die Ausdrucksskala seiner possierlichen Körpersprache ist ungemein abwechslungsreich. Dabei läßt er sich leicht dirigieren. Schon

21

Vorschulkinder verstehen es geschickt, seine Lebensnerven zu betätigen.

Auch die Anfertigung der Marionette bereitet kaum Schwierigkeiten. Wir benötigen dazu zwei mittelgroße Holzquirle, Filz-, Stoff- und Wollreste in kräftigen Farben, Nähgarn, mehrere Bogen Zeitungspapier, Angelsehne, eventuell einen Häkelhaken sowie Nadel und Schere. Zuerst knüllen wir für Kopf und Rumpf zwei unterschiedlich große eiförmige Papierbälle und umwickeln sie mit Wolle, bis kein Papier mehr durchscheint. Danach befestigen wir am Rumpf einen Schwanz aus farbigen Stoffstreifen und am Kopf zwei Filzscheiben als Augen, die wir nach Wunsch noch durch Kugelknöpfe vervollständigen können. Kamm und Schnabel werden ebenfalls aus Filz oder appretiertem Stoff zugeschnitten. Soll unsere Marionette den Schnabel aufsperren, fertigen wir diesen aus einem Stück und fixieren ihn zusammen mit einer kleinen roten Zunge durch eine Quernaht, wie auf der Zeichnung ersichtlich. Für einen geschlossenen Schnabel brauchen wir zwei 5 bis 6 cm lange und 4 cm breite Filzovale. Sie werden dekkungsgleich aufeinandergelegt und rechts und links der Mittellinie mit einem Befestigungsstich zusammengehalten, damit sie sich beim späteren Aufnähen nicht gegeneinander verschieben. Die hinter dem Befestigungsstich liegenden Hälften der beiden Ovale klappen wir auseinander, schieben den Vorderkopf dazwischen und heften sie auf. Durch einen Längskniff in der oberen Platte – sie endet zwischen den Augen – kann eine Nase angedeutet werden. Den Kamm schneiden wir doppelt zu. Zwischen seinen Lappen befestigen wir später den Führungsfaden.

Hübsch sieht es auch aus – besonders in Verbindung mit dem geschlossenen Schnabel – wenn statt des Kamms verschiedenfarbige gemusterte und ungemusterte Stoffscheiben unterschiedlicher Größe überlappend auf den Knopf genäht werden – zuerst die größeren (7 cm Durchmesser), dann mittlere und obenauf eine oder zwei kleine aus stabilem Material als Haltepunkt des Führungsfadens. Die Scheiben sollten möglichst mit der Zackenschere zurechtgeschnitten werden.

Für den Hals flechten wir dicke Wollsträhnen oder drehen sie zur Kordel zu-

sammen. Genauso arbeiten wir die Beine, nur etwas dünner. Sie können auch als Luftmaschenkette gehäkelt werden. Anschließend verbinden wir Kopf und Rumpf durch den Hals und nähen die Beine an den Körper.

Von den beiden Quirlen entfernen wir die Köpfe, durchbohren sie und benutzen sie als Füße. Die Stiele werden mit festem Garn über Kreuz zusammengebunden. Wir können die Stiele auch einkerben und verleimen. Mit diesem Kreuz wird die Marionette geführt. Zuvor müssen wir natürlich erst noch die Verbindungsfäden anbringen. Sie verlaufen vom Querträger des Kreuzes zu den Füßen und vom Längsträger zu Kopf und Rumpf. Wir verwenden dafür dünne Angelsehne.

Vierbeiner

Unserem kessen Vogel können wir nun noch einen schnurrigen Vierbeiner zugesellen (Abb. 20). Allerdings brauchen wir für ihn ein doppeltes Führungskreuz. Auch ist es besser, einen länglichen Körper zu umhäkeln als zu umwickeln. Für die gedrungenen Beinchen könnten verschiedenfarbige Filzscheiben aufgereiht werden, und als Füße eignen sich große, flache Knöpfe mit Durchstichlöchern.

Hampelmänner

Hampelmänner zappeln sich schon seit vielen Generationen in die Herzen der Jüngsten. Ihre Herstellung ist nicht schwierig, deshalb sollte ihrer sauberen und originellen Gestaltung besonderes Augenmerk geschenkt werden. An Material und Werkzeug legen wir uns bereit: Feste Pappe, Pappmesser und Schere, Angelsehne, Plakatfarbe, Bleistift, Pinsel und Tapetenreste. Aus den Tapetenresten fertigen wir einen Faltschnitt von Kopf und Rumpf sowie Schablonen von Armen und Beinen an, übertragen alles auf die Pappe und schneiden die Teile aus – fünf, wenn wir dem Modell auf Abb. 21 folgen, neun, wenn Arme und Beine in den Gelenken nochmals schlenkern sollen. Anschließend wer-

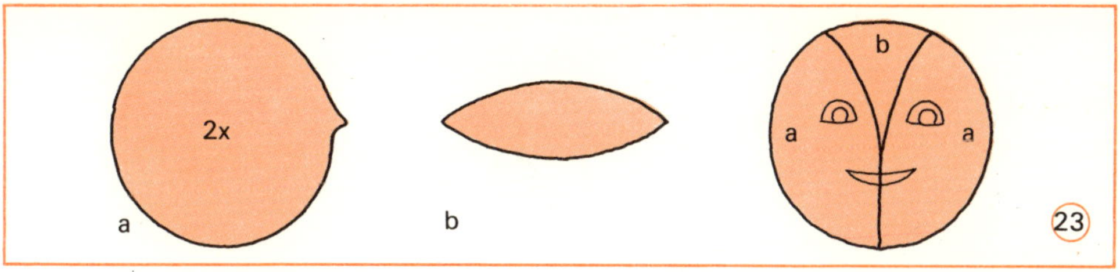

den sie farbenfroh bemalt, eventuell mit farblosem Nitrolack überzogen und gemäß dem Schema auf der Zeichnung zusammengesetzt, nachdem wir die nötigen Löcher vorgebohrt haben. Zuletzt bekommt unser Hampelmann eine Schlaufe zum Aufhängen.

Püppchen aus Stoff

An Material brauchen wir: Trikot (Damenstrumpf, ausgedienter Unterrock) oder festen Stoff (in Tee-Extrakt entsprechend der Hautfarbe getönt), Nähgarn, Wolle, Füllung (Watte, Kapok, kleingerissene Flikken, Holzwolle oder Schaumgummireste), Plakatfarbe, Pappe, Filz, Perlen oder Knöpfe, eventuell Draht und Holzscheiben.

Zuerst der Kopf. Auf einfachste Art entsteht ein Puppenkopf, wenn wir eine Strumpfspitze (am besten von einem hellen Unterziehstrumpf) mit Flicken ausstopfen und die Formen mit Watte oder Kapok herausmodellieren (Abb. 22). An dieser etwas derben Puppe sehen Knopfaugen lustig aus. Sticken wir die Augen, so stechen wir bis zum Hinterkopf durch und modellieren dadurch die Gesichtsform heraus. Wir können die Augen – ebenso wie den Mund – auch mit Plakatfarbe anmalen. Dabei sind wir sehr sparsam in der Anwendung der Mittel. Zwei blaue Farbtupfen wirken besser als naturalistisch gemalte Augen mit Pupille, Augenweiß und Wimpern. Damit das Püppchen ein kindliches Gesicht bekommt, geben wir ihm eine hohe Stirn und weit auseinanderliegende Augen. Nach Belieben nähen oder kleben wir ihm noch Filzohren an.

Hübscher wird die Puppe, setzen wir den Kopf aus Schnitteilen (Abb. 23) zusammen. Trikot eignet sich dazu gut. Er muß sich bei den Seitenteilen von oben nach unten ziehen, beim Kopfzwischenstück dagegen quer verlaufen. Wir vergessen beim Zuschneiden die Nahtzugabe nicht, nähen von links mit der Maschine, wenden und modellieren wieder beim Stopfen die Form des Gesichtes heraus. Weiter behandelt wird das Köpfchen, wie im vorhergehenden Abschnitt beschrieben. Material Kopf

Für den Körper (Abb. 24) können wir Trikotstoff wählen, den wir so zuschneiden, daß er sich von oben nach unten dehnt. Haltbarer und darum für Spielpuppen besser geeignet ist ein fester Stoff, Nessel beispielsweise. Wir schneiden jedes Körperteil doppelt zu (Nahtzugabe nicht verges- Körper

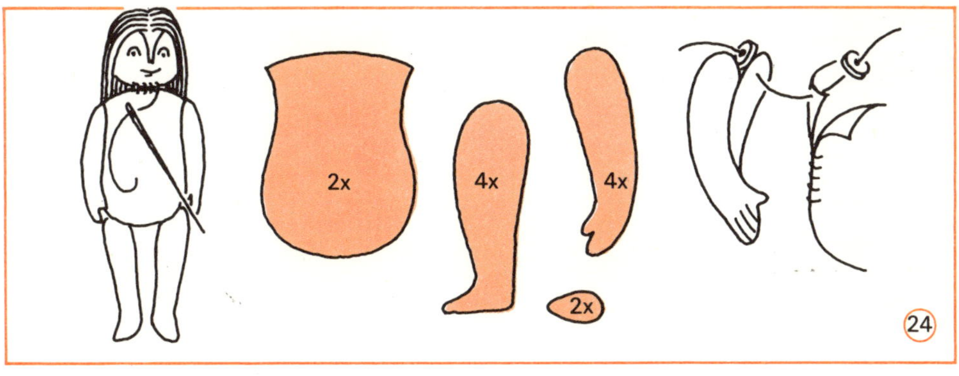

25

sen!). Auf der Maschine fügen wir die zusammengehörenden Duplikate aneinander, wobei wir oben eine Öffnung zum Einbringen der Füllung lassen, wenden sie dann und stopfen sie aus – Arme und Beine mit Watte, kleingerissenen Flicken oder Schaumgummiteilchen, den Rumpf mit Holzwolle. Wir nehmen wenig Füllmaterial auf einmal und drücken zwischendurch mit einem Stäbchen immer wieder fest. So haben wir die Gewähr, daß unsere Puppe prall und fest gestopft ist und später nicht zusammenknickt. Wir schließen nun die Öffnungen und nähen Arme und Beine an den Rumpf. Die Fußsohlen werden mit Pappe versteift, damit das Püppchen stehen kann. Wollen wir eine bewegliche Puppe haben, befestigen wir Arme und Beine, wenn sie noch nicht ganz gefüllt sind, mit Draht und Holzscheiben am Rumpf, stopfen vollends zu und vernähen gut.

Hahn

Nadeligel

Für Kinder ist es wichtig, daß sie ihre Puppe auch an- und ausziehen können.

Kleidung

Wir fertigen die Kleidung nach ganz einfachen Schnitten, wie sie auf Abb. 25 dargestellt sind. Die Kleidchen nähen wir aus hübschem buntem Stoff mit kleinen Mustern, die Schuhe aus Filz, einfarbigem Stoff oder Leder. Damit die Puppe einen besseren Stand bekommt, schneiden wir die Sohle doppelt zu und legen eine Pappe dazwischen.

Nadelfrau

Eine Nadelfrau – es muß durchaus nicht immer ein Nadelkissen sein – fertigen wir nach dem gezeichneten Grundschnitt aus Filz- oder Tuchresten an (Abb. 26). Von links nähen wir das Kleid zur Hälfte zusammen und arbeiten mit überwendlichen Stichen den Boden ein. Dann stülpen wir das Ganze um, stopfen mit Watte aus und nähen zu. Der Kopf wird aus Trikot hergestellt. Wir können ein Stück Strumpf nehmen, erst oben abbinden, mit Watte ausstopfen, dann unten abbinden und an den Körper nähen. Nun werden Mund, Nase und Augen eingestickt und eine lustige Wollfrisur angebracht. Für Nase und Augen können wir auch Perlen nehmen. Vielleicht verzieren wir unsere Nadelfrau noch mit Knöpfen, einem Schleifchen oder einem Spitzenkragen.

Aus dem Schnitt der Nadelfrau läßt sich auch ein Hahn gestalten (Abb. 27). Er bekommt Schwanz, Kamm und Flügelchen aus buntem Filz. Gehen wir nicht vom Kegel, sondern von der Kugel als Grundform aus, können wir einen kleinen Nadeligel fertigen (Abb. 28).

Tiere für die Kleinsten

Spieltiere

Wir benötigen Stoff, Leder, Wachstuch, Filz oder Pelz, außerdem Nähgarn, Stickgarn, Wolle, Bindfaden, Knöpfe, Perlen und eventuell Draht.

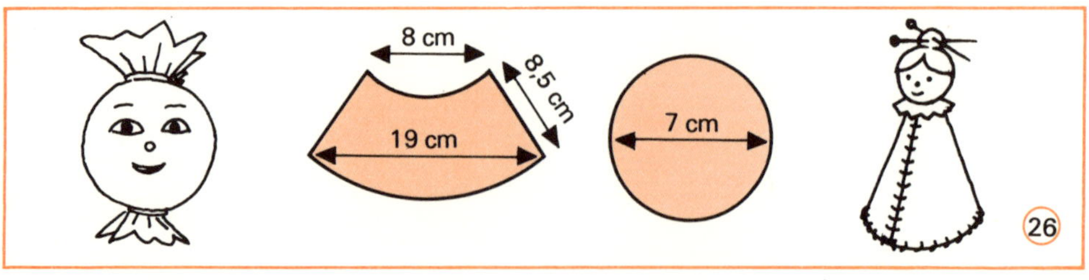

26

Zuerst legen wir uns einen Grundschnitt an. Ein Tier in der Art des abgebildeten Häschens (Abb. 29) zeichnen wir stark vereinfacht in der Seitenansicht und schneiden es aus. Dieses Seitenteil brauchen wir zweimal. Wir nehmen also das Arbeitsmaterial beim Zuschneiden doppelt, und zwar müssen die linken Seiten jeweils aufeinanderliegen. Zwischen beide Teile kommt ein schmaler langer Streifen. Er gibt dem Tier Volumen. Das Zusammennähen erfolgt bei Stoff mit der Maschine, bei allen anderen Materialien mit der Hand.

Häschen

Für Vierbeiner mit ausgearbeiteten Beinen (ebenfalls Abb. 29) schneiden wir wieder die beiden Seitenteile zu, diesmal ohne die Ohren. Auch für Bauch und Innenseiten der Beine werden zwei gleiche Teile zugeschnitten – je eines für die rechte und die linke Körperhälfte. Es sieht nett aus, wenn diese Teile aus andersfarbigem Material sind. Um die typische Kopfform des jeweiligen Tieres zu erhalten, brauchen wir ein Kopfzwischenstück. Seine Form müssen wir ausprobieren. Beim Pferd sollte das Zwischenstück von Kopf bis Schwanz reichen und an beiden Enden spitz zulaufen, sich danach verbreitern und in der Körpermitte verjüngen. Damit das Tierchen gut steht, setzen wir Fußsohlen ein. Beim Zusammenfügen der Teile lassen wir am Bauch ein Stück Naht offen zum Stopfen. Als Füllmaterial wird am besten Holzwolle genommen. Wir drücken kontinuierlich kleine Mengen davon ein. Haben

wir die Füllöffnung geschlossen, widmen wir uns den Ohren. Sie werden einfach oder doppelt genäht und mit einigen Stichen am Kopf befestigt. Ein störrisches Eselchen beispielsweise wird lustig aussehen mit gespitzten Ohren. Wir arbeiten sie dann doppelt und führen vor dem Befestigen einen gebogenen Draht ein.

Vierbeiner

Das Tierchen braucht nun noch ein paar unternehmungslustige Augen. Dafür nehmen wir passende Perlen, vielleicht auch Knöpfe. Das Maul bzw. Schnäuzchen und die Nase sticken wir auf. Schwanz und, wenn erforderlich, Mähne werden aus Wolle, Garn oder aufgeräufeltem Bindfaden hergestellt. Wie sie befestigt werden, ersehen wir ebenfalls aus Abb. 29.

In der gleichen Art wie Puppen können wir auch Tiere mit beweglichen Gliedern versehen (Abb. 30).

Kuscheltiere

Diese heißgeliebten Begleiter der ersten Lebensjahre können stark vereinfachte

Formen haben. Abb. 31 stellt einen Grundschnitt vor, nach dem sich viele der für diesen Zweck geeigneten Tiere und auch Puppen arbeiten lassen. Den Schnitt vergrößern wir auf das gewünschte Maß, wobei zu beachten ist, daß Körper, Kopf und Gliedmaßen aus einem Stück bestehen. Die eingezeichneten Binnenlinien sind keine Trennlinien, sondern geben den Verlauf von Steppnähten an. Lediglich die Ohren, der Tierart entsprechend geformt, bilden Schnitteile für sich, Körper und Ohren werden doppelt zugeschnitten – Stoff dazu wieder links auf links legen und Nahtzugabe berücksichtigen – und jeweils an den Außenkanten von links zusammengenäht. Zuerst die Ohren. Ihren Sitz markieren wir mit Schneiderkreide, damit wir sie beim nachfolgenden Zusammenfügen des Körperdoppels an der richtigen Stelle des Kopfes befestigen. Die mit einem Kreuz bezeichnete Partie (Abb. 31a) wird zum Wenden und Stopfen offengelassen. Als Füllung nehmen wir Schaumstoffschnitzel. Wir bringen sie zuerst in den Kopf ein, den wir anschließend zum Körper hin absteppen. Als nächstes stopfen wir die Arme und steppen sie gleichfalls ab. Danach kommt der Rumpf an die Reihe. Haben wir auch ihn abgesteppt, stopfen wir die Beine und schließen die Füllstelle.

Augen und Schnäuzchen bzw. Mund können wir aufsticken oder aus Filz zuschneiden und applizieren. Bei einer Katze dürfen natürlich die Schnurrhaare nicht fehlen. Vielleicht nähen wir ihr auch noch eine kleine rote Zunge aus Filz an, wie auf Abb. 32 zu sehen ist. Ein Püppchen wird durch eine Perücke aus dicken Wollfäden vervollständigt. Kuscheltiere werden gern gezärtelt. Wir sollten sie deshalb aus weichem flauschigem Stoff oder Webpelz anfertigen. Beide Materialien lassen sich auch gut miteinander verbinden. Eine Katze zum Beispiel sieht allerliebst aus, wenn wir Körper und Ohren aus dunklem samtigem Stoff, den Kopf hingegen aus weißem Webpelz arbeiten und auch noch die Pfötchen mit Webpelz beziehen. Der Kopf wird in diesem Fall getrennt zugeschnitten und nach dem Stopfen in die offengelassene Stelle des Rumpfes eingeheftet. Das anschließende Stopfen und Absteppen des Körpers erfolgt wie beschrieben.

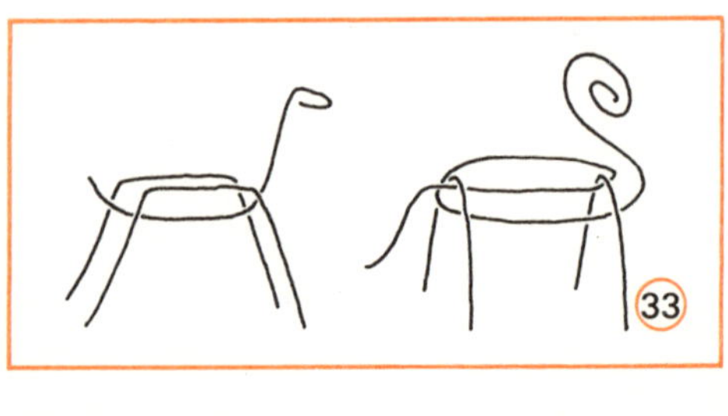

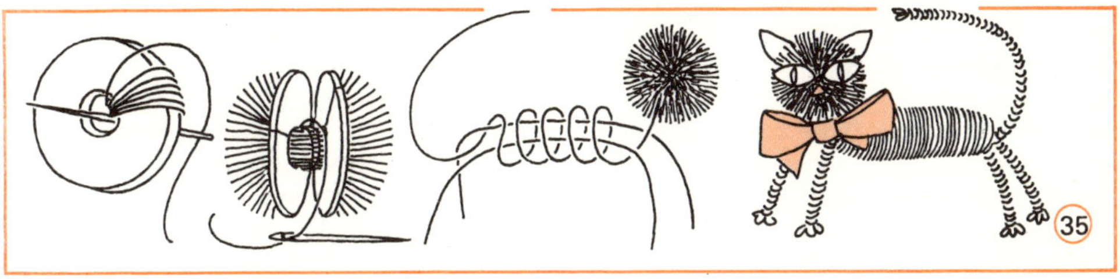

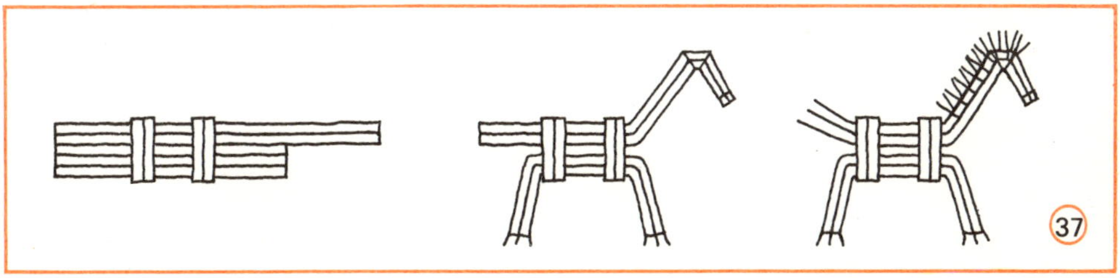

Puppen und Tiere aus Stroh und Bast

Wir brauchen Natur- oder Kunstbast, Roggen-, Weizen-, Hafer- und Maisstroh sowie lange geflochtene Zöpfe verschiedener Breite aus diesen Materialien (vgl. Kapitel »Flechten, Knüpfen, Wickeln«), außerdem Pfeifenreiniger, Aluminium- oder Blumendraht.

Beginnen wir mit Tierfiguren. Wenn wir sie auf ein Drahtgerüst – zwei Modelle zeigt Abb. 33 (links) – arbeiten, können wir entweder jeden Draht für sich umwickeln oder ihn mit Flechten umlegen, die wir beiderseitig festnähen (Abb. 34). Die einzelnen Drähte verbinden wir durch Umwickeln des Rumpfes, oder wir nähen sie mit Bast zusammen. Die dargestellte Katze (Abb. 35) besteht aus einem umwickelten Drahtgerüst. Naturfarbener Bast eignet sich am besten als Material. Damit umwickeln wir Rumpf und Mittelteil der Beine, ein Stück des Halses lassen wir frei – hier wird der Kopf, ein Bastpompon, angesetzt. Wir fertigen ihn, wie auf S. 133 beschrieben. Hübsch wirkt es, wenn wir für eine Hälfte naturfarbenen, für die andere Hälfte dunk- Katze

38

len Bast nehmen. Dann heben sich Gesicht und Hinterkopf gut voneinander ab. Tatzen und Schwanzende werden ebenfalls mit dunklem Bast umwickelt. Aus Leder oder Filz schneiden wir Ohren, grüne Augen und rotes Mäulchen, die wir an feinen Drähten im Pomponköpfchen befestigen. Dünne Bastfäden bilden die Schnurrhaare.

Huftiere

Auch ohne Drahtgerüst lassen sich bezaubernde Tiere und Puppen herstellen. Häschen, Kücken und Hühnchen fertigen wir aus schneckenförmig aufgerollten Flechten (Abb. 36). Drei Schnecken nähen wir als Rumpf aneinander, eine Schnecke wird als Kopf obenaufgesetzt.

Hühnchen

Für größere Vierbeiner biegen wir die Gliedmaßen aus starken Flechten und vernähen sie, oder wir umwickeln den Rumpf. Die Enden der Flechten lassen wir an den Füßen offen, so daß die Figur stehen kann. Damit sich der Zopf nicht auflöst, umwickeln wir ihn in Höhe der Fußgelenke (Abb. 37).

Solch ein Pärchen wie auf der Abb. 39

39

40

wird aus Weizen-, Roggen- oder Haferstrohbündeln gefertigt und an den entsprechenden Stellen mit Bast abgebunden (Abb. 38 zeigt den Arbeitsgang). Für den Kopf umwickeln wir ein Pappröllchen oder eine Holzkugel. Auch ein Eichelköpfchen sieht gut aus. Die Kleidung können wir entsprechend der Abbildung gestalten, aus Bast häkeln oder weben oder aus feinen Zöpfen nähen.

Aus Maisstroh lassen sich hübsche Zupfpüppchen herstellen. Der Körper besteht aus zwei Blattstreifen. Einen legen wir senkrecht zusammen und binden mit Bast oder feinem Bindfaden den Kopf ab. Den zweiten stecken wir waagerecht durch das Mittelteil und binden ihn kreuzweise fest. Hände und Füße werden ebenfalls abgebunden. Ein Hut aus Flechten und ein Rock aus Maisblättern vervollständigen das Figürchen.

Nach dem gleichen Prinzip werden Zupfpüppchen aus Bast oder Wolle hergestellt. Bei Wolle arbeiten wir mit verschiedenen Farben und sticken ein Gesicht ein. Bastfiguren werden fester, wenn das Mittelteil aus einem mit Bastbündeln umwickelten Pappstreifen besteht.

Zupfpüppchen

Pferdchen

Bei einem Pferdchen aus Maisstroh verbinden wir zuerst Kopf und Hals und zupfen dabei die Ohren heraus. Nun legen wir Blätter für die Beine und mehrere für den Rumpf an, umwickeln sie teilweise mit Bast oder dünnem Bindfaden, binden dann den Schwanz ab und befestigen kleine Schlaufen als Mähne.

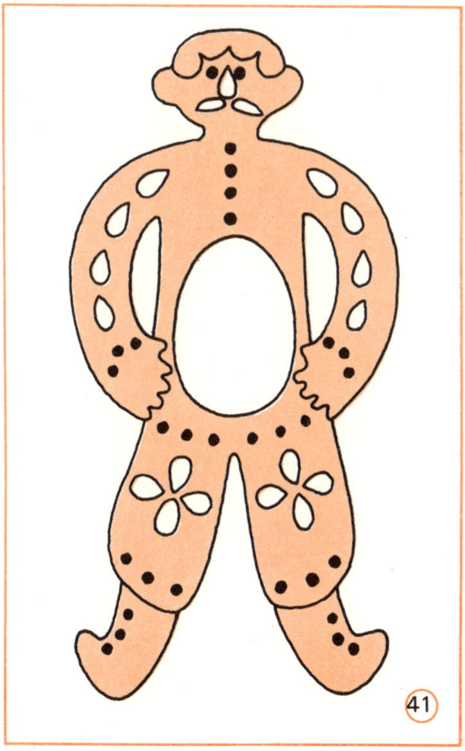

41

Lustige Tischdekorationen

Ostern

Kommt Ostern heran, gestalten wir aus ausgepusteten Eiern Hähnchen, Hühnchen, Kücken oder Osterhasen (Abb. 40). Die Schalen säubern wir mit heißem Essigwasser. Sie werden dadurch fettfrei und

42

lassen sich bemalen. Wir schneiden eine kleine Stütze aus Pappe und setzen das Ei mit der Spitze nach oben ein. Wollen wir ein Hähnchen gestalten, kleben wir farbige Seidenpapierstreifen oder ein Flaumfederchen als Schwanz ein, oder wir falten das Papier zu einer Ziehharmonika und stekken es in eine vorsichtig herausgeklopfte Öffnung. Der Kamm wird ebenfalls aus einem Papierstreifen gefaltet, Lappen und Augen aufgemalt, der Schnabel angeklebt.

Salzteig

Eine besondere Osterüberraschung für die Familie wird ein selbstgebackenes Ostermännle sein (Abb. 41). Es entsteht folgendermaßen: Wir rollen einen Hefeteig zu dicken Nudeln und formen sie gleich auf dem gefetteten Blech zu lustigen Figuren, die als Bauch ein Ei bekommen. Mit Rosinen, Korinthen und Mandeln wird das Ostermännle, das auch ein Osterweible sein kann (Abb. 42), ausgeputzt. Den Teig lassen wir vor dem Backen auf dem Blech nochmals gehen und bepinseln unsere Figürchen mit Eigelb, damit sie knusperbraun werden.

Weihnachten

Weihnachten können wir aus einem Pfefferkuchenteig Weihnachtsmänner und andere Figuren formen und mit Mandeln verzieren. Nach dem Backen werden sie mit Zuckerglasur überzogen.

Zum Weihnachtsfest paßt auch gut ein Zwetschgenmännle (Abb. 43). Dafür werden auf ein Drahtgestell getrocknete Pflaumen aufgezogen.

Für einen kleinen Weihnachtsmann nehmen wir einen polierten roten Apfel als Körper und eine Walnuß als Kopf. Mit einem Zahnstocher verbinden wir beides. Nun kleben wir noch einen großen Wattebart an und setzen eine Papierzipfelmütze auf (Abb. 44).

Nicht an ein bestimmtes Fest gebunden sind als Mäuschen (Abb. 45) oder Phantasievögel gestaltete ausgeblasene Eier und das Zitronenschweinchen auf der gleichen Abbildung. Das Schweinchen bekommt Streichholzbeine, Wacholderbeeraugen und ein Stück Bindfaden oder dünnes Kabel als Ringelschwänzchen.

Jahrelang haltbar ist Tischschmuck aus gebackenem Salzteig, auch Gebildbrot genannt. Die Backmasse bereitet man aus 2 Teilen Mehl, 2 Teilen Salz und 1 Teil Wasser. Mehl und Salz werden miteinander vermengt und mit dem Wasser zu einem geschmeidigen Teig verknetet. Klebt er an den Händen, gibt man noch ein wenig Mehl hinein; zerbröckelt er, fehlt ein Schluck Wasser. Salzteig läßt sich wie Modelliermasse bearbeiten. Für plastische Figuren – Tiere, Blüten, Fabelwesen oder Märchengestalten – rollen wir zwischen den Handflächen Kugeln oder Walzen und modellieren die gewünschte Form heraus. Erforderliche Einschnitte werden mit einer kleinen spitzen Schere vorgenommen. Flache Formen wellt man aus und schneidet sie mit einem spitzen Messer zurecht. Durch Aufsetzen kleiner Ornamente – Ringe, Kügelchen, Walzen –, mit eingeritzten oder -gekerbten Binnenmustern sowie mit Gewürzkörnern, Wacholderbeeren und Samen können die Salzteigfiguren nun noch verziert werden. Anschließend hebt man sie mit einem Teigschaber oder einer Tortenschaufel vorsichtig auf das Kuchenblech und läßt sie 30 bis 40 Minuten bei Mittelhitze backen.

STICKEN

10. Kapitel

Die Kunst, mit der Nadel zu malen – so die lateinische Bezeichnung für das Sticken – ist seit Jahrtausenden bekannt. Sowohl die Ägypter als auch die Perser, Etrusker, Griechen und Römer beherrschten sie. Berühmt für meisterliche Seidenstickereien war das alte China, wo übrigens ausschließlich Männer die Nadel führten. Prachtvolle Zeugnisse mittelalterlicher Stickkunst sind uns aus Europa überliefert: Kirchenschmuck, Priesterornate, fürstliche Prunkgewänder und Bildteppiche. Sie entstanden in Klosterwerkstätten sowie in den Frauengemächern der Burgen und Schlösser.

Gepflegt wurde die Stickerei auch in den bürgerlichen und bäuerlichen Haushalten. Seit dem zweiten Jahrzehnt des 16. Jahrhunderts konnten sich die Frauen dabei auf gedruckte Mustervorlagen stützen. Die Entwürfe für die in Modelbüchern zusammengefaßten Motive und Ornamente stammten vorwiegend von bedeutenden Malern und Kupferstechern. Für eines der ältesten Modelbücher lieferte z. B. Lukas Cranach d. Ä. Mustervorlagen.

Die Ornamente, Initialen, Figuren und Borten wurden von den Frauen zunächst auf einem Stickmustertuch ausprobiert, das – immer wieder ergänzt – im Laufe der Zeit den Charakter einer ganz persönlichen Mustersammlung erhielt. Stickmustertücher vergangener Jahrhunderte zählen heute zu den bewunderten Ausstellungsstücken in den Museen für Volkskunde.

Die Stickstiche, die in diesem Kapitel vorgestellt werden, haben Tradition. Wir können damit Vorlagen moderner Handarbeitszeitschriften ebenso wie überlieferte Muster nacharbeiten und nicht zuletzt auch eigene Entwürfe verwirklichen. Anregungen für die letztgenannte Variante bietet die Natur in reichem Maße. Blüten, Gräser, Blätter, Fruchtstände, Ranken, um nur einige Beispiele zu nennen, liefern eine Fülle von Motiven, die, ins Ornamentale übersetzt und zu Mustern geordnet, unserer Stickerei einen ganz und gar eigenständigen Ausdruck geben.

Sticken läßt der Phantasie weiten Spielraum. Allerdings gilt es zu beachten, daß eine Stickerei kein selbständiges Gebilde ist, sondern immer Bestandteil des Gegenstandes, den sie zieren soll. Wir müssen sie also immer im Hinblick auf ihre Verwendung gestalten.

Werkzeug

Stechpause

Der Stickrahmen ist für viele Stickstiche unentbehrlich, dem Anfänger erleichtert er außerdem die Arbeit. Wir laufen ohne ihn leicht Gefahr, den Stoff mit dem Stickfaden einzuziehen. Auch einen Fingerhut sollten wir benutzen, der gut passen muß. Ist er zu groß, rutscht er ständig herab; ist er zu klein, drückt er und sitzt nicht fest. Wir können auch einen Nähring benutzen, der den Vorteil hat, daß der Finger darunter nicht schwitzt. Ferner brauchen wir einen Bindlochstecher und eine kleine spitze Schere (Stickschere). Niemals soll der Faden abgebissen werden, das bekommt weder den Zähnen noch der Stickerei. Die Nadeln richten sich nach der Arbeit, die wir ausführen wollen:

Für feinste Stickerei	Nr. 24,
für gröbere Stickerei	Nr. 20 bis 22
und für Kelimstickerei	Nr. 16 bis 18.

Material

Träger unserer Stickerei ist meistens Stoff, wir können aber auch auf Gestrick sticken. Für freie Stickerei eignet sich fast jedes Material, die gebundene Stickerei dagegen verlangt bestimmte Stoffarten. Besonders zweckmäßig sind Stramin, Leinen und Aidastoff. Aber auch andere leinenbindige Stoffe, wie Natté und Panama, können verwendet werden. Die Durchbrucharbeit erfordert ein kaum appretiertes Gewebe, aus dem sich die Fäden leicht ausziehen lassen.

Stickgarne werden in Docken gehandelt. Wir unterscheiden feines Stickgarn, das nicht gezwirnt ist und zum Teil aus bereits geschnittenen Fäden besteht (Sticktwist oder Mouliné), und das nur leicht gezwirnte Perlgarn. Beide Arten sind in Baumwolle, merzerisierter Baumwolle und in Kunstseide erhältlich. Eine Reihe von Stickstichen läßt sich auch in Knopflochseide (Kordonettseide) arbeiten, und wo es notwendig ist, sticken wir mit Wollfäden.

Arbeitsvorbereitung

Jede Stickerei beginnt mit dem Übertragen des Musters auf den zu bestickenden Stoff. Wir pausen das Muster zunächst mit Transparentpapier ab und lochen die Konturen mit einer Steck- oder Hutnadel dicht bei dicht. Anschließend heften wir die Stechpause mit der glatten Fläche auf die rechte Stoffseite und streuen vorsichtig unter leichtem Klopfen aus einem nicht fest zugebundenen Beutelchen Vordruckfarbe in die Perforation. Wir lösen dann die Stechpause, legen vorsichtig einen Bogen Seidenpapier auf unser Muster und plätten mit dem heißen Bügeleisen die Farbe ein. (Vordruckfarbe ist nicht wasserfest und geht bei der ersten Wäsche heraus.)

Nun spannen wir den Stoff in den Stickrahmen. Das ist sehr einfach: Wir legen ihn über den kleinen Ring und schieben den größeren darüber, so daß der Stoff glattliegt. Damit sehr feine Gewebe (Batist, Seide) nicht durch den Rahmen beschädigt werden, spannt man ein Stück Seidenpapier mit ein und schneidet es danach über der Stickfläche aus. Hat unser Stickrahmen eine Schraubzwinge, können wir ihn an der Tischkante befestigen und mit beiden Händen sticken. Wir sollten uns daran gewöhnen, stets beide Hände zu gebrauchen: Die rechte Hand führt die Nadel von oben nach unten, die linke Hand sticht sie zurück. Bei etwas Übung aber werden wir bald feststellen, daß die Arbeit auf diese Weise schneller vorangeht. Der Fingerhut oder Nähring gehört auf den Mittelfinger der rechten Hand; damit stechen wir die Nadel durch den Stoff, und zwar nicht mit der Fingerkuppe, sondern mit der Längsseite des letzten Fingergliedes.

Der Stickfaden wird nicht mit einem Knoten, sondern mit feinen vor- und zurückgehenden Stichen auf der Stoffunter-

Voranstehende Seite:
49–52 Handpuppen

53–57 Kuscheltiere

58–61 Was Künstlerhände aus Stroh zaubern können …

62–67 Salzteigfiguren

Folgende Seite:
68 Gestrickte Handpuppen
69, 70 Marionetten

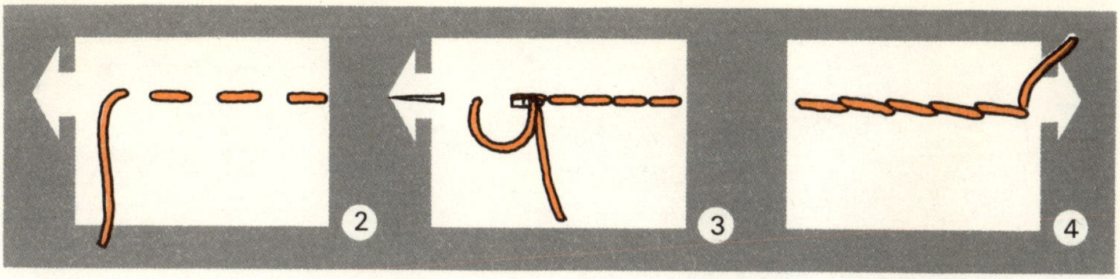

seite befestigt. Einen doppelt gelegten Faden (Sticktwist) ziehen wir beim Beginn so in den Stoff ein, daß das geschlossene Fadenende eine kleine Schlinge bildet, durch die die Nadel mit dem Faden nochmals geführt und dann fest angezogen wird (Abb. 1). Es gibt noch eine dritte Art des Befestigens, die wir z. B. beim Langettenstich, Knopflochstich und Hohlsaum anwenden: Wir lassen das Fadenende einige Zentimeter herabhängen und umnähen es mit den folgenden Stichen.

Die Stiche

Grundsätzlich unterscheiden wir zwei Arten von Stichen: freie und gebundene Stiche. Freie Stiche werden unabhängig vom Grund gestickt, während die gebundenen Stiche (zu denen wir auch die Durchbrucharbeiten zählen) stets dem Fadenlauf des Stoffes folgen.

Freie Stiche

Vorstich

Der einfachste freie Stich ist der Vorstich (Abb. 2). Wir arbeiten ihn von rechts nach links. Die Nadel wird von unten eingestochen, auf dem Stoff ein Stück weitergeführt und wieder nach unten zurückgestochen. Dann schieben wir die Nadel unterhalb des Stoffes weiter und stechen wieder nach oben. Die unteren Stiche sollen stets genauso lang sein wie die oberen. Sticken wir den Vorstich im Fadenlauf, werden jeweils die Gewebefäden abgezählt. Bei freier Stickerei ist es ratsam, das aufgezeichnete Muster mit Vorstichen entlang der Konturen »vorzuziehen«, die Stikkerei wird dann gleichmäßiger.

Steppstich

Der Steppstich (Abb. 3) wird ebenfalls von rechts nach links gearbeitet. Wir beginnen ihn wie den Vorstich mit einem oberen und einem unteren Stich, stechen nun aber zurück in den Einstichpunkt, in den wir die Nadel das erstemal nach unten geführt haben. In einem Abstand, der der Länge unseres ersten Steppstiches entspricht, bringen wir die Nadel wieder an die Oberfläche. Wir erhalten so eine Linie gleich langer Stiche, die sich einander ohne Zwischenraum anschließen. Auch hier ist es wieder angebracht, die Gewebefäden abzuzählen.

Stielstich

Den Stielstich (Abb. 4) arbeiten wir von links nach rechts. Wir beginnen mit einem Vorstich, stechen die Nadel unter dem Stoff zurück bis kurz vor den Einstichpunkt des Vorstiches, sticken obenauf einen neuen Vorstich und stechen unten wieder zurück usw. Dabei müssen wir darauf achten, daß wir die Nadel von unten stets an der gleichen Seite der Vorstiche wieder heraufstechen, also entweder links oder rechts neben den Vorstichen. Der Stielstich ist einer der am häufigsten angewandten Zierstiche.

Knötchenstich

Der Knötchenstich (Abb. 5) kann in fortlaufender Reihe oder einzeln gestickt werden. Für ein einzelnes Knötchen stechen wir den befestigten Faden nach oben, schlingen den Faden zweimal um die Nadel herum und stechen dann einige Gewebefäden dahinter wieder ein. Wollen wir eine Reihe sticken, verbinden wir die Knötchen mit Vorstichen, die auf der Unterseite laufen. Sonst muß jedes Knötchen einzeln auf der Unterseite befestigt werden.

Kettenstich

Etwas komplizierter ist der Kettenstich (Abb. 6). Er wird von rechts nach links gearbeitet. Wir holen den befestigten Stickfaden zunächst von unten nach oben, legen ihn in Stickrichtung zu einer Schlinge, die wir mit der linken Hand zusammen mit dem Stoff festhalten, stechen die Nadel in denselben Einstichpunkt zurück und führen sie unter dem Stoff vor, stechen dann nach oben in die Schlinge und ziehen Na-

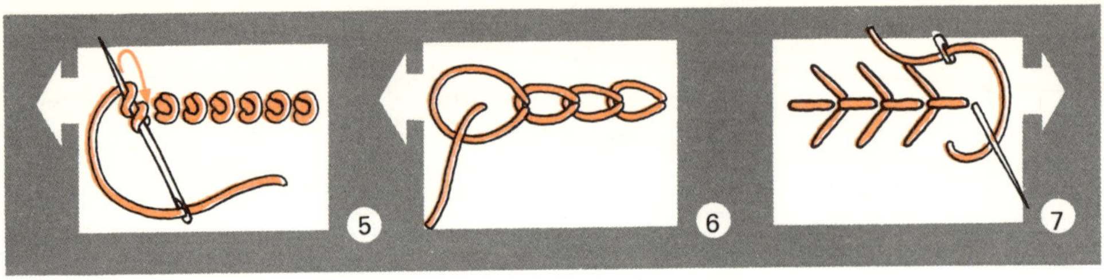

del und Faden hoch. Alle folgenden Schlingen werden in gleicher Weise gestickt, so daß auf der Oberseite ineinandergreifende

Hexenstich

Kettenglieder erscheinen, auf der Unterseite einfache Vorstiche.

Alle bisher beschriebenen Stiche wurden nur in einer Reihe ausgeführt. Aus waagerechten und schrägen Stichen dagegen besteht der Bäumchenstich (Abb. 7).

Bäumchenstich

Wir arbeiten ihn von links nach rechts. Zunächst sticken wir einen Vorstich, gehen mit der Nadel zurück und stechen sie etwa eine halbe Stichlänge unterhalb der Mitte des Vorstiches wieder hoch, führen sie im gleichen Abstand oberhalb des Vorstiches wieder nach unten und stechen aus dem

Schrägstich

Einstichpunkt des ersten Vorstiches heraus, nachdem wir den noch locker obenaufliegenden senkrechten Stich als Schlinge in Stickrichtung um die Nadel gelegt haben. Dann wird der nächste Vorstich gestickt.

Gretchenstich

Plattstich

Den Gretchenstich (Abb. 8) arbeiten wir wie den Kettenstich von rechts nach links und halten den Faden stets in Stickrichtung straff. Der befestigte Faden wird zunächst nach oben geführt. Wir stechen dann einige Millimeter unter diesem Punkt ein,

Schlingstich

führen die Nadel auf der Unterseite schräg voraus und holen sie durch die sich bildende Fadenschlinge nach oben. In der gleichen Länge des ersten Stiches stechen wir genau über dem letzten Einstichpunkt wieder in den Stoff, die Nadel wird schräg voraus geführt und in der gleichen Höhe der anderen mittleren Einstichpunkte herausgestochen; wieder legen wir den Faden als Schlinge um die Nadel und ziehen an.

Der Hexenstich (Abb. 9) wird von links nach rechts gestickt. Wir holen den befestigten Faden von unten nach oben, stechen schräg nach oben ein, nehmen, waagerecht zurückgehend, einige Gewebefäden auf, ziehen den Faden durch und stechen nun die Nadel im gleichen Winkel schräg nach unten ein, nehmen wieder waagerecht einige Gewebefäden auf und arbeiten fortlaufend weiter. Je nach der Anzahl der aufgenommenen Gewebefäden wird unser Hexenstich enger oder breiter werden.

Der Schrägstich (Abb. 10) besteht aus dicht nebeneinander gestickten, schräg aufwärtsgerichteten Vorstichen. Auf der Unterseite verlaufen die Stiche fast senkrecht. Wir können den Schrägstich von links nach rechts oder von rechts nach links sticken.

Der Plattstich (Abb. 11) wird beim Ausfüllen von Motiven und zum Sticken der sogenannten Fliege angewandt. Er besteht aus dicht nebeneinandergestickten geraden oder schrägen Stichen.

Den Langetten- oder Schlingstich (Abb. 12) wenden wir beim Befestigen von Kanten an. Er wird von links nach rechts gearbeitet, den befestigten Faden halten wir mit dem linken Daumen senkrecht nach unten, stechen in den Stoff ein, führen die Nadel auf der Rückseite ebenfalls

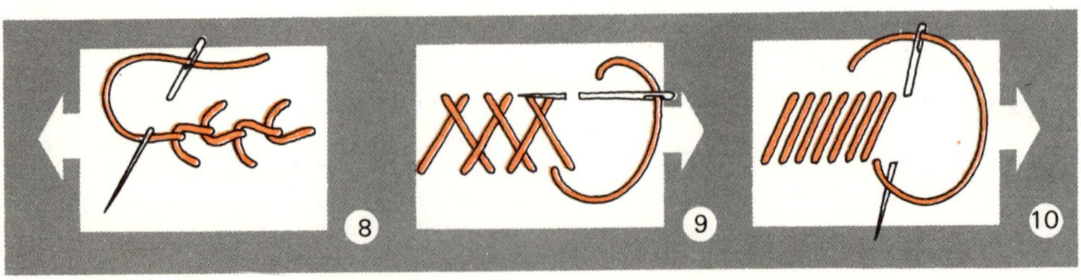

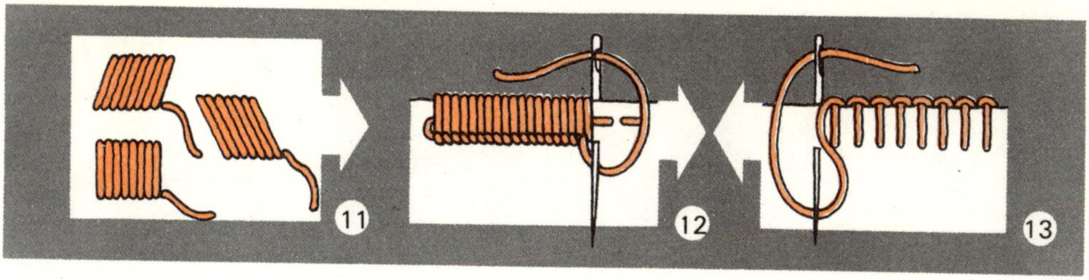

gerade abwärts und bringen sie wieder auf die Oberseite. Der Arbeitsfaden bleibt unter der Nadel liegen, so daß wir eine Schlinge erhalten, wenn er in senkrechter Richtung festgezogen wird.

Der Knopflochstich (Abb. 13) wird ähnlich gearbeitet, jedoch von rechts nach links. Auch hier führen wir nach dem Befestigen des Fadens die Nadel senkrecht abwärts, legen den Faden von rechts nach links unter die nach oben gestochene Nadelspitze und ziehen die kleine Schlinge am oberen Rand straff.

Gebundene Stiche

Der Kreuzstich (Abb. 14) wird in zwei Arbeitsgängen ausgeführt. Von den nach Vorzeichnung nebeneinanderliegenden Kreuzen sticken wir zuerst alle von links unten nach rechts oben verlaufenden Stiche als Schrägstiche und arbeiten dann die Rückreihe in entgegengesetzter Richtung, wobei die neuen schrägen Stiche die vorigen kreuzen. Wir benutzen jeweils die gleichen Einstichpunkte. Auf der Unterseite sehen wir nun je zwei parallele, senkrechte Stiche zwischen den auf der Oberseite sichtbaren Kreuzchen.

Ein Kreuzstichmuster kann so gearbeitet werden, daß der Untergrund mit zur Geltung kommt. Wir können aber auch die ganze Fläche ausfüllen. Dann verwenden wir am besten Aidastoff als Grund und benutzen die Gewebelöcher als Einstichpunkte. Perl- oder Wollgarn ist das geeignete Material dafür.

Ganze Flächen werden auch gern im Kelimstich (Abb. 15) ausgeführt. Hierfür ist stets grober Grund notwendig (etwa Aidastoff), denn die Gewebelöcher dienen als Anhaltspunkte für das Muster. Als Stickgarn wird meist Wolle verwendet.

Kelimstich

Knopflochstich

Der Kelimstich kann in senkrechten, waagerechten und schrägen Reihen gearbeitet werden. Den einzelnen Stich sticken wir grundsätzlich immer über zwei Gewebefadenbündel in der Länge und ein Fadenbündel in der Breite. Senkrechte Reihen führen wir zunächst von unten nach oben, sticken den ersten Stich wie angegeben von links nach rechts, stechen dann die Nadel unter dem Stoff in das linke beim ersten Stich übergangene Gewebeloch, sticken den zweiten Stich darüber usw. Die Stiche der zweiten Reihe werden von oben links nach unten rechts gearbeitet. In waagerechten Reihen ergibt der Kelimstich ein Zickzackband. Auch hier arbeiten wir von links nach rechts, übergehen in senkrechter Richtung zwei, in seitlicher Richtung nur ein Gewebefadenbündel. Der erste Stich geht von unten nach oben wie beschrieben, die Nadel wird dann auf der Unterseite schräg nach unten in gleicher Weise vorausgeführt, und obenauf sticken wir den zweiten Stich rückwärts in den zweiten Einstichpunkt, gehen unter dem Stoff den gleichen Weg vor und sticken den nächsten Stich obenauf von links nach

Kreuzstich

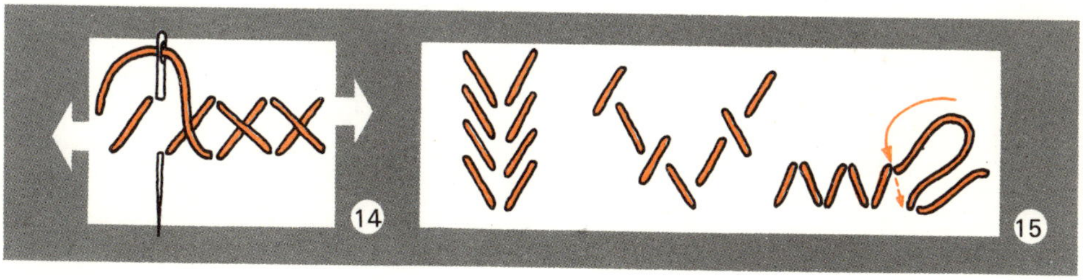

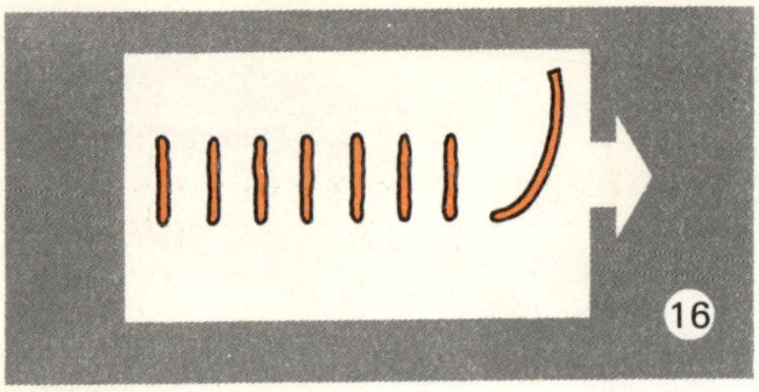

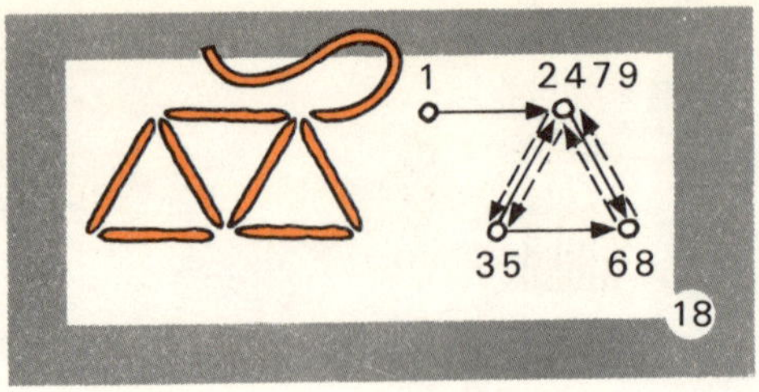

rechts usw. Schräge Reihen beginnen wir je nach Muster von oben oder unten, aber stets mit einem nach rechts weisenden Stich. Der erste Stich wird also von links nach rechts über zwei waagerechte und ein senkrechtes Fadenbündel gestochen, der zweite von rechts nach links, ausgehend von dem übergangenen Gewebeloch. Die abwechselnd nach rechts und links weisenden Stiche treffen sich so jeweils in halber Höhe. Beim Aussticken eines Musters ist es ratsam, die schrägen und waagerechten Reihen immer zuerst auszuführen und dann das übrige Muster in senkrechten Reihen zu füllen.

Spannstich

Für den Spannstich (Abb. 16) ziehen wir im Abstand von 0,5 bis 1 cm zwei waagerechte Gewebefäden aus als obere und untere Begrenzung. Wir arbeiten von links nach rechts. Auf der Oberseite wird der Spannstich von unten nach oben zwischen die beiden ausgezogenen Fäden gestochen, auf der Unterseite um zwei bis drei Gewebefäden schräg voraus wieder nach unten usw.

Kästchenstich

Auch der Kästchenstich (Abb. 17a) wird zwischen ausgezogenen Gewebefäden von links nach rechts gearbeitet. Den Abstand wählen wir etwa wie beim Spannstich. Wir beginnen mit einem senkrechten Stich von unten nach oben, stechen auf der Rückseite schräg voraus nach unten im gleichen Abstand unserer gezogenen Fäden, auf der Oberseite zurück in den ersten Einstichpunkt, dann unter dem Stoff schräg voraus nach oben, von dort obenauf zurück in den zweiten Einstichpunkt, dann wieder schräg voraus nach unten in den dritten Punkt. Mit dem nächsten senkrechten Stich auf der Schauseite vollenden wir das kleine Kästchen und beginnen gleichzeitig das nächste.

Etwas einfacher ist der einseitige Kästchenstich (Abb. 17b). Wir sticken auch hier zuerst einen senkrechten Stich von unten nach oben, dann waagerecht voraus im Abstand der gezogenen Fäden und obenauf wieder zurück in den zweiten Einstichpunkt. Dann gehen wir unter dem Stoff schräg voraus nach unten, um den nächsten senkrechten Stich von unten nach oben zu sticken und damit das nächste offene Kästchen zu beginnen.

Dreieckstich

Hierzu gehört auch der Dreieckstich (Abb. 18). Auf dem oberen ausgezogenen Gewebefaden beginnen wir mit einem waagerechten Stich von links nach rechts, führen die Nadel auf der Rückseite schräg abwärts und stechen unterhalb der Mitte des waagerechten Stiches ein, sticken nun wieder obenauf in den zweiten Einstichpunkt und gehen unter dem Stoff den gleichen Weg nochmals zurück, um über dem unteren gezogenen Faden nun einen waagerechten Stich voraus zu sticken. Dann gehen wir auf der Rückseite wieder in den zweiten Einstichpunkt und arbeiten obenauf einen Verbindungsstich zu dem unteren waagerechten Stich. Den nächsten oberen waagerechten Stich sticken wir

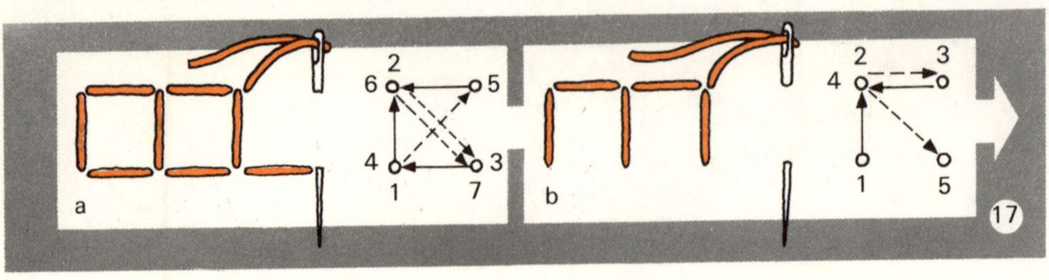

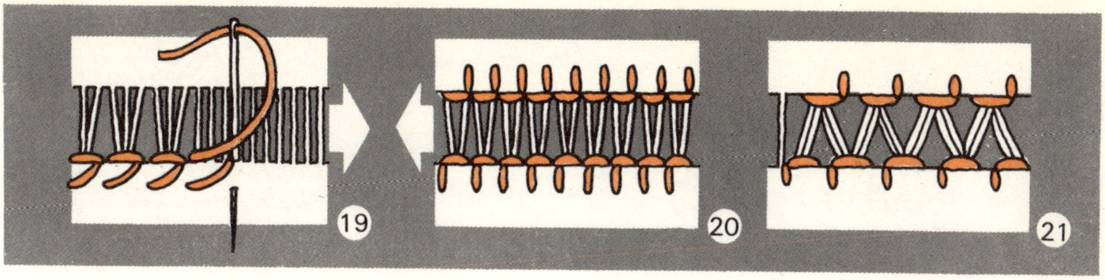

wieder vom zweiten Einstichpunkt ausgehend. Beim Dreieckstich sind unter dem Stoff jeweils eine Anzahl Stiche übereinandergestickt, wir können daher kein allzu grobes Stickgarn verwenden.

Sehr vielseitig ist die Durchbrucharbeit. Es ist in diesem Rahmen nicht möglich, alle Arten von Durchbrucharbeiten zu behandeln, wir müssen uns daher auf die einfachsten Formen beschränken.

Jede Durchbrucharbeit wird mit dem Ausziehen von Gewebefäden begonnen. Wollen wir einfachen Durchbruch arbeiten, ziehen wir die Fäden nur in einer Richtung aus; für doppelten Durchbruch in beiden Richtungen. Die Anzahl der auszuziehenden Fäden richtet sich nach der Breite, die unser Durchbruch haben soll. Die Länge zeichnen wir mit Bleistift an, schneiden, einige Zentimeter von der Markierung nach innen gehend, die Fäden durch und ziehen sie nun zunächst zwischen dem Schnitt und der Bleistiftmarkierung aus, wo wir sie entweder mit Langettenstichen dicht am Rand festnähen oder Faden für Faden sauber mit dem Gewebe verstopfen. Sind beide Enden befestigt, ziehen wir die Fäden des mittleren Durchbruchteiles aus und haben so die »Fäden klargelegt«. Wir können nun beginnen, die Gewebeänder zu befestigen. Zumeist wird dabei der Hohlnahtstich angewendet (Abb. 19). Er wird auf der linken Stoffseite von links nach rechts ausgeführt. Wir schlingen den Arbeitsfaden von rechts nach links um vier oder mehr der »klargelegten« Fäden herum, stechen die Nadel rechts neben den gebündelten Fäden von hinten nach vorn zwei Gewebefäden tief in den Stoff und ziehen den Faden an. (Mit den folgenden Stichen wird gleichzeitig das Fadenende umnäht, wie eingangs beschrieben.) Wir bündeln dabei jedesmal die gleiche Anzahl klargelegter Fäden. Haben wir alle Fäden von einer Seite gebündelt, wiederholen wir den gleichen Arbeitsgang auf der gegenüberliegenden Seite (Abb. 20). Bündeln wir hier jeweils die gleichen Fäden, erhalten wir die Stäbchenhohlnaht, greifen wir beim Bündeln jeweils die Hälfte der Fäden von je zwei Fadenbündeln, ergibt sich die Zickzackhohlnaht (Abb. 21).

Durchbrucharbeit

Lassen wir zwischen zwei Durchbrüchen einen Stoffsteg stehen, können wir die einander zugekehrten Ränder auch mit Zierstichen befestigen. Diese Zierstiche werden selbstverständlich auf der rechten Stoffseite gearbeitet. Wir dürfen daher nicht vergessen, die Arbeit umzuwenden. Sticken wir den Hexenstich auf den Stoffsteg (Abb. 22), umfassen wir jeweils die Fäden eines der mit den Hohlnahtstichen zusammengefaßten Bündel, die wir vorher gegeneinander versetzt gearbeitet haben. Es werden wechselseitig einmal vom oberen und einmal vom unteren Durchbruch die Fadenbündel gegriffen. Stehen die Fadenbündel einander genau gegenüber, können wir den Kreuzstich dazwischensticken (Abb. 23), wobei wir die Zwischenräume der Fadenbündel als Einstichpunkte benutzen. Auch hier wird der Kreuzstich in zwei Arbeitsgängen gearbeitet, erst von links nach rechts und dann von rechts nach links zurück.

Die Stoffstege werden auch gern mit Spannstich, Kästchenstich oder Plattstichmotiven verziert und abgebündelt.

Die Fadenbündel breiter Durchbruchkanten lassen sich mit einem oder mehre-

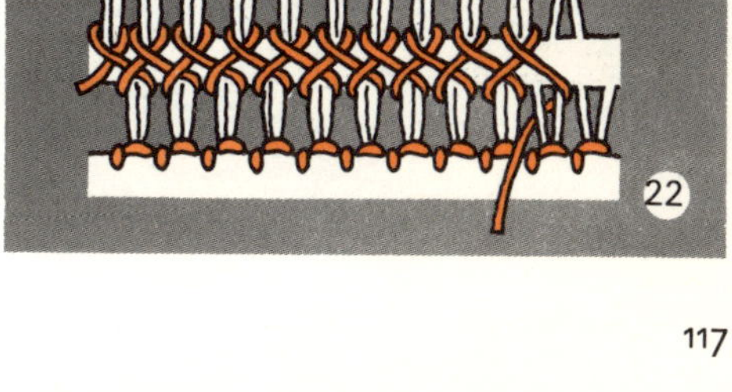

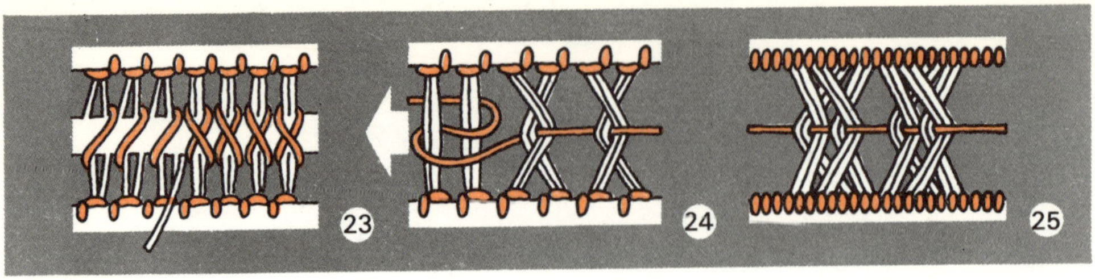

ren Stickfäden miteinander verschlingen (Abb. 24). Nachdem wir den Faden rechtsseitig befestigt haben, führen wir ihn von links nach rechts unter dem zweiten Fadenbündel hindurch, stechen die Nadel nach oben, schlingen den Faden nun um das erste Fadenbündel und holen die Nadel hinter dem zweiten wieder hoch. Dadurch werden die Fadenbündel miteinander verschlungen. Dieser Arbeitsgang kann in zwei und drei Reihen untereinander versetzt ausgeführt werden, wenn der Durchbruch die entsprechende Breite hat.

Reizvoll ist auch das Verschlingen von Fadenbündeln in Gruppen. Dafür wird das dritte Fadenbündel über das erste und das vierte über das zweite gehoben (Abb. 25).

Wir können die Fadenbündel auch mit Schlingknoten in der Mitte des Durchbruchs zusammenfassen. Wir arbeiten von links nach rechts, legen mit dem befestigten Arbeitsfaden eine Schlinge über zwei Fadenbündel, führen die Nadel unter den Bündeln voraus und stechen sie hinter ihnen durch die Schlinge nach oben. Der Knoten muß fest angezogen werden, ehe wir den nächsten arbeiten (Abb. 26a, b).

Bindlöcher

Eine andere Möglichkeit, Hohlnähte zu verzieren, ist das Durchstopfen (Abb. 27) und das Umwickeln (Abb. 28) der Fadenbündel. Beide Techniken werden gern miteinander kombiniert. Beim Durchstopfen heben wir je ein Fadenbündel auf die Nadel, während das folgende liegenbleibt. Wir können zwei oder mehr Fadenbündel auf diese Weise miteinander verbinden. Umwickelt wird immer nur ein einzelnes Fadenbündel. Dabei schlingen wir einfach den Arbeitsfaden so oft um das Fadenbündel herum, bis es dicht umwickelt ist.

Schmale Durchbruchkanten brauchen wir nicht mit Hohlnahtstichen zu befestigen, wenn ein mehrfacher farbiger Stickfaden durch die klargelegten Fäden gezogen wird. Dabei heben wir immer einige Fäden auf die Nadel und lassen die gleiche Anzahl liegen. Diese Technik ist besonders bei doppeltem Durchbruch sehr beliebt; wir können damit ein reizvolles Karomuster gestalten (Abb. 29). Außerdem hat sie einen weiteren Vorzug: Sie geht schnell und macht wenig Mühe.

Gestickte Teilarbeiten

Am Schluß dieses Abschnittes sollen noch einige beim Sticken immer wiederkehrende kleine Techniken vorgestellt werden. Dazu gehört unter anderem das Arbeiten von »Bindlöchern« (Abb. 30) bei der Lochstickerei. Wir ziehen mit Vorstichen einen kleinen Kreis von etwa 0,5 cm Durchmesser vor und schneiden ihn mit der Stickschere in der Mitte aus. Die Ränder werden fest mit Knopflochstichen umstochen. Während des Stickens benutzen wir immer wieder den Bindlochstecher, um dem Bindloch eine gute Form zu ge-

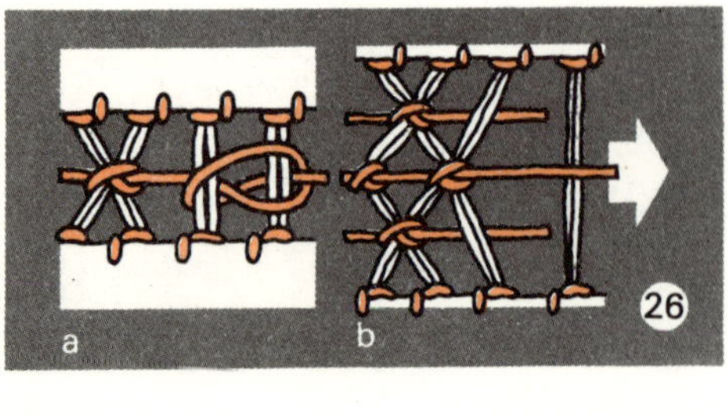

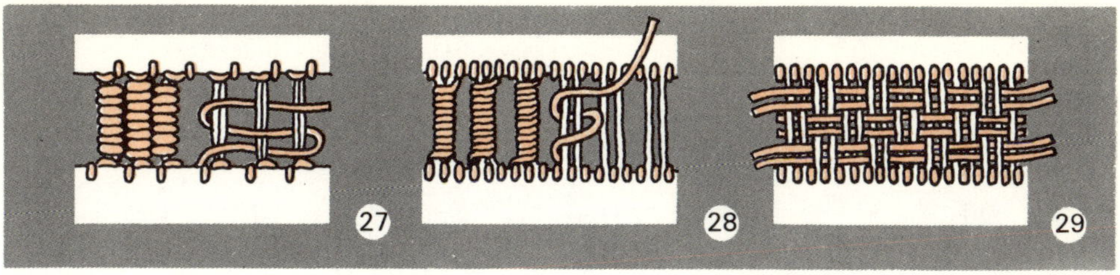

ben. Das Bindloch kann auch mit einfachen überwendlichen Stichen umwickelt werden, die Stiche müssen wir aber sehr dicht arbeiten.

Den Plattstich wenden wir beim Sticken von Fliegen (Abb. 31) an, die zur Befestigung von Falten dienen. Die Fliege verhindert das Aufspringen der Naht und ist für schmale Röcke mit Gehfalte besonders zu empfehlen. Wir bilden zunächst mit Vorstichen ein kleines Dreieck. Dann befestigen wir den Stickfaden an der Spitze des Dreiecks, stechen von dort über den Stoff nach der rechten unteren Ecke, führen die Nadel unter dem Stoff in die linke Ecke und sticken obenauf wieder zur Spitze, stechen dort die Nadel unter dem Stoff einige Gewebefäden nach links unter den ersten Einstichpunkt. Dann sticken wir obenauf erneut zur rechten Ecke, wo wir die Nadel neben dem vorigen Einstichpunkt wieder einstechen usw., bis das Dreieck vollständig ausgestickt ist. Es gibt noch andere Arten, eine Fliege zu sticken, uns soll hier diese eine genügen.

Zu erwähnen wäre noch der Hohlsaum (Abb. 32). Wir verwenden ihn vor allem für Gegenstände mit Durchbrucharbeit, z. B. Tischdecken, Servietten usw. Die Fäden werden, wie beschrieben, klargelegt, dabei lassen wir eine genügend breite Kante stehen, die zweimal umgeschlagen wird. Den ersten Bruch legen wir genau an unseren Durchbruch an und befestigen ihn leicht mit Heftstichen oder mit Stecknadeln. Dann beginnen wir, mit Hohlnahtstichen die Fäden zu bündeln; beim Einstechen in den Stoff greifen wir nun immer einige Gewebefäden der Bruchkante mit und befestigen so den Saum mit der Hohlnaht. Am Ende der Kante legen wir eine »Briefecke« ein und säumen dann die zweite Kante. Die Briefecke arbeiten wir wie folgt: Die äußere Stoffecke wird bis an den Durchbruch umgeschlagen, so daß ein Dreieck auf dem Saum liegt und anstelle der Ecke eine schräge Kante entsteht. Dann kippen wir den Saum an beiden Kanten doppelt um und erhalten nun eine saubere Ecke. Die offene Naht der Ecke wird mit feinen Saumstichen geschlossen.

Fliege

Perlen- und Paillettenstickerei

Die Perlen- und Paillettenstickerei erfreut sich in letzter Zeit wieder wachsender Beliebtheit. Doch müssen wir in der Wahl der Motive sehr vorsichtig sein, wenn unsere Stickerei nicht geschmacklos sein soll. Wir werden uns darauf beschränken, rein ornamentale Muster zu arbeiten, mit denen wir Borten oder Kanten verzieren. Das Sticken selbst ist sehr einfach: Wollen wir eine Perlenreihe erhalten, wenden wir den Steppstich an. Bei jedem Stich, den wir auf der Oberseite rückwärtsgehend ausführen, reihen wir eine Perle auf den Faden. Die Länge des Stiches passen wir der Größe der Perle an. Pailletten werden mit einfachen Vorstichen aufgenäht, wobei wir jede Paillette einzeln auf den Stoff bringen und die nächste schup-

Hohlsaum

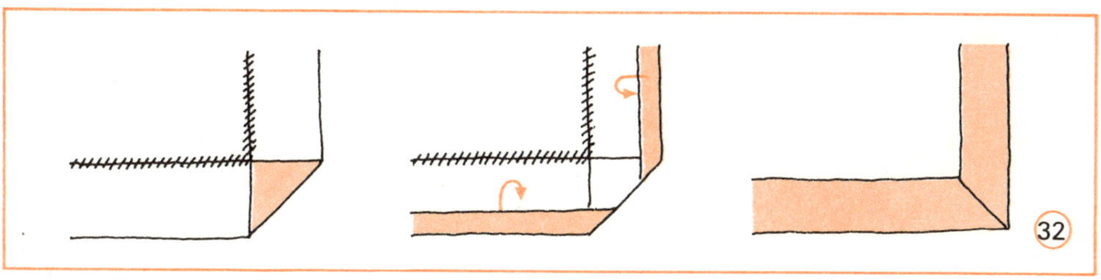

33

penartig darüberlegen. Einzelne Pailletten können mit dem Knötchenstich aufgestickt werden; die Paillette wird aufgenommen, bevor wir den Faden zur Knötchenbildung um die Nadel schlingen. Anstelle des Knötchens läßt sich die Paillette auch mit einer kleinen Glasperle befestigen. Mit dieser Art der Stickerei können wir einen einfachen Abendpullover, der im Lochmuster gearbeitet wurde, sehr anspruchsvoll gestalten. Perlen, die von einer Kante lose herabhängen sollen, werden einzeln mit mehreren überwendlichen Stichen festgenäht. Besonders geeignet sind hierfür Perlen in Tropfenform. Aber auch kleine runde Glasperlen, von denen wir drei oder vier auf einen Faden reihen, lassen sich freihängend an einer Kante befestigen. Wir reihen zunächst alle Perlen auf – die unterste kann etwas größer sein –, stechen zurück in die vorletzte und alle folgenden Perlen und nähen sie dann mit mehreren kleinen Stichen an.

Gestickter Raumschmuck

Die folgenden Beispiele sind so gewählt, daß sie auch den in der Technik des Stikkens noch Ungeübten gelingen. Selbstverständlich können die vorgeschlagenen Muster, dem eigenen Geschmack entsprechend, abgewandelt oder durch andere Vorlagen ersetzt werden. Einige besonders schöne historische Ornamente und Motive werden im Fototeil dieses Buches vorgestellt.

Tischdecke mit Hohlsaum

Eine handgearbeitete Tischdecke hat stets den Vorteil, daß wir sie passend für unseren Tisch anfertigen können. Eine Kaffeedecke soll an den Seiten jeweils etwa 15 cm überhängen. Wir müssen also in Länge und Breite 30 cm zugeben, für den Saum rechnen wir noch einmal 7 cm dazu, dann ist der Saum, umgeschlagen, 3 cm breit. Ist die Decke in der entsprechenden Größe zugeschnitten, beginnen wir, 7 cm vom Rand entfernt, mit dem Ausziehen der Fäden, die wir aber nicht von Stoffrand zu Stoffrand herausnehmen, sondern nur bis zum Kreuzungspunkt an den vier Ecken. Dort befestigen wir die kurzen Enden der Fäden, wie auf Seite 117 angegeben. Für den Hohlsaum, den wir mit Briefecken arbeiten, ziehen wir acht Fäden aus. Auf der gegenüberliegenden Seite des Hohlsaumes bündeln wir die klargelegten Fäden mit Kästchenstich. An den vier Ecken mes-

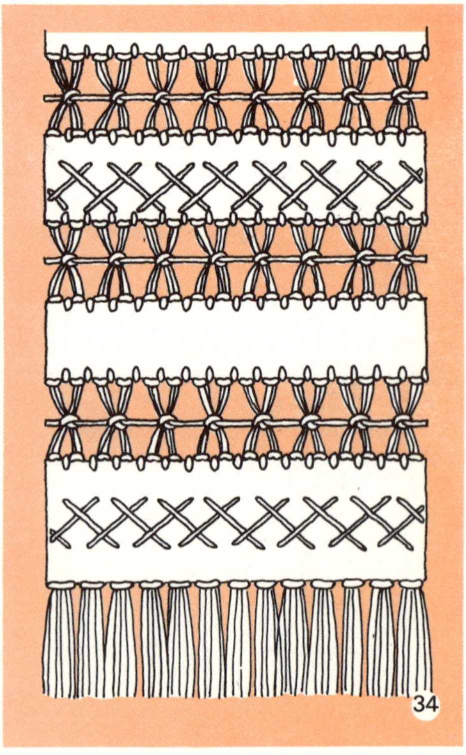

34

sen wir nun etwa 20 cm nach innen und zeichnen uns Quadrate auf, die in einem guten Größenverhältnis zum Tisch stehen (bei einem Tisch von 150 cm × 175 cm Größe sollen die Seiten der Quadrate 20 cm betragen). Wir ziehen ringsum vier Fäden aus, unterteilen jedes Quadrat nochmals in vier kleinere Quadrate und ziehen auch hier je vier Fäden aus. Innerhalb der kleinen Quadrate bündeln wir alle Fäden mit einfachen Hohlnahtstichen; um das äußere Quadrat arbeiten wir wieder den Kästchenstich. In die kleinen Quadrate stikken wir zum Schluß mit Plattstich geometrische Motive (Abb. 33).

Tischläufer mit Kreuzstichstickerei

Besonders gut kommt eine anspruchsvolle Stickerei auf einem rechteckigen Tischläufer zur Geltung. Der Läufer betont die Längsrichtung des Tisches, er sollte stets etwas kleiner sein als die Tischplatte.

Wir können den Tischläufer gänzlich aussticken – er wirkt jedoch weniger überladen, wenn wir nur die Kanten besticken. Dabei gilt es zu beachten, daß die Stickerei in einem ausgewogenen Verhältnis zur Größe des Läufers steht, also weder erdrückend breit noch spärlich ausfällt. Entwerfen wir ein eigenes Muster, so lösen wir das Motiv zunächst in einzelne Punkte auf, die wir dann in Kreuzchen umwandeln. Vom Rapport – dem immer wiederkehrenden Mustersatz – wird eine Stechpause angefertigt und auf den Stoff übertragen. Besonders exakt müssen wir den folgenden Rapport an den vorhergehenden anlegen, damit der Musterstreifen keine »Holper« bekommt. Vor dem Übertragen ist es außerdem notwendig, das Muster so auf dem Stoff einzuteilen, daß ein gleich breiter Rand verbleibt.

Sonnenrollo mit Durchbrucharbeit

Ein Sonnenrollo muß nicht immer aus gestreiftem Markisenstoff oder strapazierfähiger Folie bestehen. Aus derbem einfarbigem Stoff – Nessel oder Drell, aber auch Malimo-Dekostoff, dessen Fäden sich leicht klarlegen lassen – sowie Perlgarn in zwei oder drei gut aufeinander abgestimmten Kontrastfarben können wir mit geringem Aufwand einen wirklichen Fensterschmuck gestalten (Abb. 34).

Als unterer Abschluß des Sonnenrollos empfiehlt sich eine Fransenkante. Dazu legen wir 10 bis 12 cm über der Unterkante zwei Fäden klar und bündeln mit Hohlnahtstichen je sechs bis acht Fäden auf der linken Seite des Stoffes. Anschließend lösen wir alle Fäden bis zur Kante aus.

Wir ordnen 5 bis 10 cm über dieser Fransenkante den ersten Durchbruchstreifen an. Im Abstand von jeweils 5 bis 6 cm lassen wir dann den zweiten und dritten Durchbruchstreifen folgen (Abb. 26a). Die glatten Stege zwischen den Streifen schmücken wir mit einer Reihe Ketten- oder Hexenstich in einer anderen Farbe. Zum Schluß versäubern wir die Längskanten des Rollos mit Langettenstichen und befestigen die obere Stoffkante mit Metallklammern und/oder Klebstoff am Haltestab eines ausgedienten Springrollos.

STRICKEN

Der Siegeszug der »Maschenmode« begann, als sich der beliebte sportliche Kleidungsstil durchsetzte. Natürlich klapperten die Stricknadeln auch schon in vergangenen Jahrhunderten, doch hauptsächlich zur Herstellung von Strümpfen, Handschuhen und Accessoires für Kleidung und Wohnung. Am Anfang stand vermutlich der sprichwörtliche Strickstrumpf, genauer, die Strumpfhose. Sie löste im 16. Jahrhundert das bis dahin aus Stoff genähte männliche Beinkleid ab und blieb, der Spanischen Weltmode entsprechend, bis zum Oberschenkel sichtbar. Höfische Kavaliere ließen sich diese »Tricots« aus schwarzer Seide stricken. Und zwar, so unwahrscheinlich es klingen mag – von Männern. Zur »weiblichen« Handarbeit wurde das Stricken erst mehr als hundert Jahre später.

Manche von uns mögen das nadelklappernde Handwerk von Mutter oder Großmutter erlernt haben, doch nicht wenige müssen untätig zusehen, wie Freundinnen und Bekannte schicke Wollsachen fabrizieren, während sie selbst mit den Stricknadeln nichts anzufangen wissen.

Diesem Mangel abzuhelfen soll das folgende Kapitel dienen. Allerdings wird auf diesen Seiten nur das Handstricken beschrieben; die Apparatstrickerei würde den Rahmen dieses Buches sprengen.

Werkzeug

Nicht nur das Stricken selbst, auch die dafür notwendigen Nadeln sind vielfältiger Art. Eins aber haben alle gemeinsam: die glattpolierten Spitzen, mit denen die Maschen gebildet werden. Je nach dem Zweck verwenden wir »Jackenstricknadeln«, von denen wir stets ein Paar benötigen und die an einem Ende ein Knöpfchen haben, das die Maschen am Abgleiten hindert; »Rundstricknadeln« und kleinere, an beiden Enden zugespitzte Stahlnadeln, die wir in einem »Spiel« zu fünf Nadeln erhalten.

Jackenstricknadeln benutzen wir, wenn größere flächige Stücke anzufertigen sind. Als besonders praktisch erweisen sich hier die flexiblen Nadeln. Sie schmiegen sich mit der größer und schwerer werdenden

11. Kapitel

Arbeit in den Schoß und sind uns beim Weiterstricken nicht hinderlich, wie es bei den starren Nadeln leicht der Fall ist, da wir bei jeder neuen Masche die auf den Nadeln liegende Arbeit mitbewegen müssen. Solche Nadeln verursachen leicht Nervenentzündungen, vornehmlich, wenn sie aus Stahl gefertigt sind; bei Plast- oder Holznadeln ist dies weniger zu befürchten. Rundstricknadeln werden hauptsächlich beim Stricken zylindrischer Stücke angewandt. Wir können sie aber auch zum Hin- und Herstricken benutzen, vorausgesetzt, die Stahlspitzen sind lang genug, um ein bequemes Arbeiten zu ermöglichen. Die Rundnadel muß stets etwas kürzer sein als der Umfang unseres Werkstückes. Kleinere Stücke, wie Strümpfe, Handschuhe und dergleichen, stricken wir auf einem Spiel von vier oder fünf Nadeln nach dem gleichen Prinzip wie auf der Rundnadel.

Die gebräuchlichsten Nadelstärken sind folgende:

Jackenstricknadeln:	Stärke: 2, 2,5, 3, 4 mm Länge: 35, 40, 45, 50, 60 cm
Jackenstricknadeln aus Plast:	Stärke: 4, 5, 6 mm
Rundstricknadeln:	Stärke: 2, 2,5, 3, 4 mm Länge: 40, 50, 60, 70, 80, 90, 100, 120, 150 cm
Stricknadeln im Spiel:	Stärke: 1,5–4 mm

Die geeignete Nadelstärke für unser Garn stellen wir fest, indem wir mit der Nadel ein Loch in ein Stück Karton stechen: Der Faden soll leicht durch dieses Loch hindurchgleiten.

Material

Zum Stricken verwenden wir Handstrickgarne aus Schurwolle oder synthetischen Fasern und Mischgarne mit vielfältigen Handelsbezeichnungen, die stets wechseln, da immer wieder neue Produkte auf den Markt kommen.

Grundtechniken

Das Stricken wird stets mit zwei Nadeln ausgeführt (eine Rundnadel mit zwei Spitzen entspricht dem gleichen Zweck): der Maschennadel, die wir neben dem Arbeitsfaden in der linken Hand halten, und der Arbeitsnadel, die von der rechten Hand geführt wird. Auf der Maschennadel liegen die fertigen Maschen der Vorreihe, während wir mit der Arbeitsnadel die neuen Maschen bilden. Beim Hin- und Herstricken wird von einer Reihe zur anderen gewechselt, beim Rundstricken arbeiten wir fortlaufend.

Maschenanschlag

Anfang jeder Strickerei ist das Aufmaschen oder Maschenanschlagen. Beim Kreuzanschlag, dem am häufigsten angewandten Anschlag, nehmen wir den Arbeitsfaden vom Knäuel zunächst doppelt – die Fadenlänge richtet sich nach der gewünschten Maschenzahl –, umfassen ihn mit drei Fingern der linken Hand und spreizen ihn mit Daumen und Zeigefinger auseinander. Die rechte greift zwei Stricknadeln zugleich (der Anschlag wird elastischer, wenn wir ihn mit zwei Nadeln aufnehmen), führt sie über den zwischen Daumen und Zeigefinger gespannten Faden (Abb. 1a), schiebt sie dahinter abwärts und von außen unter den unterhalb des Daumens liegenden Faden. Die Nadeln heben ihn dann bis hinter den auseinandergespreizten Faden, wo er eine Schlinge bildet (Abb. 1b). Nun schlagen wir den Faden, der vom Zeigefinger kommt, im Gegensatz zum Häkeln, von links nach rechts um die Nadeln und ziehen ihn durch die Schlinge. Auf der Arbeitsnadel ist nun eine Schlinge entstanden, die wir festziehen und dabei gleichzeitig den Daumen und den Zeigefinger aus den Fadenschleifen nehmen. Für alle folgenden Anschlagmaschen wird der Daumen erneut unter das untere Ende des doppelten Fadens und der Zeigefinger unter das obere geführt. Wir nehmen nun wie das erste Mal den unteren Faden auf die Nadel, ziehen die Schlinge hoch, bilden einen Umschlag mit dem auf dem Zeigefinger liegenden Faden und holen ihn durch. Beim Festziehen streifen wir wieder den Dau-

Kreuzanschlag

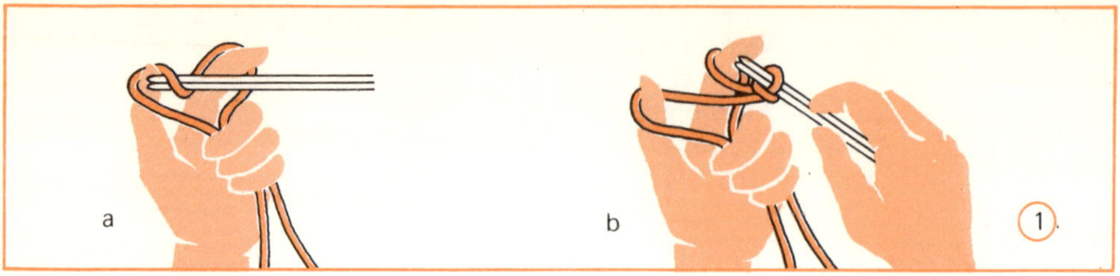

men aus der Schleife, um ihn dann wieder unter den Faden zu legen. Der Kreuzanschlag ergibt einen verhältnismäßig festen Rand dicht und gleichmäßig nebeneinanderliegender Maschen.

Aufstricken
Aufschlingen

Das Aufstricken ist eine zweite Möglichkeit, Maschen aufzunehmen. Der Faden wird dabei in der beim Stricken üblichen Weise um die linke Hand geführt: Mit der rechten Hand schlingen wir ihn von innen nach außen um den linken kleinen Finger herum, führen ihn an der Innenhand entlang über den Zeigefinger und halten das kurze Fadenende mit Daumen und Mittelfinger fest. Der rechte Zeigefinger greift um den festgehaltenen Faden und windet ihn dann als Schleife um den Finger. Durch diese lose Schleife ziehen wir den Faden mit Daumen und Zeigefinger nochmals hindurch, wodurch die Schlinge einen Knoten erhält. Sie bildet die Grundmasche, die wir auf eine Nadel streifen. Diese Nadel nehmen wir in die linke Hand und halten sie mit Daumen und Mittelfinger fest, die Spitze weist nach rechts. Nun stechen wir mit der zweiten Nadel von vorn nach hinten durch die Grundmasche, schlagen den auf dem Zeigefinger liegenden Arbeitsfaden um die Arbeitsnadel, holen ihn durch die Grundmasche – im folgenden durch die jeweils letzte Masche – und heben die neuentstandene Masche auf die Maschennadel (Abb. 2). Dieser Arbeitsgang wird so oft wiederholt, bis wir die gewünschte Maschenanzahl aufgestrickt haben. Das Aufstricken ergibt einen lockeren Rand. Wir wenden ihn hauptsächlich dann an, wenn wir den Maschenrand nochmals auffassen wollen, um ein doppeltes Rändchen zu arbeiten.

Das Aufschleifen oder Aufschlingen (Abb. 3) brauchen wir vorwiegend dort, wo zusätzlich Maschen aufgenommen werden sollen (beim Zunehmen und Ergänzen). Der Arbeitsfaden liegt wie zum Stricken in der linken Hand, wir winden ihn einmal um die Arbeitsnadel, so daß eine einfache Schlinge entsteht, führen die Arbeitsnadel von rechts nach links unter die Fadenstrecke, die vom Zeigefinger zum kleinen Finger läuft, ziehen den Faden hoch und nehmen den Zeigefinger aus der so entstandenen Schleife, die auf die Arbeitsnadel gleitet. Dann legen wir den Zeigefinger erneut unter den Arbeitsfaden, um die nächste Masche aufzuschleifen.

Rechte und linke Maschen

rechte
Maschen

Rechte Maschen (Abb. 4) gelten als die einfachsten Maschen. Wir stechen die Arbeitsnadel von vorn links nach hinten rechts durch das jeweils vorn liegende Maschenglied der Vorreihe oder der Anschlagmaschen, bilden einen Umschlag und holen ihn durch die Masche. Er bleibt auf der Arbeitsnadel liegen und stellt die neue Masche dar, während wir unter leichtem Druck mit dem rechten Zeigefinger die eben abgestrickte Masche von der Ma-

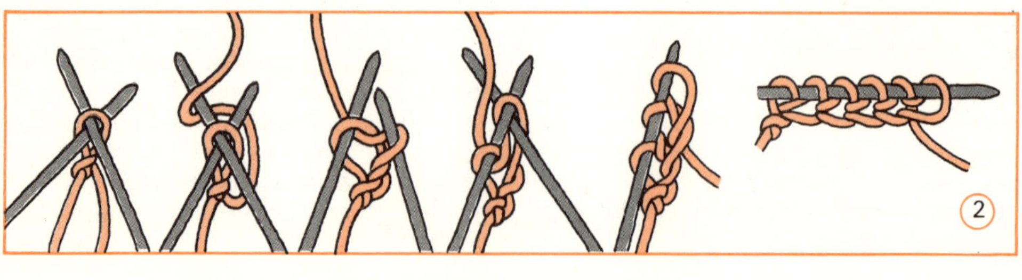

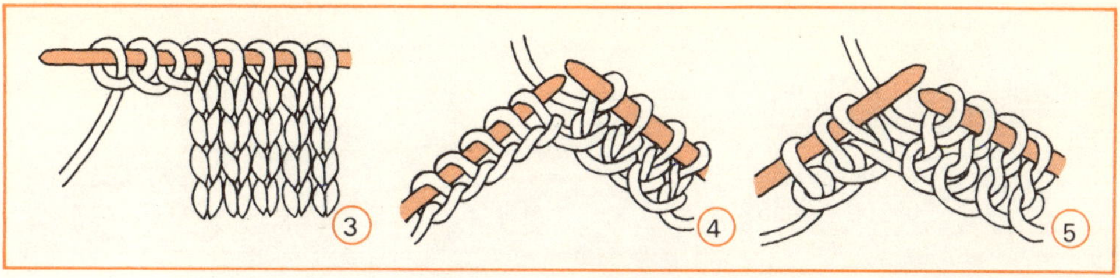

schennadel gleiten lassen. Die Nadelspitzen sollen nur wenig aus den Maschenreihen herausragen, nur so werden die Maschen gleichmäßig und fest.

Rechte verschränkte Maschen (Abb. 5) stricken wir ähnlich wie rechte Maschen, stechen aber von vorn rechts nach hinten links durch das rückwärtige Maschenglied der Vorreihe. Das Abstricken erfolgt wie bei der rechten Masche. Rechte verschränkte Maschen unterscheiden sich von rechten Maschen dadurch, daß die Maschenglieder miteinander verkreuzt werden, während sie bei den rechten Maschen parallel nebeneinander liegen.

Linke Maschen (Abb. 6) entsprechen der Rückseite rechter Maschen, sie entstehen dadurch, daß wir den Arbeitsfaden vor die Masche vorn über die Maschennadel legen, die Arbeitsnadel von rechts nach links unter den vorgelegten Faden und das vordere Maschenglied stechen, den Arbeitsfaden um die Nadel schlagen und durch die Masche holen. Dann heben wir diese Masche von der Maschennadel und stricken die nächste.

Linke verschränkte Maschen werden verhältnismäßig selten gebraucht; wir müssen sie jedoch stets auf der Rückseite rechter verschränkter Maschen arbeiten. Der Arbeitsfaden wird auch hier über die Maschennadel gelegt, die Arbeitsnadel nun von rechts nach links unter den vorgelegten Faden und das rückwärtige Maschenglied geführt, dann bilden wir einen Umschlag und stricken wie eine gewöhnliche linke Masche ab.

Spaßeshalber sei hier erwähnt, daß unsere Großmütter linke Maschen als »krause« oder »verkehrte« Maschen zu bezeichnen pflegten, verschränkte Maschen wurden »verdrehte« genannt. Linke verschränkte Maschen trugen daher die originelle Bezeichnung »verkehrte verdrehte Maschen«.

rechte verschränkte Maschen

Alle Strickmuster entstehen durch die vielfältigste Kombination dieser Maschenarten untereinander.

Abheben – Überziehen – Umschlag

linke Maschen

Abheben

Sehr oft wird beim Musterstricken das Abheben (Abb. 7) angewandt. Die Masche wird hierbei nicht abgestrickt, sondern nur von der Maschennadel auf die Arbeitsnadel gehoben. Meist stechen wir dabei von rechts nach links in die Masche ein, als wollten wir eine linke Masche stricken, wir nennen es daher Links-Abheben. Führen wir die Arbeitsnadel von links nach rechts in die Masche wie zum Stricken einer rechten Masche, sprechen wir von Rechts-Abheben. Der Arbeitsfaden kann entweder hinter den Nadeln verbleiben oder vor die Maschennadel gelegt werden; er verläuft dann quer vor der abgehobenen Masche.

Links-Abheben

linke verschränkte Maschen

Rechts-Abheben

Eine besondere Wirkung wird auch durch das Überziehen (Abb. 8) erzielt. Eine abgehobene Masche wird mit der Maschennadel über die danach abgestrickte

Überziehen

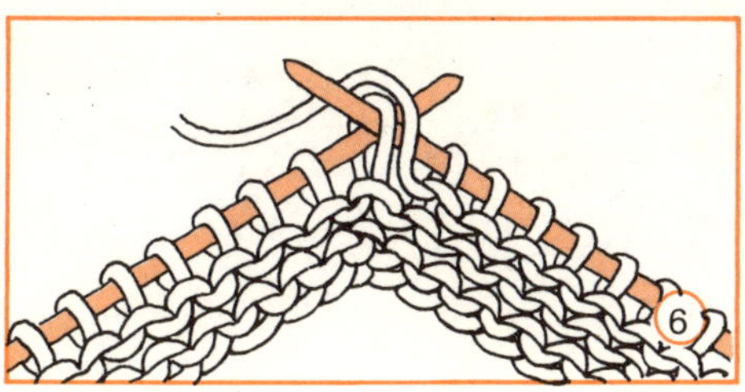

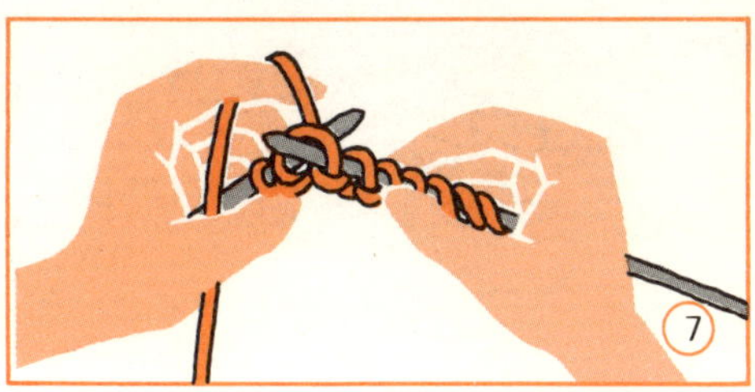

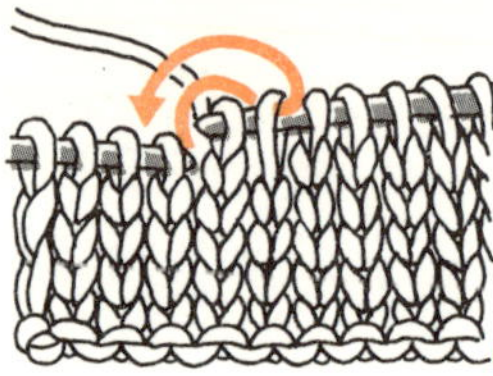

8

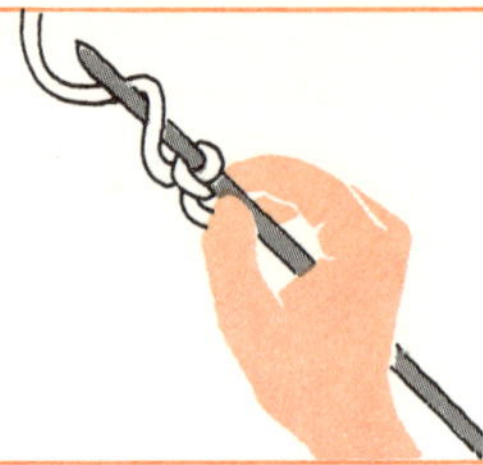

9

10

Masche gestreift, so daß an der Gesamtzahl der Maschen nun eine fehlt. Wir wenden diese Technik oft an, um die Arbeit zu schmälern, d. h., um abzunehmen; wir können aber die Maschenzahl durch einen Umschlag (Abb. 9) ergänzen. Dazu bilden wir auf der Arbeitsnadel einen einfachen Umschlag, ohne vorher in eine Masche eingestochen zu haben. Solch ein Umschlag wird, wenn wir ihn in der folgenden Reihe wie eine gewöhnliche Masche abstricken, in Verbindung mit einer durch Überziehen abgenommenen Masche auch Hohlmasche genannt.

Umschlag

Streifenmuster

Hohlmasche

Strickmuster

... unter anderem zwei rechts, zwei links

Das einfache Muster besteht ausschließlich aus rechten Maschen. Stricken wir die rechten Maschen immer hintereinander auf einer Rundnadel oder einem Spiel, erhalten wir ein Muster, das wir als obenauf rechts oder auch glatt rechts bezeichnen. Auf der Rückseite erscheinen hierbei nur linke Maschen. Arbeiten wir in hin- und hergehenden Reihen ebenfalls nur rechte Maschen, ergibt sich das Rippenmuster auf beiden Seiten: eine Reihe rechts, eine Reihe links.

Perlmuster

Rippenmuster

Reismuster

Wollen wir in Reihen obenauf rechts stricken, müssen wir je eine Reihe rechter, eine Reihe (Rückseite) linker Maschen arbeiten. Beim Rundstricken hingegen entsteht bei einer Runde rechter und einer Runde linker Maschen das Rippenmuster.

Elastische Ränder, Kragen und Bündchen werden häufig im Streifenmuster (Abb. 10) gearbeitet. Wir stricken dabei rechte und linke Maschen im Wechsel. Ein sehr schmales Streifenmuster erzielen wir beim Wechsel von je einer Masche rechts verschränkt und einer Masche links. Etwas breiter wird der Streifen, wenn wir abwechselnd eine Masche rechts verschränkt, eine Masche rechts und zwei Maschen links stricken. (Arbeiten wir dieses Muster in Reihen, dürfen wir nicht vergessen, die rechts verschränkten Maschen auf der Rückseite links verschränkt abzumaschen.) Diese Streifenmuster können wir nach eigenem Geschmack weitgehend abwandeln. Bei den Streifen braucht die Anzahl der rechten und linken Maschen nicht immer die gleiche zu sein.

Das Perlmuster (Abb. 11) entsteht beim Stricken von einer Masche rechts und einer Masche links im Wechsel, die in der nächsten Reihe gegeneinander versetzt werden: Die linke Masche der Vorreihe wird jeweils rechts, die rechte Masche links abgemascht. Versetzen wir die Maschen nicht in jeder zweiten, sondern erst in jeder dritten Reihe oder Runde, erhalten wir das Reismuster (Abb. 12), auch doppeltes Perlmuster genannt.

Eine Kombination von Streifen- und Perl-

11

12

13

14

muster ist das Perlrippenmuster (Abb. 13). Wir beginnen mit einer Reihe rechter Maschen und stricken in der zweiten Reihe abwechselnd zwei rechte, zwei linke Maschen. Die dritte Reihe wird wie die erste, die vierte wie die zweite gearbeitet, wobei der Zwei-rechts-zwei-links-Rapport (Mustersatz) nicht versetzt wird.

Patentmuster

Sehr plastische und dehnbare Längsrippenmuster werden mit dem Patentstricken erzielt. Einfaches Patentmuster (Abb. 14) erhalten wir auf folgende Weise: In der ersten Reihe wird abwechselnd eine Masche rechts gestrickt, ein Umschlag um die Nadel gelegt und eine Masche links abgehoben. In der zweiten Reihe stricken wir die abgehobene Masche und den Umschlag rechts zusammen, während die in der Vorreihe abgestrickte Masche nun mit einem Umschlag links abgehoben wird. Alle folgenden Reihen werden wie die zweite gearbeitet. Fertigen wir das Patentmuster auf einer Rundnadel, müssen wir die abgehobene Masche mit dem Umschlag in einer Runde rechts, in der nächsten Runde links zusammenstricken und diese beiden Runden im Wechsel arbeiten. Dieses Muster erfordert verhältnismäßig viel Material. Etwas weniger brauchen wir beim Halbpatentmuster. Hier stricken wir in der ersten Reihe abwechselnd eine Masche rechts und eine Masche links, in der zweiten Reihe wird die rechte Masche wieder rechts abgestrickt, die linke mit einem Umschlag abgehoben. In der dritten Reihe stricken wir die abgehobene Masche mit dem Umschlag rechts zusammen, die linke wird wieder links abgemascht. Die zweite und dritte Reihe wiederholen wir fortlaufend. Halbpatent ist nicht ganz so plastisch wie das vorher beschriebene einfache Patentmuster.

Das doppelte Patentstricken ergibt zwei voneinander getrennte, obenauf rechts gestrickte Teile. Wir beginnen mit je einer rechten Masche und einem Umschlag im Wechsel, stricken in der zweiten Reihe den Umschlag als rechte Masche ab, während wir die in der Vorreihe abgestrickte Masche mit vorgelegtem Faden links abheben. In der dritten Reihe werden alle abgehobenen Maschen rechts abgestrickt und alle abgestrickten Maschen mit vorgelegtem Faden links abgehoben. Alle folgenden Reihen arbeiten wir wie die dritte. Doppelpatent eignet sich überall dort, wo wir eine umgeschlagene Kante oder einen Saum benötigen und Bänder hindurchziehen wollen.

Sehr reizvoll ist auch das Netzpatentmuster (Abb. 15). Wir beginnen es auf der Kehrseite mit einer Reihe von je einem Umschlag, einer abgehobenen Masche und einer rechten Masche im Wechsel. In der zweiten Reihe werden die beiden Maschen, sowohl die abgestrickte als auch die abgehobene, rechts abgemascht, während der Umschlag nur abgehoben wird, indem wir die Arbeitsnadel von rechts einstechen. Der Arbeitsfaden läuft hinter der Arbeit. In der dritten Reihe stricken wir abwechselnd eine Masche mit dem abgehobenen Umschlag rechts ab und heben die zweite Masche mit einem neuen Umschlag links ab. Wir wiederholen die zweite und dritte Reihe fortlaufend. Besonders wirkungsvoll erscheint das Netzpatentmuster, wenn wir es zweifarbig arbeiten und nach jeweils zwei Reihen die Farbe wechseln.

Zopfmuster

Für das Zopfmuster (Abb. 16) benötigen wir eine Hilfsnadel, die wir einem Stricknadelspiel entnehmen und die die gleiche Stärke haben soll wie das Nadelpaar, mit dem wir gerade arbeiten. Die Zopfstreifen können

doppeltes Patentstricken · Perlrippenmuster · einfaches Patentmuster · Netzpatentmuster · Halbpatentmuster

15

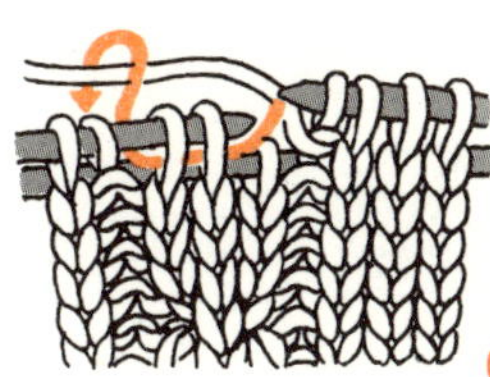

16

beliebig breit sein, meist bestehen sie aus einem Mustersatz von sechs oder acht Maschen. Das bedeutet, daß die Gesamtmaschenzahl auf unserer Nadel (abzüglich zweier Randmaschen) durch die Maschenzahl des Mustersatzes teilbar sein muß. Das traditionelle Zopfmuster wird auf folgende Weise ausgeführt: Bei einem Mustersatz von sechs Maschen stricken wir in der ersten Reihe zwei Maschen links, heben die beiden folgenden Maschen mit der Hilfsnadel ab und lassen sie vor der Arbeit liegen, stricken nun die beiden nächsten und danach die auf der Hilfsnadel befindlichen Maschen rechts ab und beginnen von neuem mit zwei linken Maschen usw. In der zweiten bis vierten bzw. sechsten Reihe – je nachdem, wie dicht der Zopf sein soll – stricken wir alle rechten Maschen rechts und alle linken Maschen links ab; die fünfte bzw. siebente Reihe wird wieder wie die erste gearbeitet und die folgenden drei bzw. fünf Reihen (oder Runden) wie die Reihen zwei bis vier bzw. sechs.

An dieser Stelle wollen wir noch ein etwas abgewandeltes Zopfmuster kennenlernen: Bei einem Mustersatz von vier Maschen beginnen wir in der ersten Reihe mit einer linken Masche, nehmen die folgende Masche (die zweite des Mustersatzes) auf eine Hilfsnadel, die hinter die Arbeit gelegt wird, stricken nun die übernächste Masche (die vierte des Mustersatzes) rechts verschränkt hinter der dritten Masche, danach die davorliegende dritte Masche rechts und zum Schluß die auf der Hilfsnadel befindliche Masche ebenfalls rechts. Die zweite und vierte Masche verkreuzen sich also hinter der dritten Masche. Es folgt wieder eine linke Masche usw. In der zweiten bis sechsten Reihe (oder Runde) werden alle rechten Maschen rechts, alle linken Maschen links abgestrickt, die siebente Reihe dagegen arbeiten wir wie die erste. Die Reihen eins bis sechs werden fortlaufend wiederholt. Diese Zopfmuster können gut mit dem Streifenmuster kombiniert werden.

Teilarbeiten

Die Technik des Strickens ist mit dem Maschenbilden und dem Arbeiten von Mustern noch nicht erschöpft. Dieser Abschnitt soll darum mit all den kleinen Fertigkeiten vertraut machen, die für ein »Meisterstück« notwendig sind.

Das Abketten

Durch Abketten (Abb. 17) beenden wir unsere Arbeit. Das Überziehen von Maschen haben wir bereits kennengelernt. Wir wenden es auch beim Abschließen einer Arbeit an. Die erste Masche wird abgehoben und über die zweite, abgestrickte, gestreift, wie beschrieben. Die nächste Masche wird wieder abgestrickt und die vorige darübergezogen usw. Infolgedessen haben wir stets nur eine Masche auf der Arbeitsnadel, bis das Ende der abzukettenden Reihe erreicht ist. Wir ziehen auch die letzte Masche über, schneiden den Arbeitsfaden ab und holen das Ende durch die letzte Maschenschlinge.

Der Seitenrand

Kettenrand

Knötchenrand

Randmaschen

Nicht nur Anfang und Ende, auch die Seitenränder unserer Arbeit sollen sauber und ordentlich ausgeführt sein. Wir unterscheiden zwei Arten des Randes: den Kettenrand (Abb. 18) und den Knötchenrand (Abb. 19). Die Maschen, die den Rand bilden, werden als Randmaschen bezeichnet. Für den Kettenrand stricken wir die letzte Masche auf der Nadel links ab, in der

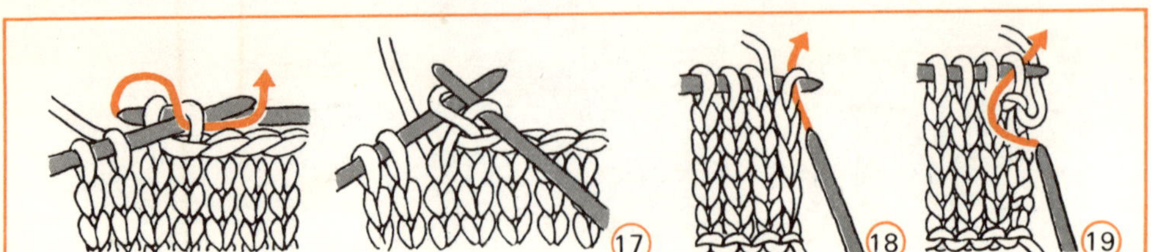

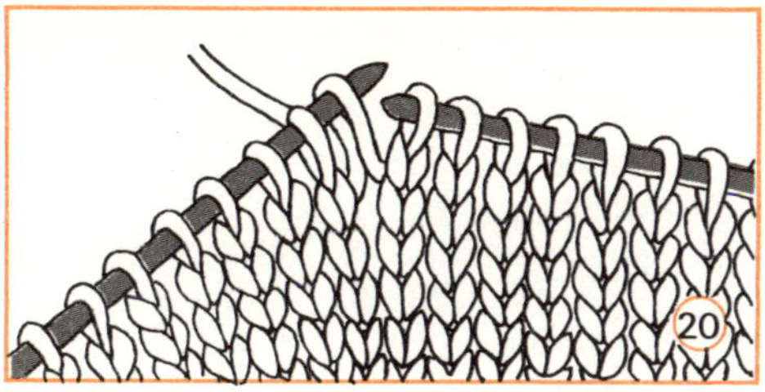

20

nächsten Reihe – jetzt ist sie die erste – wird sie links abgehoben. Es entsteht ein gleichmäßiger Rand lockerer, ineinandergreifender Kettenglieder. Etwas fester ist der Knötchenrand. Wir stricken hier die letzte Masche rechts verschränkt und heben sie beim Reihenwechsel rechts ab, der Faden liegt dabei hinter der Nadel.

Zu- und Abnehmen

Soll die Arbeit an den Seiten erweitert werden, schleifen oder stricken wir, wie schon erwähnt, die notwendige Maschenzahl zusätzlich auf. Ist es erforderlich, innerhalb der Strickfläche Maschen zuzunehmen – etwa beim Keilstricken oder beim ständigen Erweitern von Röcken –, so ist es am einfachsten, aus dem zwischen zwei Maschen der Vorreihe laufenden Verbindungsfaden (Zwischenfaden) eine Masche rechts verschränkt herauszustricken (Abb. 20). Wir können auch eine Masche zweimal abstricken, d. h., wir lassen die Masche der Vorreihe, nachdem sie abgestrickt wurde, noch nicht von der Nadel gleiten, sondern stricken sie ein zweites Mal rechts verschränkt ab.

Schmälern wir die Arbeit an den Seiten (beim Armloch von Pullovern und Jacken sowie bei runden Ausschnitten), ketten wir die erforderliche Maschenzahl, wie oben beschrieben, ab. Auch das Abnehmen einzelner Maschen innerhalb der Strickfläche kennen wir bereits: das Überziehen einer Masche über die nächste. Eine andere Möglichkeit ist das Zusammenstricken von zwei Maschen: Wir stechen die Arbeitsnadel durch zwei Maschen der Vorreihe zugleich ein und maschen sie zusammen ab.

Nehmen wir einen Rand schräg (Abb. 21) ab, z. B. an der Schulternaht, so lassen wir bei jeder Reihe einige Maschen (etwa sechs bis acht) an der Seite, die abgeschrägt werden soll, auf der Nadel liegen und wenden, ohne sie abzustricken. Die letzte Masche wird dabei mit vorgelegtem Faden nur abgehoben. Nach dem Wenden heben wir sie ebenfalls mit vorgelegtem Faden ab. Dadurch wird vermieden, daß unerwünschte Löcher entstehen. Vor dem nächsten Wenden lassen wir die gleiche Maschenzahl nochmals unabgestrickt usw. Zum Schluß stricken wir alle Maschen der Reihe hintereinander und ketten sie danach ab.

Nach dem gleichen Prinzip kann ein spitzer Ausschnitt gearbeitet werden. Zuerst teilen wir die Arbeit und stricken jede Hälfte für sich. Die Anzahl der auf der Nadel verbleibenden Maschen (eine bis zwei) richtet sich nach dem Schnitt. So verbleibt nach dem Abketten eine glatte Kante, an die wir auch leicht ein Rändchen anarbeiten können.

Strickblenden

Häufig soll ein Ausschnitt oder eine Vorderkante mit einer Blende eingefaßt werden. Wir nehmen dafür nach dem Abketten die Maschen wieder auf die Nadel, stechen aber nicht in die äußere Masche ein, sondern in die darunterliegende. Damit die Blende nicht zu eng wird, holen wir aus jeder dritten bis vierten Masche eine neue heraus. Die Blende wird meist erst dann eingearbeitet, wenn die Schulternähte bereits zusammengenäht sind. Am gleichmäßigsten gelingt uns die Blende,

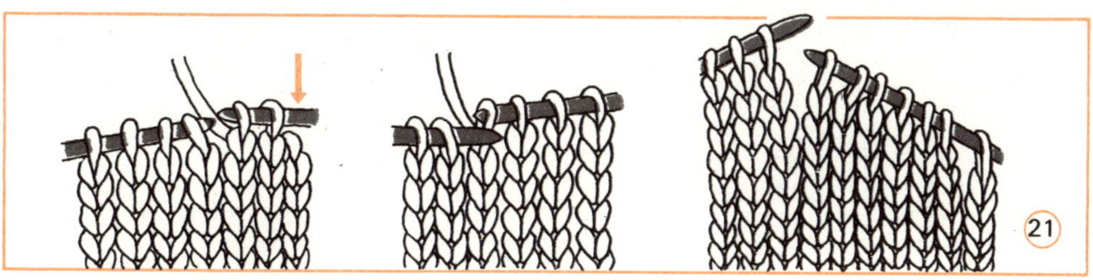

21

22

wenn wir um die Ausschnittrunde (das Armloch usw.) erst eine Reihe Kettenstiche aufsticken und diese als Anschlagmaschen benutzen. Auf diese Weise können wir auch Strickblenden und -bündchen an Kleidungsstücken aus Stoff anbringen. Die Blende läßt sich allerdings auch separat anfertigen und danach sauber mit Steppstichen aufnähen.

Ausschnittblenden sollten stets in Runden gearbeitet werden. Um eine schöne Blendenspitze zu erhalten, arbeiten wir nach folgendem Schema: Eine Masche (bei Rechts-Links-Streifenmuster stets eine rechte Masche) bildet die Mitte. Bereits in der ersten Runde nach dem Anschlagen heben wir die vor der Mittelnaht liegende Masche mit dieser zusammen rechts ab, stricken die folgende Masche ebenfalls rechts ab und ziehen die beiden abgehobenen Maschen darüber. Diesen Arbeitsgang wiederholen wir in jeder folgenden Runde bis zum Abketten. Die Blende ist dann in der Mitte durch einen senkrechten Maschenstreifen optisch geteilt (Abb. 22).

Eingestrickte Taschen

Stricken wir eine Tasche (Abb. 23) ein, so nehmen wir die für die Länge des Taschenschlitzes erforderliche Maschenanzahl auf eine Hilfsnadel, stricken auf dieser eine Leiste oder Kante im gleichen oder sich etwas abhebenden Muster (geeignet ist Perl- oder Rippenmuster) in gewünschter Breite und ketten sie dann ab. Wir ergänzen die Maschenanzahl durch Aufschleifen oder Aufstricken und arbeiten das Stück weiter. Ist es vollendet, fassen wir die aufgeschleiften Ergänzungsmaschen nochmals auf und stricken den Taschenbeutel. Er wird doppelt so lang wie die Taschentiefe gearbeitet. Nach dem Abketten nähen wir den Rand mit kleinen Stichen von innen an die untere Seite der Leiste, schließen die Seiten des Taschenbeutels und nähen zum Schluß die Kante an beiden Seiten auf.

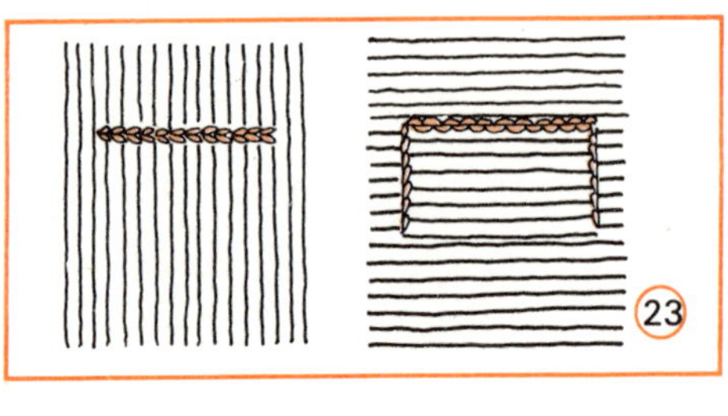
23

Knopflöcher

Knopflöcher (Abb. 24) lassen sich je nach Größe auf verschiedene Art herstellen. Für ein ganz kleines Knopfloch stricken wir nur eine Hohlmasche (a): Wir heben eine Masche ab, ziehen sie über die nächste abgestrickte Masche und nehmen zur Ergän-

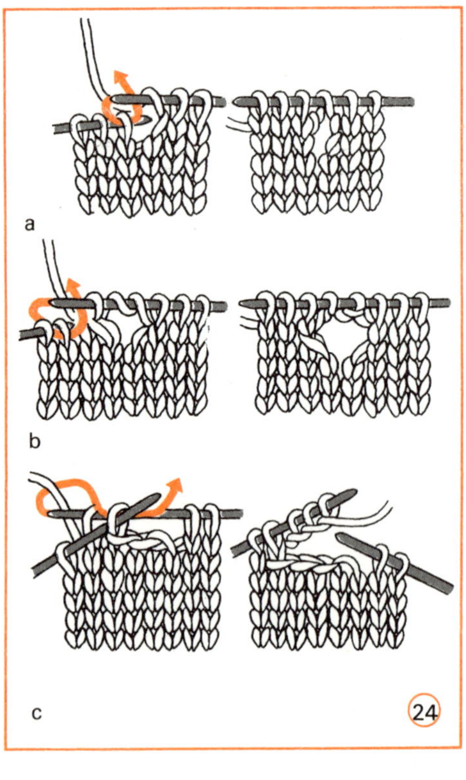

24

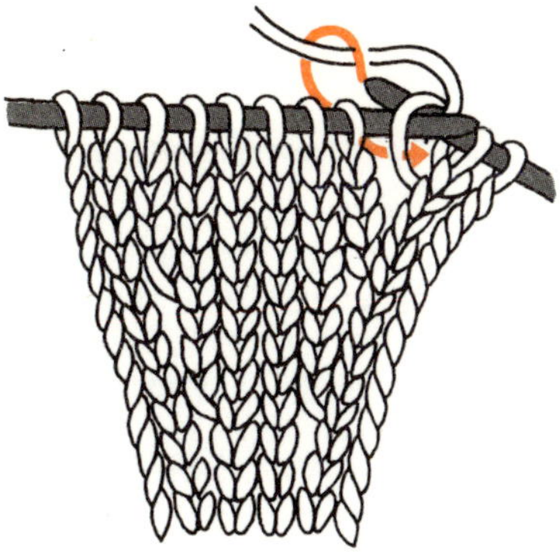

25

zung einen Umschlag auf, den wir in der folgenden Reihe als gewöhnliche Masche abstricken. Ein etwas größeres Knopfloch (b) erhalten wir durch das Überziehen einer Masche, das Aufnehmen von zwei Umschlägen und das Zusammenstricken der beiden folgenden Maschen. In der Rückreihe wird der erste Umschlag rechts, der zweite rechts verschränkt abgestrickt. Benötigen wir ein noch größeres Knopfloch, ketten wir die dafür erforderliche Maschenzahl ab und schleifen in der nächsten Reihe die fehlenden Maschen wieder auf (c).

Es besteht auch die Möglichkeit, die Knopflöcher erst zum Schluß, nach Fertigstellung des Stückes, zu arbeiten. Wir ersparen uns damit das ständige Reihenabzählen während des Strickens. Die Knopflöcher werden in gleichmäßigem Abstand mit Stecknadeln markiert, dann schneiden wir die mittelste Masche des Knopfloches vorsichtig auf und lösen den Strickfaden je nach der gewünschten Breite des Knopfloches aus einer oder aus zwei Maschen rechts und links. Den herausgelösten Faden ziehen wir mit einer Stopf- oder Häkelnadel durch die nun freistehenden Maschen, damit sie sich nicht aufräufeln. Dann umschürzen wir das Knopfloch mit Knopflochstichen. Diese Methode wenden wir nach Möglichkeit nur dann an, wenn man das Stück später nicht noch einmal aufräufeln will. Die zahlreichen kurzen Fäden würden großen Verdruß bereiten.

Einstricken eines Keils

Ein Keil (Abb. 25) entsteht durch gleichmäßiges Zunehmen. Wir beginnen mit einer zusätzlichen Masche, die zwischen zwei anderen aus dem Verbindungsfaden herausgestrickt wird. Für einen breiten Keil stricken wir gleich in der nächsten Reihe rechts und links von der zugenommenen Masche je eine weitere heraus. In der folgenden Reihe wird rechts von der rechten und links von der linken herausgestrickten Masche wieder je eine neue aufgenommen, zwischen denen nun schon drei neue Maschen liegen. Wir arbeiten auf diese Weise weiter, bis der Keil die erforderliche Länge und Breite erreicht hat. Einen schmaleren Keil erhalten wir, wenn wir nur in jeder zweiten oder dritten Reihe Maschen zunehmen.

Durchbrochenes Gestrick

Aus Hohlmaschen, die wir bereits kennen, läßt sich eine ganze Lochreihe (Abb. 26) arbeiten, wenn zwischen jede Hohlmasche eine oder zwei gewöhnliche Maschen gestrickt werden. Arbeiten wir in einem obenauf rechts gestrickten Rand eine Lochreihe von einer Hohlmasche und einer rechten Masche im Wechsel und biegen den Rand in Höhe der Lochreihe um, erhalten wir den Mäusezähnchenrand (Abb. 27). Er wird gern da angewandt, wo durch den doppelten Rand ein Gummiband eingezogen werden soll. Aber auch als Abschlußkante wirkt so ein Rand sehr reizvoll.

Lochreihe

Mäusezähnchenrand

Buntmuster

Bunte Kanten und Norwegermuster werden mit zwei oder drei verschiedenfarbigen Garnen gearbeitet. Die Garne sollen die gleiche Stärke haben und farblich gut aufeinander abgestimmt sein. (Man ver-

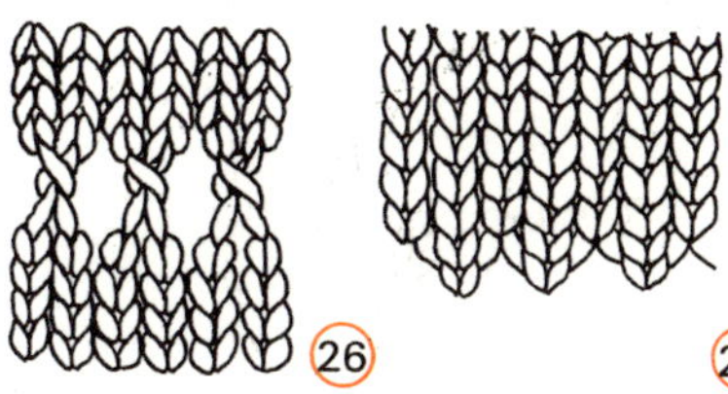

26 27

meide Rot und Lila, Gelb und Rosa und ähnliche Farbkombinationen.) Wer dabei kein Risiko eingehen will, wählt klassische Farbzusammenstellungen: blau – weiß, grün – weiß, blau – weiß – rot. Beim mehrfädigen Stricken legen wir nur den Faden über den Zeigefinger, der für das Muster gerade benötigt wird. Der zweite Faden, eventuell auch der dritte, läuft auf der Rückseite der Arbeit mit. Wenn wir ihn aufgreifen, um weiterzustricken, darf er nicht zu straff gehalten werden, damit die Arbeit nicht eingezogen wird. Die letzte Masche vor der nächsten Farbe sollten wir darum recht locker abstricken.

Buntmuster werden fast immer obenauf rechts gestrickt. Das Muster arbeiten wir nach einem Schema, das wir einer Handarbeitsanleitung entnehmen oder uns selbst auf Rechenkästchenpapier entworfen haben. Norwegersterne können wir auch von alten Stricksachen nacharbeiten, wenn wir die Maschen auszählen.

Fäden anlegen

Ist unser Garnknäuel zu Ende und wir beginnen mit dem nächsten, sollten wir die Fadenenden nicht miteinander verknoten. Knoten lösen sich zuweilen, und die Arbeit kann sich dabei aufräufeln. Außerdem drücken Knoten leicht, was vor allem bei Kindersachen vermieden werden soll. Darum werden wir in solchen Fällen den Faden anlegen: Beide Enden werden gegeneinandergelegt, so daß sie über eine kurze Strecke parallel laufen, und über den Zeigefinger geführt. Einige Maschen (vier bis sechs) stricken wir mit diesem doppelten Faden ab. Ist das Garn zu stark, teilen wir die Fäden an ihren Enden und drehen die nun halbierten Strickfäden beider Knäuel leicht zusammen. Die nichtgebrauchten, herabhängenden Garnenden werden nach Fertigstellung des Stückes auf der Rückseite vorsichtig durch einige Maschen gezogen und auf diese Weise befestigt.

Zusammenfügen von Einzelteilen

Bevor wir die fertigen Einzelteile zusammennähen, spannen und dämpfen wir sie, damit sie glatt werden und die endgültige Schnittform erhalten. Wir legen den Papierschnitt auf ein Bügelbrett und spannen darauf sorgfältig die Strickarbeit mit Stecknadeln, so daß sie genau mit der Form des Schnittes übereinstimmt. Ein feuchtes Tuch, das jedoch nicht tropfnaß sein darf, wird über die Arbeit gebreitet, bevor wir sie leicht bügeln. Wir setzen das Eisen (Temperatur für Wolle einstellen!) nicht fest auf, damit das Maschenbild, vor allem bei plastischen Mustern, nicht plattgedrückt oder gar glänzend wird. Allein der Dampf genügt, um die gewünschte Form zu fixieren; es ist freilich notwendig, das gebügelte Stück aufgespannt trocknen zu lassen.

Die Teile sollen mit elastischen Stichen zusammengenäht werden. Besonders geeignet sind dafür der Kettenstich und der Stielstich, die auf Seite 113 beschrieben sind.

Stricknaht

Die Stricknaht (Abb. 28) wird vor dem Dämpfen und Spannen ausgeführt. Wir wenden sie dort an, wo zwei Strickteile unsichtbar miteinander verbunden werden sollen. Wir ketten die Maschen hier nicht ab, sondern lassen sie auf den Nadeln liegen und beginnen mit dem Zusammennähen wie folgt: Wir fädeln einen Faden des gleichen Strickgarnes in eine Stopfnadel und nehmen mit dieser, von rechts nach links gehend, abwechselnd von der oberen und der unteren Nadel je zwei Maschenglieder auf und ziehen den Faden leicht an. Wenn alle Maschen aufgefädelt sind, lösen wir die Nadeln aus jedem Teil

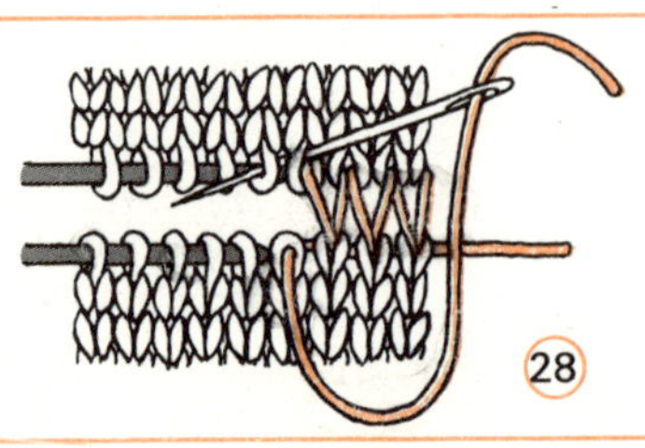
28

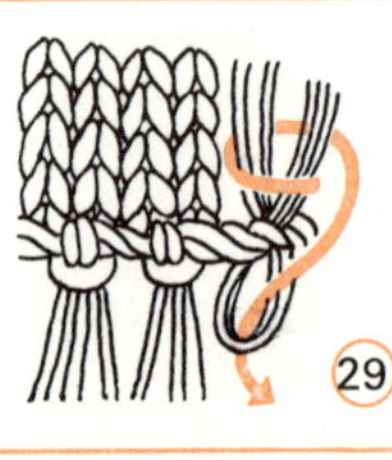
29

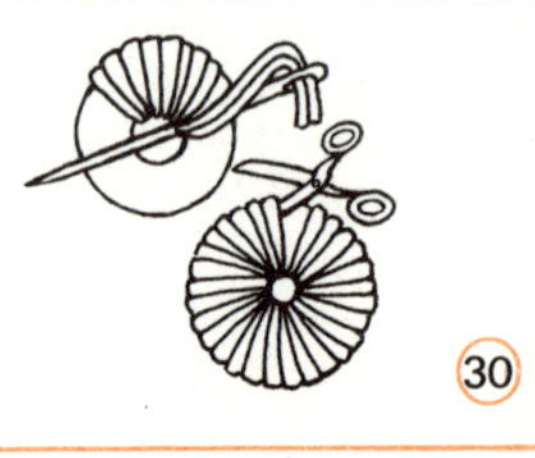
30

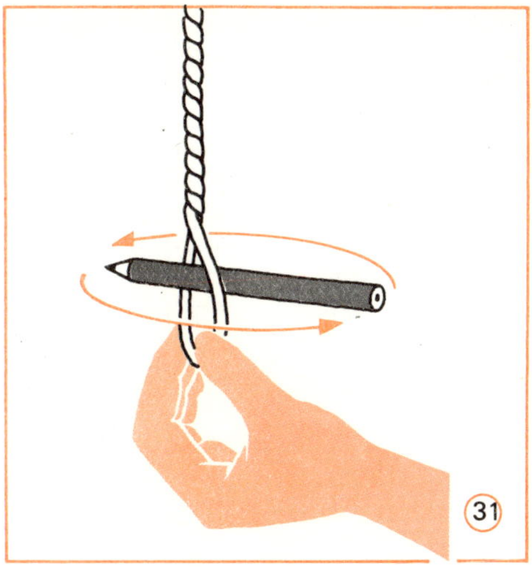

31

heraus. Auf Grund dessen wird dieser Stich auch als Maschenstich bezeichnet.

Maschenstich

Fransen

An einem gestrickten Schal oder an einer Stola sind Fransen (Abb. 29) ein schöner Abschluß. Für jedes Fransenbündel legen wir uns acht bis zehn Fäden gleicher Länge zurecht, die reichlich doppelt so lang sein müssen wie die Franse werden soll. Mit einer dicken Häkelnadel stechen wir von der Rückseite durch den abgeketteten Rand, greifen das Bündel in seiner Mitte und ziehen es so weit vor, daß mit der Häkelnadel durch die entstandene Schlaufe die beiden Enden des Fransenbündels geholt werden können. Der Knoten wird festgezogen – die Franse ist geknüpft.

Pompons

Ein weiterer Schmuck sind Pompons (Abb. 30). Wir schneiden dafür zwei runde Pappscheiben aus und versehen sie in der Mitte mit einem Loch, dessen Durchmesser fast der Breite des Randes entsprechen soll. Um diese beiden Pappringe wickeln wir nun dicht bei dicht, auch mehrfach übereinander, Wollfäden. Erscheint die Umwicklung dicht genug oder ist das Loch ausgefüllt, schneiden wir vorsichtig an der oberen Kante der Ringe die Fäden durch. Mit einem festen Zwirnsfaden binden wir sie in der Mitte zwischen den Pappringen, die wir leicht auseinandergedrückt haben, zusammen. Den Zwirnsfaden vernähen wir sicherheitshalber noch mehrmals in dem Wollbüschel, bevor wir die Pappringe entfernen. Zum Schluß geben wir dem Pompon mit der Schere eine gleichmäßige kugelige Form. Dicht und filzig wird er, wenn wir ihn anschließend mit heißem Wasser überbrühen.

Kordel

Fertige Pompons werden meist an einer Schnur zum Binden befestigt. Diese Schnur können wir aus Luftmaschen häkeln, oder wir drehen uns eine Kordel (Abb. 31). Zu diesem Zweck beginnen wir mit dem Ausspannen der Fäden, die reichlich doppelt so lang sein müssen wie die fertige Kordel. Die Anzahl der Fäden bestimmt die Stärke der Kordel; für eine normale Bindeschnur spannen wir gewöhnlich vier bis sechs Fäden aus. (Die Zahl der Fäden muß stets gerade sein.) Wir befestigen die Fäden an einer Seite (Fensterriegel, Türklinke) und halten das andere Ende in der Hand. Dann schieben wir einen Bleistift durch die Hälfte der Fäden, halten diese mit der linken Hand fest und drehen mit der rechten Hand den Bleistift immer um die Fäden herum, die dadurch einen Drall erhalten. Wenn wir eine ältere Nähmaschine haben, deren Handrad mit Speichen versehen ist, können wir die Fäden mit einem Ende auch daran befestigen und geben der Schnur durch »Blindnähen« den nötigen Drall – das geht bedeutend schneller als die Bleistiftmethode. Allerdings müssen hierbei die Fäden auf der anderen Seite von einem Helfer festgehalten werden, denn beim Drehen verkürzt sich die Fadenstrecke erheblich. Wäre die Schnur dann starr befestigt, würde sie reißen. Über die gleichmäßig auf der ganzen Strecke gedrehten Fäden streifen wir nun einen etwas schwereren Gegenstand – etwa eine größere Schere oder ein Schlüsselbund. Wir trennen dann das befestigte Schnurende ab und legen beide Enden zusammen, wobei wir darauf achten müssen, daß sich die Schnur in der Mitte nirgends berührt. Erst wenn unsere Beschwerung in der Mitte der Fäden liegt, lassen wir die Schnur frei hängen, indem wir sie nur mit einer Hand an den beiden Enden festhalten. Die Beschwerung beginnt dann zu rotieren, und die Schnur verzwirnt sich ineinander. Hört das Rotieren auf, ist die Kordel fertig. Wir lösen sie von der Beschwerung, schneiden die beiden Enden gerade und verknoten sie.

Da wir in der Kunst des Strickens nun schon zu den Eingeweihten zählen, können wir es getrost wagen, Maschenmode aus eigener Hand in Angriff zu nehmen. Allerdings sollten wir uns für den Anfang nicht zu komplizierte Muster aussuchen. Anregungen für geschmackvolle modische Stricksachen sowie die dazugehörige Arbeitsanleitung finden wir in Handarbeitsheften, so daß an dieser Stelle auf Beispiele verzichtet werden kann.

Ein Rat noch, den man beim Stricken stets beachten sollte: Zu langes und zu angestrengtes Arbeiten führt leicht zu Nervosität und verursacht Sehnenscheidenentzündung. Lassen wir deshalb unsere Beschäftigung mit dem Strickzeug nie in Hetzerei ausarten – auch wenn wir das Stück gern möglichst schnell fertigstellen möchten.

HÄKELN

12. Kapitel

Wer zuerst auf die Idee kam, Garn mit Hilfe einer Häkelnadel zu »verschlingen« – wir wissen es nicht. Es könnte ein Fischer – oder sine Fru – gewesen sein, denn Häkeln hat sich aus der Schlingtechnik, die der Herstellung von Netzen dient, entwickelt. Gräberfunde aus dem ägyptischen Raum beweisen, daß diese Handarbeit im 5. Jahrhundert bereits bekannt war. Weite Verbreitung fand das Häkeln im 19. Jahrhundert als preiswerte Alternative zur teuren Klöppelspitze. Paradehandtücher, Häubchen und Schürzen wurden damals gern mit gehäkelten Kanten oder Einsätzen versehen und die Möbelstücke der »guten Stube« mit Zier- und Schondeckchen geradezu überhäuft.

Auch heute gehört Häkeln zu den geschätzten Handarbeitstechniken, denn es ist vielseitig und abwechslungsreich und hat den Vorteil, schnell von der Hand zu gehen. Mit der Häkelnadel können zarte Spitzen wie auch trittfeste Teppiche, nostalgische und hochmodische Accessoires entstehen. Einige der mannigfachen Möglichkeiten will dieses Kapitel vorstellen.

Werkzeug

Jedes Ding hat so seinen Haken; in besonderem Maße gilt das für die Häkelnadel oder den Häkelhaken. Häkelnadeln werden in folgenden Stärken bzw. Nummern gehandelt:

1. Tunesische Häkelnadel Nr. 2 bis 4,5 für mittelfeine bis grobe Häkelei.
2. Stahlhäkelnadel mit Führungsfläche Nr. 2 bis 4 für mittelfeine bis grobe Häkelei.
3. Häkelnadel mit Griff Nr. 2 bis 14 für mittelfeine bis sehr feine Häkelei. Diese Nadeln sind mit einer Steckhülse versehen, die beim Arbeiten auf den Griff gesteckt wird, um ihn zu verlängern und damit die Nadel bequemer handhaben zu können.
4. Plasthäkelnadel Nr. 2 bis 6 für mittelfeine bis sehr grobe Häkelei.

Häkelnadeln mit Griff in den Nummern 2 bis 8 entsprechen den glatten Häkelnadeln mit den Nummern 2 bis 4. Die Häkelnadeln Nr. 8 bis 14 finden nur in der Spitzen- und Filethäkelei Verwendung.

Material

Das traditionelle Material, das zum Häkeln verwendet wird, ist das Häkelgarn. Für feinere Arbeiten, hauptsächlich zur Spitzenhäkelei, gibt es weißes oder zartgefärbtes Baumwollgarn in Knäueln. Für nicht ganz so feine Arbeiten nehmen wir Garne aus Kunstseide oder Baumwolle in Docken oder Knäueln, die wir im Handel in fast allen Farben kaufen können.

Erst in jüngerer Zeit ist das Häkeln mit Handstrickgarn gebräuchlich geworden. Vom feinen Wollgarn bis zur Schnellstrickwolle können wir alles mit der glatten Häkelnadel verarbeiten. Darüber hinaus lassen sich auch Bast, Kunstbast und sogar Bindfaden verwenden. Ja, selbst in Streifen geschnittene Stoffreste, Strümpfe oder Trikotagen sollten uns zu Experimenten anregen. So könnte z. B. ein origineller Läufer entstehen.

Grundtechniken

Jede Häkelei besteht aus Schlingen, die mit dem Häkchen der Nadel gebildet werden. Diese Schlingen lassen sich auf unterschiedliche Weise herstellen. Eine oder mehrere Schlingen bilden eine Masche. Es gibt Luftmaschen, Kettenmaschen, feste Maschen, Stäbchenmaschen und Doppelmaschen. Dadurch, daß diese Maschen variiert werden, entstehen die verschiedenen Häkelstiche und Muster.

Sofern wir nicht als Linkshänder auf die Welt gekommen sind, greifen wir die Häkelnadel mit der rechten Hand, etwa wie einen Bleistift: Daumen und Zeigefinger umfassen die Häkelnadel seitlich, der Mittelfinger stützt sie von unten. Die linke Hand hält den Faden. Wir legen ihn von innen nach außen zwischen den kleinen und den Ringfinger, schlingen ihn um den kleinen Finger, ziehen ihn über den Zeigefinger und halten das Fadenende mit Daumen und Mittelfinger fest. Nun können wir mit dem »Anschlagen« oder »Aufmaschen« unserer Arbeit beginnen (Abb. 1).

Luftmaschen

Die Luftmasche (Abb. 2) ist die einfachste Masche. Für den Anschlag werden fast immer Luftmaschen aufgenommen. Wenn wir unseren Faden, wie beschrieben, in der linken Hand halten, können wir mit dem Häkeln beginnen. Mit der Häkelnadel gehen wir von außen nach innen unter den Faden, kurz hinter dem Punkt, wo wir ihn festhalten. Das Häkchen legen wir dann über den Faden, drehen die Nadel einmal herum und bilden so eine lose Schlinge. Wir halten sie mit Daumen und Mittelfinger fest, um die erste Masche zu häkeln: Die Nadel liegt jetzt über dem Faden, den wir mit dem Häkchen von unten greifen und durch die erste Schlinge ziehen. Dadurch ist eine neue Schlinge entstanden, die sich nach Belieben langziehen lassen muß. Für alle folgenden Schlingen (oder Luftmaschen) schlagen wir den Faden einmal um die Nadel (wir »bilden einen Umschlag«) und ziehen ihn mit dem Häkchen durch die vorige Schlinge. Am Anfang halten wir die Arbeit dabei am Fadenende fest; wird sie länger, fassen wir die Luftmaschenkette und halten sie straff.

Nehmen wir gleich einen Anschlag von festen Maschen auf, entsteht ein breiteres Band, auf dem wir weiterarbeiten. Zuerst häkeln wir dazu wie beschrieben zwei Luftmaschen, stechen dann aber die Nadel zurück in die erste Luftmasche, bilden einen Umschlag (Faden um die Nadel schlagen) und ziehen den Faden hindurch. Zwei Schlingen befinden sich nun auf der Na-

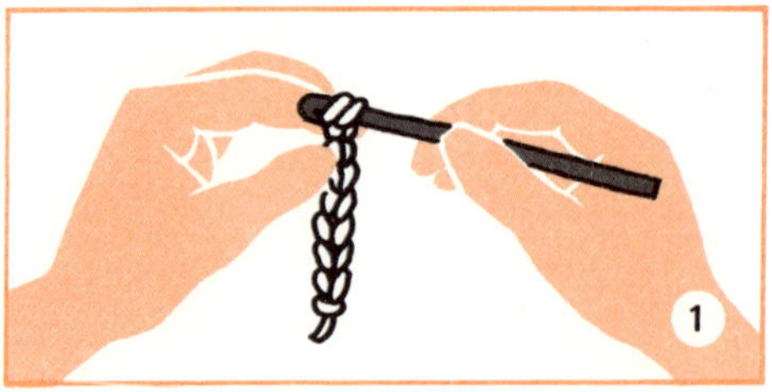

del. Mit einem weiteren Umschlag wird der Faden durch diese beiden Schlingen zugleich gezogen. Dann stechen wir durch das linke Glied der eben gehäkelten Masche, holen den Faden mit einem Umschlag durch, bilden einen neuen Umschlag und ziehen ihn wieder durch beide Schlingen. Dieser Arbeitsgang wird so oft wiederholt, bis unser Maschenanschlag die gewünschte Länge hat.

Kettenmaschen

Kettenmaschen (Abb. 3) arbeiten wir auf einen Anschlag von Luftmaschen. Nach dem Anschlagen der Luftmaschen wenden wir die Arbeit, d. h., wir stechen mit der Häkelnadel von vorn nach hinten in die vorletzte Luftmasche zurück, und zwar nur in ein einzelnes obenaufliegendes Maschenglied der unteren Masche. Wir bilden einen Umschlag und holen den Faden durch das eben aufgenommene Maschenglied und zugleich durch die außerdem auf der Nadel liegende Luftmaschenschlinge. Nun haben wir eine neue Schlinge auf der Nadel und wiederholen den Arbeitsgang fortlaufend.

Feste Maschen

Feste Maschen (Abb. 4) werden auf einen Anschlag von Luftmaschen oder festen Maschen gearbeitet. Vor dem Wenden der Arbeit müssen wir eine Luftmasche dazuhäkeln, damit der Rand nicht eingezogen wird. Wir stechen dann in das obenaufliegende einzelne Glied der letzten Masche (nicht der neuen Luftmasche) zurück und holen mit einem Umschlag den Faden durch. Auf der Häkelnadel befinden sich nun zwei Schlingen. Wir bilden wieder einen Umschlag und ziehen ihn durch diese beiden Schlingen zugleich. Dieser Vorgang wird bei allen folgenden Maschen wiederholt. Beim Wenden nicht die Luftmasche (»Wendemasche«) vergessen!

Stäbchenmaschen

Unter den Stäbchenmaschen finden wir mehrere Arten: halbe Stäbchen, ganze oder einfache Stäbchen, doppelte, dreifache, vierfache und noch mehrfache Stäbchen, die aber alle nach dem gleichen Prinzip gearbeitet werden.

Stäbchen werden zumeist auf einen festen Rand oder einen Anschlag von Luftmaschen gehäkelt. Es gibt auch noch einen Stäbchenanschlag; er ist am Ende dieses Abschnittes beschrieben.

Probieren wir es zunächst mit den halben Stäbchen (Abb. 5). Beim Wenden wird auch hier eine zusätzliche Luftmasche gehäkelt. Erst dann beginnen wir mit dem Stäbchen. Wir bilden einen Umschlag, bevor die Nadel in eines der obenaufliegenden Maschenglieder der unteren Maschenreihe gestochen wird. Wir holen den Faden wie bei festen Maschen mit einem Umschlag durch, bilden erneut einen Umschlag und holen ihn diesmal durch alle drei auf der Nadel befindlichen Schlingen zugleich.

einfache Stäbchen

Ganze oder einfache Stäbchen (Abb. 6) werden ähnlich gearbeitet. Nach der Wendemasche häkeln wir das erste Stäbchen. Wie beim halben Stäbchen wird ein Umschlag gebildet und dann erst mit der Häkelnadel in eines der Maschenglieder der unteren Reihe gestochen. Mit einem Umschlag holen wir eine Schlinge durch das untere Maschenglied, schlagen wieder um, holen den Faden aber nicht durch alle drei, sondern nur durch zwei der Schlingen, die auf der Nadel liegen. Mit einem neuen Umschlag holen wir den Faden durch die beiden übrigen Schlingen. Dann arbeiten wir das nächste Stäbchen.

doppelte Stäbchen

Bei doppelten Stäbchen (Abb. 7) bilden

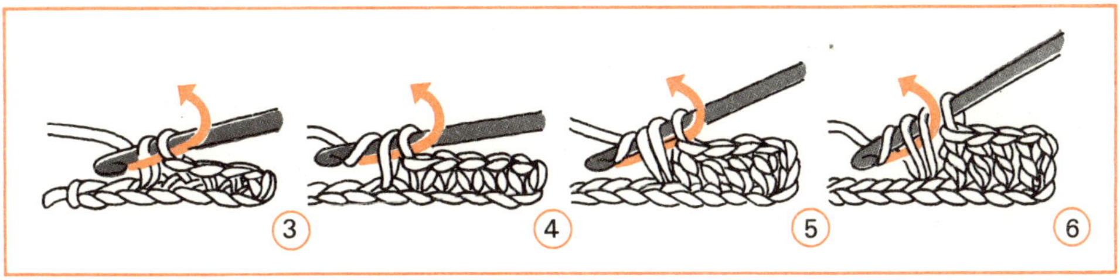

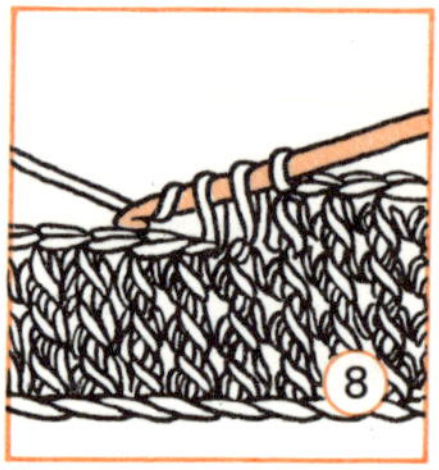

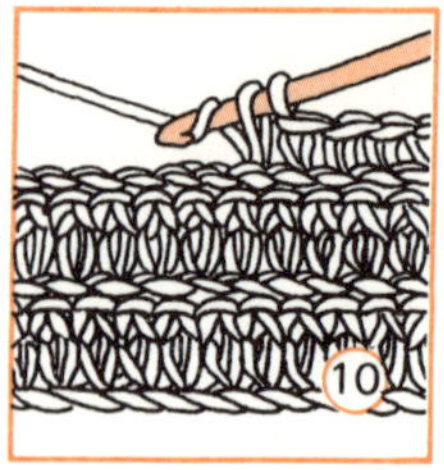

wir zwei Umschläge, bevor eine Schlinge durch das untere Maschenglied geholt wird. Wir haben damit insgesamt vier Schlingen auf der Nadel. Den nächsten Umschlag holen wir durch die beiden ersten Schlingen. Uns bleiben noch drei Schlingen auf der Nadel. Wieder bilden wir einen Umschlag und holen ihn durch die beiden nächsten Schlingen und den dritten Umschlag durch die beiden letzten Schlingen. Damit ist das Doppelstäbchen zu Ende gehäkelt. Beim Wenden müssen wir diesmal zwei Wendemaschen dazuhäkeln, damit sich der Rand nicht einzieht.

Wollen wir höhere Stäbchen erhalten, müssen wir noch mehr Umschläge aufnehmen: für ein dreifaches Stäbchen drei Umschläge, für ein vierfaches vier usw. Alle Schlingen werden wie beim Doppelstäbchen zu je zwei und zwei abgehäkelt (»abgemascht«). Höhere Stäbchen erfordern auch mehr Wendemaschen am Ende der Reihe: dreifache Stäbchen drei Luftmaschen, vierfache vier usw.

Einen breiten Anschlag nehmen wir aus Stäbchenmaschen auf. Gewöhnlich arbeitet man ihn aus Doppelstäbchen nach demselben Prinzip wie den Anschlag von festen Maschen. Wir beginnen mit vier Luftmaschen und zwei Umschlägen, stechen in die erste der vier Luftmaschen zurück und häkeln ein Doppelstäbchen, indem wir je zwei und zwei Schlingen miteinander abmaschen. Für alle weiteren Stäbchen nehmen wir zwei Umschläge auf, stechen die Nadel in das linke untere Maschenglied des vorigen Doppelstäbchens und arbeiten das nächste Doppelstäbchen wie beschrieben zu Ende.

Doppelmaschen

Doppelmaschen (Abb. 8) ergeben ein plastisches Maschenbild. Sie werden gewöhnlich einseitig gearbeitet, nicht in hin- und hergehenden Reihen wie alle anderen Maschen, die wir bisher kennengelernt haben. Wir müssen daher den Faden nach jeder Reihe abschneiden und von vorn beginnen oder in fortlaufenden Runden arbeiten.

Nach dem Anschlagen wenden wir mit einer Luftmasche, stechen in beide oberen Maschenglieder der unteren Masche und holen mit einem Umschlag den Faden hindurch. Dieser Arbeitsgang wird dann bei der zweiten Masche wiederholt, erst danach häkeln wir mit einem Umschlag alle drei Schlingen zugleich ab. Alle folgenden Doppelmaschen entstehen, indem wir zunächst nochmals in die vorige untere Masche einstechen, eine Schlinge holen und dann erst in die nächste Masche einstechen, um die zweite Schlinge zu holen. Zum Schluß werden wieder alle drei Schlingen zugleich abgemascht.

Diese Grundtechniken ermöglichen uns, jedes Muster, das wir in Handarbeitsanleitungen finden, nachzuarbeiten. Wir können auch mit diesen Maschen und ihren

Abarten selbst Muster und Stiche ausprobieren.

Abgewandelte Techniken

Häkelstiche mit festen Maschen

Ein sehr einfach nachzuarbeitendes Muster ist der Rosenstich (Abb. 9). Hierbei stechen wir mit der Häkelnadel nicht in ein einzelnes, sondern in beide Maschenglieder (oder das volle Maschengliederpaar) der Vorreihe ein und häkeln eine feste Masche wie gewöhnlich. Wir können den Rosenstich in hin- und hergehenden Reihen und in Runden arbeiten, die Oberfläche ist auf beiden Seiten gleich reizvoll.

Ein plastisches Rippenmuster entsteht, wenn wir die Nadel nur in das hintere Maschenglied der Vorderreihe einstechen und eine feste Masche häkeln. Beim Arbeiten in hin- und hergehenden Reihen erhalten wir den gerippten Häkelstich (Abb. 10); häkeln wir nur in eine Richtung, wird die Oberfläche nicht so plastisch, und wir bezeichnen diese Technik als Kettenstich.

Eine weitere Abwandlung ist der Piquéstich (Abb. 11). Wir stechen in ein senkrechtes Maschenglied der Vorreihe statt in eines der waagerechten Maschenglieder und häkeln eine feste Masche. Dieser Stich wird allerdings nur in eine Richtung gearbeitet. Auf der Oberseite entsteht ein unterbrochenes senkrechtes Rippenmuster, auf der linken Seite erhalten wir quer verlaufende Rippen. Der Piquéstich wird gern für Kragen verwendet, er gibt Festigkeit und Form. Die Fadenenden am Anfang und am Ende jeder Reihe müssen dabei sorgfältig und unsichtbar vernäht werden.

Ein wenig Übung erfordert der Knüpfhäkelstich. Auf einem Luftmaschenanschlag oder einer Reihe fester Maschen beginnen wir mit einem Umschlag, bevor wir in das Maschengliederpaar der unteren Reihe einstechen. Wir schlagen den Faden wieder um die Nadel und holen ihn durch die beiden aufgehobenen Maschenglieder und zugleich durch den Umschlag. Dann bilden wir noch einen Umschlag und ziehen ihn durch die beiden letzten Schlingen. Wenn es anfangs schwerfällt, den Faden durch die beiden Schlingen und den Umschlag zu praktizieren, drehen wir das Häkchen ein wenig nach vorn, das erleichtert die Arbeit. Der Knüpfhäkelstich läßt sich in hin- und hergehenden Reihen und in Runden arbeiten.

Auch der Schlingenstich (Abb. 12) gehört zu den besonderen Arten der festen Maschen. Wir benötigen hierfür eine Schablone aus Pappe, die so breit sein muß, wie unsere Schlingen hoch sein sollen, (zum Beispiel 2 bis 3 cm) und etwa 15 cm lang. Für kleinere Schlingen genügt ein Bleistift.

Wir beginnen auch hier mit einem Anschlag von Luftmaschen oder mit einem Rand fester Maschen. Dann nehmen wir den Pappstreifen zur Hand und stechen mit der Nadel in das Maschengliederpaar der Vorreihe, holen den Faden, der von vorn nach hinten über den Streifen gelegt wird, von hinten durch die unteren Maschenschlingen, legen ihn nun von hinten nach vorn um den Streifen, schlagen den Faden um die Nadel und ziehen ihn durch beide auf der Nadel befindlichen Schlingen. Schwierig ist das nur bei den ersten Maschen, später wird der Pappstreifen von den Schlingen gehalten. Wir schieben ihn beim Häkeln immer weiter und lassen die Schlingen hinten heruntergleiten. Arbeiten wir in Runden, stechen wir stets in den festen Maschenrand der Vorreihe ein und häkeln fortlaufend das Schlingenmuster. Bei hin- und hergehenden Reihen wird die Rückreihe aus festen Maschen, halben oder ganzen Stäbchen gehäkelt.

Häkelstiche mit Stäbchen

Immer wieder beliebt ist der Muschelstich (Abb. 13), der im wesentlichen aus Stäbchen gearbeitet wird. Wir beginnen mit einem Rand fester Maschen oder einem Luftmaschenanschlag. Dann häkeln wir zunächst zwei Luftmaschen, stechen die Häkelnadel in das Maschengliederpaar der viertletzten Masche der Anschlagreihe, häkeln in diese sieben einfache Stäbchen und schließen mit einer Luftmasche ab. Die nächsten sieben Stäbchen werden in die fünfte Masche danach gearbeitet, dazu eine Luftmasche usw. Die zweite Reihe wird wieder mit zwei Wendemaschen begonnen, wir häkeln dann sieben Stäbchen in die Luftmasche, die die Stäbchen der

Häkeln

Schlingenstich

Rosenstich

gerippter Häkelstich

Kettenstich

Piquéstich

Muschelstich

Knüpfhäkelstich

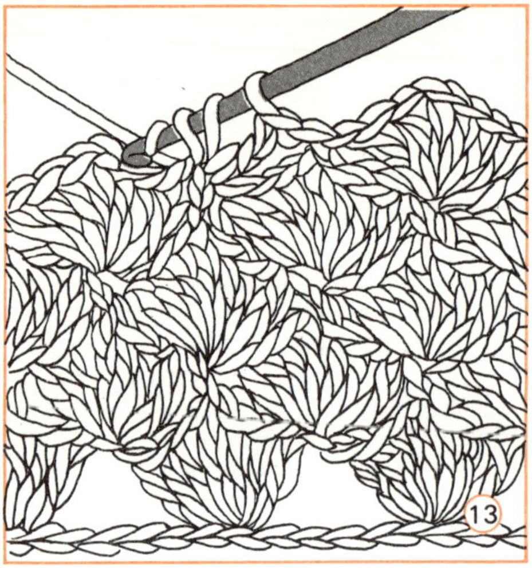

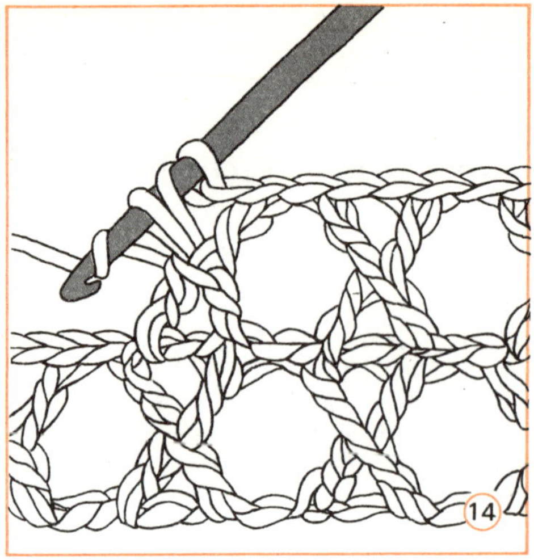

Vorreihe jeweils verbindet, und eine feste Masche in das vierte Stäbchen der unteren Reihe. Am Ende der Reihe häkeln wir eine halbe Muschel, d. h. nur vier Stäbchen, und wenden wieder mit zwei Luftmaschen. Alle weiteren Reihen werden wie die zweite gearbeitet. Das Muster wirkt auch reizvoll, wenn wir es nur in einer Richtung häkeln.

Kreuzstäbchen

Kreuzstäbchen (Abb. 14) bilden ein stark durchbrochenes Muster. Sie werden vornehmlich in der Spitzenhäkelei angewandt. Wir arbeiten sie auf einen festen Rand. Jede Reihe wird mit drei Luftmaschen begonnen, die beiden letzten Maschen der unteren Reihe übergehen wir, und in die dritte häkeln wir ein einfaches Stäbchen. Als nächstes häkeln wir fünf Luftmaschen, nehmen dazu einen Umschlag auf, führen die Häkelnadel unter den Bogen, der durch die drei ersten Luftmaschen entstanden ist, holen den Faden mit einem Umschlag durch und häkeln aus den auf der Nadel befindlichen Schlingen ein einfaches Stäbchen. Alle weiteren Kreuzstäbchen arbeiten wir wie folgt: Wir nehmen zwei Umschläge auf die Nadel, holen eine Schlinge aus der nächsten unteren Masche, bilden wieder einen Umschlag und ziehen ihn durch die beiden ersten Schlingen. Es bleiben noch drei Schlingen auf der Nadel. Dazu wird ein Umschlag aufgenommen, die Nadel in die dritte folgende untere Masche gestochen und eine Schlinge geholt. Aus den fünf auf der Nadel befindlichen Schlingen häkeln wir ein dreifaches Stäbchen, häkeln zwei Luftmaschen, nehmen einen Umschlag auf und stechen nun durch das obenaufliegende Gliederpaar der beiden zusammengehäkelten Stäbchen. Ein neuer Umschlag wird gebildet und mit einem einfachen Stäbchen abgeschlossen.

Die Stäbchen können auch höher gearbeitet werden, es entstehen dann größere Zwischenräume. Die Zahl der Umschläge muß dabei der Anzahl der übergangenen Maschen entsprechen und stets gerade sein.

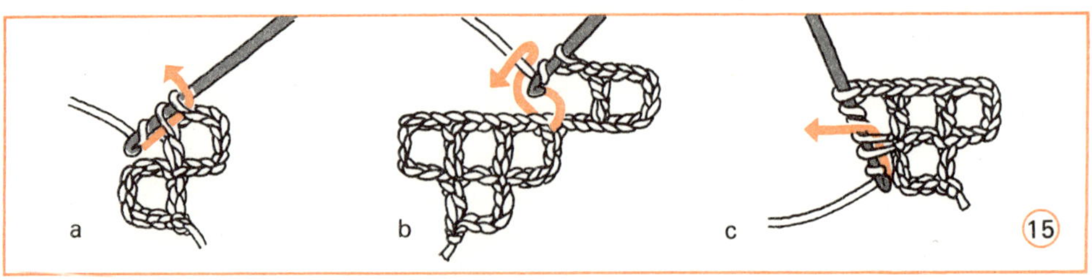

Filethäkelei

Außer der echten Filetarbeit kennen wir noch die Filethäkelei (Abb. 15). Sie wird nach Typenmustern gearbeitet, auf denen der Filetlochgrund, die Schattenflächen und die dichten Musterflächen angegeben sind. Wir finden diese Typenmuster in Handarbeitszeitschriften und -anleitungen, können aber bei ein wenig Phantasie und Übung selbst welche entwerfen.

Für die Filethäkelei benötigen wir als Grundtechniken Luftmaschen und Stäbchen.

Der Filetlochgrund wird je nach Angabe des Zählmusters aus abwechselnd zwei Luftmaschen und einem Stäbchen (oder drei Luftmaschen und einem Doppelstäbchen) gearbeitet. Nachdem ein Maschenanschlag aufgenommen wurde, häkeln wir am Anfang der ersten Reihe zunächst fünf Luftmaschen hoch, stechen in die drittletzte Masche der Vorreihe ein und häkeln ein Stäbchen, zwei Luftmaschen und wieder ein Stäbchen in die dritte folgende Masche der unteren Reihe. Dieser Arbeitsvorgang wird fortlaufend wiederholt. Am Anfang jeder Reihe wird das erste Stäbchen durch zwei Luftmaschen ersetzt. Wollen wir den Grund mit Schattenflächen unterbrechen, so häkeln wir in jede zweite Masche der Vorreihe ein Stäbchen und je eine Luftmasche zwischen die Stäbchen. Dichte Musterflächen (ganz ausgefüllte Kästchen) erzielen wir durch Stäbchen, die in jede Masche der unteren Reihe gearbeitet werden, ohne Luftmaschen einzufügen. Wir brauchen nur das Typenmuster zu beachten und Kästchen für Kästchen nach Vorlage zu häkeln. Hat unsere Arbeit keinen geraden Rand und ist es notwendig, an den Rändern ein oder mehrere Löcher zuzunehmen, so häkeln wir am Anfang der Reihe für das erste neue Loch acht Luftmaschen dazu, für jedes weitere Loch noch einmal drei Luftmaschen. Das erste neue Stäbchen wird in die neuntletzte Masche bzw. auf das Randstäbchen gearbeitet. – Nehmen wir am Anfang der Reihe zu, müssen wir meist am Ende die gleiche Anzahl Löcher zunehmen. Wir häkeln für das erste Loch zwei Luftmaschen und ein dreifaches Stäbchen auf das letzte Stäbchen, für jedes weitere Loch wieder zwei Luftmaschen und ein dreifaches Stäbchen, das wir in das mittlere Maschengliederpaar des vorigen dreifachen Stäbchens arbeiten (vgl. Stäbchenanschlag). Soll gleich in der nächsten Reihe wieder zugenommen werden, so beginnen wir nach dem Wenden erneut mit acht Luftmaschen und häkeln weiter wie beschrieben.

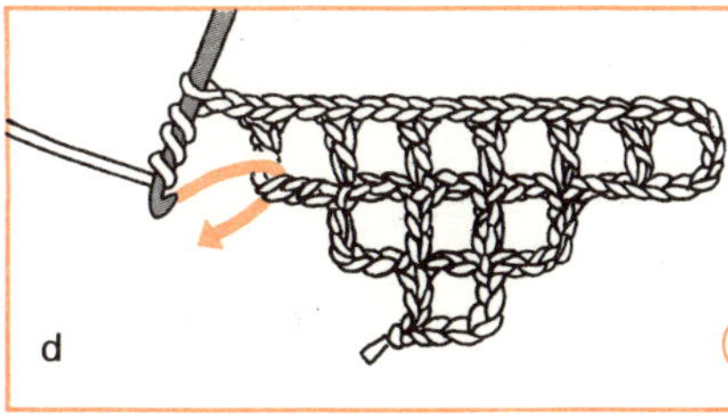

d 15

Wollen wir z. B. eine Tischdecke häkeln, dann suchen wir uns kein Muster mit vielen Bogen oder gezackten Rändern aus, sondern ein möglichst einfaches Modell mit klarer, übersichtlicher Musterung. Eine moderne Häkeldecke ist etwas kleiner als der Tisch, auf dem sie liegen soll; wir breiten sie wie einen Läufer über die Mitte des Tisches. Mit einer Schale oder einer Blumenvase darauf, die eine ausgewogene Form haben und nicht genau in der Mitte der Decke prangen sollte, kann auch heute die gehäkelte Tischdecke zur geschmackvollen Gestaltung unserer Wohnung beitragen.

Gabelhäkelei

Diese alte Häkeltechnik (Abb. 16) ist nach langer Zeit wieder zu Ehren gekommen. Wir benötigen außer der normalen Häkelnadel eine Netzgabel, die es in verschiedenen Breiten zu kaufen gibt. Über diese Gabel häkeln wir Borten, die zu breiteren Streifen und Rechtecken zusammengehäkelt werden.

Wir beginnen mit einer Anfangsschlinge wie beim Luftmaschenhäkeln, fassen mit der linken Hand die Gabel und legen den Arbeitsfaden von vorn nach hinten um den rechten Schenkel der Gabel, ziehen die Schlinge genau in die Mitte, greifen mit dem Häkchen den hintenliegenden Faden und ziehen ihn durch die Schlinge. Der Arbeitsfaden wird nun von hinten nach vorn um den linken Schenkel der Gabel geschlungen, die Nadel aus der Schlinge gezogen, die Gabel dabei herumgedreht, die

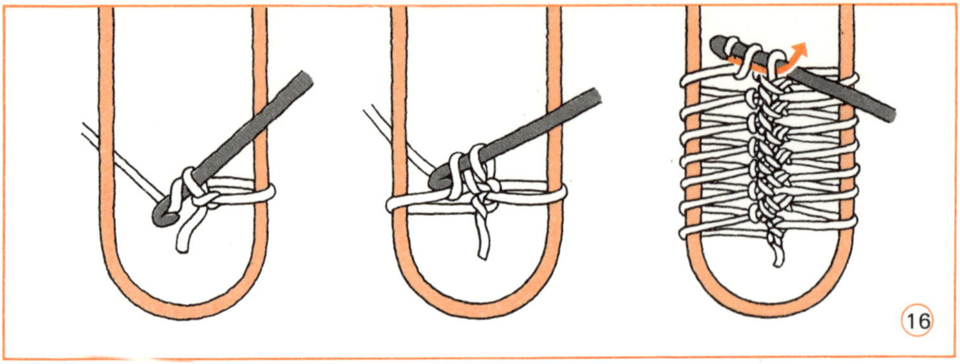

16

Nadel nun wieder von vorn in die Schlinge geführt und eine feste Masche gehäkelt. Indem wir die Gabel beständig drehen, arbeiten wir fortlaufend weiter, bis unsere Borte die gewünschte Länge hat. Die Schlingen lassen wir unten von der Gabel heruntergleiten. Die fertigen Borten können, entsprechend dem Muster oder der Vorlage, auf unterschiedliche Weise umhäkelt und zusammengehäkelt werden.

Tunesische Häkelei

Das Besondere der tunesischen Häkelei (auch Viktoria- oder Strickhäkelei genannt) besteht darin, daß nicht jede Masche für sich abgehäkelt wird, sondern – ähnlich dem Stricken – die Maschen beim Vorwärtshäkeln auf der Nadel bleiben. Deshalb benötigen wir auch die längere tunesische Häkelnadel.

einfacher tunesischer Häkelstich

Der einfache tunesische Häkelstich wird mit einem Luftmaschenanschlag begonnen. Wir häkeln durch die vorletzte Luftmasche eine Schlinge, die wir jetzt aber nicht abmaschen, sondern auf der Nadel liegenlassen (Abb. 17a). Durch die folgenden Luftmaschen werden ebenfalls Schlingen geholt, die alle auf der Nadel verbleiben. Diese erste, die Vorwärtsreihe, wird Schlingenreihe genannt. Die Rückreihe bezeichnen wir als Schlußreihe. Wir holen durch die Randmasche eine Schlinge, bilden noch einen Umschlag und holen ihn durch die neue Schlinge und die nächste Masche auf unserer Nadel. Ebenso werden alle übrigen Schlingen abgemascht (Abb. 17b). Sind wir bei der rechten Randmasche angelangt, arbeiten wir die nächste Schlingenreihe. Es wird stets in das senkrechte Maschenglied der unteren Masche gestochen und eine Schlinge auf die Nadel gehoben (Abb. 17c). Die Schlußreihen werden alle wie die erste gearbeitet und alle Schlingenreihen wie die zweite.

tunesischer Flechthäkelstich

Den tunesischen Flechthäkelstich (Abb. 18) beginnen wir mit einem Anschlag, einer Schlingen- und einer Schlußreihe wie beim einfachen tunesischen Häkelstich. In der zweiten Schlingenreihe übergehen wir das erste senkrechte Maschenglied der Vorreihe und häkeln die erste Schlinge in die zweite untere Masche. Dann stechen wir zurück und holen eine Schlinge aus der übergangenen Masche. Die dritte Schlinge holen wir aus der vierten Masche, die vierte aus der dritten usw. bis zum Ende der Reihe, so daß die Schlingen sich alle kreuzen. Die Schlußreihe wird wie gewöhnlich gearbeitet.

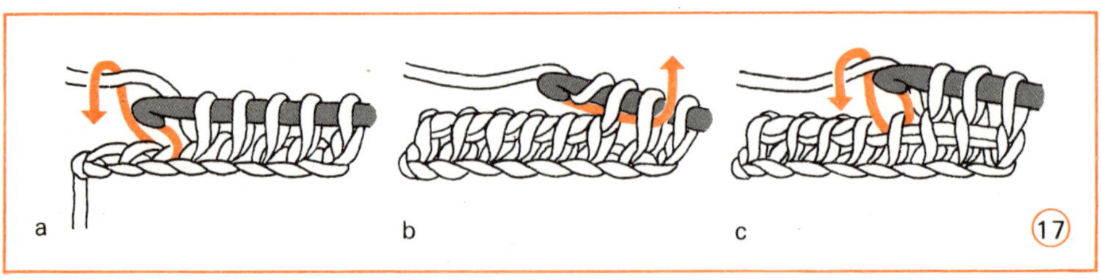

17

Wir kennen auch noch den durchbrochenen tunesischen Häkelstich. Hier wird die Schlingenreihe wie beim einfachen tunesischen Häkelstich gearbeitet, aber in der Schlußreihe maschen wir jeweils zwei, drei oder vier Schlingen zugleich ab. Nach jedem Abmaschen ergänzen wir die fehlenden Schlingen durch Luftmaschen; bei zwei zusammengehäkelten Schlingen häkeln wir eine Luftmasche dazwischen usw.

Die tunesische Häkelei ist in sich etwas fester als die herkömmliche Häkelei; daher werden in dieser Technik nur Gegenstände ausgeführt, die eine gewisse Festigkeit vertragen können, beispielsweise Jakken, Westen und Röcke.

Pikots

Pikots finden hauptsächlich in der Spitzenhäkelei Verwendung, wir können aber auch ein Grundmuster daraus arbeiten. Ein Pikot besteht aus einer kleinen Öse, die aus einer Fadenschlinge oder aus mehreren Luftmaschen gebildet wird.

Meist werden Pikots heute auf einen vorgearbeiteten Rand gehäkelt. Wir beginnen mit einer Kettenmasche, häkeln drei Luftmaschen, zurückgehend in die erste Luftmasche eine feste Masche, ziehen die Nadel aus der Schlinge, stechen sie von vorn nach hinten in die zweite Masche der unteren Reihe, erfassen nun die freie Schlinge und ziehen sie durch. Es folgen drei Luftmaschen, mit denen wir das zweite Pikot wie das erste häkeln. Wir erhalten so eine Abschlußkante aus kleinen, dichten Zakken.

Ebenfalls auf vorgearbeiteten Rand können wir Pikots aus einfachen Fadenschlingen häkeln. Wir beginnen mit einer festen Masche, die in die letzte Masche der Vorreihe gearbeitet wird. Die Schlinge dieser festen Masche ziehen wir so lang, wie das Pikot hoch werden soll, nehmen die Nadel heraus und führen sie durch das Maschengliederpaar der eben gehäkelten festen Masche, holen den Faden durch und häkeln eine weitere feste Masche in die nächste Masche des Randes. Die freie Schlinge bleibt stehen und bildet das Pikot. Damit alle Pikots gleichmäßig hoch werden, schieben wir einen Bleistift oder eine starke Nadel hindurch. – Wir können aus jeder festen Masche, die wir in die darunterliegende arbeiten, ein neues Pikot herstellen; sollen sie weniger dicht stehen, übergehen wir eine beliebige Anzahl fester Maschen.

durchbrochener tunesischer Häkelstich

Von den frei zu arbeitenden Pikots sollen hier nur die Perlpikots (Abb. 19) erwähnt werden. Wir häkeln für jedes Pikot fünf Luftmaschen, ziehen die Nadel heraus, stechen sie in die erste Luftmasche zurück, dann durch die freie Schlinge, holen den Faden durch und häkeln die nächsten fünf Luftmaschen. – Die fertige Kante, die aus kleinen, dichten Kreisen besteht, können wir später aufnähen.

Perlpikots

Ein fortlaufendes Muster aus Luftmaschenpikots (Abb. 20) arbeiten wir auf einem Luftmaschenanschlag oder einem Rand fester Maschen. Wir beginnen mit drei Luftmaschen, häkeln eine Kettenmasche in die letzte Masche der Vorreihe und drei weitere Luftmaschen sowie eine Kettenmasche in den gleichen Einstichpunkt. Die nächste Masche der unteren Reihe wird übergangen und nun in jede zweite folgende Masche ein Pikot gehäkelt: eine Kettenmasche, drei Luftmaschen und wieder eine Kettenmasche – bis zum Ende der Reihe. Wir wenden mit drei Luftmaschen und häkeln je ein neues Pikot in jedes der Vorreihe, indem wir mit der Nadel unter den Luftmaschenbogen des unteren Pikots greifen. Am Ende der Reihe häkeln wir eine zusätzliche Kettenmasche in die letzte Wendemasche und wenden wieder mit drei Luftmaschen. Alle weiteren Reihen

Luftmaschenpikots

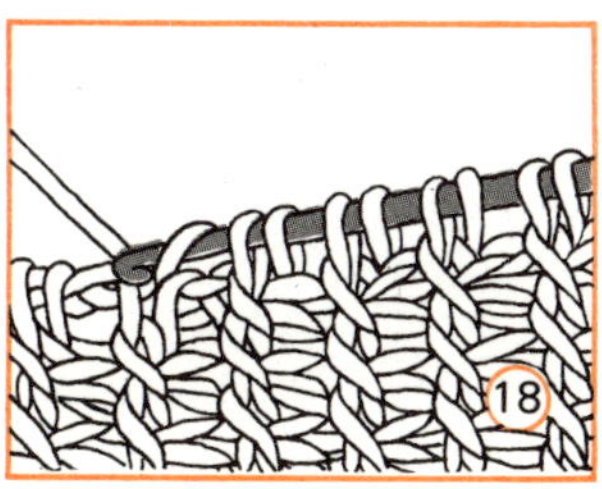

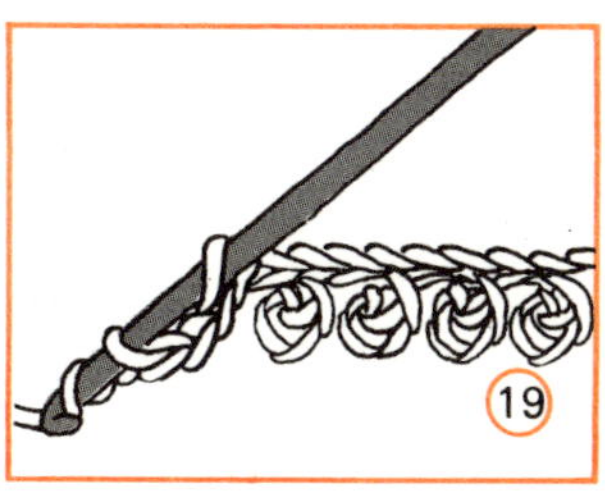

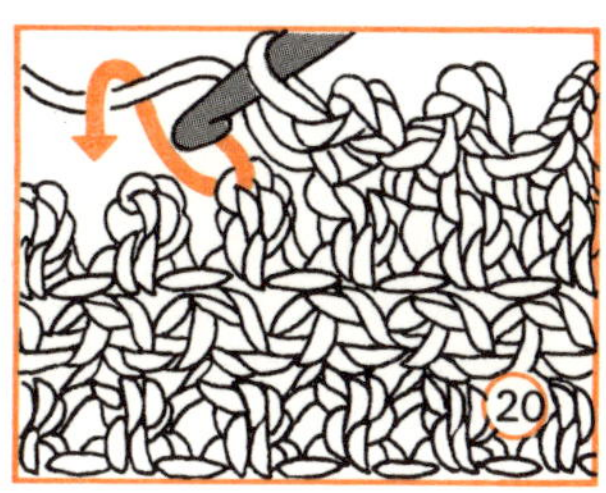

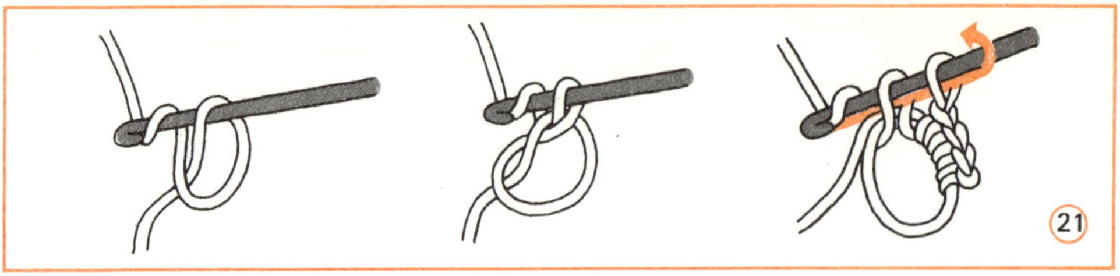

werden wie die zweite gearbeitet. Wir erhalten ein durchbrochenes Muster, das sich gut für leichte Sommerpullover eignet.

Kleine Kniffe

Fadenring

Der Anschlag auf einem Fadenring (Abb. 21) wird gern beim Fertigen runder Stücke, vorwiegend Mützen, angewandt. Wir legen aus dem Faden eine Schlinge, führen die Nadel von innen nach außen durch diesen Ring, holen mit dem Häkchen den Faden durch, so daß wir eine Schlinge auf der Nadel haben, schlagen den außen liegenden Faden um die Nadel und ziehen ihn durch die Schlinge. Nun häkeln wir feste Maschen immer um den Fadenring herum, stechen innerhalb des Ringes ein, schlagen den außenliegenden Faden um die Nadel und ziehen ihn durch beide Schlingen. Der Fadenring bleibt dabei frei beweglich und kann zusammen- und auseinandergezogen werden. Haben wir ihn dicht umhäkelt, beginnen wir, auf diesem kreisförmigen Anschlag zu arbeiten.

»Um-die-Ecke«-Häkeln

»Um die Ecke« häkeln wir, wenn ein quadratischer Gegenstand in Runden gearbeitet werden soll. Dieses System wird seit Jahrzehnten besonders bei den unentbehrlichen und vornehmlich in der Weihnachtszeit nahezu serienweise entstehenden Topflappen (Abb. 22) angewandt.

Wir beginnen mit vier Luftmaschen, schließen sie mit einer Kettenmasche zu einem Ring, häkeln eine Luftmasche und zwei feste Maschen in die folgende Luftmasche und je drei feste Maschen in die nächsten Luftmaschen. Dazu kommt eine feste Masche in die Luftmasche, bei der wir begonnen hatten. Nun häkeln wir eine Kettenmasche in die erste feste Masche der unteren Reihe, dazu eine Luftmasche und zwei feste Maschen in den gleichen Einstichpunkt. In die nächsten beiden Maschen häkeln wir je eine feste Masche und in die dritte jeweils drei feste Maschen abwechselnd, bis wir die Runde vollendet haben. Nun können wir feststellen, daß bereits ein winziges Quadrat entstanden ist. Bei allen weiteren Runden arbeiten wir in die mittlere der drei Maschen, die die Ecke bilden, wieder je drei feste Maschen. Alle anderen Maschen werden einzeln gehäkelt. Wir wenden hierbei den Rosenstich an, stechen also jeweils in das volle Maschengliederpaar der Vorreihe ein. Auch wenn wir bei anderen Gegenständen eine Ecke ausarbeiten wollen, häkeln wir je drei Maschen in die entsprechende Eckmasche der unteren Runde.

Zu- und Abnehmen

Das Zu- und Abnehmen ist beim Häkeln sehr einfach. Beim Zunehmen am Rand häkeln wir eine entsprechende Anzahl Luftmaschen dazu und arbeiten in der nächsten Reihe unser Muster darauf weiter.

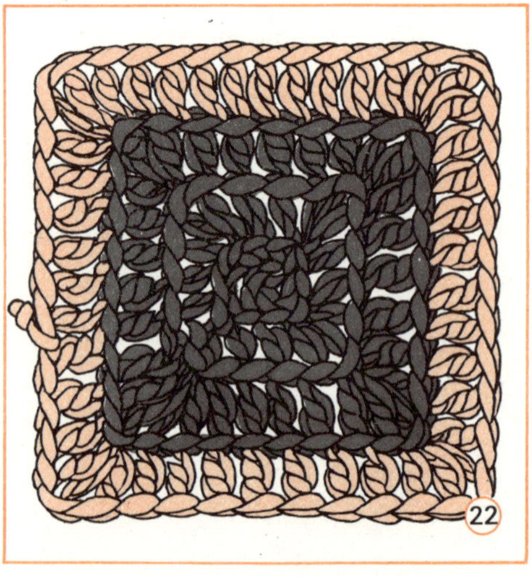

Voranstehende Seite:

71 Stickerei (Ø 30 cm) »Markttag in Böhmen«

72 Gestickte Glückwunschkarte

73, 74 Stickmustervorlagen. Das Blumen- und Jagdhornmotiv wurde vor 1850 entworfen, die Schmetterlinge in der 2. Hälfte des 19. Jahrhunderts.

75, 76 Vorlagen aus einem Stickmusterbuch von 1803

77 Häkelei mit Nadelspitze (Diese Kombination wird auch als Luftspitze bezeichnet.)

78 Häkelspitzen (Anfang 20. Jahrhundert)

79 Paradehandtuch aus Thüringen (18. Jahrhundert), Gewebe mit eingelesenem Muster

80 Wandbehang (Ausschnitt). 1845 in Thüringen gewebt, Muster eingelesen

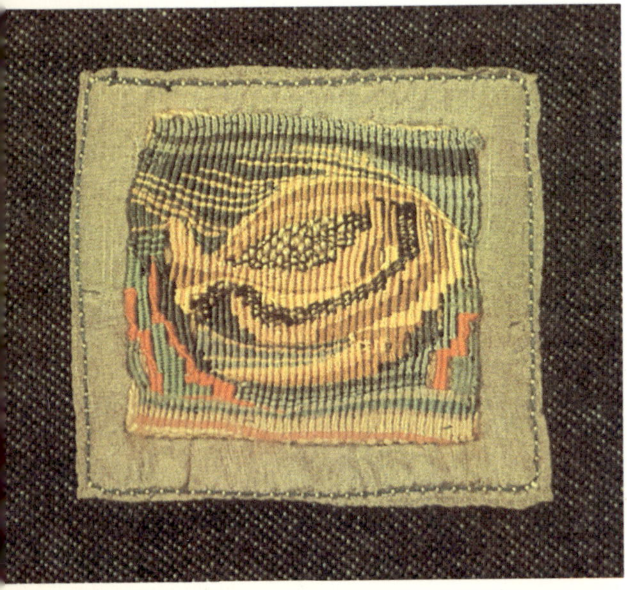

81–84 Webminiaturen – etwa postkartengroß »Theater«, »Zauberfisch«, »Zirkustor«, »Landschaft«

85 Angefangene Webminiatur. (Rahmengröße 17 × 12,5 cm, Kette: Leinengarn, Schuß: Seidenfaden.) Das Muster wird mit der Nadel eingelesen (Flechtwebtechnik).
86 Brettchenweberei

Folgende Seite:
87–89 Gewebte Bilder. In Flechtwebtechnik auf einem Leistenrahmen gefertigt

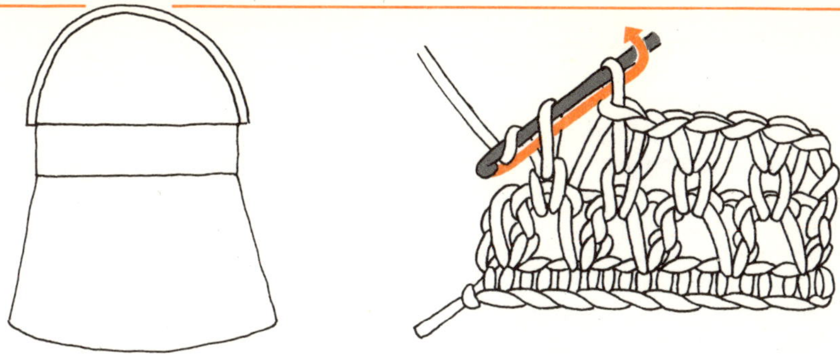

23

Wollen wir in der Mitte zunehmen, stechen wir in eine oder mehrere Maschen der Vorreihe mehrmals ein wie beim Ekkenhäkeln. Nehmen wir am Rand ab, bleibt die erforderliche Anzahl Maschen stehen, d.h., wir arbeiten darauf nicht weiter. Beim Abnehmen in der Mitte übergehen wir eine oder mehrere Maschen der unteren Reihe.

Wollen wir beim tunesischen Häkelstich an den Rändern Maschen aufnehmen, häkeln wir in die Endmasche jeweils eine neue Schlinge, nehmen wir ab, maschen wir in der Schlußreihe je zwei Schlingen zugleich ab.

Vorschläge zum Nacharbeiten

Die nun folgenden Beispiele sollen eine kleine Anregung sein, wie wir die Häkelstiche und Maschen zu Mustern fügen und praktisch anwenden können. Sie erheben allerdings keinerlei Anspruch darauf, eine Handarbeitszeitschrift mit Schnittmusterbogen, Arbeitsanleitung und Häkelschema ersetzen zu wollen.

Tasche

Für die Tasche auf Abb. 23 verarbeiten wir Häkelgarn Nr. 15 oder Bindfaden mit einer Häkelnadel Nr. 4. Ferner brauchen wir einen Taschenbügel sowie Futterstoff oder Folie zum Abfüttern.

Zuerst häkeln wir einen etwa 10 cm breiten Rand fester Maschen (im Rosenstich). Dann wenden wir mit zwei Luftmaschen, holen eine Schlinge aus der vorletzten Masche der unteren Reihe, häkeln eine Luftmasche, schlagen den Faden nochmals um und holen ihn durch beide Schlingen. Wir häkeln noch eine Luftmasche und wiederholen diesen Arbeitsgang, in jede Masche der Vorreihe einstechend. Nach dieser ersten Musterreihe wenden wir mit drei Luftmaschen. Bei allen folgenden Musterreihen stechen wir in die Lücke zwischen den beiden unteren Maschen ein, holen eine Schlinge unter der Luftmasche der Vorreihe durch, häkeln eine Luftmasche, maschen mit einem Umschlag beide Schlingen ab und häkeln noch eine Luftmasche. Dieses Muster arbeiten wir weiter, bis die gewünschte Höhe der Tasche erreicht ist. Wir fertigen danach ein ebensolches Teil an und einen Streifen fester Maschen, der die Länge beider Seiten und der Unterkante der Taschenteile entspricht. Wir häkeln dann alle Taschenteile mit Kettenmaschen zusammen; der feste Maschenrand ist oben. Der Taschenbügel wird mit festen Maschen oder Stäbchen angehäkelt. Aus Futterseide oder Folie nähen wir einen Beutel in erforderlicher Größe und säumen ihn an der Taschenöffnung mit Saumstichen gegen. Futter und Garn sollten farblich zusammenpassen.

Handschuhe und Gürtel

Als Material eignen sich Häkelgarn Nr. 15 und Häkelkunstseide, zweifädig verarbeitet, mit einer Häkelnadel Nr. $1\frac{1}{2}$.

Handschuhe

Die Handschuhe beginnen wir am unteren Rand mit einem Streifen fester Maschen, den wir in hin- und hergehenden Reihen häkeln. Der Streifen soll der Handgelenkweite entsprechen und etwa 1,5 cm breit sein. Danach häkeln wir ein fortlaufendes Muster von Kreuzstäbchen, belassen an den Seiten aber einen Rand fester Maschen in der Breite des unteren Randes. Ist die Arbeit etwa 4 cm hoch, schließen wir sie mit einer Kettenmasche zu einem Ring und häkeln nur noch in Kreuzstäbchen weiter bis in Daumenhöhe, die wir an der Hand abmessen. Der Schlitz soll an der Außenseite des Handgelenks liegen. Für den Daumen übergehen wir die der Daumenbreite entsprechende Anzahl Stäbchen (etwa acht Maschen) und häkeln die gleiche Anzahl Luftmaschen darüber. Das Kreuzstäbchenmuster wird glatt weitergearbeitet bis zum kleinen Finger. Wir zählen ein Viertel der Gesamtmaschenzahl aus, nehmen für den Zwischenraum der Finger vier Luftmaschen auf, schließen mit einer Kettenmasche einen Ring und häkeln den Finger im Kreuzstäbchenmuster in der erforderlichen Länge. Wir nehmen dann rasch ab, und die letzten Maschen werden mit einem Faden zusammengezogen. Wir arbeiten danach zwei Runden Kreuzstäbchen weiter, teilen die verbliebene Maschenanzahl durch drei und häkeln alle Finger wie den kleinen, wobei für jeden Zwischenraum vier Maschen aufgenommen werden müssen. Zum Schluß häkeln wir den Daumen. Der zweite Handschuh wird wie der erste, nur seitenverkehrt, gearbeitet.

Gürtel

Für den Gürtel (Abb. 24) fertigen wir einen 5 bis 6 cm breiten Streifen in Kreuz-

24

stäbchen an, unterlegen ihn mit dem doppeltbreit zugeschnittenen Stoff des Kleides und nähen den Häkelstreifen so auf, daß der Stoff an beiden Seiten um die halbe Gürtelbreite übersteht. Auf der Rückseite wird ein Streifen Steifleinen mit Hexenstichen gegengenäht, der überstehende Stoff darumgelegt und mit Saumstichen befestigt. Als Verschluß können wir Haken und Ösen anbringen.

Der Gürtel kann auch aus einem gröberen Material gearbeitet werden, etwa aus Soutache, Bast oder Schnur, dazu eine passende Tasche anstelle der Handschuhe.

Runder Häkelteppich

Wir nehmen dafür sehr starkes Wollgarn und eine Häkelnadel Nr. 5 aus Plast. Sehr hübsch wirkt der Teppich (Abb. 25) in zwei Farbnuancen, die in der Helligkeit kontrastieren, z. B. beige-braun meliert und braun-beige meliert.

Wir beginnen mit einem Fadenring, auf den halbe Stäbchen gearbeitet werden.

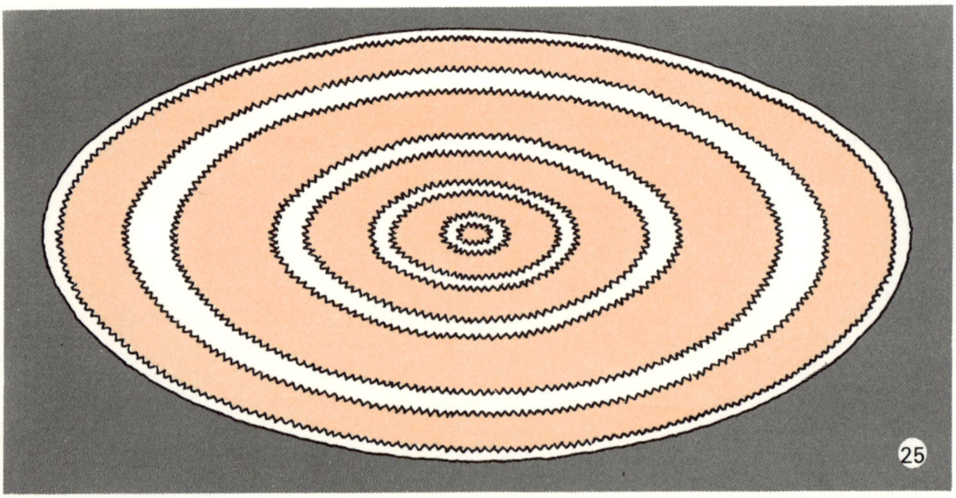

25

Die ersten 5 cm häkeln wir in der dunkleren, die nächsten 5 cm in der helleren Farbe. Der folgende dunkle Streifen soll 15 cm breit sein und der anschließende helle Streifen wieder 5 cm. Es geht weiter mit 15 cm in Dunkel, 5 cm in Hell, 20 cm in Dunkel, 10 cm in Hell, 30 cm in Dunkel, 15 cm in Hell. Wenn wir jetzt den Teppich mit einem 5 cm breiten dunklen Streifen abschließen, hat er einen Durchmesser von 220 cm. Soll er etwas größer werden, arbeiten wir den letzten dunklen Streifen 20 cm breit und lassen dann einen hellen Abschlußstreifen von 5 cm Breite folgen. Der Durchmesser beträgt nun 260 cm. Während des Arbeitens sollte der Teppich von Zeit zu Zeit auf dem Boden ausgebreitet werden, um zu kontrollieren, ob er plan liegt. Wellt sich der Teppichrand, haben wir zuviel, rollt er sich nach innen, zuwenig zugenommen. In diesem Fall müßten wir die letzte Runde auftrennen und die Anzahl unserer Zunahmestellen nach oben beziehungsweise unten korrigieren.

Kostüm in Stäbchenmuster

Zunächst besorgen wir uns für das Kostüm (Abb. 26) ein Schnittmuster oder kopieren uns eines vom Schnittmusterbogen.

Wir beginnen mit dem Rock. Für den unteren Rand schlagen wir 88 Luftmaschen an und häkeln dann eine Reihe fester Maschen. Die nächste Reihe wird eine Lochreihe aus einfachen Stäbchen. Wir fangen mit zwei Luftmaschen an, häkeln dann ein Stäbchen in die erste Masche der Vorreihe, anschließend eine Luftmasche und wieder ein Stäbchen in die dritte Masche der Vorreihe usw., indem wir jeweils eine Masche der Vorreihe mit einer Luftmasche übergehen und dazwischen ein Stäbchen häkeln. Die nächsten fünf Reihen werden in einfachen Stäbchen – ohne Löcher – gearbeitet.

Nun folgt das Lochmuster in Rhombenform. Die erste Reihe besteht aus fünf Stäbchen, denen sich jeweils ein Loch und zehn Stäbchen im Wechsel anschließen. Den Schluß bilden wieder fünf Stäbchen. Die zweite Reihe beginnen wir mit vier Stäbchen, einem Loch, einem Stäbchen (dieses befindet sich genau über dem Loch der Vorreihe), einem Loch, acht Stäbchen, und wiederholen diesen Rapport bis zum Ende der Reihe. In den folgenden Reihen werden die Löcher jeweils um eine Masche versetzt. So befinden sich in der dritten Musterreihe zwischen den Löchern innerhalb jedes Rhombus drei Stäbchen, in der vierten Reihe fünf Stäbchen. In der fünften Reihe wären es sieben Stäbchen, doch hier ersetzen wir das mittelste Stäbchen ebenfalls durch ein Loch. In der sechsten Reihe erhält unser Rhombus die größte Breite, und hier arbeiten wir rechts und links neben dem mittleren Loch der Vorreihe wieder je ein Loch und in der Mitte ein Stäbchen. Die siebente Reihe häkeln wir ebenso wie die fünfte, die achte wie die vierte usw., bis die Rhomben vollständig sind.

Wir arbeiten nun in Stäbchenmuster weiter. Dabei nicht vergessen, dem Schnitt entsprechend, die erforderliche Anzahl Maschen abzunehmen! Den zweiten Rockteil arbeiten wir genauso wie den ersten und nähen die Seiten zusammen. Links wird ein Stück offengelassen für den Reißverschluß. Zum Schluß häkeln wir aus festen Maschen einen 3 bis 4 cm breiten Bund,

26

den wir mit einem Gummigurtband von innen verstärken können.

Die Jackenteile beginnen wir ebenfalls am unteren Rand mit einem Luftmaschenanschlag und einer Reihe fester Maschen und fügen drei Reihen Stäbchen an.

Das Rhombenmuster wird nur in die Vorderteile gearbeitet, aber diesmal nicht quer, sondern längs. Das unterste Loch fangen wir – von der Mitte aus gezählt – über der siebenten Masche der Vorreihe an. Wir arbeiten danach weiter, wie beim Rock beschrieben, bis der erste Rhombus beendet ist, lassen zwei Reihen Stäbchen folgen und dann den nächsten Rhombus. Insgesamt häkeln wir fünf Rhomben übereinander. Die seitlichen Kanten der Vorderseite schmälern oder verbreitern wir, dem Schnitt entsprechend, durch Abnehmen bzw. Zunehmen von Maschen.

Für die Schrägung des Ausschnittes nehmen wir diesmal nicht an der vorderen Mitte ab, sondern innerhalb des Vorderteiles zwischen der Musterkante und dem seitlichen Rand. Wir beginnen oberhalb des dritten Rhombus und nehmen an gleichmäßig verteilten Stellen auf der Länge nach oben sechs bis acht Maschen ab.

Rückenteil und Ärmel werden ohne Musterkante nur aus einfachen Stäbchen gehäkelt. Nach dem Zusammennähen der einzelnen Teile umranden wir die Jacke, ausgehend von der hinteren Mitte des Halsausschnittes, ringsum mit einer Reihe fester Maschen, einer Lochreihe, wie beim Rocksaum beschrieben, und zwei Reihen fester Maschen.

Zum Schluß nähen wir rechtsseitig fünf oder sechs Knöpfe an, die so klein sein sollten, daß sie durch die Löcher der Kante geknöpft werden können. Die Knopfreihe sollte von oberhalb des dritten Rhombus bis unterhalb des ersten reichen.

Als Ergänzung können wir uns noch einen Bindegürtel aus festen Maschen anfertigen.

Couchdecke aus einzelnen Quadraten

Soll die Decke eine Abmessung von 220 cm × 180 cm haben, brauchen wir 396 Quadrate 10 cm × 10 cm groß. Am dekorativsten wirkt die Decke in vier bis sechs klaren Buntfarben, die gut zueinander und zu den übrigen Wohnraumtextilien passen, sowie einer neutralen Farbe, z. B. Schwarz oder Grau. Die einzelnen Quadrate halten wir zweifarbig: Das Mittelteil in einer der Buntfarben, den Rand in der neutralen Farbe. Wir fertigen in jedem Farbton die gleiche Anzahl von Quadraten an, die wir dann in einem wiederkehrenden Rapport zusammenfügen.

Die Quadrate beginnen wir nach der Beschreibung zu Abb. 22, häkeln jedoch nach der 1. Runde folgendermaßen weiter:

2. Runde: eine Luftmasche und zwei halbe Stäbchen in die erste feste Masche der Vorreihe, dann im Wechsel zwei halbe Stäbchen und drei halbe Stäbchen in eine Masche der Vorreihe.

3. Runde: zwei Luftmaschen, anschließend im Wechsel fünf Stäbchen, vier Stäbchen, fünf Stäbchen in eine Masche der Vorreihe.

4. Runde (in neutraler Farbe): zwei Luftmaschen, fünf Stäbchen, acht Stäbchen und wieder fünf Stäbchen in eine Masche im Wechsel.

Die Runden werden jeweils mit einer Kettenmasche geschlossen. Ist das Quadrat fertig, vernähen wir die Fäden gut. Zum Schluß werden die Einzelteile mit dem neutralfarbenen Garn, das wir für die Ränder verwendet haben, zusammengehäkelt. Dazu legen wir die Quadrate rechts auf rechts übereinander, greifen mit dem Häkelhaken das jeweils obenauf liegende Maschenglied des oberen und unteren Teiles und verbinden beide Kanten mit Kettenmasche und einer Luftmasche im Wechsel. Die so entstehenden langen Streifen werden dann auf gleiche Art längs zusammengefügt.

WEBEN

13. Kapitel

Das Weben hat sich vor Jahrtausenden aus dem Flechten entwickelt. Voraussetzung war die Erfindung des Webrahmens. Er ermöglichte es, die Längsfäden, die Kette, straff zu spannen und wechselweise voneinander abzuheben, so daß der Querfaden, der Schuß, mühelos durch das entstandene »Fach« geschoben werden konnte. Webstühle mit einfachem Fachwechsel waren in Ägypten nachweislich bereits vor mehr als 6000 Jahren in Gebrauch.

Durch »Schäfte«, mit deren Hilfe die Kettfäden in unterschiedlicher Gruppierung gehoben und gesenkt werden können, wurde der Webstuhl sehr viel später vervollkommnet. Der älteste Hinweis auf einen mehrschäftigen und mit Tritthebeln ausgestatteten Handwebstuhl zur Herstellung reichgemusterter Seidenstoffe stammt aus China und ist immerhin etwa 2000 Jahre alt. In Europa hielt der Webstuhl mit fußbetriebenen Schäften um 1300 Einzug, er fand bis zu Beginn des 19. Jahrhunderts allgemein Verwendung. Dann setzten sich immer bessere mechanische Webstühle durch und ließen den Handwebrahmen vorübergehend beinahe in Vergessenheit geraten. Erst in unserem Jahrhundert wurde er vom Kunsthandwerk wiederentdeckt.

Die Handwebstühle haben sich, seit die Schäfte aufkamen, nicht mehr wesentlich verändert. Die heute gebräuchlichen sind in ihren Grundzügen ähnlich aufgebaut wie damals, vor Hunderten von Jahren: Die Kette ist am Kettbaum befestigt; sie läuft straff nach vorn (oder nach unten), passiert dabei das Fadenkreuz (Sortierung der Kettfäden in gerade und ungerade zählende), dann die Schäfte (evtl. mit Trittbetätigung), die beweglich angebrachte Lade (auch Kamm genannt), die den Schuß anschlägt, zuletzt den Brustbaum und ist am Warenbaum befestigt.

Tischwebrahmen (Abb. 1), mit denen wir uns kleine Dinge zur eigenen Freude oder als Geschenk arbeiten können, sind recht einfach zu handhaben. Sie besitzen in der Regel keine Schäfte, sondern nur das Webblatt. Ziehen wir alle gerade zählenden Kettfäden durch seine Löcher und die anderen durch die Schlitze und legen das Blatt auf die Kammhalter, auch Böckchen genannt (Stellung 1), so bildet sich das erste Fach, und der Faden kann durchgeschossen werden (Abb. 2). Nimmt man das Blatt herunter (Stellung 2) und schießt den Faden ein, ist die zweite Bindung fertig (Abb. 3). Geschieht das immer im Wechsel, dann bekommen wir ein leinenbindiges Gewebe. Der Faden wird nach jedem Schuß mit dem Blatt angeschlagen.

Sollte jemand einen Webrahmen mit mehreren Schäften besitzen, werden für die Leinenbindung alle Kettfäden mit gerader Zahl durch den einen, alle mit ungerader Zahl durch den zweiten Schaft gezogen und danach noch durch das Blatt gefädelt.

Die drei Grundbindungsarten

Leinenbindung

Köperbindung

Atlasbindung

Die Leinenbindung (Abb. 4) kennen wir bereits. Hierbei wird der 1., 3., 5. und 7. Faden über-, der 2., 4., 6. und 8. Faden untergangen, und zwar von Reihe zu Reihe im Wechsel.

Köperbindung (Abb. 5) entsteht, wenn der Schuß unter dem 1. und 2., 5. und 6., 9. und 10. Kettfaden durchläuft und über die dazwischenliegenden Fäden geführt wird. In der zweiten Reihe wird das Muster versetzt, so daß der Schuß unter dem 2. und 3., 6. und 7., 10. und 11. Kettfaden liegt. Es gibt sehr viele verschiedene Arten der Köperbindung. Man unterscheidet unter anderem gleichseitigen und ungleichseitigen sowie drei- und vierbindigen Köper, für den man aber drei beziehungsweise vier Schäfte haben muß. Oben beschriebener Köper ist ein gleichseitiger.

Die Atlasbindung (Abb. 6) ist sehr schwierig. Für sie sind mehr als vier Schäfte nötig; sie ist auf dem Handwebrahmen kaum zu arbeiten.

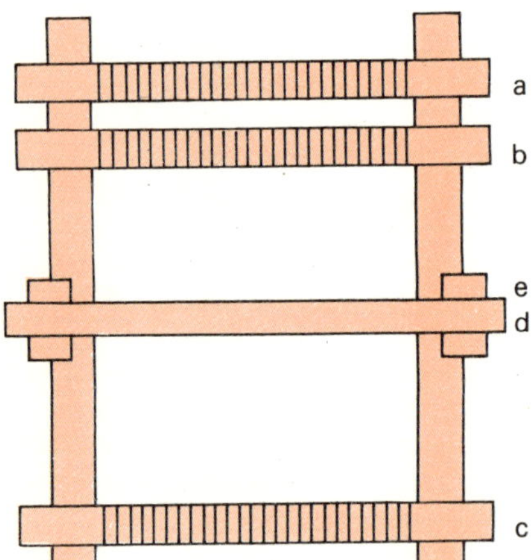

a hinterer Kettbaum

b vorderer Kettbaum

c Warenbaum

d Kamm

e Kammhalter (Böckchen)

1

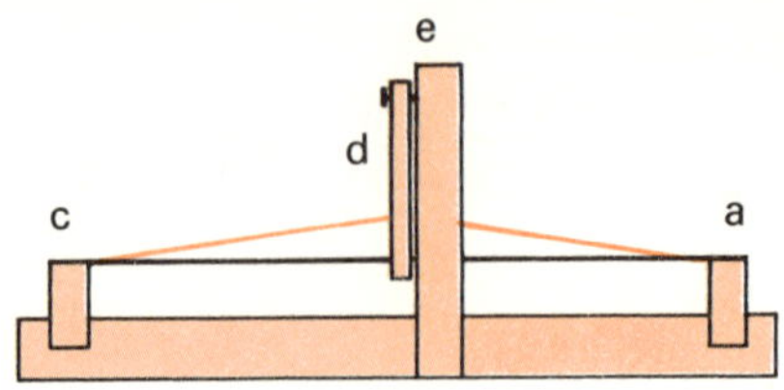

Stellung 1

2

Das Garn

Das Kettgarn kann dünn, muß aber haltbar sein und darf sich nicht aufkräuseln. Das Anschlagen des Schusses wird sonst sehr erschwert. Als Schußfaden eignet sich jede Wollart sowie Garngemisch mit Synthetikanteil. Was wir verwenden, richtet sich danach, welche Struktur und welches Muster wir uns vorstellen.

Vorbereiten der Kettfäden

Zunächst berechnen wir die Kettfäden. Wir brauchen bei jedem Gewebe einen Doppelfaden als Grundlage. Soll die fertige Arbeit 75 cm lang werden, gehen wir von einem 150 cm langen Faden aus, geben 10 Prozent (in diesem Falle 15 cm) für das Zusammengehen nach dem Abnehmen

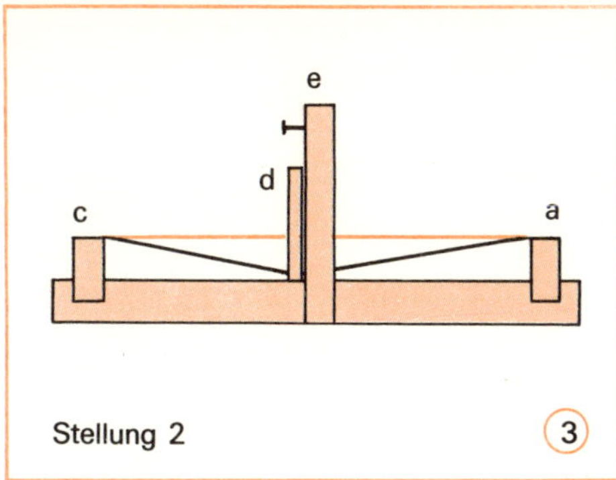

Stellung 2 (3)

vom Rahmen zu und 30 cm für das Befestigen an Kett- und Warenbaum. Sind am Gewebe oben und unten Fransen vorgesehen, brauchen wir weitere 30 cm, insgesamt also 225 cm.

Haben wir den Faden abgemessen, schließen wir ihn am Ende mit einem Knoten zum Ring und stellen zwei Stühle mit gerader Lehne so weit voneinander entfernt auf, daß der Faden ganz straff herumläuft. Nun berechnen wir die Anzahl der benötigten Kettfadenpaare. Soll unsere Arbeit die ganze Breite des Webrahmens einnehmen, dann brauchen wir ebenso viele Fäden, wie sich Schlitze im Blatt (Kamm) befinden. Genauso viele Male wickeln wir anschließend den Faden vom Knäuel um die Stühle. Damit wir uns nicht verzählen, können wir nach jeweils zehn Runden ein Zeichen machen. Am Ende schneiden wir den Faden dort ab, wo der Knoten vom Anfang sitzt, nehmen das ganze Fadenbündel in die Hand, schneiden es am Knoten durch und flechten einen losen Zopf daraus. So verwirren sich die Fäden nicht, und es kann jeweils ein Fadenpaar am oberen Ende des Zopfes herausgezogen werden.

Einrichten des Webrahmens

Als erstes markieren wir an Kett- und Warenbaum sowie am Webblatt die Mitte. Brauchen wir für eine Arbeit nicht die ganze Breite des Rahmens, wird rechts und links derselbe Abstand vom Außenrand des Rahmens gelassen. Andernfalls würde das Gewebe schief werden. Nun befestigen wir die Doppelfäden in den Schlitzen des Kettbaumes. Falls diese nicht tief genug sind, müssen wir die Fäden anschlingen.

Bei besonders dünnen Kettfäden verstärken wir die »Webkante«, indem wir rechts und links am Kettbaum die beiden äußeren Fadenpaare verdoppeln.

Aufbäumen der Kette

Bevor wir nun die Kette »aufbäumen«, legen wir uns einen Bogen Papier bereit, der so breit ist wie der Kettbaum und einmal um ihn herumreicht. Dann bitten wir jemanden, vier Finger jeder Hand in die Kette hineinzuhaken, sie straff zu spannen und gleichzeitig recht breit zu halten. Wir legen das Papier auf die Kette, nehmen den Kettbaum fest in beide Hände und wikkeln die Kette straff und gleichmäßig auf, bis die Fäden nur noch wenig über den Warenbaum herausragen. Der Papierbogen wird gleich zu Anfang mit eingewikkelt; er verhindert, daß sich die Kette verwirrt. Alle Kettfäden werden jetzt, von der Mitte ausgehend, rechts und links durch Schlitz bzw. Loch des Webblattes gefädelt. Anschließend knoten wir, wieder von der Mitte aus, abwechselnd rechts und links jeweils ein Fadenpaar an den Warenbaum (Abb. 7a). Sind die Schlitze tief genug, braucht man die Fäden nur hineinzulegen (Abb. 7b). Kommen dann mehrere solcher

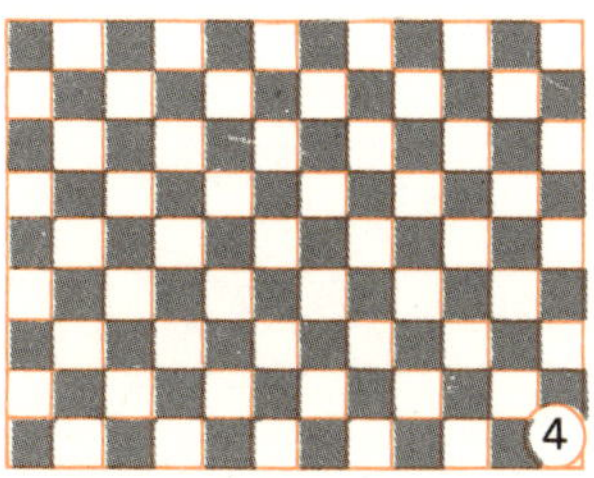

(4)

(5)

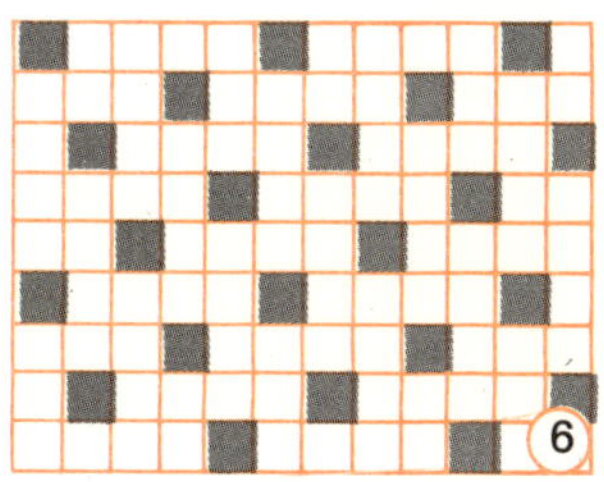

(6)

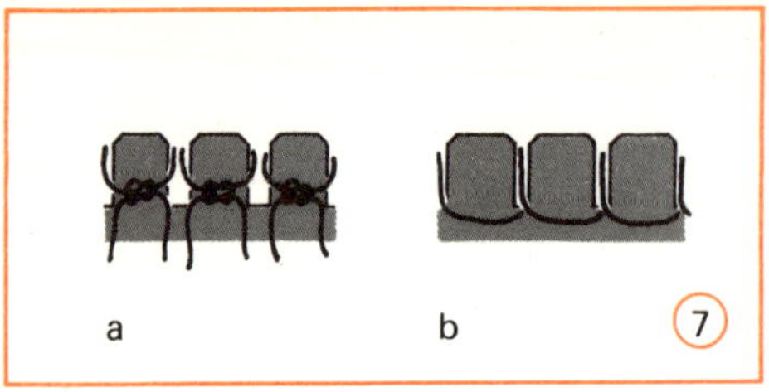

7

Verschlingungen übereinander, ist der Faden genügend gesichert. Das bloße Einlegen der Fäden erleichtert später das Abnehmen der Webarbeit und gestattet es, die Enden zu Fransen zu verknoten.

Einlegen des Schußfadens

Sind alle Fäden am Warenbaum befestigt, umwickeln wir so viele Webnadeln (Schiffchen), wie wir Farben für unsere Arbeit benötigen, und beginnen zu weben. Ganz gleich, welches Muster später entstehen soll, den 5 bis 10 cm breiten Rand arbeiten wir stets in Leinenbindung.

Um zu einem sauberen Gewebe zu kommen, dürfen wir den Schußfaden niemals straff durch die Kette führen, sondern müssen ihn stets im Bogen einlegen (Abb. 8). Ist die Kette dünn, brauchen wir einen kleineren, ist sie dick, einen größeren Bogen. Bei sehr starkem Kettgarn müssen wir den Schuß mit den Fingern in Wellenlinien schieben (Abb. 9).

Schußrips

Schlaufen am Rand zeigen an, daß der Bogen zu groß war. Wird das Gewebe enger, haben wir »eingewebt«, d. h., der Bogen war zu klein. Beides sind Fehler, die vermieden werden müssen.

Soll ein entsprechendes Stück, ein Schal etwa, Fransen bekommen, wird vor dem Weben ein Pappstreifen über die ganze Breite der Webarbeit eingelegt, der der Länge der Fransen entspricht. So verfahren wir auch, wenn wir auf dem Rahmen die Kette für zwei Kissen mit Fransen aufgezogen haben. Wir weben dann zunächst das erste Kissen und legen nun eine genügend breite Pappe für die Fransen beider Kissen ein. Spätestens beim Aufwickeln des Gewebes auf den Warenbaum wird die Pappe herausgezogen.

Abnehmen der Webarbeit

Haben wir unser Webstück so lang gewebt, wie es nötig ist, schneiden wir die Knoten an Kett- und Warenbaum auf oder ziehen die Kettfäden vorsichtig aus den Schlitzen. Wird das Gewebe später mit Nähten weiterverarbeitet, nähen wir oben und unten mit der Maschine mehrfach über die Schuß- und Kettfäden, um den Rand zu sichern. Wollen wir an unserem Stück nur Fransen haben, müssen wir immer zwei Kettfäden herausziehen und gleich verknoten.

Musterungsmöglichkeiten bei der Leinenbindung

Querstreifen

Ist das Kettgarn dünn und der Schuß dick, erhalten wir Schußrips. Die Kette wird völlig überdeckt; sie darf folglich sogar aus Bindfaden bestehen. Bei dieser Art können Streifen in Querrichtung zur Kette gewebt werden. Wollen wir für unser Muster mehrere farbige Garne verwenden, führen wir alle gerade nicht benötigten an einem Rand des Gewebes mit. So ist jede Farbe zur Hand, wenn wir sie brauchen. Geht ein Faden zu Ende, dürfen wir ihn niemals am Rand hängenlassen. Wir schießen ihn ein Stück weit ins Fach hinein, legen den

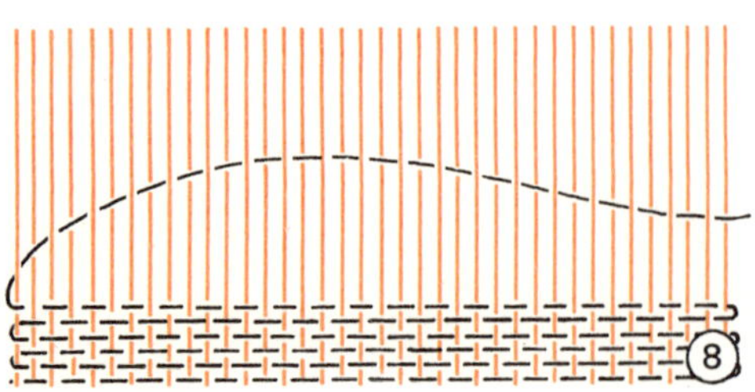
8

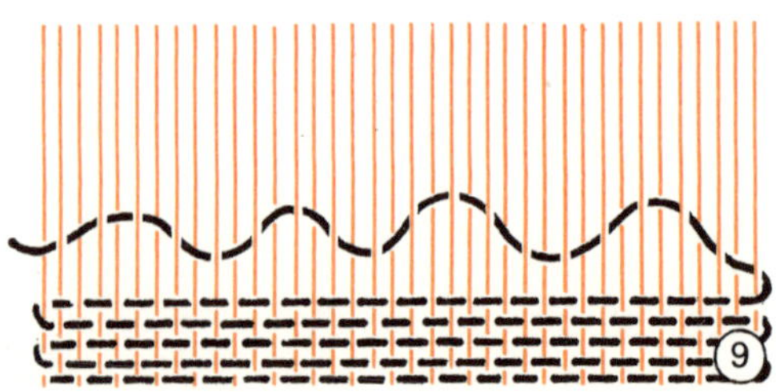
9

neuen 3 bis 5 cm weit darüber und lassen beide Fadenenden nach unten hängen.

Längsstreifen

Streifen in Längsrichtung kommen zustande, wenn abwechselnd ein Faden der Grundfarbe und ein andersfarbiger Faden durchgeschossen wird. Dieses Muster können wir variieren, indem wir nach zehn oder zwanzig Schüssen wechseln. Geschieht das in bestimmtem Rhythmus, ergeben sich kleine Karos. Für diese Musterstreifen kann man auch mehrere Farben verwenden.

Einlegen verschiedenartiger Materialien

Beim Einlegen verschiedenartiger Materialien muß die Kette aus farbigem Garn sein, weil sie gesehen wird. Hübsch sind beispielsweise Tischläufer oder kleine Taschen, zu denen die Maisblätter vom Kolben als Schuß verarbeitet werden. Die Kolbenblätter müssen etwa 5 Minuten in Wasser gelegt, dann verputzt und in schmale Streifen gerissen werden. Vor dem Einlegen in die Kette drücken wir sie in einem alten Handtuch aus, damit sie nur ganz wenig feucht sind. Mit dem Kettgarn weben wir erst ein Stück in Leinenbindung und legen dann die Maisstreifen so ein, daß Anfang und Ende derselben etwa 3 cm nebeneinanderliegen. Rechts und links an der Webkante schlagen wir die Blättchen nach innen ein. Über jede Lage Maisblätter kommen zwei Befestigungsschüsse mit festem Garn. Gut sieht es aus, wenn wir den grünen oder bräunlichen Ton der Blätter durch eine dunklere Schattierung des Kett- und Schußgarnes unterstreichen.

Ist die volle Länge des Webstückes erreicht, nehmen wir es vom Rahmen herunter und verknoten die Kettfäden paarweise. Nicht zu dünnes Kettgarn können wir als Fransen stehenlassen. Andernfalls verstechen wir die Enden nach innen.

Soll aus unserem Gewebe mit Maisblatteinlage eine flache Handtasche entstehen, steppen wir rechts auf rechts ein Futter auf beide Längsseiten, wenden die Arbeit und nähen oben und unten mit feinen Stichen das Futter an das Gewebe. Die Tasche kann aus drei gleichen Teilen bestehen, die Taschenklappe kann aber auch kürzer gehalten sein. Verschlossen wird die Tasche mit einem Holzknopf oder Bambusknebel.

Legen wir anstelle der Maisblätter Span oder Bast ein, können wir auf diese Weise auch Matten herstellen.

Große Muster

Großflächige Muster erhalten wir, wenn Kette und Schuß aus gleich starkem Material bestehen und in die Kette zusätzlich zum Grundton zwei oder drei passende Farben mit eingezogen werden. Karos

Bei einem Schal könnte die Kette etwa so aussehen: Schal

4 Kettfäden Grundfarbe
1 Kettfaden grün
1 Kettfaden braun
1 Kettfaden grün
3 Kettfäden Grundfarbe
1 Kettfaden braun
3 Kettfäden Grundfarbe
1 Kettfaden grün
1 Kettfaden braun
1 Kettfaden grün
7 Kettfäden Grundfarbe
1 Kettfaden grün
1 Kettfaden braun (Mitte)

Haben wir die Kette aufgebäumt, legen wir zuerst einen Pappstreifen in Breite der Fransen ein und weben ein Stück des Schals in der Grundfarbe. Nun können Schüsse in Grün-Braun-Grün folgen und wieder mehrere Schüsse in Grundfarbe und anschließend in Grün-Braun-Grün. Ob wir auf diese Weise quadratische oder rechteckige Felder weben, bleibt uns überlassen. In jedem Fall aber müssen die wiederkehrenden Musterelemente in Form und Größe übereinstimmen. Es ist deshalb ratsam, sich bis zur Mitte des Schals über die Anzahl der Schußfäden in der Grundfarbe Notizen zu machen. Ab Schalmitte arbeitet man dann gegengleich und darf natürlich auch nicht vergessen, am Ende die Fransen zu berücksichtigen.

Kleine Muster

Hübsche kleingemusterte Stoffe ergeben sich, wenn Kette und Schuß in zwei oder drei Farben gearbeitet werden. Hier einige Musterungsmöglichkeiten:

a) Kette vierfach in einer Farbe spannen,

zweite Farbe viermal ins gleiche Fach schießen (den Faden jeweils um den rechten und linken Außenkettfaden schlingen), danach das Fach wechseln.

b) Kette dreifarbig aufziehen (dunkelbraun, hellbraun, hellblau), Schuß einfarbig halten (hellblau). Fachwechsel erfolgt wieder nach vier Schüssen.

c) Für Gewebe mit Noppencharakter in bestimmtem Rhythmus je ein Loch im Blatt freilassen und den Schuß doppelt einlegen.

Muster einlesen

Für bunte Borten an der Webarbeit können wir die Muster einlesen, d. h., unabhängig von der Fachbildung, wird an den Kettfäden das Muster ausgezählt. Alle Kettfäden liegen dabei in einer Ebene. Bevor wir mit dieser Arbeit beginnen, fertigen wir uns auf Kästchen- oder Millimeterpapier einen Entwurf an (Abb. 10). Jedes ausgefüllte Kästchen zeigt an, daß ein Kettfaden überdeckt, jedes leere, daß er untergangen wird. Bei Gebrauchsgegenständen müssen wir darauf achten, daß nicht zu viele Kettfäden auf einmal übersprungen werden, da die Musterkante sonst schnell beschädigt würde. Entschließen wir uns, an einem Wandbehang beispielsweise breitere Abstände zu lassen, müssen sie möglichst auf der linken Seite liegen. Die Breite der Borte richtet sich nach der Größe des Stükkes, das in dieser Technik entstehen soll – eine Buchhülle vielleicht oder eine Weste.

Für Kissen und bunte Beutel können wir auch verschiedene Borten entwerfen und sie beim Weben jeweils durch einen in der Grundfarbe des Gegenstandes gehaltenen Streifen in Leinenbindung voneinander trennen. Die Motive können sich innerhalb der Musterkante wiederholen. Damit sie an beiden Seiten gleichmäßig aufgehen, sind sie an den Kettfäden auszuzählen.

Mit einer leeren Webnadel oder einem langen Lineal lesen wir an Hand des Musters alle Fäden auf, die übersprungen beziehungsweise untergangen werden sollen. Dann stellen wir das Lineal hochkant und legen die Musterfarbe ein. Ein Schuß in Leinenbindung folgt, der das Gegenfach des darunterliegenden hat. Danach ein neuer Musterschuß usw., bis die kleine Kante fertig ist.

Weben wir einen Beutel, müssen wir anschließend noch ein ganzes Stück in Schußrips arbeiten. Den oberen Rand schlagen wir einige Zentimeter nach innen ein und befestigen ihn mit zwei Maschinennähten derart, daß ein Tunnel entsteht. Durch diesen Tunnel ziehen wir eine Kordel als Zug- und Trageband.

Der »Dreher«

Der »Dreher« ist ein Musterungseffekt, der ein wenig an Durchbrucharbeit erinnert. Er gestattet es, aus feiner Wolle duftige Gewebe herzustellen. Kette und Schuß müssen dazu aus dem gleichen Material bestehen. Der Dreher kann waagerecht und senkrecht angeordnet werden. Den Anfang des Gewebes und die Außenkanten der Dreherreihen sollte man in Leinenbindung arbeiten, damit das Gewebe besseren Halt hat.

Für waagerecht verlaufende Dreherreihen wird kein Trennstab benötigt. Der Kamm steht auf den Kammhaltern. Wir beginnen die Dreherreihe, indem wir das Schiffchen von rechts einschieben und zwar so, daß zwei Lochfäden sowie die beiden rechts dahinter- beziehungsweise darunterliegenden Schlitzfäden aufgefaßt werden. Dann schieben wir es zwischen Schlitz- und Lochfäden und arbeiten mit dem folgenden Doppelpaar Schlitz- und Lochfäden den nächsten Dreher usw., bis nur noch die Kettfäden für die leinenbin-

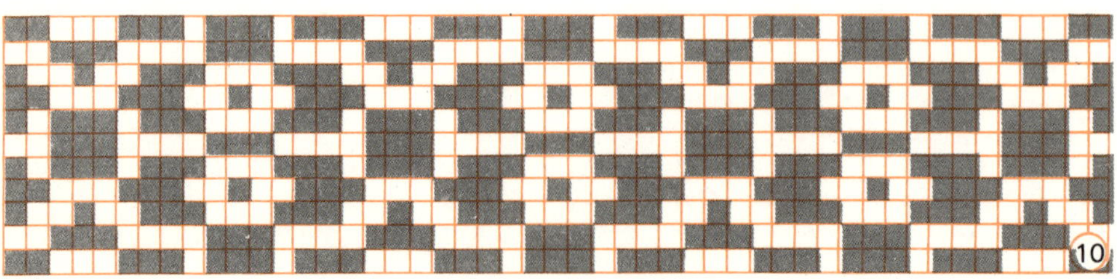

10

dige Kante übrigbleiben. Der Dreherreihe folgen einige Schüsse in Leinenbindung, dann wird von neuem gedreht. Die Abstände zwischen den Dreherreihen, die wir bis zum Schluß beibehalten, legen wir vorher fest.

Senkrecht angeordnete Dreherreihen entstehen, wenn man einzelne Schlitz- und Lochfadenpaare in einem bestimmten Rhythmus miteinander dreht und dazwischen leinenbindig arbeitet. Drei Schüsse in Leinenbindung schließen sich an, und in der nächsten Reihe werden jeweils über die unteren Dreher wieder Dreher gesetzt. Wir erhalten auf diese Weise ein zopfähnliches Muster.

Eine ganz luftige Sache ergibt der »Hexendreher«. Hier lassen wir auf mehrere Dreher Leinenbindung folgen, arbeiten die gleiche Anzahl Dreher wie vorher, wieder Leinenbindung und so fort bis zum Schluß der Kette innerhalb eines Schusses. Vorher zählen wir an den Kettfäden ab, wie viele Drehergruppen wir in einer Reihe anbringen können, damit Anfang und Ende übereinstimmen. Die zweite Dreherreihe arbeiten wir zur ersten versetzt, die dritte wie die erste usw.

Bildweberei

Die Bildweberei, nach einer französischen Färberfamilie auch Gobelinweberei genannt, ist die wohl anspruchsvollste Webtechnik. Sie ermöglicht durch Aneinanderweben farbiger Felder geometrische Muster, aber auch die freie Flächengestaltung und sogar figürliche Darstellungen. In jedem Fall brauchen wir dazu eine naturgroße Musterzeichnung, die unter der Kette befestigt werden kann. Beim Aneinanderweben der Felder führen wir innerhalb eines Faches zwei verschiedenfarbige Schußfäden gegeneinander und verbinden sie, indem wir entweder

a) beide umeinanderschlingen (Abb. 11a),
b) beide um den gleichen Kettfaden winden (b),
c) jeden Faden um den für ihn letzten Kettfaden legen (c).

In der zuletzt genannten Art entstehen Schlitze. Damit diese Schlitze nicht später vernäht werden müssen, kann man die Felder um einen oder um zwei Kettfäden zahnen (d), oder man behandelt die Schußfäden in Abständen von 2 bis 3 cm nach Methode a) oder b). Sind schräge Linien im Entwurf vorgesehen, gehen wir nach vier oder fünf Anschlägen von dem einen Kettfaden auf den linken oder rechten über (e). Wie aus den Zeichnungen ersichtlich, setzen sich alle Felder in irgendeiner Form eckig voneinander ab. Das müssen wir bereits im Entwurf berücksichtigen und ihn entsprechend vereinfachen.

Hier noch ein Hinweis zur Arbeitsmethode: Für große Felder benutzen wir die Webnadel, für kleine machen wir uns Schlingenbündel. Dazu wickeln wir das Garn um Daumen und Zeigefinger in Form einer Acht auf, binden das Ende mehrmals um die Mitte und verknoten es. Den Anfang des Bündels ziehen wir heraus und weben damit. Kleine Felder werden mit den Fingern ohne Fachbildung gegriffen und auch so angeschlagen. Große dagegen können wir mit Hilfe des Faches weben.

Alle Knäuel, die wir gerade nicht brauchen, lassen wir an der Weberei hängen. Um das dauernde Anlegen zu vermeiden, weben wir die verschiedenen Fäden mit ein (genau wie bei den Querstreifen), dann sind sie parat, wenn sie benötigt werden.

Bei der Gobelinweberei ist die uns zugekehrte Seite der Arbeit immer die linke. Auf der rechten fallen die Fadenverschlingungen weniger auf.

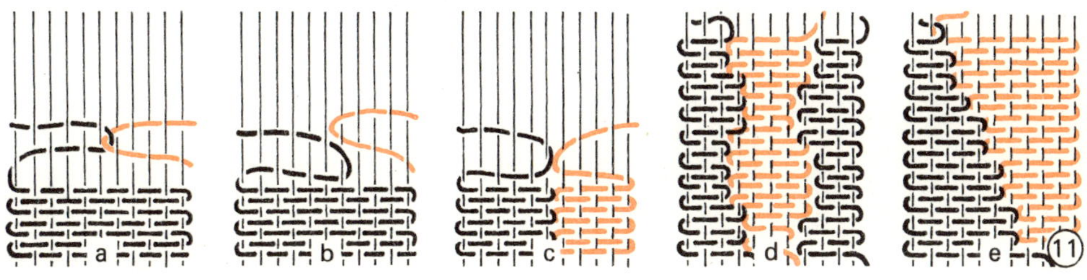

Weben

Knüpfen am Webrahmen

Webpuschel

Diese Mischtechnik aus Knüpfen und Weben eignet sich besonders gut für Brücken und Wandbehänge – Gegenstände also, die haltbar und formstabil sein müssen. Sofern wir nicht nach einer Vorlage arbeiten, fertigen wir uns zuerst einen Entwurf auf Millimeter-, Patronen- oder Karopapier in Originalgröße an. Damit wir uns am Ergebnis der immerhin recht zeit- und materialaufwendigen Knüpfarbeit lange erfreuen können, sollten wir große Sorgfalt darauf verwenden. Wichtig ist vor allem, daß sich der fertige Gegenstand sowohl vom Motiv als auch von der Farbgebung her harmonisch in seine Umgebung einfügt und auch etwas über seinen Schöpfer aussagt. Material und Technik verlangen die flächige Gestaltung. Verspielte Formen kommen ebensowenig zur Geltung wie scharfe Konturen. Um farbliche Ausgewogenheit zu erzielen, empfiehlt es sich, nicht mehr als ein Kontrastfarbpaar einzusetzen. Reine Farben sollten auf kleinen Flächen im Zentrum der Knüpfarbeit angeordnet werden, Mischfarben können sich nach den Seiten hin ausbreiten.

Zum Knüpfen auf dem Webrahmen brauchen wir außer Wolle festes Kettmaterial, am besten Bindfaden, sowie dünnes Schußgarn in Baumwolle zur Befestigung der Knüpfreihen.

Die Kettfäden werden wie für jedes andere Webstück berechnet und aufgespannt. Da Behänge und Brücken meistens Fransen erhalten, wird am unteren Rand ein Pappstreifen eingelegt, der bis zum ersten Einrollen des Werkstückes dort verbleibt. Nun weben wir einige Zentimeter in Schußrips und bereiten dann die Knüpffäden vor. Es ist besser, über einen schmalen Metallstreifen und im Zusammenhang zu knüpfen als einzelne Fäden zuzuschneiden und getrennt einzuknüpfen. Der Metallstreifen kann wesentlich kürzer sein als die Knüpfreihen, muß aber in der Breite der gewünschten Florlänge entsprechen.

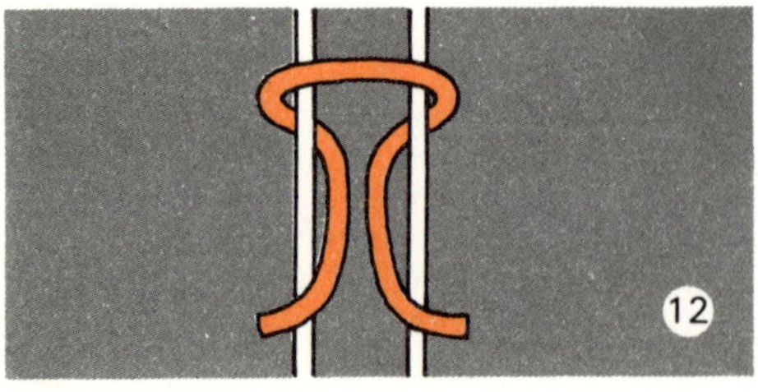

12

Aus der Wolle für die verschiedenen Farbflächen macht man sich Webpuschel zurecht: Über Daumen und Zeigefinger wickelt man Achten, läßt den Anfang des Fadens ein bißchen herausstehen und umschlingt das Büschel mit dem Fadenende. Beim Arbeiten zieht sich der Faden selbst heraus. Wir können sowohl mit einem dikken als auch mit mehreren dünnen Wollfäden knüpfen. Interessante Flächenstrukturen ergeben sich beispielsweise, wenn wir mit vier Fäden arbeiten, von denen zwei gleichfarbig, die anderen hingegen eine Nuance dunkler sind.

Geknüpft wird von links nach rechts, wobei die beiden ersten und letzten Kettfäden immer frei bleiben. Sie bilden den »Vorschlag« und werden später umstopft, damit der Teppich oder Behang einen festen Rand bekommt. Das fortlaufende Knüpfen über einen Metallstreifen geht folgendermaßen vor sich: Man schiebt den aus dem Webpuschel heraushängenden Faden unterhalb des Metallstreifens zwischen dem dritten und vierten Kettfaden nach hinten, umschlingt beide Kettfäden und bringt ihn durch den gleichen Zwischenraum wieder nach vorn (Abb. 12). Dann legt man den Knüpffaden von oben nach unten um den Metallstreifen und führt ihn zwischen dem fünften und sechsten Kettfaden nach hinten, um den nächsten Knoten zu schlingen. Müssen wir die Farbe wechseln, schneiden wir den bisher benutzten Faden am unteren Rand des Metallstreifens ab und arbeiten mit einem andersfarbigen Webpuschel weiter. Ist der Metallstreifen voll umknüpft, schneiden wir die Schlingen bis auf einige der zuletzt geknüpften sorgfältig in der Mitte auf. Durch die noch geschlossenen Schluppen kann man den Metallstreifen mühelos nach rechts schieben und die Arbeit fortsetzen. Die beiden letzten Kettfäden bleiben wieder für den »Vorschlag« frei.

Nun werden am linken Rand die beiden ersten Kettfäden hin- und hergehend in der Farbe des unteren Randes dicht umstopft (Abb. 13). Schließt die befestigte Außenkante mit den Knüpfknoten ab, müssen wir weitere sechs bis acht Kettfäden

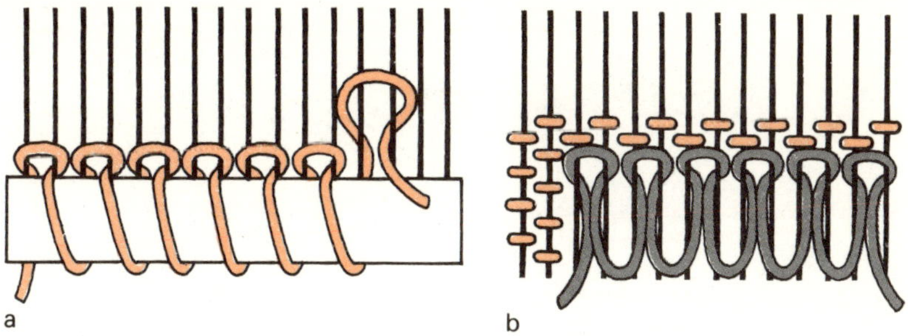

13

einmal hin- und zurückgehend umstopfen, damit der Zusammenhang mit dem Gewebe nicht verlorengeht. Am rechten Rand verfahren wir entgegengesetzt. Jetzt folgen drei oder vier Schüsse zum Befestigen der Knüpffäden. Dabei werden die beiden äußersten Kettfäden wiederum ausgespart. Mit dem Randfaden weben wir nun nochmals bis zum 6. Kettfaden und zurück. Anschließend knüpfen wir die nächste Knotenreihe usw. Beendet wird die Arbeit, wie wir sie begonnen haben: mit einem Rand in Schußrips.

Schließlich brauchen wir nur noch die Kettfadenenden miteinander zu verknüpfen und die Fransen auf eine gleichmäßige Länge zu bringen. Bei einem Behang kann man die oberen Fransen ein zweites Mal zusammenknüpfen, um Schlaufen für den Aufhängestab zu erhalten.

Eine Variante der vorgestellten Knüpftechnik ist die Noppenweberei. Hierbei werden die Schlingen der Knüpfknoten nicht aufgeschnitten, so daß ein geschlossener Flor entsteht.

Flechtwebtechnik

Beim Flechtweben kommt man mit einem einfachen rechteckigen Leistenrahmen aus, den man sich leicht selbst herstellen kann. Wir brauchen dazu lediglich vier kräftige Leisten – zwei kürzere und zwei längere; Maß nach Wunsch – und eine Handvoll Nägel. Die Leisten werden aneinandergeschraubt oder an den Schmalseiten ausgeschnitten (Abb. 14), überplattet und verleimt. In die Querleisten schlagen wir zum Anschlingen der Kettfäden je eine Reihe Nägel versetzt ein (versetzt, damit die Leisten nicht platzen). Die Entfernung voneinander richtet sich nach der Stärke des Kettmaterials. (6 bis 8 mm Zwischenraum ergeben eine Kettdichte von 3 bis 4 mm.) Statt eines Leistenrahmens können wir zum Flechtweben auch einen ausgedienten stabilen Bilderrahmen verwenden.

Leistenrahmen

Noppenweberei

Für eine kleine Arbeit ohne Fransen knüpft man den Kettfaden links oben am äußersten Nagel an und spannt ihn fortlaufend bis zum äußersten rechten Nagel der

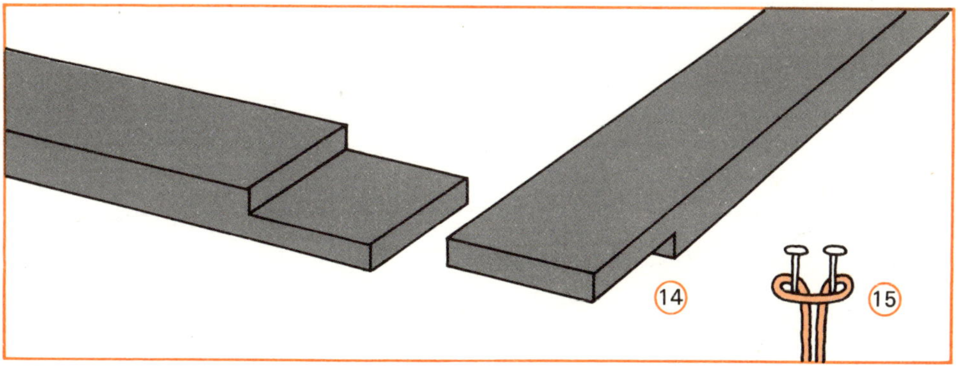
14

15

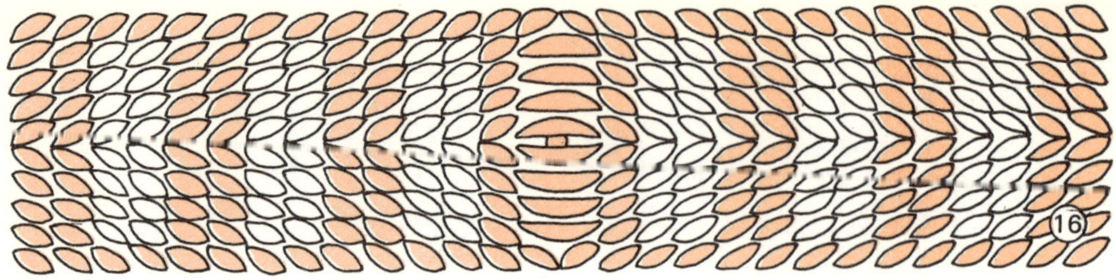
16

unteren Querleiste. Soll das Stück länger werden als der Rahmen, schneiden wir uns Kettfäden entsprechender Länge zuzüglich 40 cm zu, und zwar genauso wie für eine Webarbeit. Die Schluppe jedes dieser Doppelfäden legen wir um zwei Nägel und ziehen die beiden Fadenenden hindurch (Abb. 15). Am unteren Ende des Rahmens werden die Fadenenden auf- und abgehend um mehrere Nägel gelegt und zu mehreren Zöpfen verflochten, damit sie sich nicht verwirren. Sind Fransen vorgesehen, schieben wir unterhalb der oberen Nagelreihe einen Pappstreifen zwischen die Kettfäden. Haben wir das erste Teilstück fertiggestellt, lösen wir die Kettfäden oben und unten von den Nägeln, heften das Gewebe auf der Rückseite der oberen Leiste mit Reißzwecken an und befestigen die Kette straff an der unteren Leiste.

Wir beginnen und beenden jede Flechtwebarbeit mit einem festen Rand aus dem Material der Kette oder einem anderen Garn. Um sich das mühselige Einstopfen der Schußfäden zu erleichtern, kann man eine dünne Leiste in die Kettfäden auf- und abgehend einführen und sie für den einen Schuß hochkant stellen. Der nächste Schuß muß eingestopft werden. Dabei liegt die Leiste flach in der Kette; anschließend wird sie wieder hochkant gestellt.

Man hat bei diesem Rahmen immer die ganze Arbeit vor sich und kann deshalb nach Belieben experimentieren: unter-

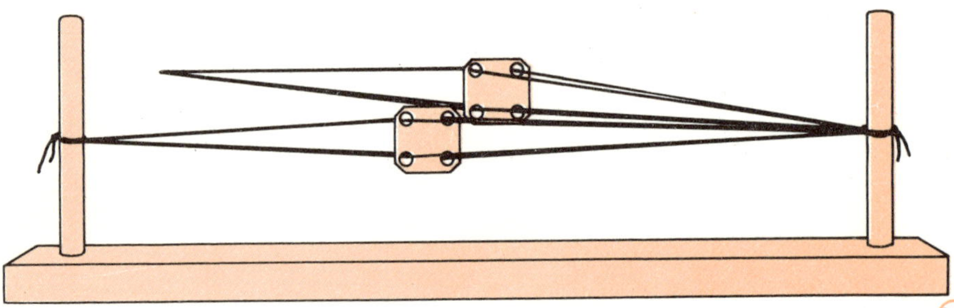
a
18

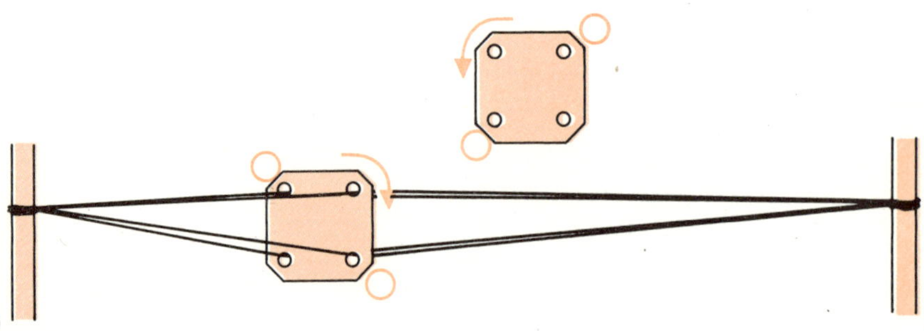
b
18

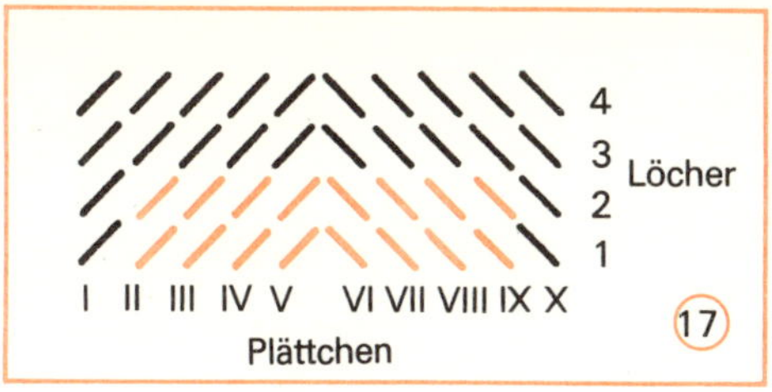

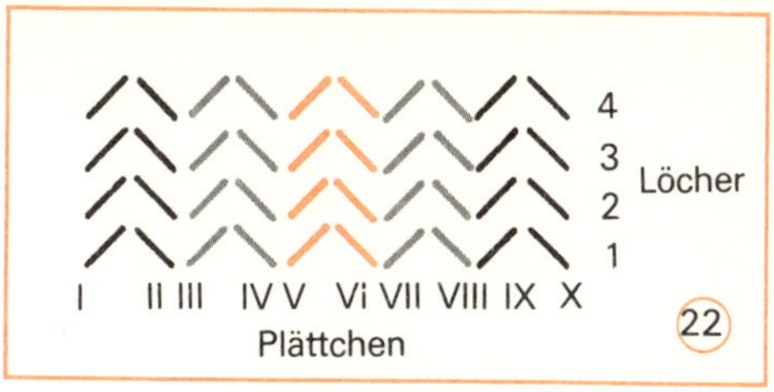

schiedliche Materialien verarbeiten, verschiedene Bindungsarten anwenden, Figuren einstopfen, Teile der Fläche frei lassen usw.

Auch Sets und Flickenteppiche lassen sich in dieser Technik herstellen. Soll ein Flickenteppich entstehen, umwickeln wir ein Schiffchen mit Garn, ein zweites mit etwa 2 cm breiten, aneinandergenähten Stoffstreifen. Nachdem zuerst ein fester Rand mit Garn gewebt wurde, arbeiten wir abwechselnd Stoffstreifen und Garn als Schußmaterial ein und lassen wieder einen festen Rand aus Garn folgen. Zum Schluß werden die Kettfäden verknotet und auf der Rückseite verstochen, oder sie bleiben als Fransen hängen.

Brettchenweberei

Bei der Plättchen- oder Brettchenweberei handelt es sich um eine Bandweberei in Kettrips. Wir können in dieser Technik reichgemusterte Lesezeichen, Stirnbänder, Krawatten, Gürtel sowie Tragebänder für Taschen und Gitarren anfertigen. Einen Webrahmen brauchen wir dazu nicht. Zum Spannen der Kettfäden können wir zwei Schraubzwingen in entsprechender Entfernung voneinander am Tisch befestigen. Oder wir besorgen uns zwei Rundhölzer von 10 bis 15 cm Länge sowie eine etwa 1,20 m lange Leiste, die wir mit Bohrungen in Abständen von 10 cm zur Aufnahme der

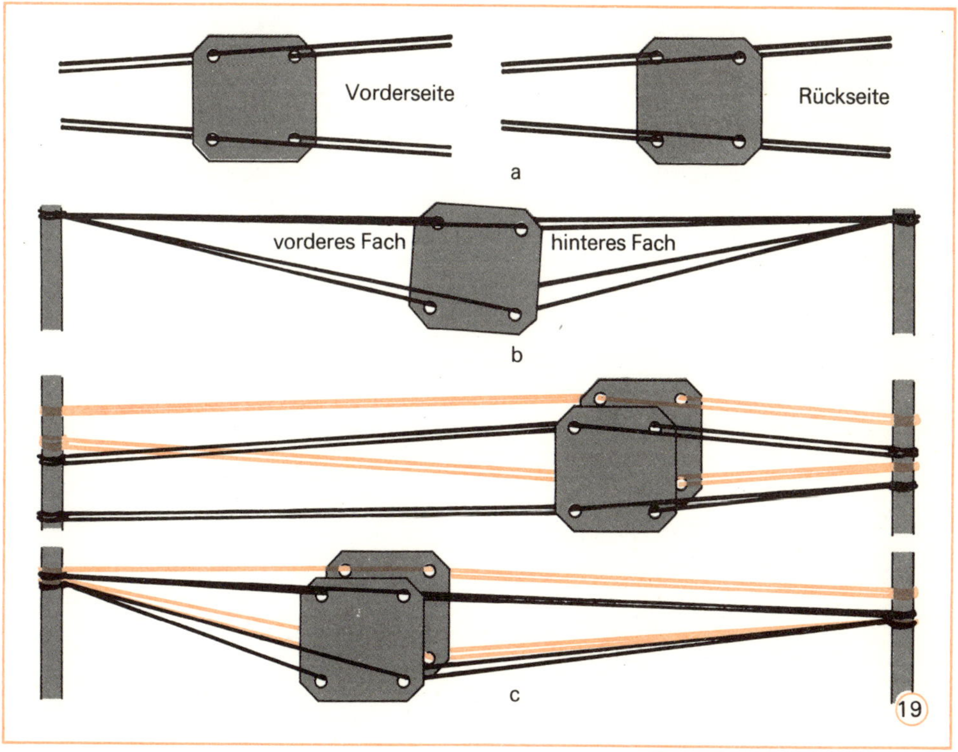

Rundhölzer versehen lassen. Diese kleine Vorrichtung erlaubt es uns, die Bänder je nach Wunsch in unterschiedlichen Längen zu weben.

Bei den Plättchen handelt es sich um 6 bis 8 cm^2 große viereckige Täfelchen, die wir am besten aus dünnem, aber stabilem Plast zuschneiden. Die Ecken runden wir ab und stanzen, 1 cm vom Rand jeder Ecke entfernt, ein Loch von 0,5 cm Durchmesser aus. Anschließend glätten wir die Kanten, damit sich der Faden nicht durchscheuert, und beziffern alle vier Löcher jedes Plättchens.

Für den Anfang genügen zehn Plättchen. Je mehr Plättchen wir nehmen, desto breiter wird das Band. Später können wir auch mit sechs- und achteckigen Plättchen arbeiten: sie ermöglichen noch reichhaltigere Muster.

Als Webmaterial eignen sich: Haushaltgarn, Nähseide, Perlgarn, Schulgarn und Wolle.

Zuerst schneiden wir die Kettfäden zu. Wir berechnen sie wie bei jeder Webarbeit mit 30 cm Kettverlust. Weitere 20 Prozent geben wir für den »Einsprung« des Bandes zu. Anschließend ziehen wir die Kette auf. Soll ein quergestreiftes Band (Abb. 16) entstehen, bespannen wir Plättchen 1 und 10 ganz in einer Farbe, die Brettchen 2 bis 9 in zwei Farben. Abb. 17 zeigt die Musterschrift für das Bespannen der Plättchen.

Alle vier Fäden jedes Brettchens werden an den Enden miteinander verknotet und über die Stäbe oder Zwingen geschoben (Abb. 18). Die Kettfäden müssen straff gespannt sein. Bis Brettchen 5 laufen die Kettfäden von uns aus in die Brettchen hinein, ab Plättchen 6 entgegengesetzt (Abb. 19a). Nun wickeln wir ein kleines Knäuel der einen Kettfadenfarbe als Schußfaden auf und stellen alle Plättchen dicht zusammen, so daß ein linkes und ein rechtes Fach entsteht (Abb. 19b). Gewebt wird links. Den Schußfaden knoten wir am linken Stab an und führen ihn von vorn nach hinten durch die Kettfäden. Mit einem Lineal schlagen wir ihn fest an und drehen alle Brettchen um ein Viertel nach links. Dann ziehen wir

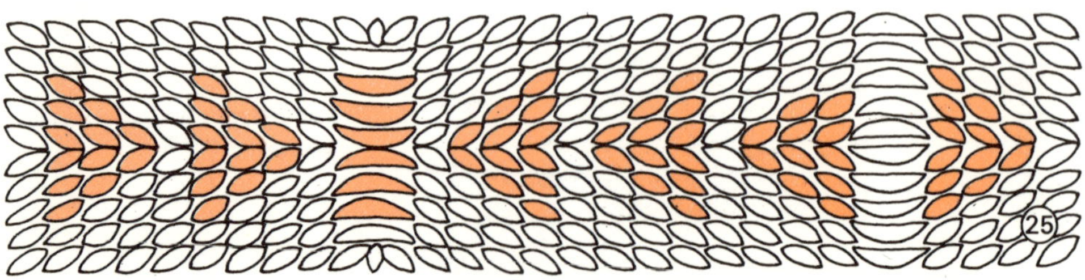

Voranstehende Seite:
90 »Drei Mädchen«, Nadelspitze
91 Tischdecke mit Motiven in Teneriffa-Spitze und Hohlsaumstickerei (Ausschnitt)

92 Perlwebrahmen mit Schlauchkette und Band in indianischer Perlweberei
93 Perlschmuck

94 Rockennadel mit Perlschmuck. In der ersten Hälfte des 19. Jahrhunderts in Thüringen entstanden. Rockennadeln dienten zum Einfädeln des Fadens in das Spinnrad. Junge Männer fertigten sie als Liebesgabe für die Auserwählte.

95–100 Aus Naturmaterial gestaltet
101 Figürliches Schnitzen

102–104 Phantasievoll gestaltetes Holzspielzeug

105 Geschnitzte Kettenanhänger
106, 107 Bauernschrank aus dem Vogtland (Anfang 19. Jahrhundert) mit der für diese Gegend zu dieser Zeit typischen Malerei (Ausschnitte)

Folgende Seite:
108 Wandteller in Holzbrandmalerei aus Ungarn
109 Bauernschrank aus Tirol, ebenfalls Anfang des 19. Jahrhunderts entstanden

23

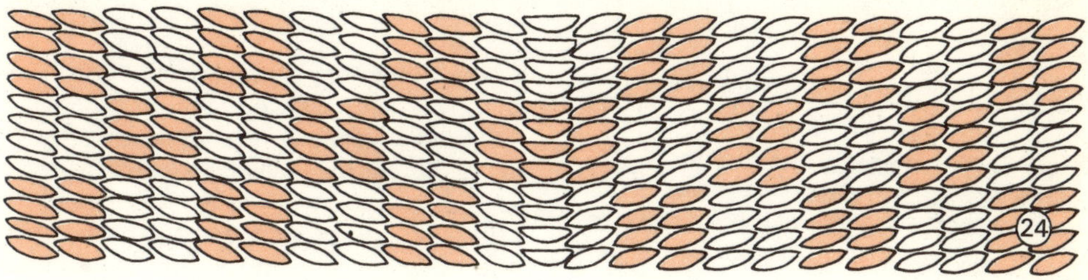

24

den Schußfaden von unten nach oben durch, schlagen an und führen erneut eine Vierteldrehung aus. Wir drehen 7- bis 16mal in eine Richtung, danach ebenso viele Male in die entgegengesetzte Richtung. Dabei entstehen an den »Kehren« kleine Unregelmäßigkeiten. Sie sind eine Eigenart dieser Technik.

Bleiben am Rand des Bandes kleine Schluppen stehen, müssen wir den Schußfaden fester anziehen, wird das Band schmaler, müssen wir ihn etwas lockerer einlegen.

Damit ein Zackenmuster (Abb. 20) entsteht, brauchen wir lediglich eine kleine Umstellung der Plättchen vorzunehmen: Plättchen 5 und 6 werden um eine Vierteldrehung zurückgelegt, Brettchen 7 und 4 eine Vierteldrehung nach vorn gestellt. Bei diesem Muster kommt es besonders auf eine hübsche Kehre an. Sie kann als Rhombus oder Kreuz gestaltet werden.

Ein Kettmaschengewebe mit Längsstreifen (Abb. 21) ergibt sich, wenn immer zwei Plättchen auf allen vier Löchern gleich bespannt und gegeneinander gestellt werden (Abb. 22). Wir können zwei oder drei verschiedene Farben dazu verwenden. Das Kettmaschengewebe entsteht, indem wir die Plättchen einmal nach rechts und einmal nach links drehen.

Karomuster

Für ein Karomuster (Abb. 23) in Kettmaschengewebe werden immer zwei Löcher in einer, die beiden anderen in einer zweiten Farbe bespannt, und zwar jedes Brettchenpaar in umgekehrter Farbstellung.

Das Karomuster auf Abb. 24 wird mit zwölf ebenfalls zweifarbig bespannten Plättchen gearbeitet. Dabei sind unterschiedliche Farbkombinationen möglich, z. B. Blau/Weiß für die obere und untere Karoreihe, Rot/Weiß für die mittlere. Wir können auch vierfarbig gestalten. Die Plättchen 1 bis 4 und 9 bis 12 werden in die gleiche Stellung gebracht, die Brettchen 5 bis 8 um eine Vierteldrehung versetzt.

Zackenmuster

Längsstreifen

Pfeilspitzenmuster

Wie wir die Kette für ein Band in Pfeilspitzenmuster (Abb. 25) aufziehen müssen, geht aus Abb. 26 hervor. Abb. 27 zeigt eine Musterschrift für Buchstaben und Figuren.

26

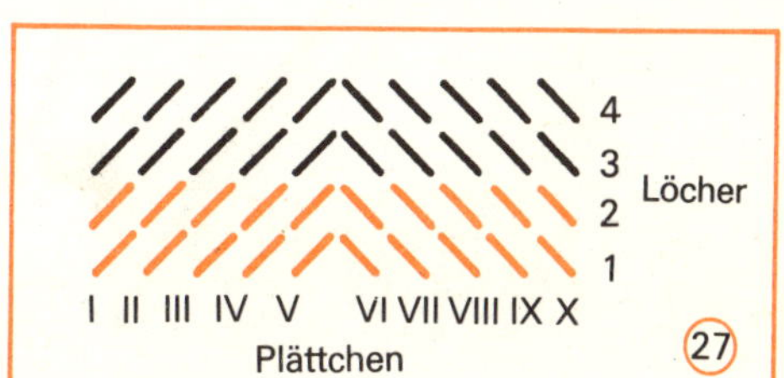

27

SPITZEN-TECHNIKEN

14. Kapitel

Handgearbeitete Spitzen bildeten in vergangenen Jahrhunderten einen wesentlichen Bestandteil der Mode. Zeitweise bediente sich sogar die Herrenwelt dieses Schmucks. In der ersten Hälfte des 17. Jahrhunderts zum Beispiel gehörten außer Spitzenkragen und -manschetten auch spitzenbesetzte Hosen zum männlichen Anzug. Selbst die naturfarbenen Lederstiefel waren am Stulpenrand mit gestärkten Spitzen benäht.

Seit dem 19. Jahrhundert dominiert die Maschinenspitze. Als individueller Schmuck von Kleidung und Wäsche sowie zur Dekoration des Wohnbereichs in Form von Zierdecken, Wand- und Fensterschmuck erfreut sich die auf herkömmliche Art gefertigte Spitze aber auch heute noch großer Beliebtheit.

Handgearbeitete Spitze kann sowohl genäht als auch gehäkelt, gestrickt und geklöppelt werden. Mit zwei besonders reizvollen Varianten der genähten Spitze wollen wir uns näher vertraut machen.

Europäische Nadelspitze

Die Nadelspitze hat sich aus der Durchbrucharbeit mit eingenähten und -gestickten Sternmustern entwickelt. Sie besteht aus verschiedenen Schling- und Stopfstichen, die mit nur einem Arbeitsfaden gefertigt werden. Ihre Gestaltung kann sowohl ornamental als auch malerisch, muß aber immer flächig sein.

Material und Arbeitsgerät: Wie schon der Name sagt, ist das wichtigste Werkzeug die Nadel, die keine Spitze haben darf. Als Faden eignet sich am besten Leinenmaterial wie Sternzwirn, Klöppelgarn oder auch dickeres Sattlergarn. Außerdem brauchen wir ein Stück Vliseline in Größe der vorgesehenen Arbeit, Nähgarn, Kaltstärke, Schwamm und Pinzette.

Arbeitsgang: Wir zeichnen den Entwurf der Spitze mit einem harten Bleistift auf dünnes festes Papier, legen es auf die Vliseline und nähen mit kleinen Überfangstichen den Halte- oder Konturfaden auf das Muster. Vliseline und Musterzeichnung werden auf diese Weise miteinander verbunden (Abb. 1).

Der Konturfaden muß so lang sein, daß

er für die Umrandung des gesamten Entwurfs ausreicht. Zum Befestigen können wir beliebiges Nähgarn verwenden, dieser Faden wird später ohnehin entfernt. Anschließend füllen wir die Flächen des Entwurfs mit Schling- und Stopfstichen (Abb. 2 bis 13). Dabei ist anzustreben, daß sich aufgelockerte und dichtere Flächen abwechseln. Sind die Flächen gefüllt, umnähen wir den Konturfaden mit Langetten- oder Wikkelstich. Die Spitze wird dadurch insgesamt stabilisiert (Abb. 14).

Mit einem Schwamm oder Lappen betupfen wir nun das fertige Arbeitsstück mit verdünnter Kaltstärke und bügeln es von links – auf der Vliseline also – mit einem Tuch trocken. Danach schneiden wir die Stiche, die den Konturfaden halten, auf der Rückseite durch, ziehen die Fäden heraus und lösen somit die Nadelspitze vom Entwurf und von der Vliseline. Vorsicht beim Ablösen der Vliseline! Um die Spitze nicht zu beschädigen, nimmt man dazu am besten eine Pinzette.

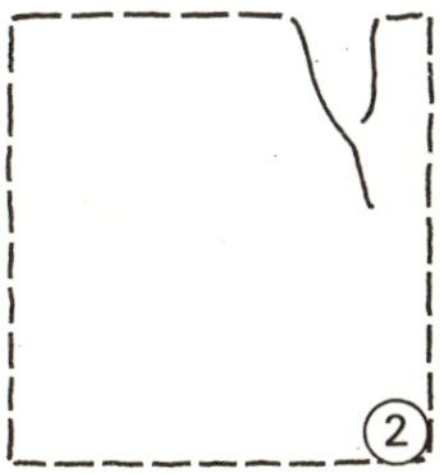

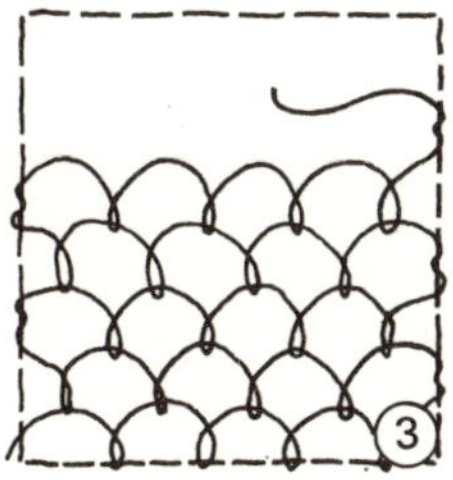

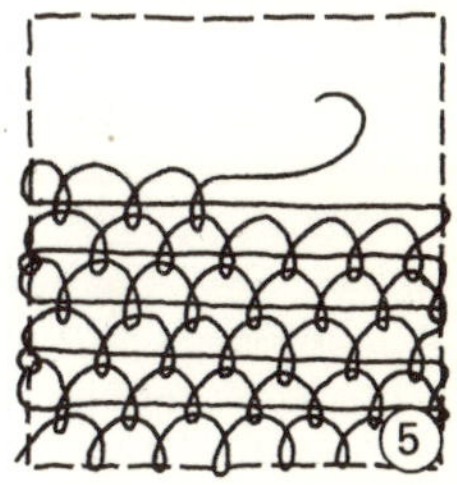

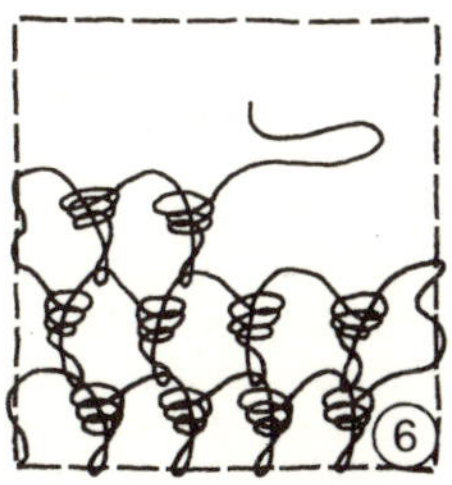

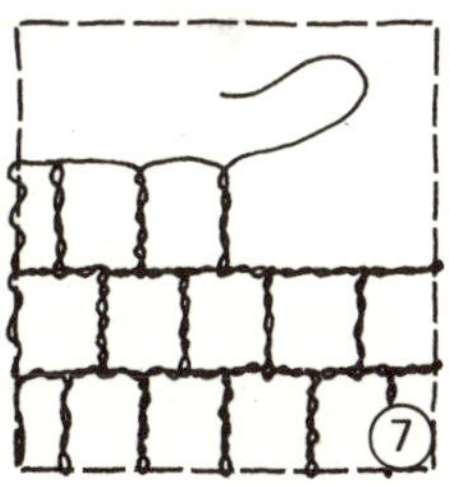

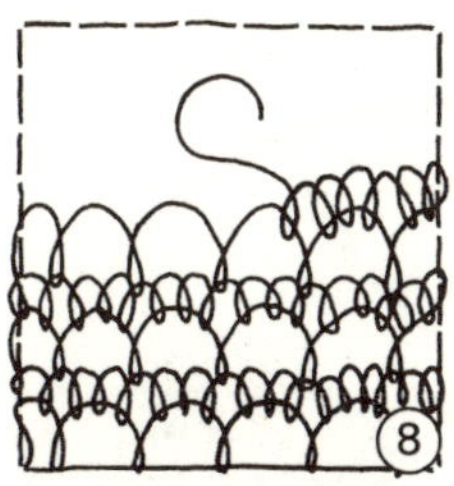

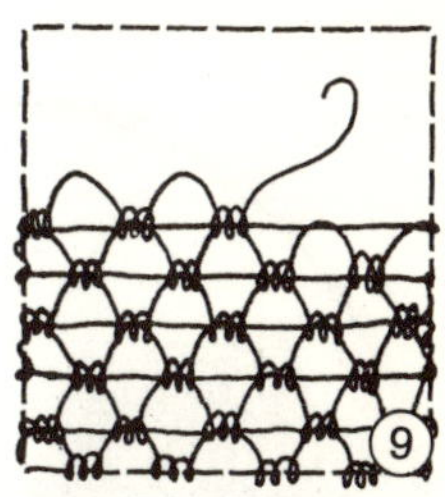

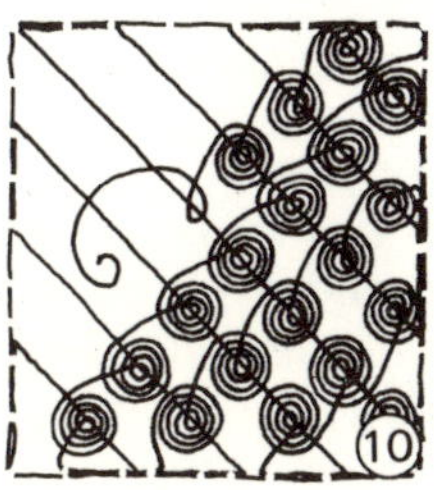

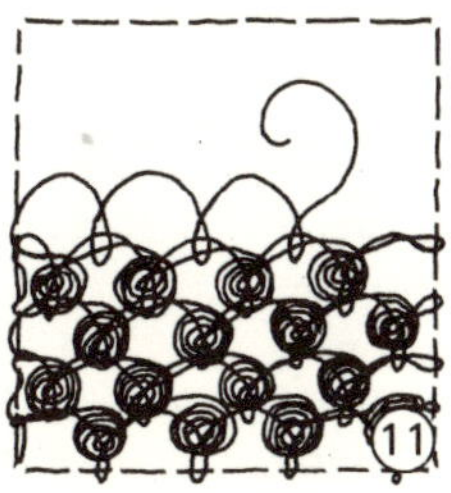

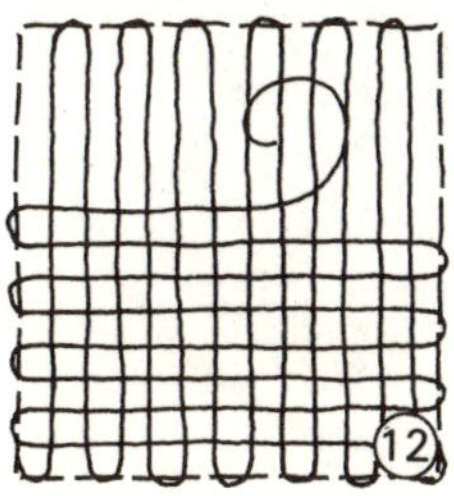

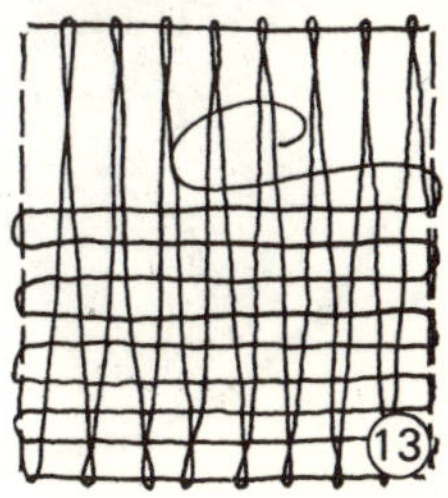

14

Zur weiteren Stabilisierung kann die fertige Nadelspitze – sofern sie als Wand- oder Fensterschmuck gedacht ist – in einen Metall- oder Holzrahmen eingearbeitet werden. Dazu heftet man sowohl die Spitze, als auch den Rahmen auf ein Stück Zeichenkarton, umfängt den Rahmen mit Langettenstich und sticht an geeigneten Stellen die Spitze mit an (Abb. 15).

Teneriffa- oder Solspitze

Die von den Kanarischen Inseln stammende Teneriffa- oder Solspitze ist eine besonders reizvolle Spielart der Nadelspitze. Sie besticht durch ihren strahlenförmigen Aufbau, der ihren spanischen Namen – Sol bedeutet Sonne – als sehr treffend erscheinen läßt.

Teneriffaspitzen gehören zu den ältesten Spitzen. Sie bestehen aus strahlenförmig angeordneten Grundfäden mit eingearbeiteten Verknotungen und Verflechtungen. Im Gegensatz zu europäischen Nadelspitzen bleibt das Grundgerüst sichtbar und wird in die ornamentale Gestaltung einbezogen.

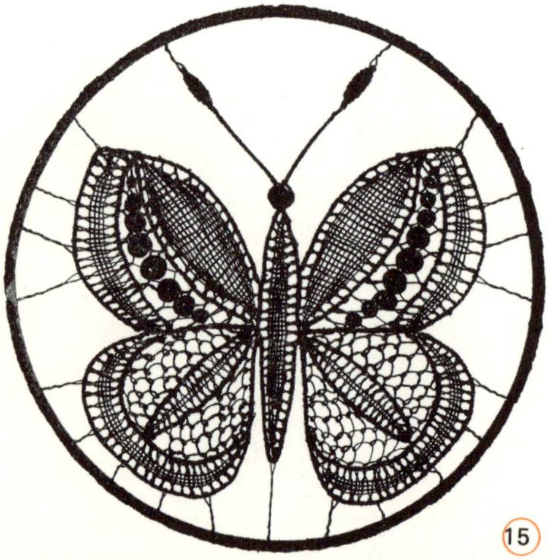

15

Zu ihrer Herstellung benötigen wir folgendes Arbeitsmaterial: Eine Nadel ohne Spitze, Faden aus festem Material (möglichst Leinengarn) sowie ein Stück kräftige Plastfolie (nicht zu biegsam, aber noch mit der Nadel zu durchstechen) als Untergrund.

Arbeitsgang: Auf einem Blatt Papier schlagen wir mit dem Zirkel einen Kreis in Größe der geplanten Spitze und unterteilen die Kreislinie in 24 gleichlange Abschnitte (später können es auch mehr sein). Die Plastfolie schneiden wir etwas größer zu als die Arbeit werden soll, legen sie unter das Papier und durchbohren sowohl die Kreismitte als auch die Schnittpunkte von Kreislinie und Teilstrichen mit der Nadel (Abb. 16). Das Papiermuster hat damit seine Aufgabe erfüllt und wird beiseite gelegt. Durch die kreisförmig angeordneten Löcher der Plastunterlage ziehen wir nun mit Vorstichen einen Haltefaden ein, verknoten ihn, wenn – nach der zweiten Runde – alle Segmente umfangen sind, und schneiden ihn ab (Abb. 17).

Die eigentliche Herstellung der Spitze beginnt damit, daß ein längerer Faden mit der Nadel strahlenförmig von einer zur anderen Seite des Kreises geführt und so um den Haltefaden geschlungen wird, daß jeweils zwei Umrandungsstiche erfaßt werden (Abb. 18). Haben wir alle Strahlen in den Kreis eingefügt, stopfen wir, vom Mittelpunkt ausgehend, etwa drei bis vier Runden (Abb. 19). Durch das Stopfen werden die Fäden sortiert, und das Muster erhält ein Zentrum. Wir lassen nun in einigem Abstand Knotenreihen und Stopfmuster einander folgen und beenden die Spitze mit einer Knotenreihe. Knotenreihen sind immer entgegen der Uhrzeigerrichtung zu arbeiten. Die Knoten können sowohl um

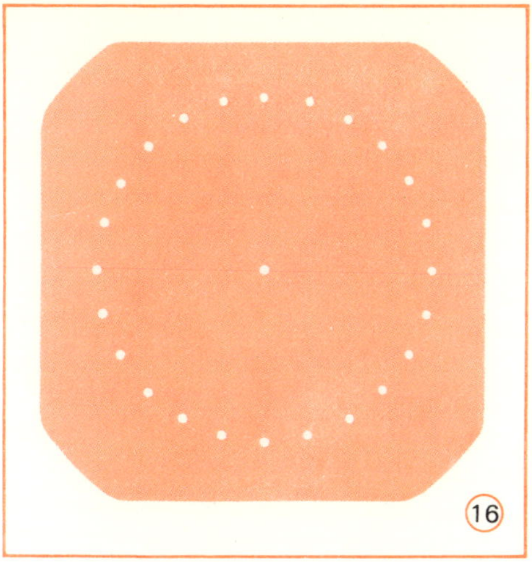

16

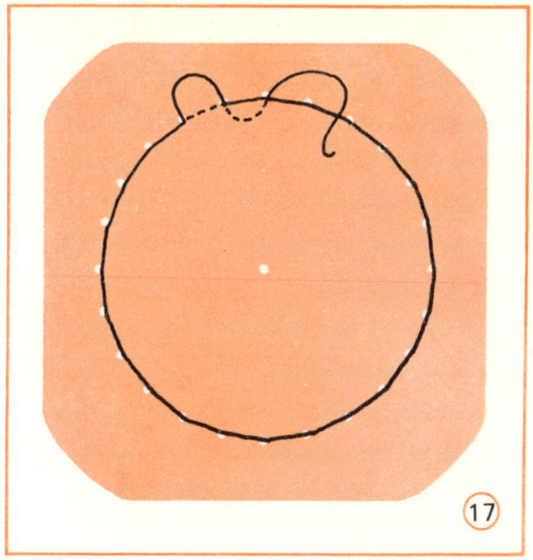

17

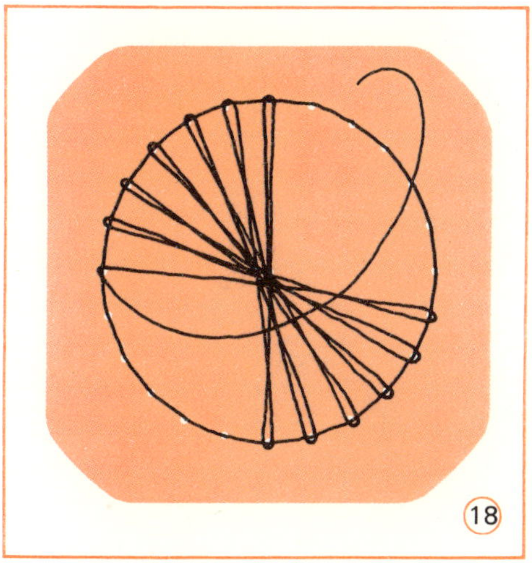

18

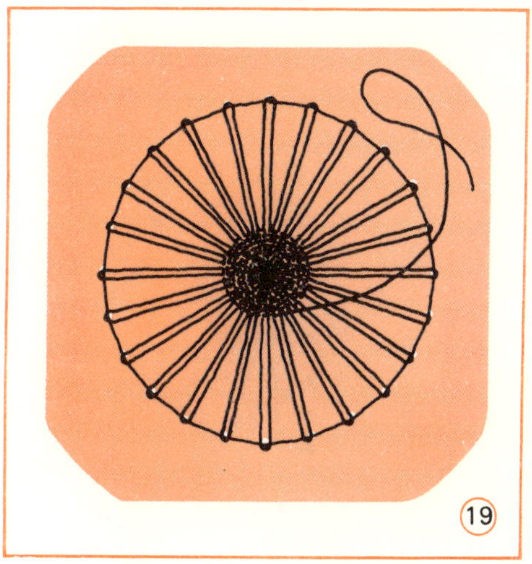

19

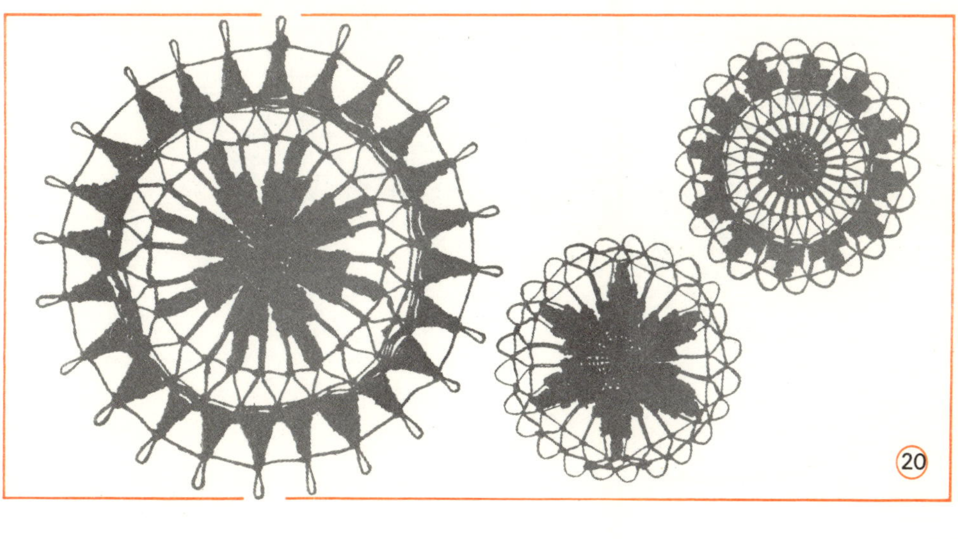

20

Kragen

einzelne Fäden, als auch um Fadenbündel geschlungen werden (Abb. 20).

Zum Schluß verstechen wir den Faden und schneiden ihn ab. Der äußere Haltefaden wird auf der Rückseite der Plastunterlage aufgeschnitten und herausgezogen. Damit löst sich die entstandene Rosette vom Untergrund.

Wand- und Fensterschmuck

In Teneriffa- oder Soltechnik können auch quadratische oder sechseckige Spitzen hergestellt werden, die sich gut zu mehreren zusammenfügen lassen. Größere und kleinere Rosetten miteinander zu verbinden ist ebenfalls möglich. Abb. 21 zeigt, wie aus elf Spitzenelementen, die sich um ein Mittelteil aus Stoff gruppieren, eine kleine Decke entstehen kann.

Decke

Teneriffaspitze dient wie alle anderen Spitzen zum Schmuck von Kleidung und Wäsche. Sie findet als Kragen oder Einsatz, aber auch als Deckchen, Wand- oder Fensterschmuck Verwendung. Soll sie in ein Kleidungs- oder Wäschestück eingefügt werden, so heften wir sie an vorgesehener Stelle auf den Trägerstoff und ziehen mit Bleistift und Lineal Umrandungslinien. Dieser Vorzeichnung folgend, sticken wir nun auf den Stoff einen Rahmen in Langettenstich, wobei wir die Spitze überall dort, wo sie die Umrandungslinien berührt, anstechen und damit fixieren. Anschließend wird der Untergrund ausgeschnitten (Abb. 22).

Für Wand- oder Fensterschmuck (Abb. 23) sollten wir etwas gröberes Material wählen. Wir können hier nach Wunsch

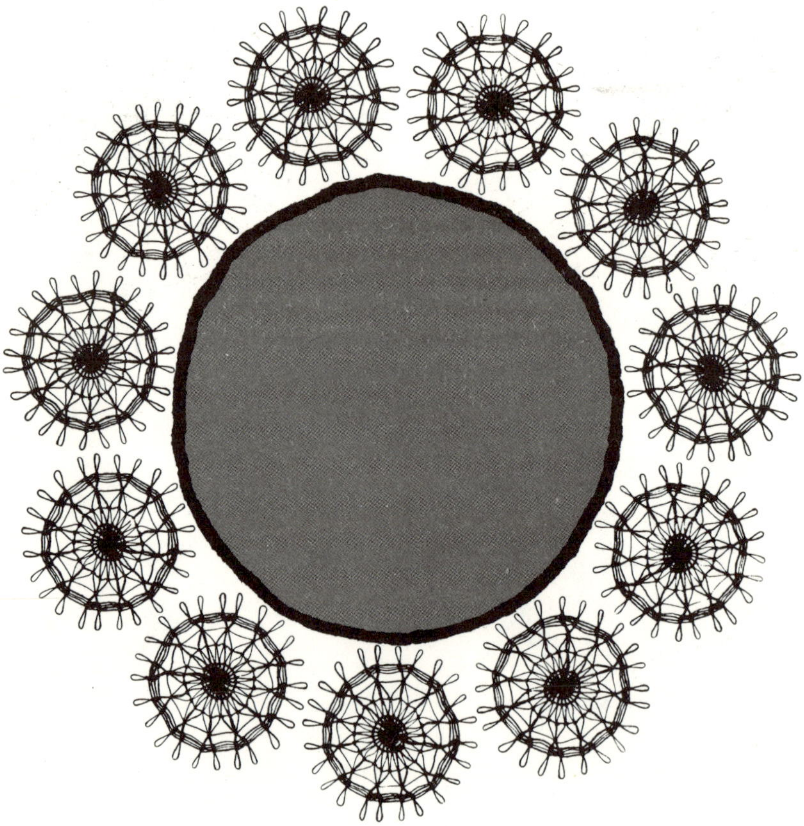

21

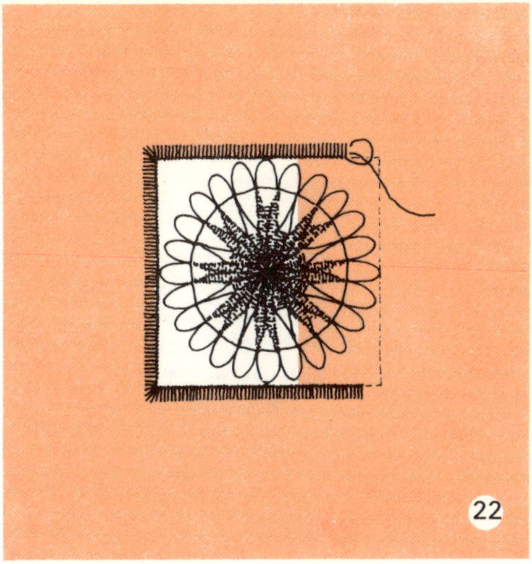

22

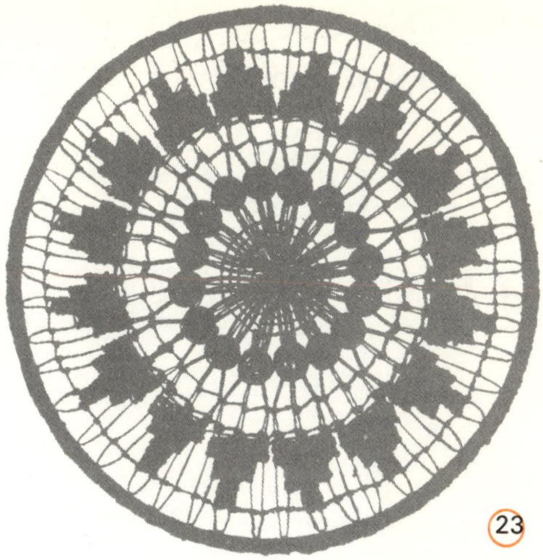

23

Holzperlen einarbeiten. Den für diesen Verwendungszweck erforderlichen Rahmen fertigen wir, wie im vorhergehenden Abschnitt beschrieben.

Ist die Spitze im Laufe der Zeit verschmutzt, so besteht die Möglichkeit sie zu waschen oder zu kochen. Damit sie in ihrer Form bleibt und sich nicht verziehen kann, heften wir zuvor Linonstoff darunter. Nach dem Kochen oder Waschen wird sie zusammen mit dem Befestigungsstoff gestärkt und erhält dadurch ihre Stabilität zurück.

Die beschriebenen Spitzentechniken können auch miteinander vermischt werden. So lassen sich Teneriffaspitzen gut in ein Nadelspitzenmotiv einfügen. Dies kann aber nur dann geschehen, wenn im Entwurf von vornherein Flächen für die Teneriffaspitzen freigehalten werden. Entwerfen wir z. B. einen Blumenstrauß oder -korb in Nadelspitze, können wir als Blüten kleine Teneriffaspitzen vorsehen. Arbeitsverlauf: Erst wird die Nadelspitze fertiggestellt, gestärkt und vom Untergrund abgehoben, dann erst fügen wir die Teneriffaspitze ein.

Teneriffaspitzen lassen sich übrigens durch das Einarbeiten von Metallfäden und dünnem Draht variieren. Mit beiden Spitzentechniken kann also experimentiert und Neues probiert werden.

PERLEN-SCHMUCK AUS GLAS

Viele Völker verstehen von alters her, aus kleinen runden Glasperlen in leuchtenden Farben reizvollen Schmuck für Körper und Kleidung herzustellen. Dabei haben sich in den verschiedenen Ländern unterschiedliche Verarbeitungstechniken herausgebildet. Die Museen für Völkerkunde besitzen bewundernswert schöne Zeugnisse dieser traditionellen Volkskunst, und wir sollten nicht versäumen, uns hier Anregungen für eigene Arbeiten zu holen.

Am bekanntesten ist wohl die indianische Perlweberei. Sie zeichnet sich durch außerordentliche Vielfalt der ornamentalen Gestaltung und wirkungsvolle Farbkombinationen aus. Dem Grundraster der Technologie entsprechend, zeigen die Accessoires vorwiegend geometrische Motive.

Vielgestaltige Ornamente läßt auch die sogenannte russische Perlnähtechnik zu, die eine netzartige Struktur ergibt. Der überaus reiche Schmuck alter russischer Trachten wurde einst in dieser Technik hergestellt. Er bestand unter anderem aus Halsband, Diadem, Kragen und Täschchen aus Perlen sowie Perlenbändern als Besatz für Kleid und Mantel.

Die Perlnäherei nach russischem Vorbild hat übrigens weite Verbreitung gefunden. Sie ist auf dem Balkan und in Asien gebräuchlich und liegt auch manch zauberhaftem Folkloreschmuck vom afrikanischen Kontinent zugrunde.

Meisterlich gestaltete netzartige Perlenarbeiten kommen aus Indonesien. Ihre Besonderheit: Die kunstvollen, farbenprächtigen Figuren und Ornamente sind auf schwarzem Fond angeordnet.

Kleidung und Beiwerk mit Perlen zu besticken war zu Beginn des 19. Jahrhunderts in unserem Raum besonders beliebt und ist seitdem nie ganz aus der Mode gekommen. Genähter, gefädelter und gewebter Perlenschmuck hat dagegen hierzulande kaum Tradition. Es werden deshalb im folgenden die bei uns nicht geläufigen Techniken vorgestellt.

Für die Anfertigung der nachfolgend beschriebenen Arbeiten brauchen wir: Kleine transparente oder opake (undurchsichtige) Glasperlen, dünnen festen Faden und schlanke Perlnadeln. Für die indianische Perlweberei außerdem einen kleinen Perlwebrahmen, den wir uns aber ohne Mühe selbst herstellen können.

15. Kapitel

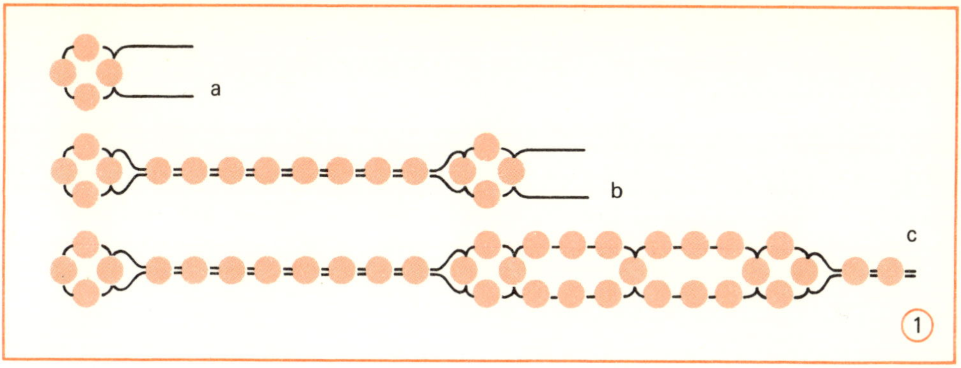

Gefädelte Halsketten

Das Auffädeln von Perlen gehört zu den einfachsten Herstellungsarten. Man arbeitet dabei mit zwei Nadeln, d. h., ein Faden wird an beiden Enden mit einer Nadel bestückt. Wir beginnen mit vier Perlen, die in Fadenmitte zu einem Ring geschlossen werden, indem wir eine Nadel durch die letzte Perle der Gegenseite führen, so daß sich die Fäden kreuzen (Abb. 1a). Jetzt fädeln wir eine beliebige Anzahl Perlen einer anderen Farbe zunächst auf den einen, danach auf den zweiten Faden, so daß eine gerade Reihung über zwei Fäden entsteht (Abb. 1b). Nach der Fadenkreuzung in der folgenden Perle nimmt jeder Faden eine Perle auf, um in der nächsten wieder zu kreuzen. Dadurch entsteht eine kleine Ring- oder Blütenform.

Abb. 2 verdeutlicht, wie wir in gleicher Weise unterschiedliche kleine Ornamentformen bilden können, die durch mehrere gut aufeinander abgestimmte Farben sehr reizvoll wirken. Diese feinen Perlenketten kann man, bei entsprechender Länge, mehrmals um den Hals legen.

Dünne Schlauchkette mit dichter Struktur

Wir arbeiten mit nur einer Nadel in spiralförmigen Runden. Zuerst ziehen wir fünf Perlen auf und schließen sie zum Ring, indem wir den Faden durch die Anfangsperle führen. Dann nehmen wir eine Perle auf, übergehen eine Perle der ersten Runde und stechen in die nächstfolgende

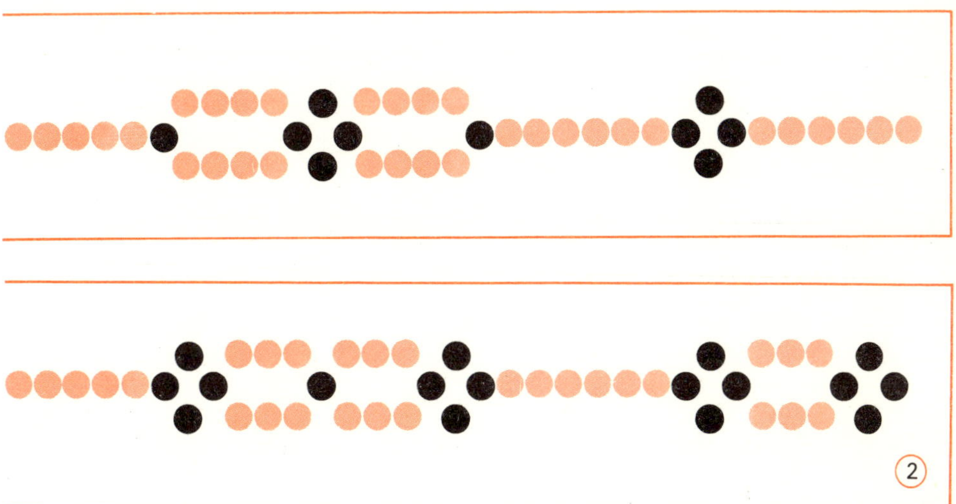

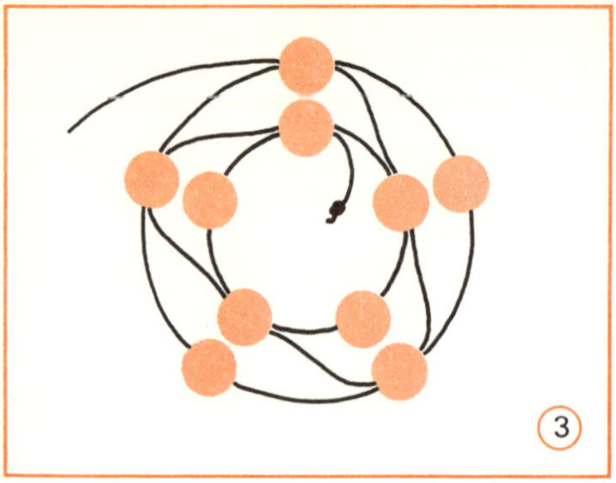

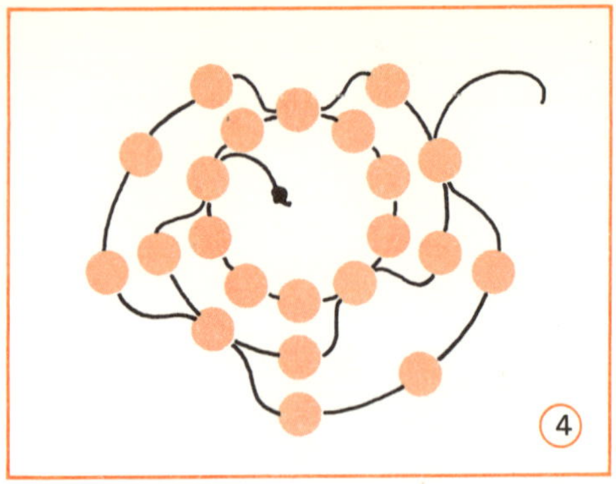

ein, nehmen wieder eine Perle auf, übergehen die nächste der Vorrunde usw. (Abb. 3).

Soll die Schlauchkette dicker werden, beginnt man mit sieben oder neun Perlen. Am weiteren Arbeitsverlauf ändert sich nichts. Selbstverständlich kann man diese Ketten mehrfarbig gestalten.

Schlauchkette mit Netzstruktur

Wir arbeiten wiederum mit nur einer Nadel. Diesmal schließen wir zehn Perlen in bekannter Weise zum Ring, nehmen dann fortlaufend drei Perlen auf, übergehen drei Perlen der Vorrunde und führen die Nadel durch die vierte Perle (Abb. 4). Von der dritten Runde an ist das stets die mittlere der neuaufgenommenen Perlen. Die letzte Runde paßt man in die Anfangsrunde ein, indem man immer nur eine Perle aufnimmt und durch die gegenüberliegende Mittelperle der Vorrunde sticht, bis der Schlauch geschlossen ist.

Russische Perlennäharbeit

Bei dieser Technik entstehen Bogenreihen (Abb. 5). Wir brauchen dazu einen nicht zu langen Faden und zwei Perlnadeln. Auf jedes Fadenende fädeln wir eine Nadel. Dann nehmen wir zunächst 29 Perlen auf und schieben sie in die Mitte des Fadens, so daß dieser rechts und links der jeweils äußersten Perle die gleiche Länge hat. Nun zählen wir auf beiden Seiten, von außen nach innen, sechs Perlen ab und führen die Nadel durch die siebente Perle (sie ist auf Abb. 5 mit einem Pfeil gekennzeichnet). Anschließend nehmen wir jeweils drei Perlen auf und führen die Nadel durch die vierte Perle der unteren Reihe. Wir arbeiten beidseitig von außen nach innen, bis sich die Fäden in der Mittelperle eines Bogens kreuzen.

Die dritte Reihe wird nun von innen nach außen genäht, wobei man am äußeren Rand, beim Wenden zur vierten Reihe, vier Perlen aufnehmen muß. Das Überkreuzen der Fäden in einer Mittelperle wie-

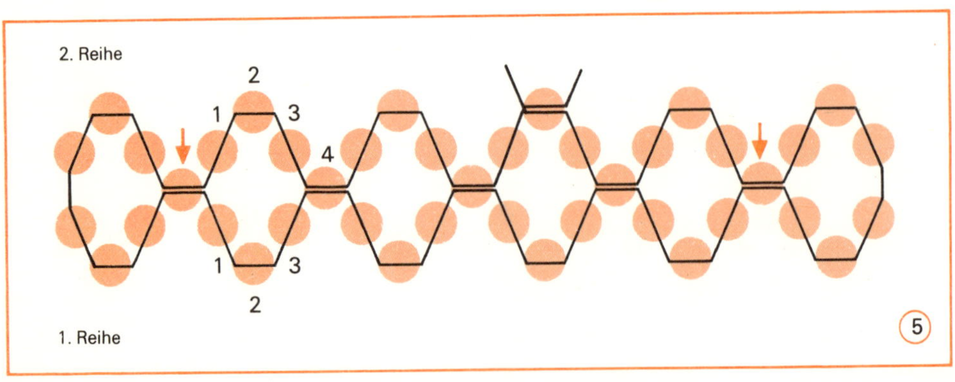

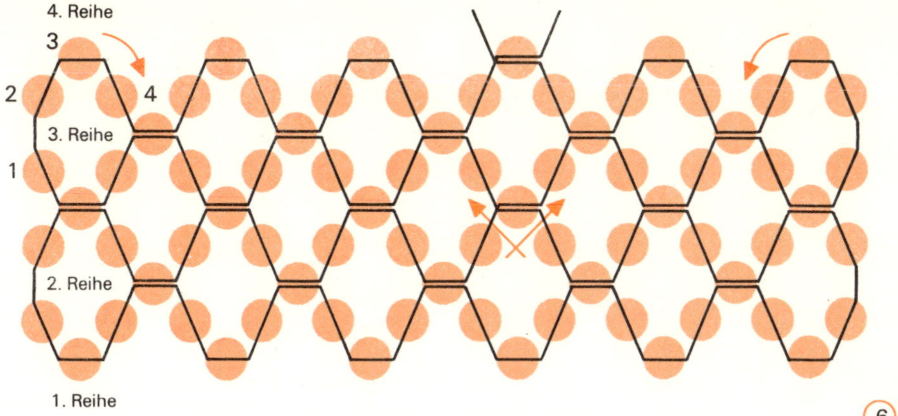

6

derholt sich in jeder folgenden Reihe. Es ist darauf zu achten, daß die Fäden straff angezogen werden, damit eine gleichmäßig feste, gitterartige Struktur entsteht (Abb. 6).

Ist ein Fadenende verbraucht, fädelt man in eine Nadel einen neuen Faden ein und führt diesen durch drei bereits genähte Perlenbögen (siehe gestrichelte Linie auf Abb. 7). Ein kleiner Knoten am Fadenende dient als »Bremse«. Die kurzen, heraushängenden Fäden werden zum Schluß abgeschnitten.

Das hier vorgeschlagene Arbeitsschema ist selbstverständlich variabel. Dem eigenen Musterentwurf entsprechend, kann die Anzahl der Perlengruppen erhöht beziehungsweise verringert werden. Es empfiehlt sich, das Arbeitsschema zunächst einfarbig ohne Muster zu üben.

Dichte Perlennäharbeit (Perlmosaik)

Für Perlenbänder mit dichter Struktur wird das Muster wie bei einem Mosaik mit versetzten Bausteinen entworfen.

Arbeitsverlauf: Wir befestigen einen beliebig langen Faden an einem Haltepunkt und ziehen eine Reihe Perlen lose auf.

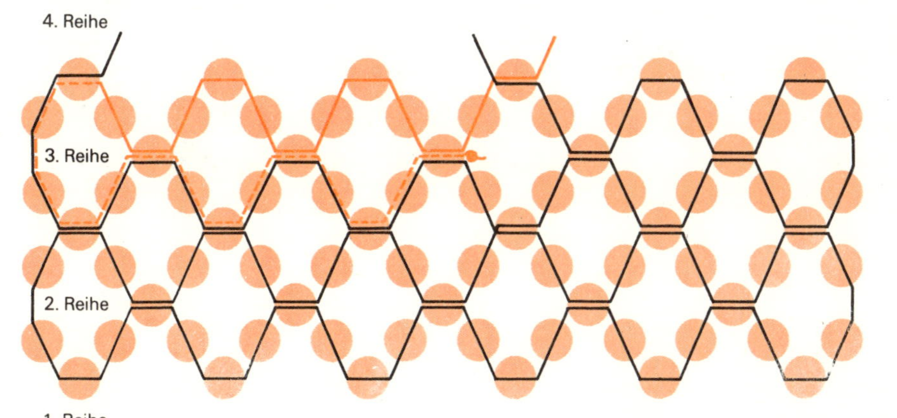

7

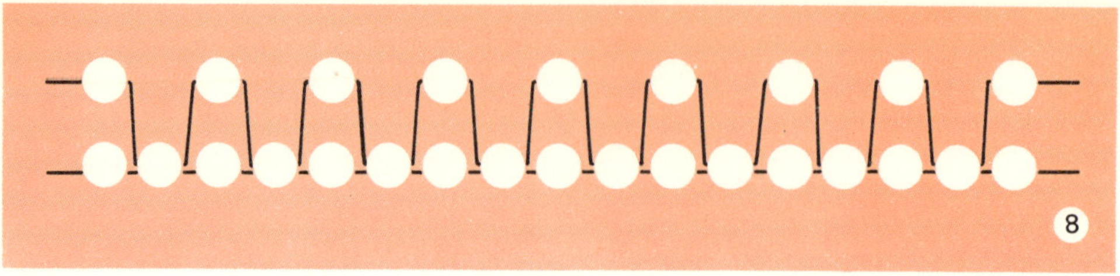

8

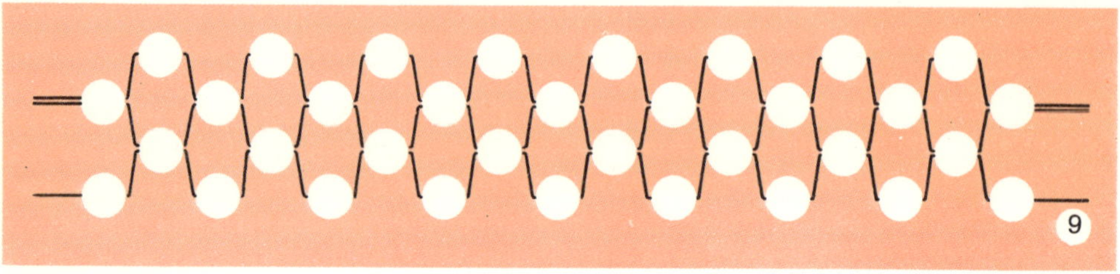

9

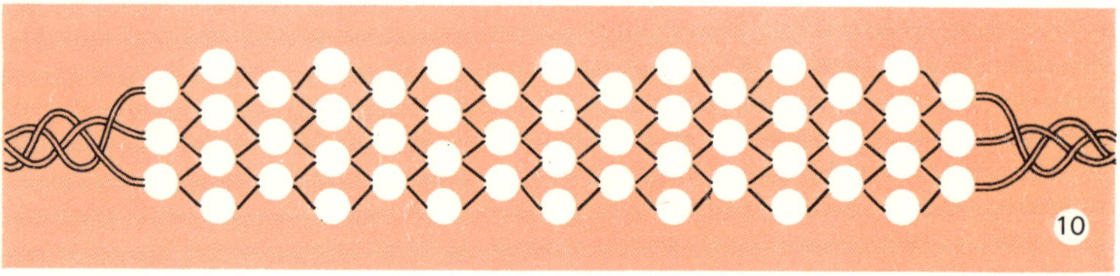

10

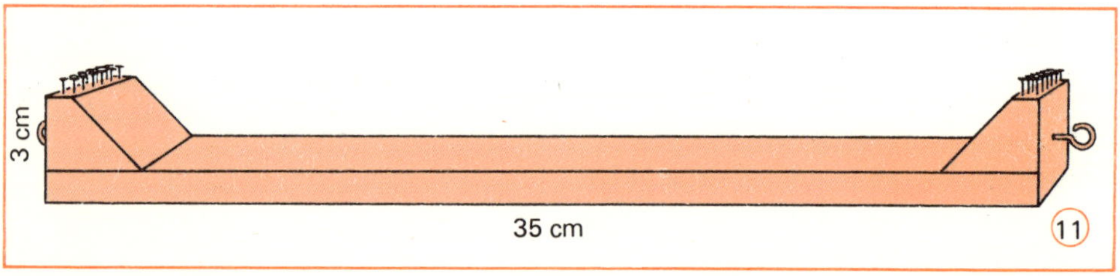

11

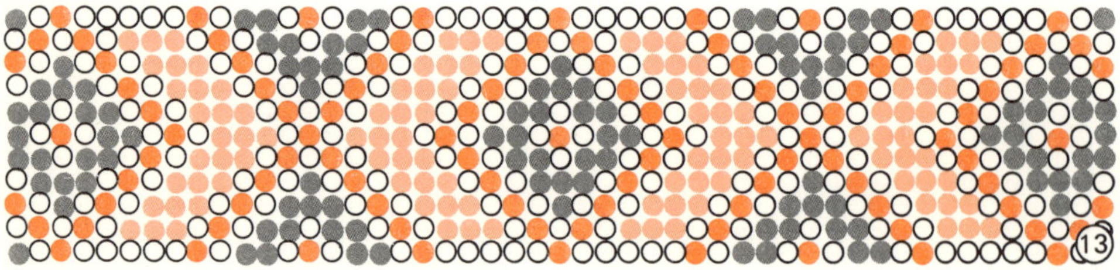

13

Halsband

Einen zweiten gleich langen Faden befestigen wir ebenfalls und nehmen dann fortlaufend eine Perle auf und stechen durch jede zweite der Vorreihe (Abb. 8). Mit dem dritten und jeden weiteren Faden wiederholt man diesen Vorgang (Abb. 9), bis das Band die gewünschte Breite hat. Soll ein Halsband entstehen, berechnet man die Länge des Perlenbandes nach dem Halsumfang und läßt am Anfang und Ende entsprechend lange Fäden hängen (Abb. 10). Die beiden Fadenbündel – jedes für sich –

verflechten wir und gewinnen so einen Bindeverschluß. Auf gleiche Weise kann man ein modisches Stirnband arbeiten.

Indianische Webarbeit

Zuerst bauen wir uns nach Abb. 11 ein einfaches Webgerät: Auf die Schmalseiten einer 30 bis 40 cm langen und 5 bis 7 cm breiten Holzleiste, der Zeichnung entsprechend, Querleisten aufnageln oder -leimen, die Oberfläche glattschleifen und farblos lackieren, kleine Stahlnägel in die Querleisten, versetzt und in Doppelreihe, in 5 mm Abstand voneinander so weit einschlagen, daß sie einige Millimeter aus dem Holz ragen, und an den Seiten je eine Hakenschraube befestigen.

Zum Perlweben schneiden wir uns Kettfäden aus festgezwirntem Baumwollgarn Nr. 60 (Häkelgarn für Taschentuchspitze) zu. Sie müssen etwas länger sein, als unser Perlenband werden soll. Ihre Anzahl richtet sich nach der gewünschten Breite des Bandes, wobei wir immer einen Faden mehr nehmen, als Perlen für die einzelnen Reihen benötigt werden. Für neun Perlen pro Reihe sind also zehn Kettfäden erforderlich. Die Fäden werden zum Bündel zusammengefaßt, an einem Ende verknotet, mit Reißbrettstiften unter dem Webgerät befestigt und einigemale um einen der Schraubhaken gewickelt. Dann legt man sie in gleichen Abständen zwischen die Nägel, führt sie straff auf die gegenüberliegende Seite und durch die dort befindlichen Nägel, um sie schließlich als Fadenbündel um den zweiten Schraubhaken zu wickeln und unter dem Gerät anzuzwekken.

Den Schußfaden – aus dem gleichen Material wie die Kette – knoten wir am äußersten linken Kettfaden an, fädeln die Per-

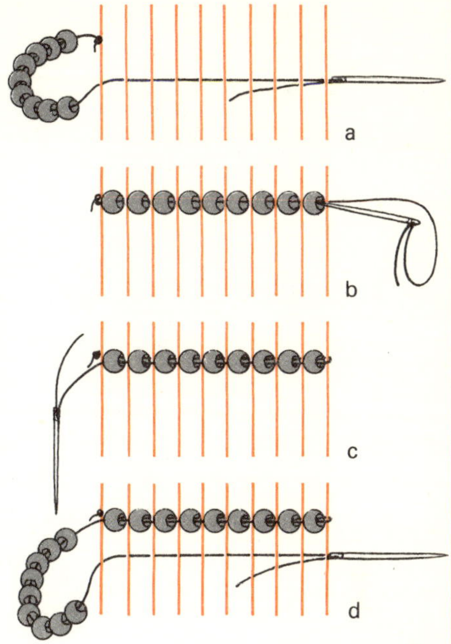

12

len für die erste Reihe auf und führen ihn unter den Kettfäden zur rechten Seite hinüber. Dabei fügen wir in jeden Zwischenraum eine Perle ein und drücken sie mit dem linken Zeigefinger nach oben. Dann führt man Nadel und Faden über die Kettfäden und durch jede Perle nach links zurück (Abb. 12). Die Perlen sitzen nun fest zwischen den Kettfäden. Bei allen weiteren Reihen verfahren wir wie bei der ersten. Ist das Band fertig, werden die Enden der Kettfäden unsichtbar vernäht oder zu Perlenfransen verarbeitet.

Unserer Perlwebarbeit legen wir einen Entwurf auf Kästchenpapier zugrunde, der dem einer Kreuzstichstickerei gleicht. Abb. 13 zeigt ein indianisches Muster.

GLAS-GRAVUR

16. Kapitel

Die Glasgravur ist so alt wie unsere Zeitrechnung. Zu hoher Meisterschaft auf diesem Gebiet brachten es in der Antike besonders die Syrer. Ihres Formenreichtums und ihrer vollendeten Dekore wegen waren syrische Glasgefäße sehr begehrt.

Das Gestalten farbloser oder farbiger Gläser mit gerissenem Dekor ist eine schöne Handwerkstechnik, die keinerlei besondere Einrichtungen verlangt, allerdings Formgefühl und Talent zum Zeichnen voraussetzt. Man kommt dabei mit einem einzigen Werkzeug aus, dem Zeichendiamanten. Abb. 1 verdeutlicht, daß dieser kleine Industriediamant so gefaßt ist, daß er sich wie ein Zeichenstift handhaben läßt. Mit seiner Spitze kann man Glas ritzen, ohne daß ein scharfer Schnitt entsteht. Solche Werkzeuge werden in verschiedenen Größen (meist zwischen 0.25 und 1.00 Karat) hergestellt.

Reißen und Stippen

Auf einem Stück Fensterglas, das durch ein Spülmittel gesäubert wurde, probieren wir die Technik. Das Werkzeug wird etwas steiler als ein Schreibgerät gehalten. Es kommt darauf an, genau die Stelle zu finden, wo die Spitze das Glas angreift. Um das zu erleichtern, hat der Hersteller am hölzernen Schaft einen Punkt angebracht. Dieser Punkt muß nach oben oder nach links weisen. Zwischen diesen beiden Stellungen findet man mit etwas Gefühl die richtige Arbeitshaltung. Wir üben zunächst kürzere Striche von oben nach unten in Parallelen, dann von links nach rechts, ritzen Kurven und S-Formen und schließlich kleine Kreise. Wenn dies gelingt, können wir uns an Ornamenten oder einer freien Zeichnung versuchen (Abb. 2).

Die gerissene Linie wird gern mit gepunkteten Flächen kombiniert. Man bezeichnet dieses Punktieren als Glasstippen. Beim Stippen entstehen durch Aufstoßen der Diamantspitze auf dem Glas kleine Grübchen. Dicht nebeneinander wirken sie als Fläche. Man bemerkt schon beim Üben, daß es gut aussieht, wenn dicht und tief gestippte Partien allmählich zart auslaufen. So kommt man vielfach ganz ohne Umrisse aus.

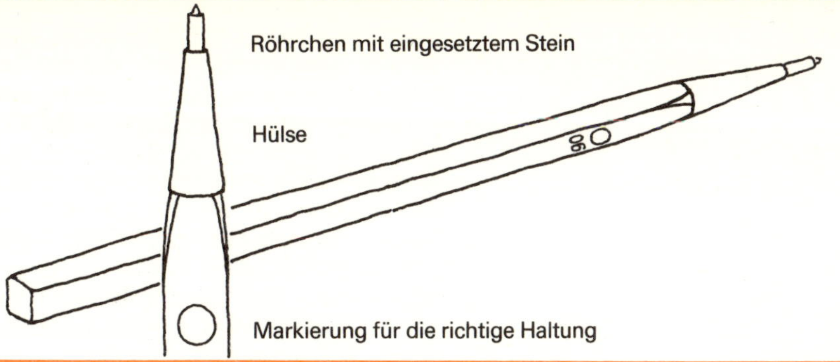

1

Meist werden Trinkgefäße und Schalen graviert. Man wählt dazu unverzierte Gläser von schlichter Form, wie z. B. das auf Abb. 3 gezeigte. Für erste Arbeiten empfehlen sich verschließbare Industriegläser, die man als Behälter für Gewürze oder Lebensmittel weiterverwenden und vielleicht aufs Küchenbord stellen möchte, andererseits aber keinen Verlust bedeuten, wenn das Ergebnis nicht befriedigt.

Nach ausreichendem Üben auf der Glasplatte zeichnen wir einen Entwurf in der Art der Glasritzung. Man nimmt dazu einen nicht zu weichen Bleistift (H2, H3). Soll der Dekor als Band um das Glas herumgeführt werden, so schneidet man sich einen passenden Papierstreifen für den Entwurf zu. Den Streifen kann man mit Büroleim an der Innenseite des Glases befestigen und sich auf diese Weise eine Vorlage schaffen. Sehr gut wirken auf Gläsern freistehende Formen, z. B. Vignetten mit Pflanzen und Tieren. Dabei sollte man von einer geometrischen Grundform ausgehen, Kreis, Ellipse, Raute oder Herz beispielsweise. Motive gibt es in Hülle und Fülle. Das Ergebnis hängt aber von den zeichnerischen Fähigkeiten ab. Wer sich nicht zutraut, das entworfene Motiv frei nachzuritzen, kann es mit Hilfe von Kohlepapier auf das Glas pausen. Entwurf und Kohlepapier werden am besten mit Klebstreifen befestigt, damit sie nicht verrutschen können.

Zu beachten gilt, daß sich nicht jedes Motiv für jedes Glas eignet. Soll das Ergebnis harmonisch wirken, kommt es in erster Linie darauf an, den Stil des Dekors auf die Form des Glases abzustimmen.

Gravierungen lassen sich auch einfärben. Man nimmt dazu Silicinfarben und füllt die Vertiefungen aus. Farbspuren auf der Oberfläche des Glases werden mit einem Gazelappen weggewischt.

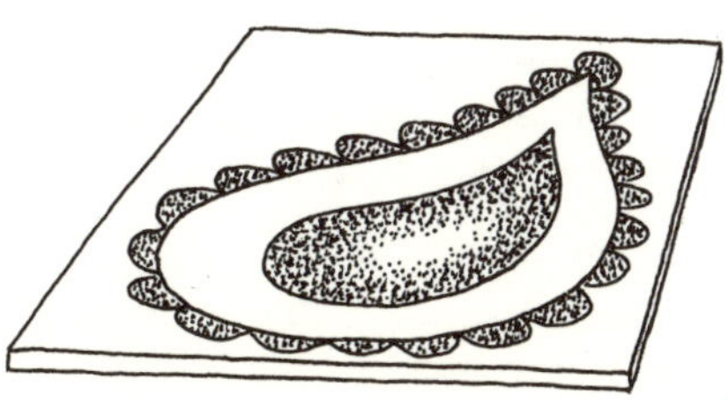
2

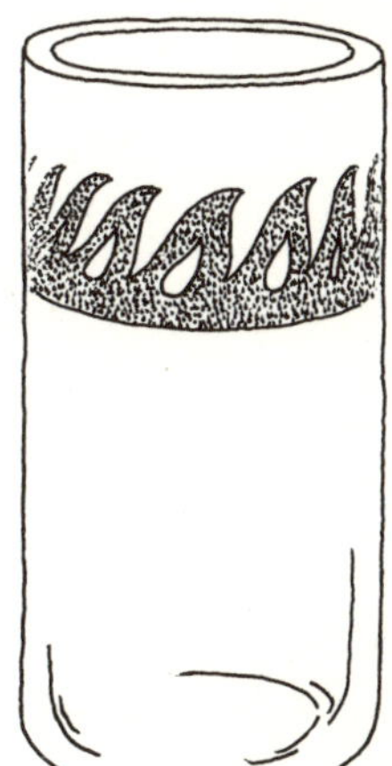
3

GESTALTEN IN HOLZ

17. Kapitel

Holz war über Jahrtausende hinweg das universell verwendete Material. Es diente zum Bau von Schiffen und Häusern, landwirtschaftlichen Geräten und Werkzeugen, zur Anfertigung von Hausrat – die Skala der Anwendungsgebiete ließe sich beliebig erweitern. Durch die lebensbedingt engen Beziehungen zum Holz waren einer breiten Bevölkerungsschicht die Bearbeitungsmöglichkeiten geläufig. So nimmt es nicht wunder, daß der Werkstoff Holz mit zu jenen Materialien gehört, aus denen uns frühe Zeugnisse künstlerischer Betätigung des Menschen erhalten geblieben sind. Wir besitzen Kunstgegenstände, die weit vor der Zeitenwende entstanden sind. Interessant ist, daß sich die damals gebräuchlichen Werkzeuge für die künstlerische Holzbearbeitung nicht wesentlich von den heute verwendeten unterscheiden.

Material

Die Auswahl des Materials richtet sich in jedem Fall danach, was wir herstellen wollen. Grundsätzlich sei gesagt, daß sich für die bildnerische Gestaltung sämtliche Holzarten eignen. Angefangen von einfachen Ästen, Zweigen und Sträuchern über Leisten und Brettchen von Obst- und Gemüsekisten bis zu Sägewerksabfällen (Brettstückchen) können wir alles verwenden. Auch alte, nicht mehr brauchbare Möbel stellen wertvolles Material dar, vor allem deshalb, weil das Holz bereits ausgelagert, d. h. gut getrocknet ist. Frische oder nasse Hölzer sind unzweckmäßig, weil sich durch den späteren Trockenprozeß Formveränderungen und Risse ergeben. Außerdem ist darauf zu achten, daß bei größeren Arbeiten die Markröhre, das ist der dunkelbraune Kern des Holzes, nicht mit verarbeitet wird. Er verursacht meist Risse im Material.

Als ein weiterer Faktor ist die Struktur des Materials zu berücksichtigen. Unter Struktur des Holzes verstehen wir sowohl die Maserung als auch die Dichte (Festigkeit). Drei Faustregeln gilt es zu beachten:

1. Starkmaserige Hölzer, z. B. Lärche, Kiefer, Rüster, nur für Arbeiten mit glatten Flächen und großen Formen verwenden.
2. Für Gebrauchsgegenstände sind in der

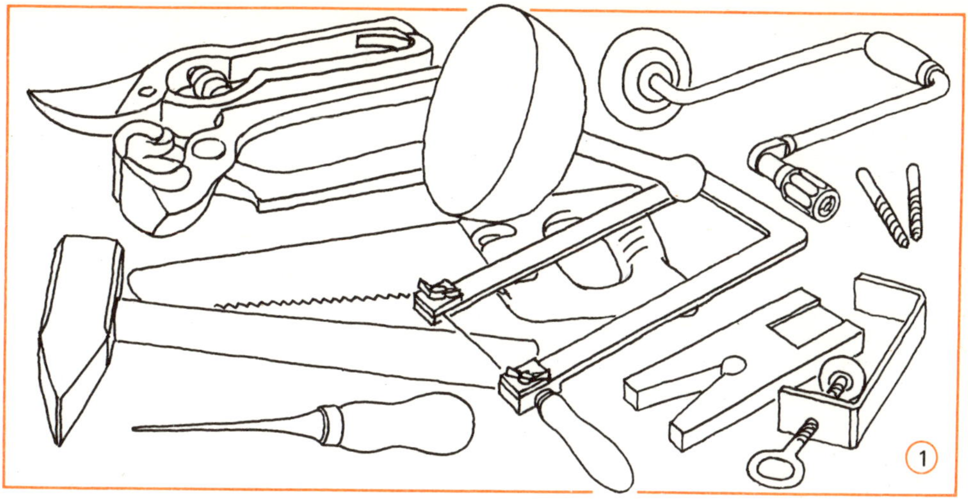

Regel dichte Hölzer (Harthölzer) wie Eiche und Obsthölzer angebracht.
3. Die Struktur der Maserung soll Form und Inhalt des Gegenstandes unterstreichen.

Soweit die wichtigsten Hinweise über das Material – weitere Einzelheiten bei den praktischen Beispielen.

Werkzeug

Wir brauchen: Baumschere, Zange, Hammer, einen Holzknüppel, Fuchsschwanzsäge, Zwingen, Vorstecher, Drillbohrer oder Bohrwinde mit verschieden großen Bohrern, Laubsäge mit Tischchen, ein Schnitzmesser und verschiedene Stemm- und Hohleisen, Raspeln, Schleifklotz und Sandpapier, Drahtbürste, Zirkel und Lineal. Für Arbeiten, die einen genauen Winkelschnitt erfordern, ist außerdem eine Schneidelade angebracht (Abb. 1 und 2). Im Umgang mit scharfen Werkzeugen müssen wir besonders vorsichtig sein.

Vorarbeiten

Bei allen bildkünstlerischen Arbeiten gehören Zeichnen, Modellieren sowie der Faltschnitt zu den Voraussetzungen für das

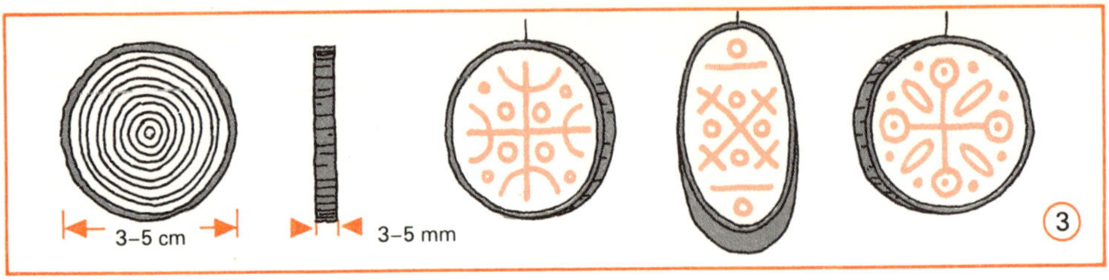

③

Gelingen. Zumindest ist es erforderlich, daß wir von unserem späteren Gegenstand eine zeichnerische oder plastische Skizze aus Plastilin oder Ton anfertigen können. Ohne Skizze kann selbst der erfahrenste Gestalter nicht arbeiten, es sei denn, es handelt sich um Zufälle.

Basteln mit Ästen und Zweigen

Das erforderliche Material erhalten wir kostenlos. Jeder einzelne kann es sich auf Spaziergängen oder Ausflügen selbst beschaffen.

Baumbehang

Für Baumbehang (Abb. 3) benötigen wir etwa 3 bis 5 cm starke Äste und verschieden dünne Zweige von Sträuchern bzw. Laubbäumen. Im Gegensatz zum Schnittholz (Leisten und Bretter) verarbeiten wir dieses Material möglichst frisch. Es läßt sich so leichter schneiden. Für die Bearbeitung mit Sandpapier muß es jedoch erst etwas trocknen.

Zunächst sägen wir die Äste mit dem Fuchsschwanz in 3 bis 5 mm dicke Scheiben. Bei rechtwinkligem Schnitt erhalten wir kreisrunde und bei schrägem Schnitt ovale Scheiben. Die Schnittfläche glätten wir mit Sandpapier. Dazu legen wir das Sandpapier auf die Tischplatte und schleifen die Astscheiben darauf ab, bis sämtliche Schnittspuren beseitigt sind. Nun können wir die Scheiben beliebig verzieren. Die einfachste Art ist das Bemalen mit Wasserfarben. Dekor und Scheibe müssen natürlich gut aufeinander abgestimmt werden. Es empfiehlt sich, vorerst mehrere Skizzen auf Papier zu entwerfen und die besten davon auf die Astscheiben zu übertragen. Ein Zentralschnitt aus Papier beispielsweise kann Anregungen geben.

Eine reizvolle Schmucktechnik ist das Einbrennen von Motiven. Sie ist im Kapitel »Holzschmucktechniken« beschrieben.

Oft genügen als Schmuck kleine Kerbschnitte am Scheibenrand. Bei schön gemaserten Hölzern können wir auf die Auszier ganz verzichten. Das Naturbild des Materials wirkt bereits als Dekor. Nun brauchen wir lediglich noch am Scheibenrand ein Loch für den Aufhänger zu bohren und die Arbeit mit dünnem Lack oder Mattine zu überziehen, damit sie nicht so schnell verschmutzt.

Vielgestaltigen Baumbehang erhalten

④ ⑤

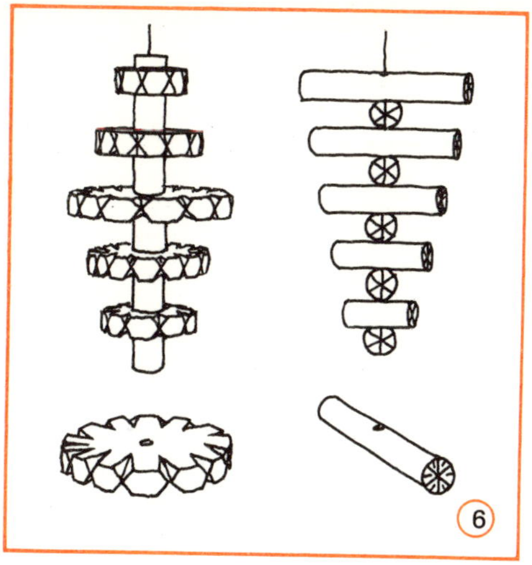

6

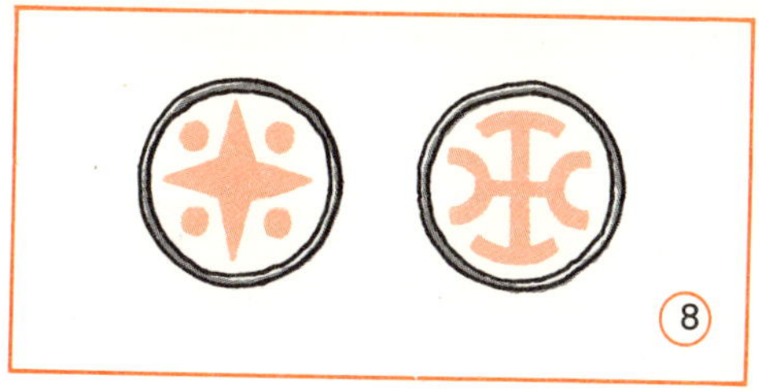

8

wir durch Ausschneiden der Astscheiben. Ein Ring entsteht, wenn wir mit dem großen Bohrer in der Scheibenmitte ein Loch anbringen und es mit dem Schnitzmesser so vergrößern, daß die Wandstärke etwa 5 mm beträgt. Die Innenfläche kann beliebig getönt werden.

Eine interessante Form ergibt sich, wenn zwei Scheiben mit einem ihrer Stärke (etwa 5 mm) entsprechenden Spalt versehen und dann über Kreuz zusammengesteckt werden (Abb. 4). Eine andere Möglichkeit zeigt Abb. 5.

Als Motive zum Aussägen eignen sich am besten Sterne und Blüten; sie passen sich der Grundform gut an und wirken in ihrer Strenge sehr ansprechend. Die technische Fertigung ist übrigens ganz einfach. Wenn das Motiv aufgezeichnet ist, werden die auszuschneidenden Stellen mit einer Bohrung versehen und dann entweder mit der Laubsäge oder dem Schnitzmesser entsprechend der Zeichnung ausgeformt. Auch mit dünnen Zweigen lassen sich schöne Formen des Behangs entwickeln. Dazu werden mehrere Zweigstücke verschiedener Größe von Birken und anderen Bäumen sowie Sträuchern übereinander aufgefädelt und in bereits bekannter Manier ausgeziert (Abb. 6).

Astketten

Halsketten aus Ästen und Zweigen (Abb. 7) sind eine originelle Ergänzung für schlichte Tageskleider. Wir können auch hier wieder Scheiben von unterschiedlichem Durchmesser und verschiedener Länge, gerade und schräg geschnitten, kombinieren. Wichtig ist nur, daß wir die Glieder so bohren und anordnen, daß die Kette locker fällt und die Schnittflächen zur beliebigen Verzierung frei bleiben (Abb. 8). Längere Stücke durchbohren wir nicht in der Mitte, sondern möglichst weit außen.

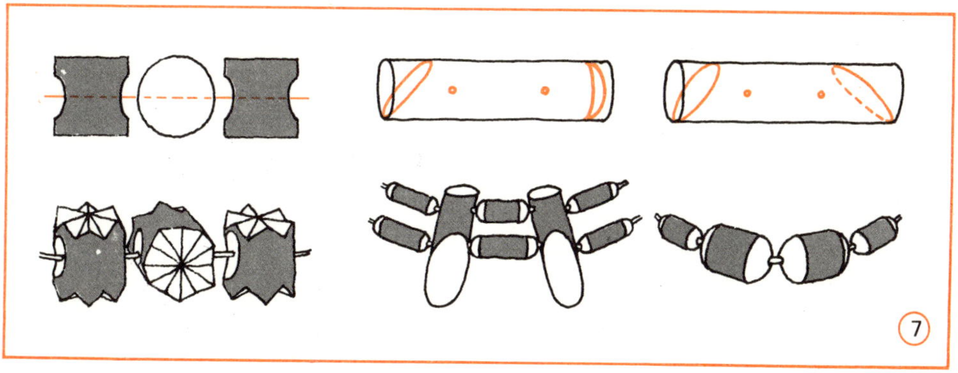

7

Figuren aus Naturmaterial

Das figürliche Gestalten mit Naturmaterial hat sich in den letzten Jahren sehr verbreitet. Besonderer Wert kommt dieser Technik bei der Arbeit mit Kindern zu, denn schon das Material wirkt phantasieanregend. Doch auch Erwachsenen bieten sich hier viele Möglichkeiten zu eigenschöpferischer Betätigung.

Für unsere Figuren können wir Zapfen, Eicheln, Bucheckern, Kastanien, Nüsse, Ahornfrüchte, Moose, Rinden und Disteln verwenden sowie Lindenäste und Zweige sämtlicher Sträucher, am besten aber von Haselnuß-, Weiß- und Rotdornsträuchern. Auch dieses Material verarbeiten wir wieder möglichst in frischem Zustand. Werden Weidenkätzchen gebraucht, besorgen wir uns einige Zweige beim Gärtner, denn sie stehen unter Naturschutz.

Auf der Suche nach Naturmaterial werden wir oft auch Verwachsungen an Bäumen oder Sträuchern sowie umherliegende Wurzeln finden. Wer ein Auge dafür hat, wird entdecken, daß vielfach die geringsten Veränderungen genügen, um wundersame Figuren daraus zu gestalten.

Daß wir auf eine saubere und sorgfältige Arbeit Wert legen müssen, versteht sich wohl von selbst. Leimstellen dürfen keine Spuren hinterlassen. Verwenden wir Nägel, bringen wir sie so an, daß sie niemals von außen sichtbar sind.

Henne mit Kücken

Unsere Glucke bekommt ein Kiefernzäpfchen als Körper und eine Bucheckernschale als Kopf. Wir schlagen vorsichtig am Halsansatz einen kleinen Drahtstift in den Kiefernzapfen, zwicken den Nagelkopf ab, geben ein wenig Leim auf das Verbindungsstück, drücken die Bucheckernschale fest an und füllen die Höhlung mit einer kleinen Distel aus. Als Beine verwenden wir schwache Ästchen. Damit das Tierchen fest steht, geben wir ihm eine etwa 5 mm starke Rundholzscheibe als Sockel. Diese Sockelscheibe wie auch der Kiefernzapfen wird an zwei Stellen mit dem Drillbohrer gebohrt. Nun können wir die Beine mit Körper und Sockel verbinden und aus ganz dünnen Ästchen Zehen zurechtschneiden. Zum Schluß werden alle Teile sauber verleimt.

Da wir das Größenverhältnis zwischen Henne und Kücken beachten müssen, verwenden wir am besten für die Körper der Kleinen Erlenzapfen und für die Köpfe Weidenkätzchen. Beim Abschneiden der Weidenkätzchen von den Zweigen sind die kurzen Fruchtstengel mit abzutrennen und am »Kopf« zu belassen. Wir schneiden daraus gleich die Schnäbelchen. Beine, Zehen und Sockel fertigen wir genauso an wie bei der Henne. Kerben wir nun noch ein Aststückchen mit dem Hohleisen aus, erhalten wir einen Futtertrog für die Kücken.

Auch aus anderen Materialien läßt sich unser »Federvieh« gestalten. Als Körper sind Walnüsse, Kastanien oder Eicheln geeignet und als Köpfe Haselnüsse, Hagebutten oder Erlenzapfen. Flügel und Schwänze können wir sehr gut aus kurzen Zweigen vom Lebensbaum, aus Ahornfrüchten oder Federn herstellen.

Raupen

Behaarte Raupen sind durch ihre schöne Färbung und den Rhythmus ihrer Fortbewegung immer wieder interessant. Wir wollen versuchen, mit den uns gegebenen Mitteln eine solche Raupe zu gestalten. Zunächst biegen wir ein Stück Draht, etwa 10 bis 15 cm lang, in die Form, die unsere Raupe erhalten soll. Sie wird entweder langgestreckt sein oder in der Mitte einen Buckel haben. Nun fädeln wir getrocknete Distelblüten auf den Draht. Als Kopf wird am besten ein Lärchen- oder Erlenzäpfchen verwendet. Mit ein paar Augen aus Pfefferkörnern oder jungen Eicheln kann der kleine Kerl lustig in die Gegend schauen.

Libellen und Falter

Sie eignen sich besonders als Mobileanhänger. Ihr leichtes, unbeschwertes Schweben und Kreisen macht diese zierlichen Geschöpfe zu einem attraktiven Blickfang. Für den Körper fädeln wir entweder vier bis fünf Erlenzäpfchen auf ein Stück Draht, oder wir nehmen ein etwa 5 cm langes Aststückchen und kerben mit dem Messer einige Ringe ein, um eine gewisse Farbigkeit zu erreichen. Als Flügel verwenden wir die Früchte der Ahornbäume (auch

Ahorn-Nasen genannt); an Feingliedrigkeit kommt ihnen kein anderes Material gleich. Diese »Flügel« leimen wir nun an die Erlenzäpfchen bzw. in kleine Einschnitte an den Seiten des Aststückes. Den Kopf bildet ein Erlenzäpfchen, in das wir zwei Kiefernnadeln als Fühler einleimen. An einem Zwirnsfaden hängen wir dieses kleine Insekt auf.

Storch

Ein Fichtenzapfen eignet sich gut als Körper für einen Storch (Abb. 9). In den oberen Teil des Zapfens bohren wir ein Loch, in das der Hals samt Kopf eingeleimt werden. Für beides nimmt man am besten einen Auswuchs vom Greiskraut (Kreuzkraut, Senecio) oder den Teil einer Verwachsung, die häufig an Birken auftritt, auch »Hexenbesen« genannt. Aus einem Strauch schneiden wir uns die benötigten Aststücke für die Beine heraus. Nachdem wir diese dem Größenverhältnis des Körpers angepaßt haben, werden sie am oberen Ende keilartig zugespitzt, unter die Zapfenschuppen geschoben und verleimt. Nun sägen wir von einem entsprechend starken Stück Rundholz eine Scheibe für den Sockel ab und glätten sie mit Sandpapier. In diesen Sockel bohren wir zwei Löcher, in die die Beine des Tieres geleimt werden. Dann schneiden wir aus kleinen Aststücken noch die Zehen, leimen sie auf, und fertig ist unser »Meister Adebar«.

Eule

Eine Zapfeneule (Abb. 10) ist mit geringen Mitteln zu fertigen. Als Augen eignen sich am besten junge Eicheln oder Eichelhütchen. Für die Ohren verwenden wir Bucheckernschalen und für den Schnabel einen Bucheckernkern. Zwei kleine Astgabeln dienen als Krallen. Mit etwas Draht binden wir das kleine Tierchen an einem Ast fest. Allerdings darf der Draht nicht sichtbar sein.

Eichhörnchen

Für Eichhörnchen benutzen wir wiederum als Grundform einen kleinen Fichtenzapfen. Der Kopf, ein Lärchenzapfen, bekommt zwei Bucheckernschalenteile als Ohren. Der Schwanz soll besonders schön geschwungen sein, deshalb bohren wir in den Zapfen unten ein Loch und stecken einen gebogenen Draht fest hinein. Darauf lassen sich dann leicht kleine Disteln oder auch Weidenkätzchen auffädeln. Nun suchen wir kleine Äste und verleimen sie als Beine am Zapfenkörper. Da das Eichhörnchen Bewegung ausdrücken soll, müssen wir besonders auf die Stellung der Beine achten.

Reiher

Diese Arbeit ist durch ihre filigrane Feingliedrigkeit etwas Besonderes für den Lieb-

9 10 11 12

haber. Vom Gestalterischen her ähnelt sie sehr den vorher beschriebenen Motiven, jedoch brauchen wir handwerklich etwas mehr »Fingerspitzengefühl« dazu. Für den Körper des Reihers sind die Ähren von Strandgerste, Kopfgras, Hartgras, am besten aber von Kanarien-Glanzgras geeignet. Den Stengel belassen wir gleich als Hals in entsprechender Länge am »Körper«. Ein Weidenkätzchen dient als Kopf. Aus den Stengeln der Gräser schneiden wir die Beine zu und verleimen sie im Rumpf. An den Gelenkstellen knicken wir die Stengel vorsichtig ein. Dadurch können wir unserem Reiher die verschiedensten Stellungen geben. Die Beine verleimen wir wieder in den vorgebohrten Löchern eines Sockels. Dieser muß, dem Material des Vogels entsprechend, sehr dünn geschnitten und sauber geschliffen sein.

Zapfenmännlein

Beim Zapfenmännlein (Abb. 11) überlegen wir uns zunächst einmal, welche Körperhaltung wir ihm geben. Soll er sitzen, gehen, stehen, angewinkelte oder gestreckte Glieder bekommen? Sehr gut kann uns hier das aufgezeichnete Schema eines Strichmännchens helfen. Als Körper nehmen wir einen Kiefernzapfen. Oben am Stielansatz bohren wir mit dem Drillbohrer ein Loch für einen kleinen passenden Nagel. Der Nagelkopf wird so abgezwickt, daß der Stift noch etwa 10 mm übersteht. Auf diesen Stift stecken wir eine Eichel als Kopf, drehen den »Kopf« in die gewünschte Stellung und verleimen ihn. Für Arme und Beine suchen wir Äste, die in der entsprechenden Winkelung der Glieder gewachsen sind. Oberarme und Oberschenkel spitzen wir keilartig zu und fügen sie unter den Zapfenschuppen ein. Um die Hände anzudeuten, schnitzen wir die Rinde ab. Nach dem Verleimen der Glieder bohren wir Löcher in eine entsprechend große Astscheibe und leimen die Beine ein. Als Füße werden zwei aufgespaltene kurze Aststücke gut an die Beine angepaßt und verleimt. Mit etwas Phantasie kann man leicht Arbeitsgeräte, Handwerkszeug usw. aus Ästen und Zweigen herstellen.

Astmännchen

Astmännchen (Abb. 12) erfordern etwas mehr handwerkliches Können, denn Kopf, Hut und Körper sind nicht fertig gewachsen, sondern müssen sauber aus verschieden starken Aststücken herausgeschnitten und geschliffen werden, ohne die Rinde zu beschädigen. Hierbei kann uns eine Schneidelade gute Dienste leisten, sie garantiert einen einwandfreien Winkelschnitt. Arme und Beine werden wie beim Zapfenmännchen angefertigt. Zum Befestigen der Beine bohren wir in das Unterteil des Körpers Löcher. Die Arme werden zunächst gut angepaßt, dann schlagen wir an der Paßstelle zwei kleine Nägel in den Kör-

13

14

per ein. Den Nagelkopf zwicken wir ab, tupfen ein bißchen Leim auf die Ansatzpunkte und drücken die Arme fest. Die Füße bringen wir wieder wie beim Zapfenmännchen an. Welches Beiwerk wir dem Astmännchen geben, bleibt uns überlassen. Wichtig ist nur, daß alles aus Naturmaterial angefertigt wird.

Räuchermännchen

Der Räuchermann (Abb. 13) ist eine traditionelle Figur aus dem Erzgebirge. Er fehlt dort in keiner Familie, und besonders in der Weihnachtszeit erfreut er jung und alt, aber auch in vielen anderen Gegenden ist er schon heimisch geworden. Er ähnelt sehr unserem Astmännchen, jedoch muß der Körper mindestens einen Durchmesser von 5 cm haben, da wir ein 3 cm großes Loch einbohren müssen.

Schäfer mit Herde

Es gibt verschiedene Möglichkeiten, einen Schäfer mit seiner Herde (Abb. 14) typisch darzustellen. Fangen wir mit den Schafen an. Wir sägen zunächst den Rumpf aus einem Stück Rundholz zu. Er soll 7 cm lang sein und einen Durchmesser von etwa 4 cm haben. In den unteren Teil des Stükkes bohren wir vier Löcher für die Beine, auch der Ansatzpunkt des Halses wird mit einem Loch versehen. In diese Bohrungen stecken wir je ein Stück Draht fest hinein, das etwa 2 cm herausragt. Aus entsprechend starken Ästen fertigen wir die Vorder- und Hinterbeine an. Dann wird die Form des Kopfes geschnitzt, dazu zwei passende Ohren, die gleich an den Kopf geleimt werden. Jetzt bohren wir in Kopf und Beine Löcher, die der Stärke des Drahtes entsprechen, und können nun alle Teile fest zusammenstecken. Durch die Drahtverbindungen des Kopfes und der Beine mit dem Körper ist es möglich, das Schaf in die verschiedensten Stellungen zu biegen: äsend, lauschend, stehend, gehend usw. Um das Typische des Schafes noch zu unterstreichen, legen wir eine Schicht Watte oder besser Schafwolle um den Körper und umwickeln sie mit weißem Zwirn.

Der Schäfer ist ein Astmännchen. Er bekommt einen schönen Bart aus dem Material, mit dem wir unsere Schafe gestaltet haben. Weidezäune und Bäumchen aus kleinen Ästen vervollkommnen unser Bild.

Gesägte Gegenstände

Im Gegensatz zum bisher verarbeiteten Material verwenden wir nun vorwiegend Sperrholz, kleine Leisten und dünne Brettchen. Die Werkzeuge beschränken sich auf Drillbohrer, Laubsäge und das dazugehörige Tischchen sowie auf Sandpapier, Zeichenutensilien und Buntpapier.

Untersetzer

Untersetzer (Abb. 15) haben die Aufgabe, die Tischplatte zu schützen, wenn heiße Getränke darauf abgestellt werden. Da Holz weder Wärme noch Kälte leitet, ist das Material hierfür bestens geeignet. Als Motive sollten geometrische Formen gewählt werden, weil der Verwendungszweck weder zu figürlichen noch zu pflanzlichen Formen eine Beziehung zuläßt. Die Anordnung beziehungsweise

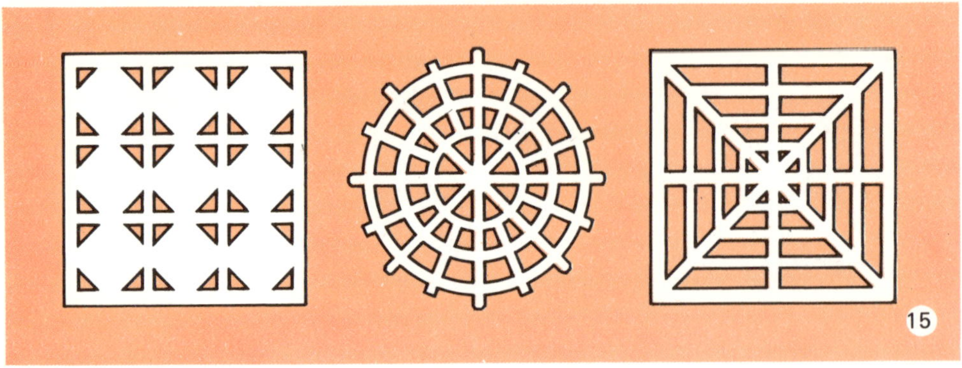
15

Gliederung des auszuschneidenden Motivs richtet sich in jedem Fall nach der Grundform des Untersetzers. Die praktischsten Grundformen sind Kreis, Quadrat und Rechteck.

Beim Kreis sollten wir stets vom Mittelpunkt ausgehen. Auf diese Weise unterstützen wir am besten den Ausdruckswert des Kreises, nämlich das gleichmäßig nach allen Seiten Ausstrahlende.

Beim Quadrat können wir ebenso vorgehen, aber auch eine flächige Anordnung ohne Beachtung des Mittelpunktes wählen, ähnlich wie ein Schachbrett. Das Rechteck läßt eine sehr vielgestaltige Flächengliederung zu. Es kann außer den bereits erwähnten Möglichkeiten auch richtungsbetont, d. h. jeweils an den zwei ausladenden Seiten mit Schmuckelementen versehen werden.

Das Grundprinzip für den Entwurf solcher Flächen sollte in jedem Fall die Symmetrie bilden. Asymmetrische Elemente widersprechen diesen Formen.

Sobald die ersten Entwürfe mit Lineal und Zirkel auf Papier gebracht sind, werden wir feststellen, daß es für solche und ähnliche Arbeiten einen nahezu unerschöpflichen Formenreichtum gibt.

Vom Papier übertragen wir die Motive auf das Brett. Dann werden auszuschneidende Flächen mit einer Bohrung versehen, das Sägeblatt hindurchgesteckt und am oberen Ende des Sägebügels festgeschraubt. Beim Sägen achten wir immer darauf, daß das Brett gut aufliegt und die Säge im gleichen Rhythmus geführt wird. Nach dem Ausschneiden sind die Flächen mit Sandpapier sauberzuschleifen und der durch das Sägen entstandene Grat zu entfernen.

Weihnachtsschmuck

Für gesägten Baumbehang benutzen wir helle Holzarten. Sehr gut eignen sich Kastanie, Pappel, Weide und Linde. Diese Hölzer erlauben eine bizarre Formgebung. Außer auf geometrische Motive kann auch auf Pflanzen- und Tierformen zurückgegriffen werden. Allerdings sollten die Motive möglichst eine Beziehung zum Gegenstand

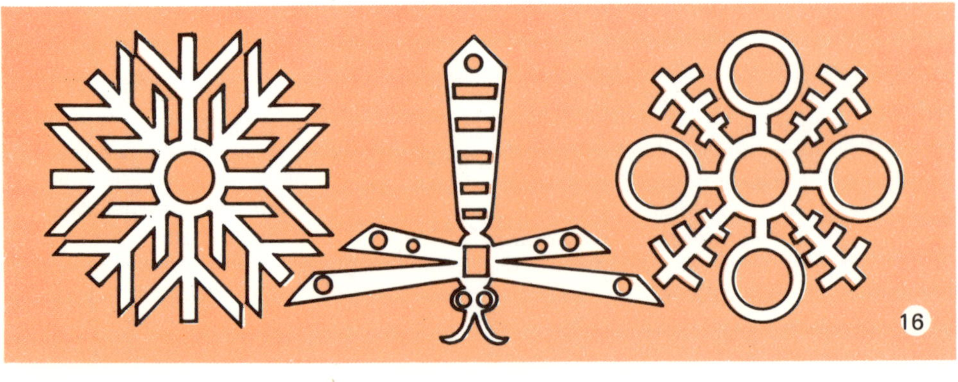
16

erkennen lassen. Unterschiedliche Insekten, Käfer- und Blütenformen entsprechen dieser Forderung am besten (Abb. 16). Bei der Zeichnung müssen wir darauf achten, daß keine Überschneidungen und somit keine räumliche Wirkung entsteht. Symmetrie ist auch hier Voraussetzung für den Erfolg.

Laterne

Zum Bau einer Laterne (Abb. 17) benötigen wir dünne Brettchen oder Sperrholz und Buntpapier. Je nach Wunsch wählen wir eine vier-, sechs- oder achteckige Form. Die einfachste Art ist das Viereck. Hierbei werden die Seiten rechtwinklig zusammengeleimt und mit der Grund- und Deckfläche verbunden. Bei sechs- oder achteckigen Formen ist es ratsam, die Seiten nach einer vorher in Originalgröße angefertigten Zeichnung mit einer Raspel oder einer Holzfeile anzuschrägen, so daß die Teile gut zusammenpassen.

Aus den einzelnen Flächen können nun dem jeweiligen Zweck entsprechende Motive herausgesägt werden. Für eine Weihnachtslaterne kommen selbstverständlich nur Schneekristalle, Tannenbäume, Gebäckformen, Spielzeug und ähnliches in Frage. Für ein Kinder- oder Frühlingsfest wählen wir Schmetterlinge, Blüten usw., Motive also, die diesem Anlaß gerecht werden. Das alles zeichnen wir vor dem Aussägen nach den bereits erwähnten Hinweisen für die Gestaltung auf Papier.

Wir können sowohl die Darstellung als auch die Fläche zwischen Umrandung und Motiv aussägen. Am zweckmäßigsten ist jedoch, das Motiv wird lediglich durch eine breite Kontur gekennzeichnet und alle anderen Flächen werden ausgeschnitten. Solche Laternen spenden das meiste Licht. Außerdem haben wir die Möglichkeit, sie mit verschiedenfarbigem Buntpapier reich auszustatten. Zum Aufkleben des Buntpapiers bestreichen wir die Innenflächen der Seiten mit einem Kleber, der keine Flecken hinterläßt. Das Grundbrettchen wird angeleimt und mit einer Blechhülle versehen.

Das Deckbrett erhält an einer Seite ein Scharnier, das zugleich mit einer Längsseite verbunden wird. An der gegenüberliegenden Stelle befestigen wir am Deckbrett eine Öse und an der Seitenfläche einen Haken. Nun kann die Laterne geöffnet, mit einer Kerze bestückt und wieder geschlossen werden. Aus Sicherheitsgründen ist es erforderlich, das Deckbrett mit vielen Ausschnitten oder einer großen Mittelöffnung zu versehen. Zum Aufhängen befestigen wir einen Draht in zwei Bohrungen am Deckbrett.

Schnitzen

Unter dem Begriff Schnitzen versteht man das Formen eines Werkstoffes mit dem Messer, dem sogenannten Schnitzmesser oder Schnitzeisen.

Die einfachste Art des Schnitzens ist der Kerbschnitt, d. h. das Kerben beliebiger Formen mit verschieden großen Schnitz-, Stemm- und Hohleisen. Zumeist wird diese Technik bei der Auszier von Geräten, Leuchtern, Dosen, Schalen, Back- und Buttermodeln usw. verwendet. Selbst in der

Kerbschnitt

17

Gestalten in Holz

Flächengestaltung und bei bestimmten figürlichen Arbeiten kann der Kerbschnitt eine wertvolle Bereicherung des Ausdrucks darstellen. Typisch für den Kerbschnitt ist die geometrisch-ornamentale Anordnung. Aber auch bei der Schriftgestaltung nimmt diese Technik einen wesentlichen Raum ein, sofern es sich um gekerbte Schriften handelt. Bei der Auswahl der einzelnen Kerbarten muß darauf geachtet werden, daß der Schnitt in einem guten Verhältnis zur Gesamtheit des Stükkes steht.

räumliches Formen

Im Gegensatz zum Kerbschnitt, der sich ausschließlich auf die Auszier bereits gegebener Flächen und Körper erstreckt, steht das räumliche Formen des Holzes. Dieses Formen beginnt bereits beim Ausschneiden des Werkstückes. Zunächst wird, dem Entwurf entsprechend, eine Schablone zugeschnitten, die wir unter dem für den technischen Vorgang günstigsten Aspekt auswählen. Eine Schablone ist eine Ansicht (Silhouette oder Grundform) des Modells, sie wird aus starker Pappe oder ähnlichem Material gefertigt. Mit dieser Schablone übertragen wir den Entwurf auf das Holz und schneiden es dann aus. Wenn keine Bandsäge zur Verfügung steht, behelfen wir uns mit der Fuchsschwanzsäge. Zuerst wird die Grundform – ein langes oder kurzes Rechteck, ein Quadrat oder was sonst in Frage kommt – herausgearbeitet. Danach erhält die Grundform, je nach Art des Entwurfs, eine Vielzahl kleiner Einschnitte, die jeweils im rechten Winkel bis zur Zeichnung verlaufen. Die so entstandenen kleinen Teile sind mühelos zu entfernen, indem wir der Kontur unseres Gegenstandes mit dem Fuchsschwanz folgen. Dieses Verfahren ist besonders bei stark geschweiften Formen zu empfehlen.

Schale

Schnitzen wir eine Schale (Abb. 18), wird die Schablone von der Daraufsicht angefertigt. Nach dem Ausschneiden der Grundform beginnt das eigentliche Schnitzen. Dazu spannen wir das Werkstück in eine Hobelbank. Falls keine zur Verfügung steht, kann man sich auch mit einer Zwinge an einem stabilen alten Tisch behelfen. Nun schlagen wir mit Holzknüppel (Abb. 1g) und Hohleisen die Höhlung heraus. Diesen Vorgang bezeichnet man als »Anlage«. Während der Anlage ist es besonders für Anfänger wichtig, ab und zu die Tiefe der Schale zu messen, damit der Boden nicht durchbrochen wird. Danach ist die Hohlform ohne Knüppel sauber nachzuschneiden (»sauberschneiden«). Nun wird das Werkstück umgedreht und die Rückseite in gleicher Weise in die entsprechende Form gebracht. Damit ist im wesentlichen die reine Schnitzarbeit abgeschlossen. Wir können die Schale entweder mit einem Kerbdekor auszieren oder durch Schleifen mit Sandpapier weiter bearbeiten.

Die Oberflächenbehandlung kann sehr variabel erfolgen, muß aber immer auf die Struktur des Materials und nicht zuletzt auf die Form und den Zweck des Gegenstandes abgestimmt sein. Lackieren wir mit Nitrolack, Mattine oder Schellack, entsteht eine transparente, mehr oder minder glänzende Schicht, die den Gegenstand vor Verschmutzung schützt. Wollen wir die Maserung des Materials besonders zur Geltung bringen, tragen wir ein Gemisch von Wachs und Terpentin auf. Der gleiche Effekt wird mit Speise- oder Nähmaschinenöl erzielt. Allerdings sollten wir dem Gegenstand, nachdem Öl bzw. Wachs völlig eingezogen sind, noch einen dünnen Matt- oder Zaponlacküberzug geben, damit sich der Staub nicht so festsetzen kann.

Eichenholz wirkt besonders schön, wenn wir es räuchern. Wir brauchen dazu einen gut verschließbaren Karton, der unserem Gegenstand und zwei bis drei alten Untertassen Platz bietet. Die Untertassen

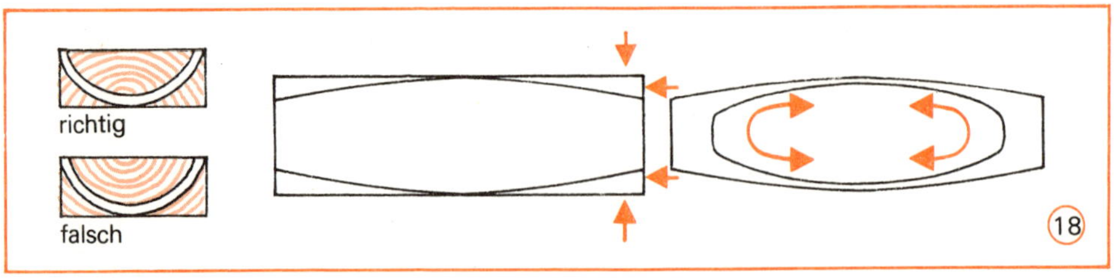

werden mit hochprozentigem Salmiakgeist gefüllt und der Karton rasch zugedeckt. Nach etwa zwei bis drei Stunden hat das Holz eine dezente graubraune Tönung angenommen. Die Oberfläche erhält nun durch Reiben mit einem Wollappen oder einer weichen, sauberen Handbürste einen zarten Seidenglanz, der kaum mit Lack erzielt werden kann.

Dekorative Gegenstände aus Lärchen- oder Kiefernholz brennen wir über der Gasflamme oder Lötlampe, bis die Oberfläche ziemlich schwarz ist. Dann beseitigen wir den Ruß mit einer Drahtbürste, und zwar in Maserrichtung. Die Struktur tritt nun plastisch hervor und zeigt eine wirksame Hell-Dunkel-Schattierung. Die Behandlung wird mit einem dünnen Lacküberzug abgeschlossen.

Wichtigster Gesichtspunkt bei der Oberflächengestaltung von Gebrauchsgegenständen ist immer die Zweckmäßigkeit. Jeder Gegenstand soll nicht nur schön sein, er muß vor allem seine Funktion gut erfüllen. Nur wenn wir davon ausgehen, werden wir eine vortreffliche Harmonie von handwerklich-technischer Brillanz und echtem künstlerischem Ausdruck erzielen.

Figürliche Schnitzarbeiten

Von jeher war im Bereich der plastischen Gestaltung die figürliche Darstellung das höchste und erstrebenswerteste Ziel. Doch nur wenige brachten es zu wirklich guten und hervorragenden Leistungen. Warum? Weil sich der Erfolg auf diesem Gebiet erst dann einstellt, wenn eine Reihe von Voraussetzungen zusammentreffen. Eine der wesentlichen ist, wie in jeder künstlerischen Disziplin, der innere Drang, ein Erlebnis künstlerisch wiederzugeben. Man muß erfüllt sein von der Thematik, die man gestalten, von der Aussage, die man treffen will. Aber das reicht noch nicht aus. Es muß notwendigerweise ergänzt werden durch das Wissen um die anatomischen Regeln – und nicht zuletzt durch das handwerkliche Können. Einige elementare technische Voraussetzungen für die figürliche Schnitzerei – mehr ist im Rahmen dieses Buches nicht möglich – wollen wir nun kennenlernen.

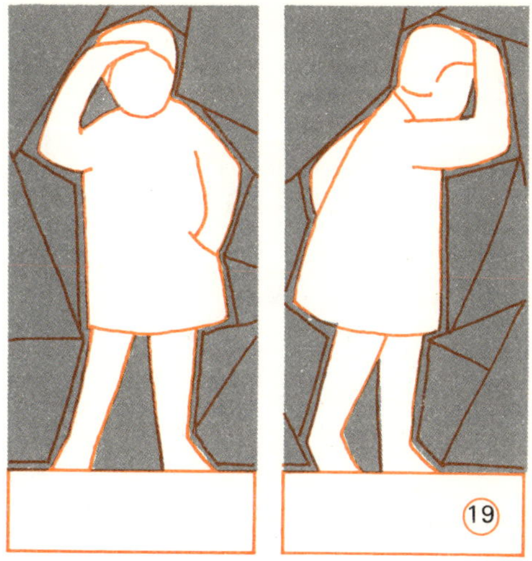

19

Die wertvollste Unterstützung für den Entwurf sind auch hier das Zeichnen und das Modellieren. Beides sollte möglichst nach der Natur erfolgen. Der Ausdruck soll mit den sparsamsten Mitteln erzielt werden. Die Bewegungen und Gesten sind auf das Wesentliche zu beschränken. Wichtig ist, daß die Figur von allen Seiten ein interessantes Bild zeigt.

Von zwei Ansichten fertigen wir nun je eine Schablone. Beide Ansichten werden mit dem Fuchsschwanz ausgeschnitten (Abb. 19). Entgegen der Bearbeitung von Schalen, Leuchtern oder anderen Gegenständen der angewandten Kunst muß bei figürlichen Arbeiten schon während der Anlage von allen Seiten gleichmäßig auf die endgültige Form zugearbeitet werden. Für die Anlage werden beliebige Flach- und Hohleisen benutzt, die der jeweiligen Formung am besten entsprechen. Ein Rezept hierfür gibt es nicht. Allerdings ist ein alter Grundsatz heute noch zutreffend, der besagt: In der Beschränkung der Mittel zeigt sich die Meisterschaft.

Abschließend zwei Tips. Wer noch wenig Erfahrung im Schnitzen besitzt, tut gut daran, möglichst weiche Hölzer, vor allem Linde, zu bevorzugen. Sie lassen sich am leichtesten bearbeiten. Und nun Tip Nummer 2: Bei den ersten figürlichen Arbeiten sollte man sich zunächst auf bescheidene Ausmaße beschränken. Kleine Figuren bis zu 12 cm Höhe sind für den Anfang am besten geeignet.

HOLZ-SCHMUCK-TECHNIKEN

18. Kapitel

Naturholzmalerei

Bei dieser Technik kommt es darauf an, die natürliche Holzstruktur in ihrer vollen Schönheit zu erhalten und durch sparsamen malerischen Schmuck noch zu betonen. Wir erreichen dies, indem wir die Oberfläche der zu gestaltenden Gegenstände farblos vorstreichen und nur an den Kanten, in den Ecken oder in der Mitte ein farbiges Ornament oder Motiv anbringen. Die Malerei sollte so ausgeführt werden, daß die Holzmaserung durchschimmert. Es ist deshalb ratsam, nicht mit der vollen Kraft der Deckfarben zu arbeiten, sondern eine lasierende Technik anzuwenden und die Farben auf den Grundton des Holzes abzustimmen. Schmuckbrettchen und Borde, Truhen, Türen, Raumteiler, Möbelstücke und auch Spielzeug mit Naturholzmalerei bieten stets einen ästhetischen Anblick.

Vor dem Bemalen muß das Holz zunächst mit einem Schwamm oder Lappen angefeuchtet werden. Die durch Hobeln und Schleifen niedergedrückten Holzfasern quellen dadurch und richten sich wieder auf. Wir lassen das Holz einen Tag trocknen und schleifen anschließend die Oberfläche erst mit mittlerem, dann mit feinem Schleifpapier glatt. Es empfiehlt sich, hierzu einen handelsüblichen Schleifklotz aus Kork, Gummi oder Holz zu benutzen. Danach entfernen wir das Holzmehl, grundieren mit einem Halböl und streichen mit einem um 10 bis 15 Prozent verdünnten Klarlack vor. Ist die Fläche getrocknet, wird sie mit feinem Schleifpapier in Richtung der Maserung abgeschliffen und kann nun bemalt werden. Das Motiv zeichnen wir uns am besten vor.

Für die Naturholzgestaltung sind die verschiedensten Farben verwendbar. Besonders gut arbeitet es sich mit Eitemperafarben. Des weiteren eignen sich alle Plakatfarben, Schultemperafarben, Gouachefarben sowie farbige Reparaturlacke. Allerdings sollte immer nur die eine oder andere Farbsorte zum Einsatz kommen. Wichtig: Hat man sich für Reparaturlacke auf Nitrobasis entschieden, darf der Grund nicht mit NC-Lack vorbehandelt sein, da sich diese Mittel gegenseitig auflösen und ineinanderlaufen.

Nach Abschluß der Arbeit lassen wir das

Werkstück an der Luft gut trocknen und lackieren es dann mit dem unverdünnten Klarlack, der zum Vorstreichen benutzt wurde.

Um sich mit der Technik vertraut zu machen, ist es ratsam, zuerst ein Probestück anzufertigen.

Noch eine Bemerkung zur Grundierung. Sie kann auch mit dem im Fachhandel erhältlichen »Einlaßgrund« oder »Sperrgrund« erfolgen. Hierbei sind die Verarbeitungshinweise einzuhalten. Auf eine Grundierung zu verzichten empfiehlt sich nicht, da sonst die wasserlöslichen Gestaltungsfarben in das Holz eindringen, ineinanderlaufen und zum Verquellen der Oberfläche führen.

1

Bauernmalerei

Die mit charakteristischer Malerei reichgeschmückten Bauernmöbel aus vergangenen Jahrhunderten finden heute wieder zunehmendes Interesse. Wer solche Arbeit nachvollziehen möchte, sollte sich zunächst mit den typischen Bestandteilen der Bauernmalerei vertraut machen. Beliebtester Vorwurf des Dekors sind Blüten: Rosen hauptsächlich, Tulpen, Nelken und Margeriten mit dem dazugehörenden Rankwerk in großer Farbenpracht. Hinzu kommen Körbe, Schalen, Krüge und Vasen. Um die Blumen nicht zu überspielen, werden die Gefäße meist farblich zurückhaltend gemalt; Körbe braun, die anderen Gefäße weiß, grau oder schwarz. Linien und Ornamente füllen die freien Flächen am Rand und umrahmen das dominierende Hauptmotiv.

Dem Entwurf sollten etliche Zeichenübungen vorausgehen. Beginnen wir mit den Blüten. Sie lassen sich leicht aus einem Kreis entwickeln, in den wir Hilfslinien eingezeichnet haben (Abb. 1). Nun zum Blatt, ohne das eine Blume nicht denkbar ist. Es wird nie starr, sondern wie eine Flamme aufwärts lodernd an den Stiel gemalt. Entwerfen wir schließlich das Motiv, so müssen wir unbedingt daran denken,

3

4

daß die Bauernmalerei eine symmetrisch-raumvolle Anordnung verlangt. Die in Abb. 2–4 gezeigten Motive, die wahlweise als Anregung oder als Vorlage dienen können, entsprechen dieser Malart voll und ganz.

Der Entwurf kann in der Art des Faltschnitts angefertigt werden. Wir nehmen dazu am besten Transparentpapier, kniffen es längs und zeichnen die Hälfte des Motivs auf. Da die andere Hälfte spiegelgleich ist, brauchen wir nur einen Bogen Kohlepapier mit der carbonierten Seite nach oben unter den zusammengeklappten Transparentbogen zu legen und die Zeichnung durchzupausen. Nach dem Aufklappen ziehen wir die Linien mit Filzstift nach.

Bevor wir den Entwurf auf den zu gestaltenden Gegenstand übertragen, müssen wir diesen natürlich erst einmal vorbehandeln. Der Grundsatz »erst grundieren – dann verzieren« gilt für die Bauernmalerei in besonderem Maße. Wir halten uns dabei an die im vorigen Abschnitt gegebenen Hinweise; also anfeuchten, am nächsten Tag glattschleifen, mit den empfohlenen

Mitteln grundieren. Danach erfolgt zweimal ein deckender Voranstrich im gewählten Farbton.

Eine bereits gestrichene und noch intakte Oberfläche brauchen wir für den Neuanstrich lediglich aufzurauhen. Flächen mit beschädigtem oder nicht mehr fest haftendem Farbgrund müssen abgebeizt oder mit der Lötlampe abgebrannt und dann wie Naturholz vorbereitet werden.

Auf den gründlich ausgehärteten Voranstrich übertragen wir nun den Entwurf. Dazu schraffieren wir die Rückseite des Transparentbogens mit einem sehr weichen Bleistift, befestigen den Entwurf mit Klebestreifen auf der zu schmückenden Fläche und ziehen die Konturen des Motivs ohne Kraft mit Bleistift oder Kugelschreiber nach. Nicht übermalte Linien lassen sich später abradieren.

Es gehört zu den Besonderheiten der Technik, daß die Blüten jeweils in einem Zuge ausgemalt werden, d. h., die dafür vorgesehenen Farben sind unmittelbar nacheinander auf den noch nassen Pinsel zu nehmen und aufzutragen. Farben, die in der Wirkung zurücktreten, bilden immer den Anfang. Naß-in-Naß zu malen, zwei oder drei Farben auf die Pinselspitze zu nehmen, um Farbübergänge zu schaffen, ist das Geheimnis der Bauernmalerei. Niemals wird mit nur einer Farbe gearbeitet. Der Pinsel sollte während des Malens nicht allzuoft ausgespült werden, bei Farbwechsel genügt das Abwischen mit einem trokkenen Tuch.

Nach beendeter Auszier erfolgt ein Klarlacküberzug.

Schablonieren

Schon seit dem 16. Jahrhundert werden Möbel und andere Gegenstände gelegentlich mit Hilfe von Schablonen bemalt. Nach eigenem Entwurf zugeschnittene Schablonen können auch uns die Gestaltungsarbeit erleichtern. Sie müssen nur geschickt benutzt werden, damit kein »schablonenhafter« Eindruck entsteht.

Ein idealer Ausgangspunkt für die Gestaltung von Schablonen ist der Faltschnitt in all seinen Spielarten (Abb. 5). Das symmetrische Motiv auf Abb. 6 wird zunächst auf Transparentpapier gezeichnet, dann auf das Schablonenmaterial übertragen und mit einer gesicherten Klinge oder einem scharfen Messer ausgeschnitten. Schablonierte Muster lassen sich durch wohlüberlegte Motive in freier Gestaltung ergänzen.

Zur Herstellung der Schablonen benötigen wir glattes Papier, das beim Schneiden nicht fasert, Alu-Haushaltfolie oder alte Röntgenaufnahmen. Papierschablonen bestreichen wir vor Gebrauch mit Halböl, Terpentinöl oder Malmittel (Lackfarben eignen sich nicht). Sie werden dadurch zäh und biegsam, so daß wir sie mehrfach benutzen können. Die fertige Schablone wird mit Klebestreifen oder Stecknadeln auf dem Holz befestigt.

Zum Schablonieren verwendet man einen möglichst neuen Ringpinsel mit weicher Spitze oder einen dicken Aquarellpinsel, einen Streich- oder Schwammroller. Schablonieren wir mit dem Pinsel, so streichen wir erst mehrere Male Farbe auf ein Stück Packpapier, nehmen sie dann von

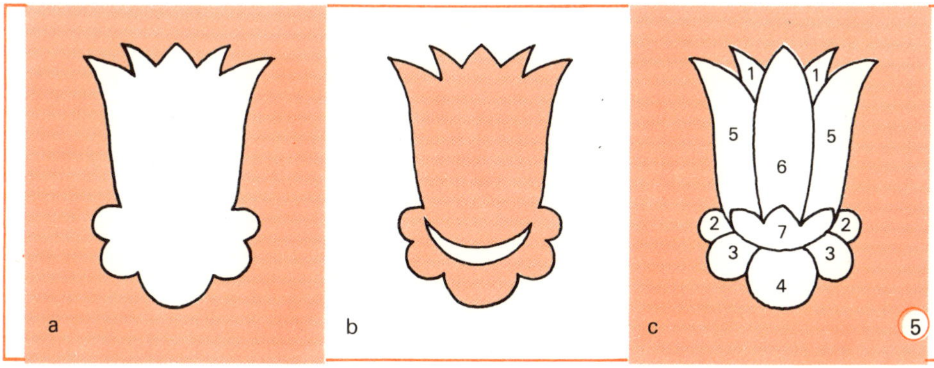

dort wieder auf und stupfen den Pinsel senkrecht auf die offenen Flächen der Schablone. Streich- oder Schwammroller müssen vor dem Schablonieren kräftig abgerollt werden, da sonst die Schablone verklebt. Nicht ganz saubere Konturen können wir mit einem Pinsel und verdünnter Farbe nacharbeiten.

Holzbrandmalerei

Die Holzbrandmalerei ist eine alte Technik zum Schmücken von Naturholzflächen. Sie wird überwiegend zur Gestaltung von kunsthandwerklichen und Gebrauchsgegenständen wie Brettchen, Tellern, Kästen, Löffeln, Pfeffermühlen, Salznäpfchen usw. angewandt.

Gut eignet sich für diese Auszier das Holz von Linde, Pappel, Erle, Ahorn und Birke. Es sollte eine gleichmäßige Maserung haben und nicht durch Astlochansätze und andere wachstumsbedingte Unregelmäßigkeiten gezeichnet sein. Zu große Strukturunterschiede können weiche und harte Stellen im Holz verursachen, die dann beim Brennen unterschiedlich verkohlen und keine gleichmäßige Musterung zulassen.

Für die Brandmalerei gibt es elektrische Brennapparate mit auswechselbaren Glühnadeln und Glühschleifen. Des weiteren können wir als Brennwerkzeug Drähte nehmen, die durch einen Elektroregler zum Glühen gebracht werden. Auch Löt-

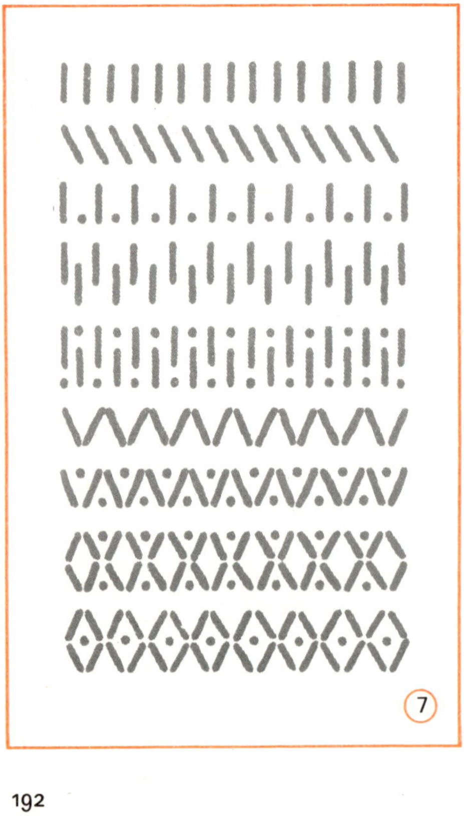

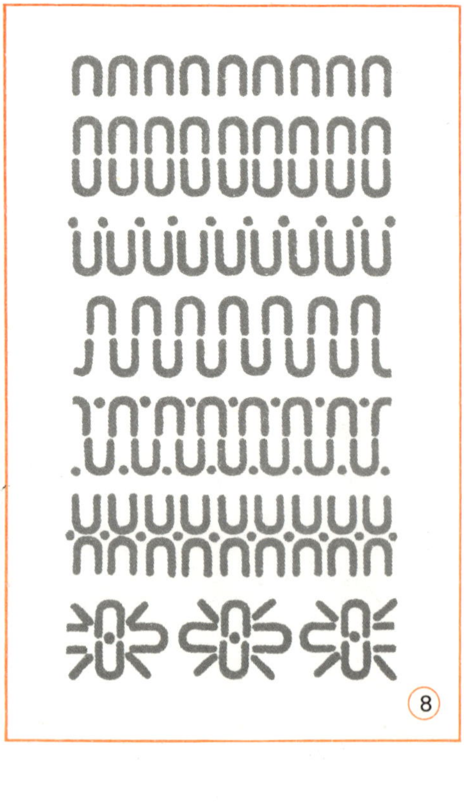

9

kolben und Lötpistole sind dafür geeignet. Musterungsmöglichkeiten zeigen die Abb. 7 (Lötkolben) und 8 (Lötpistole).

Stehen diese Geräte nicht zur Verfügung, biegen wir Brennschleifen und -spitzen aus Stahldraht, Stricknadeln, Rouladennadeln o. ä. zurecht (Abb. 9). Die selbstgefertigten Glühwerkzeuge sollten mindestens Bleistiftlänge haben und am Ende mit einem Korken oder Holzgriff (Feilenheft) als Schutz vor Verbrennungen versehen sein. Sie können mit einem Bunsenbrenner, über der Flamme des Gasherdes oder Spirituskochers erhitzt werden. Vorsicht aber beim Umgang mit offenem Feuer: Brennbare Flüssigkeiten vorher wegräumen, nicht mehr benötigte Werkzeuge in einem Topf mit Wasser abkühlen, für ausreichende Be- und Entlüftung sorgen und die Kinder beim Arbeiten unbedingt beaufsichtigen!

Vor dem Brennen ist die Holzfläche sauber mit Sandpapier zu schleifen. (Bereits lackierte Gegenstände eignen sich nicht.) Anschließend zeichnen wir mit Bleistift den Gestaltungsentwurf auf. Bei runden Flächen nehmen wir den Zirkel zu Hilfe. Für Brettchen kann man sich auch eine Schablone schneiden und durchzeichnen.

Die Technik sollte zunächst auf einem Abfallbrett ausprobiert werden. Dabei ist es ratsam, nicht gleich nach komplizierten Gestaltungen zu suchen, sondern mit einfachen Strichen, Kreuzen, Punkten, Zickzack- und Wellenlinien sowie der Vielfalt geometrischer Figuren zu beginnen. Das Führen der Glühwerkzeuge ist Erfahrungssache. Wir werden sicher bald feststellen, daß stärkerer Druck bzw. längere Brenndauer tiefere und breitere Linien zur Folge haben. Diesen Effekt können wir bewußt in die Gestaltung einbeziehen.

Wichtig ist, daß das Muster stets im richtigen Verhältnis zur Gesamtgröße des zu schmückenden Gegenstandes steht und von dessen Grundform ausgeht. So sollte der Dekor für einen runden Untersetzer oder Teller immer der Kreisform entsprechen (Abb. 10).

Nach dem Brennen wird der Gegenstand trocken abgebürstet und eventuell farblos mattiert oder lackiert.

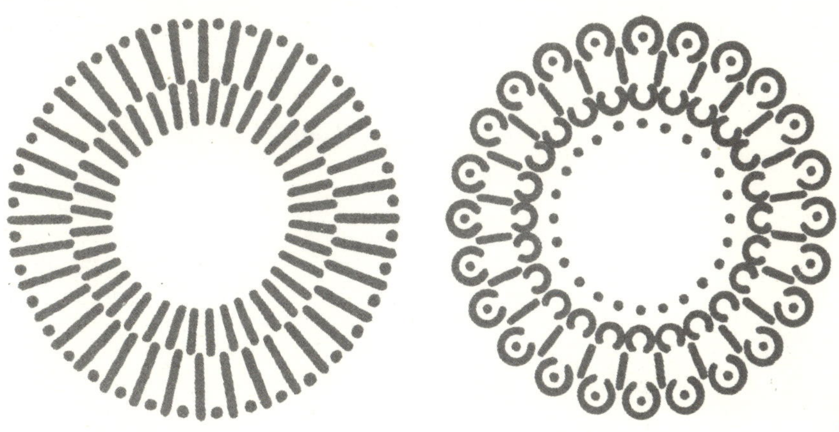

10

FORMEN OHNE TON

Nicht jedem steht der in Jahrtausenden bewährte Ton zur Verfügung, vor allem mangelt es meist am Brennofen, dessen Temperaturhöhe für die zeitlose Nutzbarkeit von Tongegenständen unerläßlich ist. Auf das Vergnügen, uns und anderen zur Freude mit den eigenen Händen hübsche Kleinigkeiten zu formen, brauchen wir trotzdem nicht zu verzichten. Denn eigens zu diesem Zweck wurden die chemisch hergestellten Modelliermassen entwickelt. Zu ihren Vorteilen gehört, daß sie sauber und einfach zu handhaben sind, keiner zeitaufwendigen Vor- und Nacharbeiten bedürfen und schon bei Backofentemperaturen von 80 bis 100 °C aushärten.

Freilich verbietet sich die Verwendung des Materials für größere Gefäße und diffizile Formen, weil es im Backofen erst über eine ziemlich weiche Phase erhärtet, in der sich Hohlkörper verbreitern und waagerecht verlaufende Flächen leicht nach unten neigen. Um das zu verhindern, kann man die Massen zwar über Keramikformen modellieren oder mit Holz- und Drahtgerüsten abstützen, die mit ihnen gemeinsam zum Härten in den Ofen gestellt werden, jedoch wird dabei die Ursprünglichkeit des Formens erheblich eingeengt. Überhaupt sollte man nicht davon ausgehen, daß Gegenstände aus Modelliermassen denen aus dem Naturprodukt Ton ebenbürtig sind. Sie entbehren der wohltuenden Ausstrahlung irdener Ware und können deren künstlerische Gediegenheit kaum erreichen. Wir sollten deshalb nie Tonarbeiten zu imitieren versuchen, sondern das andere Material als etwas Eigenständiges handhaben. Nur so können wir seinen speziellen Eigenschaften voll gerecht werden.

Arbeitsvorbereitung

Als Arbeitsfläche ist ein kunststoffbeschichteter oder mit weißem Wachstuch belegter Tisch am besten geeignet. Wir versehen ihn und unsere Hände mit einer hauchdünnen Schicht Fettcreme, um dem Anhaften der Modelliermasse vorzubeugen. Als Werkzeug benutzen wir unsere zehn Finger, wir legen uns zusätzlich zunächst nur ein kleines Messer zum Teilen der Masse zurecht.

19. Kapitel

Das Mischen der Farben

Modelliermaterial wird in vielen Farben angeboten, so daß sich zusätzliches Bemalen nach dem Härten erübrigt. Entsprechen die vorhandenen Farbtöne nicht ganz den Gestaltungsabsichten, kann man sich nach Belieben neue, differenziertere mischen. Eigentlich benötigt man als Ausgangsmaterial nur die drei Grundfarben Rot, Gelb und Blau sowie Weiß und Schwarz. Daraus lassen sich alle anderen Farbtöne ableiten.

Verkneten wir etwas rote und gelbe Modelliermasse, die wir dann immer wieder abwechselnd zwischen den Handtellern zur Kugel formen und auf der Arbeitsfläche zur langen dünnen Walze ausrollen, so verbinden sich die beteiligten Farben allmählich zu einem neuen Ton: Orange. Verquicken wir nun einen Teil davon mit Gelb, so daß ein Gelborange entsteht, und stufen einen weiteren Teil unter Zugabe von Rot zu einem Rotorange ab, so haben wir zu den vorhandenen drei weitere Farbtöne hinzugewonnen. Falls gewünscht, läßt sich die Gelb-Orange-Rot-Leiter durch Rückmischungen noch weiter differenzieren.

Auf die gleiche Weise können Gelb und Blau zu Grün und den dazwischenliegenden Gelbgrün- und Blaugrüntönen verknetet werden. Violett mit seinen Abstufungen entsteht aus Rot und Blau. Hierbei bewirken jedoch die vom Hersteller verwendeten Pigmente oft eine bräunliche Verfärbung. Aus Weiß und Schwarz schließlich mischen wir uns beliebig viele Grautöne.

Oft erscheint uns eine Farbe zu grell, und wir wünschen sie zu dämpfen. Dazu hellen wir sie entweder mit unterschiedlichen Weißanteilen auf oder dunkeln sie mit Schwarz ein. Auf diese Weise kann man sich eine beliebig differenzierte »Aufhellungs- und Verdunkelungsreihe« schaffen.

Farbeintrübung ist außerdem durch Vermischen von jeweils zwei Komplementärfarben möglich. Solche Partner sind Rot-Grün, Gelb-Violett, Orange-Blau. Verquickt man beispielsweise einen größeren Anteil Rot mit einer Spur Grün, so wird das Rot ein wenig gebrochen. Verändert man die Proportionen, gewinnt man eine »Eintrübungsreihe« dieser Komplementärpartner.

Formen ohne Ton

Nun haben wir uns ein Farbangebot geschaffen, das allen Gestaltungsabsichten entgegenkommt. Diese Vorarbeit kostet zwar etwas Zeit, bereitet aber Vergnügen, und die gewonnenen Einsichten sind für alle Techniken künstlerischen Gestaltens wertvoll.

Ein Wort noch zur farblichen Gestaltung. Widerstehen wir der Versuchung, die Farben unbedacht und uneingeschränkt einzusetzen. Um ein harmonisches Ergebnis zu erzielen, müssen wir die Kontraste zwischen den Farben bändigen.

Am stärksten ist der Kontrast zwischen den Komplementärfarben. Etwa gleichzeitig alle drei Partner Rot-Grün, Gelb-Violett, Blau-Orange zu verwenden, hätte grelle Buntheit zur Folge. Auch zwischen den drei Grundfarben bestehen starke Gegensätze, so daß man immer nur einem Partnerpaar den Vorrang geben sollte, also entweder Rot-Blau oder Blau-Gelb oder Gelb-Rot.

Man kann den lauten Farbrichtungskontrast natürlich auch umgehen und die Spannung zwischen reinen und mit unterschiedlichen Grauanteilen getrübten Farben nutzen beziehungsweise zwei Komplementärfarben rein und in unterschiedlicher Mischung miteinander verwenden.

Bei der Farbgebung von Raumschmuck ist außerdem der künftige Aufstellungsplatz zu berücksichtigen, damit er optimal zur Geltung kommt, ohne das vorhandene Farbgefüge zu stören.

Arbeitsbeispiele

Kerzenständer

Für einen kleinen Kerzenständer formen wir zwischen den Handflächen eine Kugel von 4 bis 5 cm Durchmesser. Falls die Oberfläche Risse aufweist, verstreichen wir diese behutsam mit den Fingern. Zweckmäßig ist jetzt etwas Metallfolie, auf der die Kugel während der weiteren Arbeit gedreht werden kann und so allseitig kontrollierbar wird. (Der Gegenstand braucht vor dem Härten nicht davon gelöst zu werden und entgeht damit unerwünschter Verformung. Nach dem Härten läßt sich die Folie leicht abziehen.) Nun drücken wir in die Kugelmitte eine senkrecht gehaltene, unten mit Fettcreme isolierte Baumkerze.

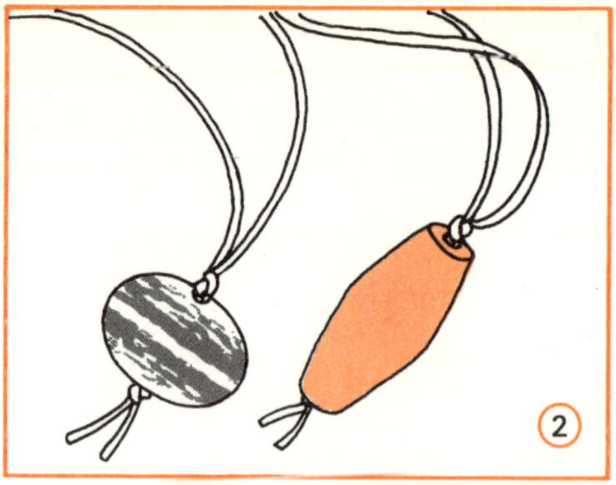

Dabei flacht sich die Kugel ab und bekommt ohne weiteres Zutun Form und Funktion eines Kerzenhalters.

Wir können auch drei farbig aufeinander abgestimmte Kugeln formen, von denen die unterste am größten, die obenauf liegende am kleinsten sein muß (Abb. 1). Beim Eindrücken der Kerze entstehen daraus schmückende ringförmige Wülste.

Schmuckperlen

Vergleicht man beide Kerzenständer, so wirkt der erste doch ein wenig kahl. Noch ist er nicht gehärtet, und so können wir ihn nach Belieben verzieren, z. B. mit einem Modellierholz, einem Nagelreiniger oder einem ähnlichen Instrument in gleichmäßigem Rhythmus radiär verlaufende Vertiefungen in die Oberfläche drücken. Eine andere Möglichkeit ist das Aufsetzen kleiner andersfarbiger Kügelchen, die in zwei bis drei Reihen auf Lücke gesetzt und leicht angedrückt werden. In ähnlicher Weise können wir aus Walzen geformte Blütenelemente anbringen. Auch Walzen, die durch gleichmäßiges Andrücken zu Bändern geformt werden, sehen hübsch aus. Allerdings dürfen wir unseren Gegenstand nicht überladen. Die geglättete, ruhige Oberfläche des Grundes muß zu den differenzierteren Flächenanteilen in einem ausgewogenen Verhältnis stehen.

Spielschmuck

Schmuckperlen (Abb. 2) können zu fortlaufender Kette aufgereiht werden, wobei man einen Rhythmus in Größe, Farbe, Form und Oberflächenstruktur gestalten sollte. Verzichtet man auf diese Unterschiede, nimmt sich ein Marmorierungseffekt gut aus, wie er in der Anfangsphase beim Mischen zweier Farben entsteht. Halsschmuck, der nur im vorderen Abschnitt Perlelemente trägt, wirkt apart, wenn Schnuren, Senkel oder Lederriemchen in zurückhaltender Farbe als Aufhängung dienen. Die Perlen durchbohrt man vor dem Härten mit einem Trinkröhrchen. Nachträgliches Bohren oder Feilen erscheint im Rahmen einer Modelliertechnik widersinnig.

Die Gestaltung von Spielschmuck bereitet nicht nur Kindern große Freude. Besonderen Anklang finden immer wieder die aus Kegeln gebogenen und aufgereihten »Stoßzähne« auf Abb. 3 sowie die mit

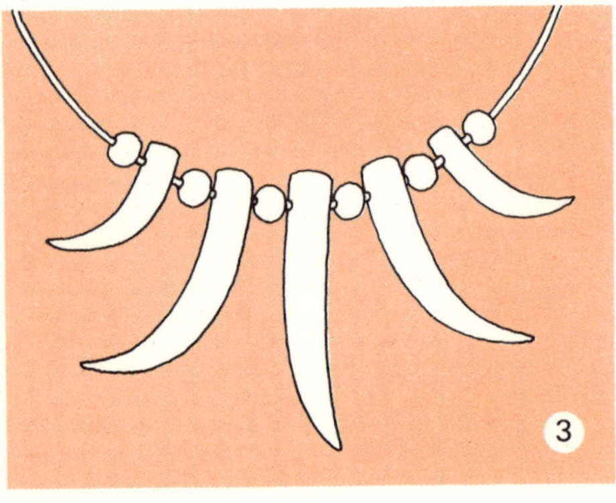

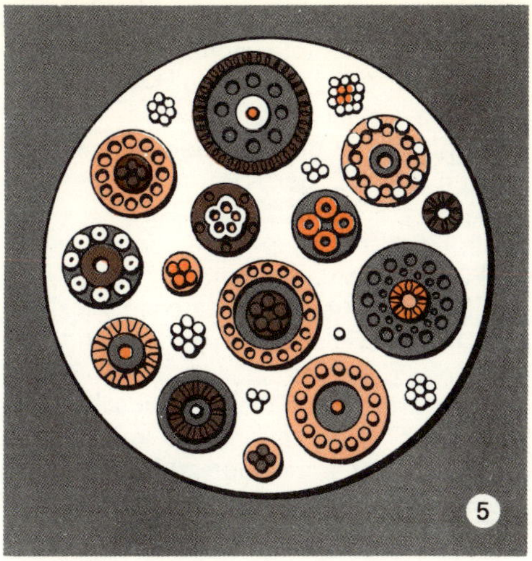

5

Schnuren, Federn und Leder phantasievoll ergänzten Maskenanhänger (Abb. 4). Man entwickelt sie aus einer Walze, bringt im oberen Drittel des entstandenen Ovals gleichzeitig mit beiden Mittelfingern Vertiefungen an und setzt danach die aus Kugeln und Scheibchen geformten Augen ein. Für den Mund bereiten wir durch Eindrücken eines querliegenden Trinkröhrchens eine Mulde vor, legen ein bohnenförmiges Stück Modelliermasse hinein und drücken es mit dem Messerrücken an, wobei es in Ober- und Unterlippe gegliedert wird. Je nachdem, ob die Maske fröhlich oder traurig aussehen soll, verschieben wir die Mundwinkel nach oben oder unten. Die Nasenform deuten wir durch einen Wulst an, der ornamental in einen Kopfputz übergehen kann. Für das Halsband wird wiederum mit dem Trinkröhrchen ein Durchgang gestochen.

Ausgewalzte Modelliermassen eröffnen neue Anwendungsmöglichkeiten. Die Kleinen stanzen gern mit Plätzchenformen Sterne, Kreise und andere Formen aus, die dann mit Ornamenten belegt und nach

6

7

Formen ohne Ton

Weihnachtsbaumschmuck

dem Härten als Weihnachtsbaumschmuck verwendet werden. Auch Broschen lassen sich nach diesem Verfahren herstellen. Die Anstecknadel wird noch vor dem Brennen rückseitig eingedrückt. Für einen runden Wandschmuck (Durchmesser bis 10 cm) legen wir auf etwa 3 mm dick ausgewalzte Modelliermasse eine kreisrunde Pappschablone und schneiden mit der Messerspitze daran entlang. In Randnähe fügen wir bereits jetzt mit der Nadel einen Faden für die spätere Aufhängung ein. Dann verzieren wir die Scheibe mit Wülsten, Scheibchen, Ringen oder ausgestanzten Formen, drücken zusätzlich mit einer Stecknadelkuppe kleine Mulden ein und perforieren die Oberfläche an anderer Stelle mit der Nadelspitze, so daß sie fast schaumig erscheint (Abb. 5). Radiär dicht nebeneinander verlaufende Sticknadelabdrücke ergeben ein feines Rillenmuster. Eine Bienenwabenstruktur entsteht durch farblich gut aufeinander abgestimmte, ganz dicht angeordnete Kügelchen gleicher oder unterschiedlicher Größe. Sie gewinnt noch an Reiz, wenn sie nach dem Härten mit einer dünnen Lackschicht bepinselt wird.

Broschen

Wandschmuck

Schilder

Schilder mit Namenszügen (Abb. 6) oder Aufschriften wie »Bad«, »Gäste« usw. fertigen wir ebenfalls aus einer flach ausgewalzten Scheibe. Die Schrift wird aus farblich kontrastierenden dünnen Röllchen gestaltet.

Vervielfältigen

Ausgewalzte Modelliermasse läßt sich auch zur Vervielfältigung einsetzen. Ist uns z. B. eine Plakette mit Reliefdekor besonders gut gelungen, und wir möchten davon gern mehrere Exemplare haben, so reiben wir sie zur Isolierung mit Fettcreme ein und drücken sie in die etwa 4 mm dick ausgerollte Knete. Den entstandenen Ne-

Formen ohne Ton

gativabdruck schneidet man nach dem Original zurecht und härtet ihn. Im nochmaligen Abdruckverfahren lassen sich beliebig viele Positivformen gewinnen.

figürliche Darstellungen

Figürliche Darstellungen – Tiere, Märchenfiguren, Szenen aus dem Alltagsleben beispielsweise – sind mit härtbarer Knete ebenfalls möglich. Sie können ein Relief bilden oder als Kleinplastik gestaltet werden (Abb. 7). Einzelfiguren verwenden wir etwa als Setzsteine in Würfelspielen, eine kleine Gruppenplastik hingegen stellen wir als Raumschmuck auf.

Handpuppenköpfe

Köpfe für Finger- und Handpuppen formt man über mit Bindfaden zusammengehaltene Zeitungspapierknäuel, um so das Gewicht niedrig zu halten und Material zu sparen. Für die Fingerführung im Puppenhals wird ein Papprohr eingefügt, das ebenfalls einen Knetemantel und zusätzlich am unteren Rand einen Wulst zur Befestigung des Kleides erhält.

Vollplastische größere Gegenstände benötigen eine längere Härtungszeit (etwa 15 Min.) als kleine, flache Formen (etwa 7 Min.). Erhitzt man zu hoch oder zu lange, so kündigt sich der Schaden durch Geruchs- und später auch Rauchentwicklung an. Die Oberfläche der Gegenstände ist dann blasig aufgetrieben oder gar schon dunkel verfärbt. Um diese Enttäuschung zu vermeiden, ist es ratsam, die im Ofen liegenden Arbeiten im Auge zu behalten. Zu frühes Herausnehmen schadet nicht, man kann den Härtungsprozeß auch später fortsetzen.

KERAMIK

Die Töpferei zählt mit zu den frühesten Produktionstechniken. Bereits die ältesten Bodenbauer der Jungsteinzeit formten aus knetbarem Ton Gefäße und andere Gebrauchsgegenstände und brannten sie. In die Oberfläche der vielgestaltigen Behälter wurden vor dem Brand die verschiedensten Muster geritzt oder gedrückt. Auch das Färben mit Engobe – eine Technik, die heute noch gern angewandt wird – war ihnen geläufig.

Manches Zeugnis neolithischer Töpferkunst blieb erhalten, denn Keramik oder Terrakotta (ital. = gebrannte Tonerde) – obwohl zerbrechlich – gehört zu den beständigsten Materialien, die es gibt. Bodenfunde aus gebranntem Ton sind deshalb ein wichtiger Schlüssel zu vergangenen Kulturen, von denen einige sogar nach der charakteristischen Form und Auszier ihrer Keramik benannt werden. So unterscheiden wir beispielsweise die zu Beginn der Jungsteinzeit in Mitteleuropa verbreitete Kultur der Bandkeramik von der nachfolgenden Trichterbecherkultur, wir sprechen von den Schnurkeramikern und den Glockenbecherleuten sowie von den Kamm- und Grübchenkeramikern.

Obwohl mit keinem anderen Werkzeug als den bloßen Händen gefertigt, sind die Krüge, Kannen und Töpfe aus neolithischer Zeit erstaunlich formvollendet. Die Töpferscheibe – eine Drehscheibe, mit der Gefäße exakt symmetrisch geformt werden können – gab es damals noch nicht. Dieses wesentliche Hilfsmittel des Keramikers wurde um 3000 v. u. Z. in Vorderasien erfunden, kam aber erst viel später nach Europa.

Der Hobby-Töpfer erlernt das Drehen auf der Scheibe am besten unter fachmännischer Anleitung. Wir beschränken uns deshalb in diesem Kapitel auf jene uralten, doch nach wie vor reizvollen Techniken, Gefäße und Figuren als Schmuck für Wohnung und Garten von Hand aufzubauen und zu modellieren.

20. Kapitel

Der Werkstoff Ton und seine Behandlung

Tonerde entsteht als Verwitterungsprodukt der Feldspatgesteine und enthält unter anderem verschiedene Metalloxide, Quarz und andere Mineralien; sie wird in Tagebauen gewonnen. Es gibt fette und magere Tone. Durch den jeweiligen Metallanteil bedingt, nehmen sie beim Brennen unterschiedliche Farbtöne an – von Gelb über Rot und Braun bis Schwarz. (Diese in der Natur vorkommende Färbung kann auch durch Zusätze von Oxiden erreicht werden.)

Für das Aufbauen mit der Hand brauchen wir einen Ton, der sich gut formen läßt und Standfestigkeit besitzt. Den fetten Töpferton müssen wir für unsere Zwecke mit Schamotte (gebrannten und gemahlenen Tonscherben) oder Sand vermengen und damit magern. Er würde sich sonst beim Brand verformen. Beide Zusatzstoffe mindern auch die Trocken- und Brennschwindung, die bei fetten Tonen bis zu 16 Prozent betragen kann. Ziegelton enthält bereits Sand oder Schamotte, muß aber von Steinen und anderen Verunreinigungen gesäubert werden.

Das Zubereiten des Tones beginnt mit dem Einsumpfen. Dazu rühren wir ihn mit einer knappen Menge Wasser zu einem Brei an – Brocken zerkleinern wir vorher mit dem Hammer – und lassen ihn einige Tage stehen. Je länger man ihn eingesumpft hat, desto besser wird seine Beschaffenheit. Um dem Brei das überflüssige Wasser zu entziehen, streichen wir ihn anschließend auf eine Gipsplatte und decken eine zweite darüber. Steht nur eine zur Verfügung, wenden wir die Masse, sobald sie sich abheben läßt. Ist der Ton fest genug, so daß wir ihn weiterverarbeiten können, setzen wir ihm, falls erforderlich, die Schamotte zu. Dann schlagen und walken wir ihn gründlich. Bei kleinen Mengen genügt das Walken, größere Mengen werden besser geschlagen.

Der zu einem Würfel geschlagene Ton wird zunächst mit dem Schneidedraht (siehe unter »Werkzeuge und Arbeitsmittel«) halbiert. Dann wendet man die eine Hälfte, so daß die Auflagefläche nach oben weist, und schlägt sie auf die liegengebliebene Hälfte. Der Block wird nun umgedreht und quer zur ersten Naht wiederum halbiert. Diesen Vorgang wiederholen wir, bis der Ton nicht mehr an den Händen haftet, homogen ist und weder Luftblasen noch Risse enthält. Wichtig ist, genügend Ton anzumachen, damit die Arbeit mit Masse gleicher Zusammensetzung fertiggestellt werden kann. Wollen wir den Ton aufbewahren, legen wir ihn in ein luftdicht verschlossenes Gefäß.

Nicht nur der zubereitete Ton, auch die in Arbeit befindlichen Stücke dürfen nicht austrocknen. Wir umwickeln sie daher, wenn wir unsere Tätigkeit unterbrechen, luftdicht mit Folie; gut eignen sich dazu Plasttüten. Bei längerer Unterbrechung wird unser Gegenstand in ein feuchtes Tuch eingepackt. Fertige Arbeiten lassen wir gut trocknen. Damit dieser Prozeß gleichmäßig verläuft und ein Reißen verhindert wird, hüllen wir Henkel und andere abstehende Teile zunächst in feuch-

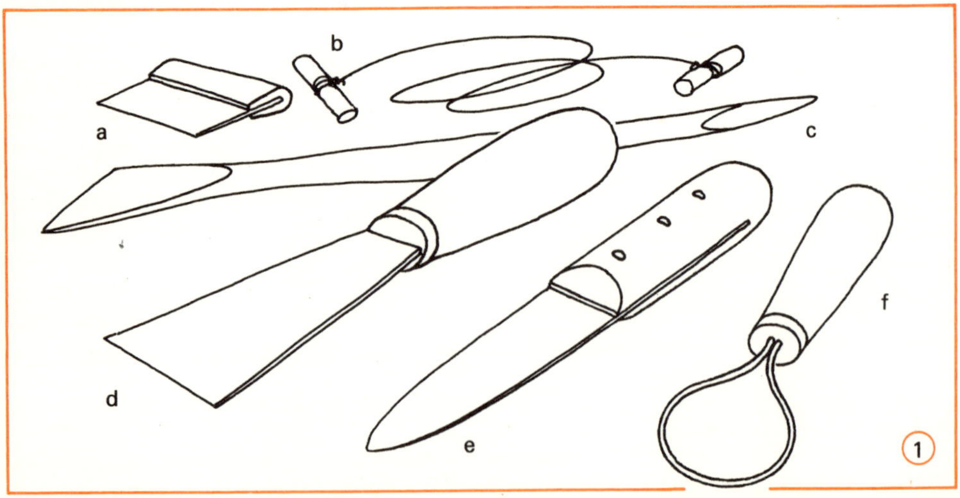

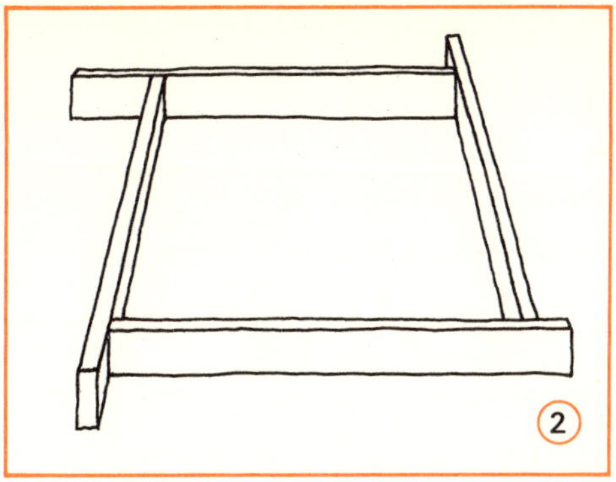

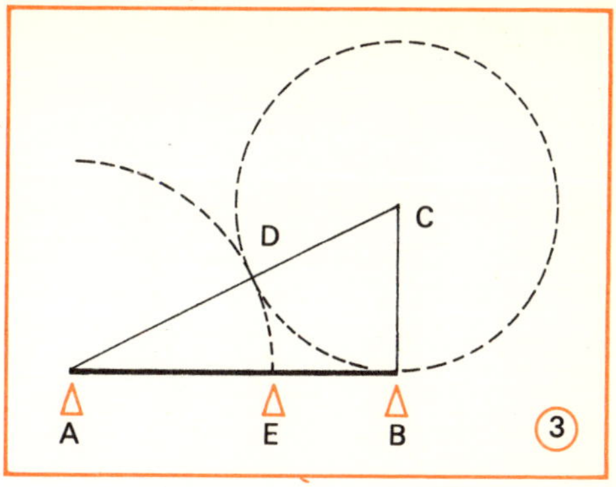

tes Zeitungspapier ein. Zusätzlich können wir sie durch kleine Tonstützen sichern.

Um den Tonrohling fest und dauerhaft zu machen, wird er anschließend gebrannt. Wollen wir ihn wasserdicht haben, muß er nach dem ersten Brand, dem Schrühbrand – er wird bei 700 bis 900 °C durchgeführt –, glasiert und nochmals gebrannt werden – diesmal bei 1000 bis 1200 °C. Da solch hohe Temperaturen nur in Spezialöfen zu erzeugen sind, lassen wir unsere Arbeiten am besten vom Keramiker brennen und glasieren.

Werkzeuge und Arbeitsmittel

Zum Modellieren brauchen wir, außer Ton und unseren zehn Fingern:

Schlicker – das ist ein weicher Brei aus der Tonmasse, mit der wir gerade arbeiten – zum Verbinden der Formteile.

Einen Schneidedraht – das ist ein dünner, fester Draht oder Perlonfaden von etwa 50 cm Länge, an dessen beiden Enden Paketknebel oder Hölzchen befestigt werden – zum Schneiden von Ton und zum Abziehen der Arbeiten (Abb. 1b).

Einige Modellierhölzer (c), ein festes Messer (e), Malerspachtel (d), Ziehklinge (a) und verschiedene Drahtschlingen (f) zum Formen.

Ein Nudelholz zum Ausrollen von Platten, Gießbüchsen für Engobemalerei, eine feste Unterlage (Hartfaserplatte) zum Aufbauen sowie Gipsplatten zum Antrocknen des Tones.

Die Gipsplatten stellen wir folgendermaßen her: Auf einer Glas- oder Hartfaserplatte grenzen wir die Fläche mit Hölzern oder Leisten in der gewünschten Größe und Höhe ab (Abb. 2). Dann werden Unterlage und Rahmen mit Fett, Öl oder Seife isoliert, der Gipsbrei (siehe Abschnitt Gipsformen) eingegossen und vor dem Erstarren mit der Ziehklinge oder einer Leiste sauber die Oberfläche abgestrichen. Hat der Gips abgebunden (beim Binden erwärmt er sich) und ist er wieder kalt und hart geworden, heben wir die Gipsplatte ab, ziehen mit der Klinge die Kanten ab und stellen sie zum Trocknen an einen warmen Ort. Dort sollte sie auch nach dem Gebrauch immer stehen.

Gipsplatte gießen

Gestaltungsregeln

Maßgebend für das Gelingen eines gutgeformten Gefäßes ist der Entwurf. Eine einfache Umrißzeichnung im Maßstab 1:1 genügt. Um Spannungsreichtum zu erzielen, sollte man sich an den »Goldenen Schnitt« halten (Abb. 3). Hier verhält sich von einer gegebenen Strecke der kleinere Teil zum größeren wie der größere zur ganzen Strecke. Wir unterteilen also einen Gefäßkörper nicht größengleich, sondern setzen bewußt kleine gegen große Formelemente, beachten die Beziehungen der Teile zueinander und zum Ganzen (Abb. 4). Dadurch werden harmonische Proportionen erreicht.

»Goldener Schnitt

4

Arbeitstechniken

Aufbau mit Wülsten

Der Aufbau eines Gefäßes beginnt mit dem Boden. Dazu formen wir eine Kugel und drücken sie platt (Abb. 5). Der Rand der so entstandenen Scheibe wird eingeritzt und mit Schlicker bestrichen. Jetzt rollen wir mit den Handflächen Tonwülste und legen einen davon auf den Rand des Bodens. Damit sich die Teile gut verbinden, streichen wir kleine Mengen des Wulstes innen und außen vorsichtig nach unten. Anschließend wiederholt man den Vorgang in umgekehrter Richtung und glättet die Oberfläche. Der Wulst darf dabei nicht gequetscht oder gedrückt werden, die obere Rundung muß erhalten bleiben. In gleicher Weise setzen wir eine Rolle nach der anderen auf, wobei jede Runde für sich abgeschlossen wird (Abb. 6). Achten wir darauf, daß die Fugen nicht übereinanderliegen, daß die Wandung gleichmäßig stark wird, und verbinden wir die Teile sorgfältig miteinander. Es dürfen keine Höhlräume entstehen; die eingeschlossene Luft würde das Gefäß sprengen.

Es empfiehlt sich, zuerst einen einfachen Zylinder zu bauen. Streben wir als nächstes eine bauchige Form an, so sind die Wülste anfangs etwas nach außen zu setzen, später dann nach innen. Wenn wir uns diese Fertigkeiten erarbeitet haben, können wir uns komplizierteren Formen zuwenden. Große Gefäße werden mit dickeren Wülsten etappenweise aufgebaut. Sie sollen zwischendurch leicht antrocknen, damit sie stabiler werden. Das gilt allerdings nicht für den obersten Wulst; er wird mit feuchten Tüchern modellierfähig gehalten.

Aufbau mit Tonplättchen

Leichte Gefäße lassen sich durch Aufeinanderdrücken dünner, etwa fingernagelgroßer Tonplättchen formen (Abb. 7). Der Ton darf dafür nur mit feiner Schamotte angemacht sein. Gut sieht es aus, wenn größere und kleinere Plättchen rhythmisch angeordnet werden. Da man solche Gefäße

5

6

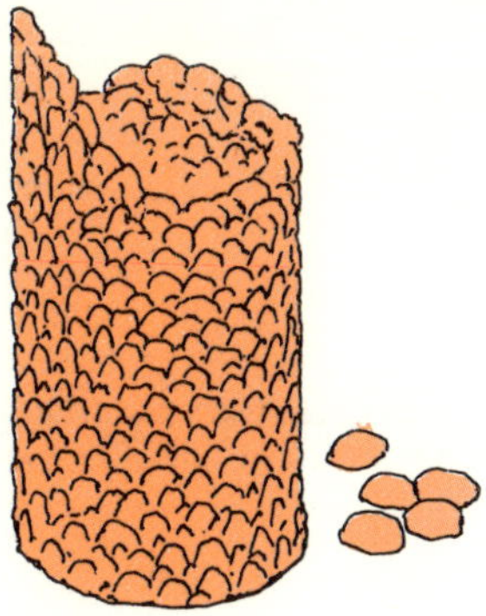

7

und an den darunterliegenden entlangschneiden, zerlegen wir den gesamten Block.

Aus den Platten können die verschiedenartigsten eckigen oder runden Gefäße gebaut werden (Abb. 9). Die benötigten Teile schneiden wir, unserem Entwurf entsprechend, zu, ritzen die Nahtstellen auf, bestreichen sie mit Schlicker und verbinden sie miteinander.

Man kann die Platten auch in gleich breite Streifen schneiden und wie Wülste verbinden. Dieses Verfahren wird für den Aufbau großer Gefäße, einer Bodenvase zum Beispiel, bevorzugt, weil es geringeren Zeitaufwand erfordert als die Wulsttechnik.

nicht deckend glasiert – die Glasur würde die Oberflächengestaltung verdecken –, könnten wir auch mit zwei verschiedenfarbigen Tonen arbeiten.

Aufbau mit Platten

Tonplatten werden entweder mit dem Nudelholz auf der Gipsplatte zwischen zwei Leisten gleichmäßig ausgerollt (Abb. 8a) oder mit dem Schneidedraht vom Block geschnitten. Dazu schichten wir an beiden Seiten des Tonblocks Leisten in Breite der gewünschten Plattenstärke auf und begradigen die Oberfläche mit dem Schneidedraht. Schließen die beiden obersten Leisten mit dem Tonblock ab, entfernen wir sie und ziehen mit dem Schneidedraht an der oberen Kante der nächsten Leisten die erste Platte vom Block (Abb. 8b). Indem wir jedesmal die Abschlußleisten wegnehmen

Henkel und Tülle

Krug und Kanne brauchen Henkel und Tülle. Den Henkel formen wir aus einem Tonwulst und lassen ihn kurz antrocknen. Das Gefäß soll lederhart sein, damit es sich beim Anbringen des Henkels nicht verformt. Lederhart bedeutet, daß es nicht mehr formbar, aber noch feucht ist. Die Ansatzstellen rauhen wir auf, bestreichen sie mit Schlicker und drücken den Henkel fest an.

Für die Tülle brauchen wir nur den Rand des Gefäßes leicht auszuweiten. Wir können die Tülle aber auch extra formen und in einen entsprechenden Ausschnitt des Gefäßes, den wir vorher aufrauhen und mit Schlicker bestreichen, einsetzen und gut mit dem Gefäßkörper verbinden.

Das fertige Gefäß kontrollieren wir auch von oben und richten Tülle und Henkel gegebenenfalls aus.

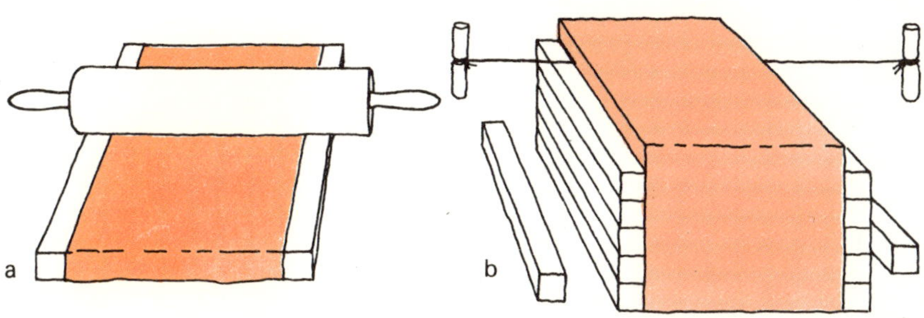

8

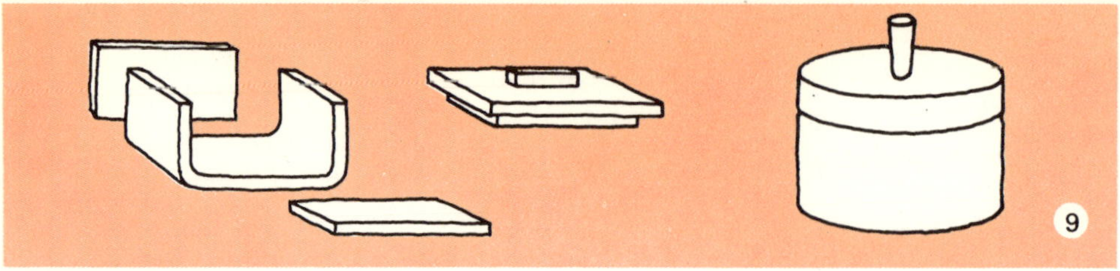

Oberflächengestaltung

Gefäß und Dekor sollen eine Einheit bilden. Eine gute Form kann durch Überbetonung des Dekors zerstört werden. Großen Wert sollten wir auf materialgerechte Verzierung legen. Ton soll nie ein anderes Material vortäuschen, also etwa so aussehen, als sei er gehämmert.

Schmuckwülste

Eine interessante Gestaltungsmöglichkeit, die sich aus der Aufbautechnik ergibt, ist das Stehenlassen der Wülste. Das Gefäß muß hierbei von innen verstrichen werden, damit es Halt bekommt und wasserundurchlässig wird. Die Oberfläche kann auch durch teilweises Verstreichen und Stehenlassen der Wülste gegliedert werden (Abb. 10).

Ornamentdekor

Wir formen aus Tonröllchen oder -streifen Ornamente, schlickern die vorher aufgerauhte Rückseite und drücken sie in rhythmischer Anordnung auf das noch feuchte Gefäß. Die aufgesetzten Schmuckelemente müssen gut mit dem Gefäßkörper verbunden werden.

Stempeldekor

Beim Stempeln werden mit einfachen Werkzeugen – Modellierholz, Kugelschreibermine, Bleistiftspitze oder -ende, mit Knöpfen und anderen geeigneten Gegenständen – Vertiefungen in die Oberfläche gedrückt. Durch wechselnde Ansatzflächen und unterschiedlichen Druck lassen sich damit ganz verschiedenartige Muster einprägen. Wir können uns auch Stempel aus Gips (Abb. 11) oder Linoleum selbst anfertigen. (Gips läßt sich am besten schneiden, wenn er noch etwas feucht ist oder vorher angefeuchtet wird.) Um das Gefäß nicht zu deformieren, halten wir beim Stempeln eine Hand von innen dagegen. Es arbeitet sich erfahrungsgemäß am besten, wenn der Ton nicht zu weich ist.

Engobenmalerei

Da zumeist keine Möglichkeit besteht, Gefäße selbst zu brennen, müssen wir uns bei der Farbgestaltung auf die Engobenmalerei

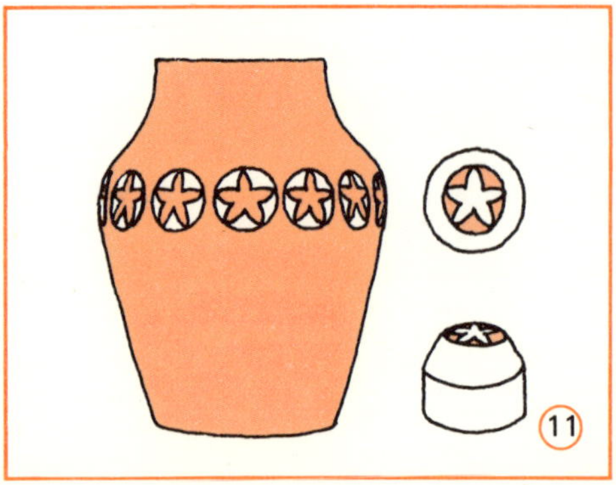

beschränken. Engobe ist natürlich oder künstlich gefärbter Ton. Um die in der Natur nicht vorkommenden Farben zu erreichen, versetzt man weißen Ton mit Metalloxiden. Wollen wir unserem Gefäß einen anderen Grundton geben, übergießen wir es mit dünn angerührter Engobe. Der Rohling muß dazu lederhart, also noch ein wenig feucht sein. Die Engobe verbindet sich dann gut mit ihm.

In die engobierte Oberfläche können wir nach dem Antrocknen mit dem Messer oder einem anderen spitzen Gegenstand ein Muster einritzen oder herausschaben. Wir erhalten auf diese Weise einen Dekor im Farbton des Tones.

Zum Bemalen wird die Engobe etwas dicker angerührt als zum Begießen. Die Ornamente müssen erhaben aufliegen. Wir können sowohl mit dem Pinsel als auch mit der Gießbüchse arbeiten. Die Gießbüchsenmalerei hat besonders in Südosteuropa Tradition. Die von vielen geschätzten rumänischen, ungarischen und bulgarischen Vasen sind meist mit der Gießbüchse bemalt. Eine Gießbüchse ist ein einfaches Gefäß mit einer seitlichen Ausgußöffnung. Man kann sie leicht selbst modellieren und innen glasieren lassen. An der Ausgußöffnung befestigen wir mit Wachs einen zugespitzten Federkiel. Beim Malen wird die Gießbüchse leicht geneigt, so daß die Engobe heraustropft bzw. -läuft. Auf diese Art können wir mit dicken Strichen und Punkten volkstümliche Ornamente auftragen. Statt mit einer Gießbüchse läßt sich die Engobe auch mit einer kleinen Gummispritze, wie man sie in der Apotheke bekommt, aufbringen.

Engobierte Gefäße können wir vom Keramiker glasieren lassen. Transparente Glasur bringt die Farben zum Leuchten.

Figürliche Keramik

Eine Plastik ist dreidimensional. Wir können um sie herumgehen, ja, eine Kleinplastik wird auch in die Hand genommen und von oben angeschaut. Jede Seite muß folglich gut gelöst sein. Damit klare Formen gebildet werden können, sollten wir am Anfang nicht zu klein arbeiten. An einer größeren Plastik sind auch Proportionsfehler leichter zu erkennen.

Gießbüchsenmalerei

Hahn

Es empfiehlt sich, die ersten figürlichen Keramiken aus geometrischen Formen, Würfel, Zylinder, Kegel oder Kugel, zu entwickeln. Diese Methode zwingt zur Vereinfachung und zur Konzentration auf das Wesentliche. Für den Hahn auf Abb. 12 zum Beispiel klopfen und rollen wir einen Kegel zurecht und vervollständigen die kleine Plastik mit Schnabel, Augen, Kamm und Schwanz.

Nicht alle Tierformen sind so einfach aus einer großen Form zu gestalten wie der Hahn. Einem anderen Vogel müßten noch Kopf und eventuell Hals angesetzt werden, größeren Tieren außerdem Beine. Auch für diese Körperteile rollen wir einfache Formen und fügen sie an.

Nachdem die Arbeit etwas angetrocknet ist, höhlen wir sie mit der Schlinge (haben wir keine, dann mit einem Löffel) aus, damit sie beim Brennen nicht springt. Die Wandung, die möglichst gleichmäßig sein soll, muß jedoch stark genug bleiben, um die Figur zu tragen.

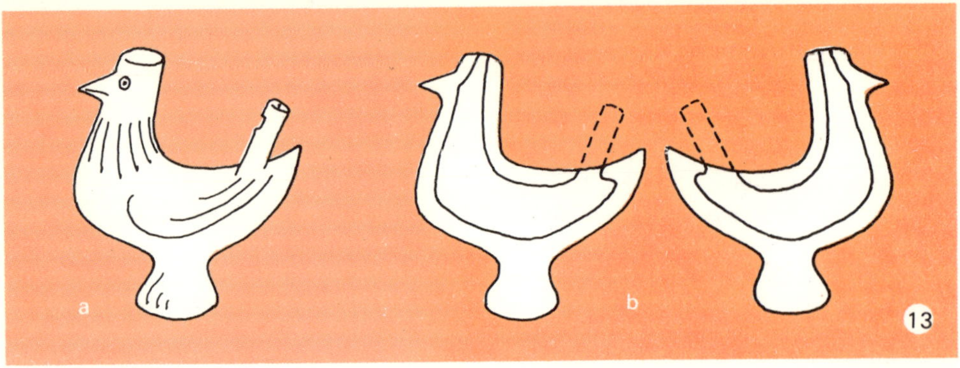

13

Wenden wir uns nun dem Hohlaufbau und dem Modellieren zu. Beim Hohlaufbau wird die Figur wie ein Gefäß aus Wülsten oder Streifen aufgebaut. Den Boden lassen wir weg oder versehen ihn mit einer Öffnung, damit die Luft, die sich beim Brennen ausdehnt, entweichen kann. Der Hohlaufbau bedingt eine geschlossene Form. Beim Modellieren schließlich formen wir die Figur aus einem Stück. Die einzelnen Teile können aus dem Ton herausgezogen oder auch angesetzt werden.

Hohlaufbau

Modellieren

Die Oberflächengestaltung figürlicher Arbeiten entspricht der von Gefäßen.

Wassertrillervogel

Wir formen einen kleinen Vogel mit einem Standfuß (Abb. 13a), teilen ihn längs mit dem Schneidedraht und höhlen ihn vorsichtig mit einer Schlinge aus. Sind die Teile lederhart, rauhen wir die Schnittflächen auf, schlickern sie, pressen sie zusammen und verbinden die beiden Hälften gut. Der Kopf bleibt oben offen. Wenn wir den Vogel zusammengefügt haben, setzen wir die Pfeife ein.

Die Pfeife (Abb. 14) entsteht aus einem Tonröllchen, das zur Hälfte hohl ist. In den massiven Teil stechen wir einen Spalt, den sogenannten Kernspalt, ein. Der Anfang des hohlen Teils wird – wie eine Flöte – mit einer viereckigen Öffnung versehen. Das Oberlabium schrägen wir so ab, daß der Luftstrom geteilt wird. Anschließend säubern wir alle Kanten der Pfeife. Nach dem Glasurbrand, dem eine Farbgestaltung mit Engobe vorausgehen sollte, wird der Wassertrillervogel dreiviertelvoll mit Wasser gefüllt; er ist dann gebrauchsfertig. Der Vogel läßt sich ebensogut hohl aufbauen.

Pfeiftier

Wir modellieren ein beliebiges Tier (Abb. 15) und behandeln es wie den Wassertrillervogel, nur lassen wir keine Öffnung. Die Pfeife fertigen wir, wie im vorhergehenden Abschnitt beschrieben. Nachdem wir sie eingefügt haben, bohren

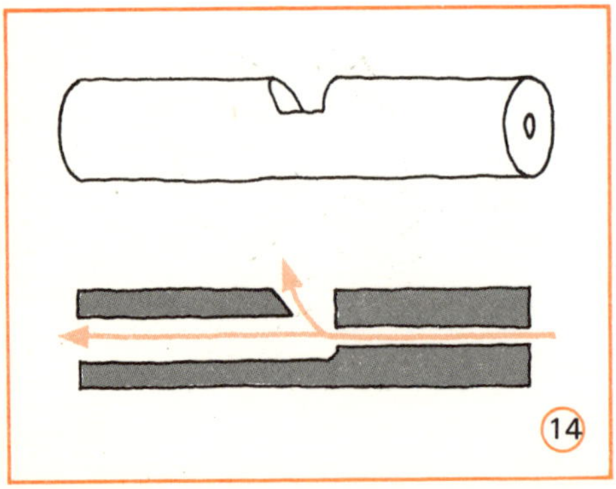
14

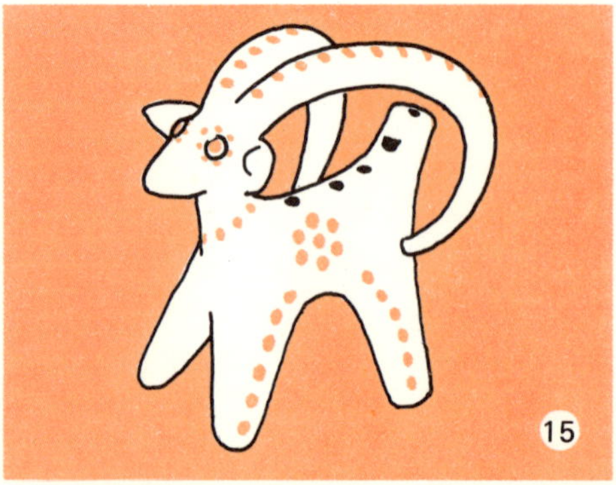
15

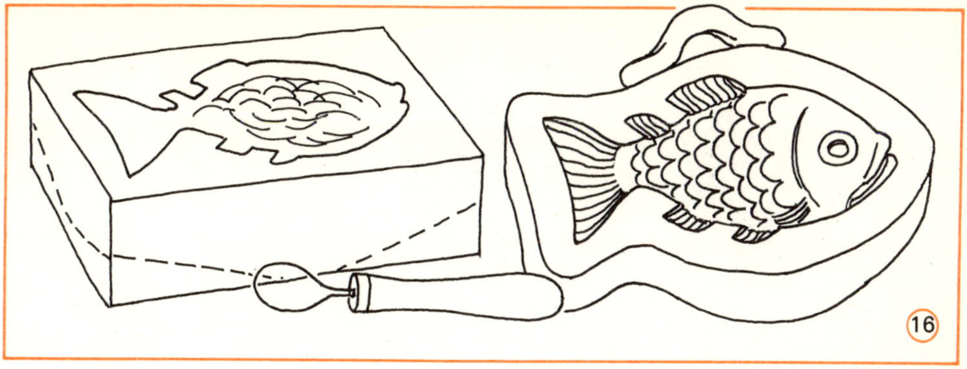

wir vorsichtig ein Griffloch in den Hohlkörper. Durch weitere Grifflöcher können wir die Tonskala erweitern. Da jeder Hohlkörper verschieden ist, finden wir die richtigen Stellen dafür nur durch Ausprobieren heraus. Mit Geschick läßt sich eine Tonleiterfolge erreichen. Falsch gesetzte Grifflöcher können mit Schlicker geschlossen werden. Ein Glasurbrand ist beim Pfeiftier nicht unbedingt erforderlich.

Puddingform

Auf einer starken Tonplatte umreißen wir das gewünschte Motiv und höhlen es mit der Schlinge aus. Die entstandene Negativform darf nicht untergriffig sein. Ihre Oberfläche gestalten wir mit dem Modellierholz. Das Binnenmuster – bei unserem Fisch auf Abb. 16 sind es Schuppen, Schwanz, Flossen, Auge und Maul – sollte nicht zu fein ausfallen, weil es sonst von der Glasur verdeckt wird. Dann schneiden wir die Platte der Form entsprechend zurecht und bringen ein kräftiges Tonröllchen als Aufhänger an. Die Form muß glasiert werden, damit sich der Pudding später löst.

Spargefäß

Spargefäße werden am günstigsten hohl aufgebaut. Sie erhalten oben einen Schlitz zum Einwerfen der Münzen und am Boden eine Öffnung zur Geldentnahme, die wir mit einem Korken verschließen. Übrigens: Es muß nicht unbedingt ein Sparschwein sein! Wir können dem Gefäß die verschiedensten Formen geben.

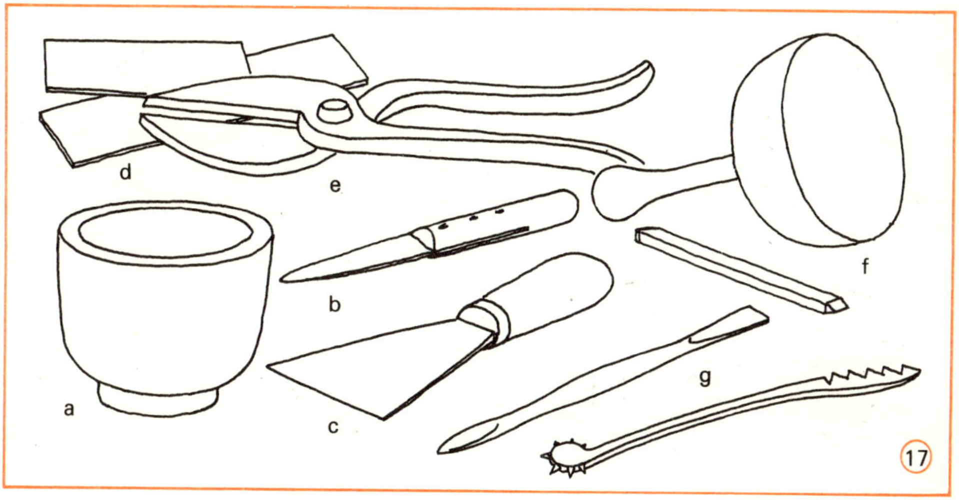

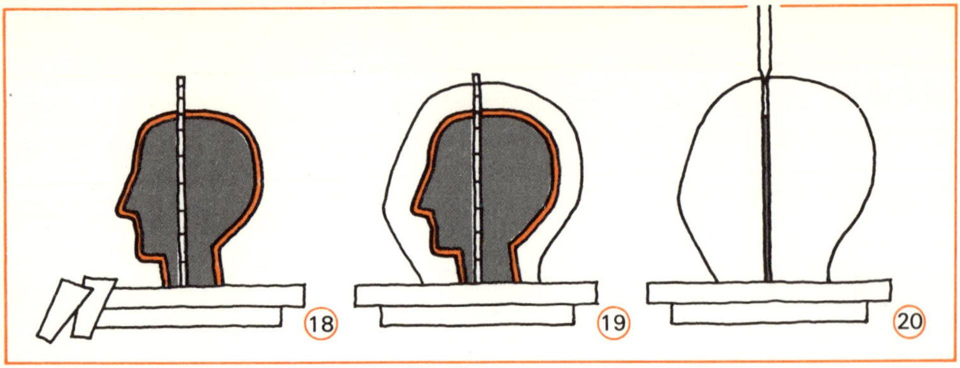

Tonklapper

Wir formen Kugeln, die vom Kleinstkind umfaßt werden können – dabei Schwindung durch Trocknen und Brennen bedenken! –, teilen die Form, höhlen sie aus und lassen sie lederhart werden. Vor dem Zusammensetzen füllen wir die Kugelhälften mit einigen Tonkügelchen, die schon trokken sein müssen, damit sie nicht haften. Die Klappern werden bemalt und glasiert.

Abgüsse

Wegen der oft fehlenden Brennmöglichkeiten werden Tonmodelle gern in Gips abgegossen. Die Form für den Abguß wird ebenfalls aus Gips hergestellt. Dazu brauchen wir (Abb. 17):

Gefäße zum Anrühren des Gipses (a), Messer (b) und Malerspachtel (c), ein Sortiment breiter und schmaler Bleche zum Abstecken der Formteile (d), eine Blechschere (e), Meißel und Klöppel zum Ausschlagen (f) sowie Modelliereisen und Zahneisen (g) zum Ausbessern.

Kleinere Mengen Gips verrühren wir in einem halbierten Gummiball oder einem Gummibecher, quirlen den Brei kurz durch und lassen ihn stehen. Für eine große Form setzen wir eine Schüssel voll Gipsbrei an und schlagen ihn mit der flachen Hand kreisend durch. Dabei bleiben wir mit der Hand stets unter der Oberfläche und vermeiden so, daß Luftbläschen in die Masse kommen. Es ist ratsam, jeweils nur soviel Gips zu nehmen, daß das Wasser gerade gesättigt ist. Haben wir einen dünnen Gipsbrei, müssen wir zwar etwas warten, bis er die richtige Konsistenz hat, können aber auch länger damit arbeiten.

Die »Verlorene Form«

Für einen einmaligen Gipsabguß vom Tonrohling fertigen wir eine »Verlorene Form« an – so genannt, weil nach dem Ausgießen die Form abgeschlagen wird und somit verlorengeht.

Um die Form später gut teilen zu können, stecken wir zunächst entlang der gewünschten Trennungslinien in den noch weichen Ton des Modells Bleche ein. Angenommen, wir gießen eine »Verlorene Form« von einem Kopf, dann lassen wir die Naht am vorteilhaftesten hinter den Ohren verlaufen (Abb. 18), bei einer Tierfi-

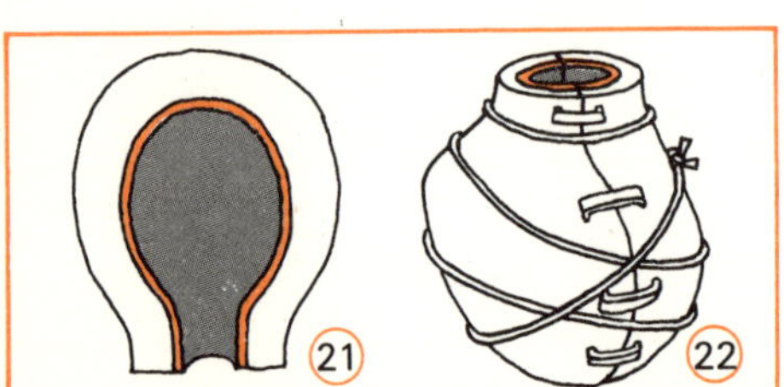

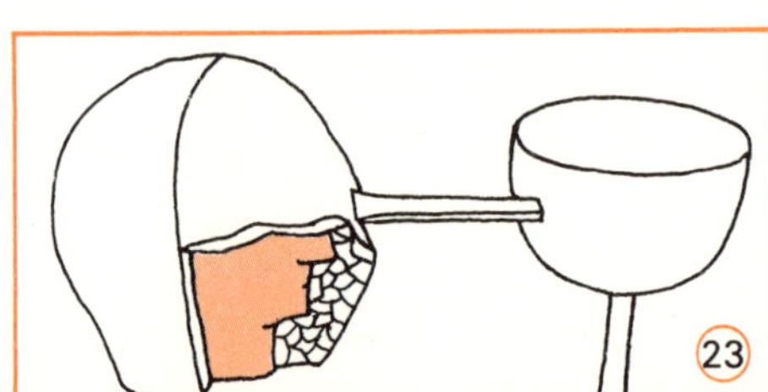

Voranstehende Seite:
110–112 Aus Modelliermasse geformt

113 Keramikleuchter »Blaue Katze«, mit Wülsten aufgebaut und glasiert (Kinderarbeit)
114 »Dame mit gelbem Hut«, Kleinplastik, glasiert

115 Vase mit Reliefdekor
116 Mit Plättchen aus unterschiedlich gefärbtem Ton aufgebaute Gefäße
117 Windlicht in Wulsttechnik, glasiert

118 Kleinplastik, glasiert
119 Pfelftier
120 Terrakottafigur

121 Kleinplastiken, den Winter symbolisierend
122 Terrakottakleinplastik (Kinderarbeit)
123 Keramisches Schwergewicht: Hahn in Lebensgröße

124 Keramikplatte. Das Reitermotiv wurde aus zwei übereinander aufgetragenen Engobeschichten herausgeschabt. (Braun: Grundton der Platte, blau: 1. Engobeschicht, weiß: 2. Engobeschicht)

125 Krug in Schwarz-Weiß, glasiert

126 Keramikplatte »Blauer Vogel«

Folgende Seite:

127–130 Keramikreliefs »Don Quijote und Sancho Pansa«, »Mädchen mit Blume«, »Schmetterling«, »Distel«

131 Relief aus Bastlermasse (Kinderarbeit)

132 Neujahrsglückwunsch als Wandschmuck: In Gips vervielfältigtes und glasiertes Tonrelief

EIN FROHES
NEUES JAHR

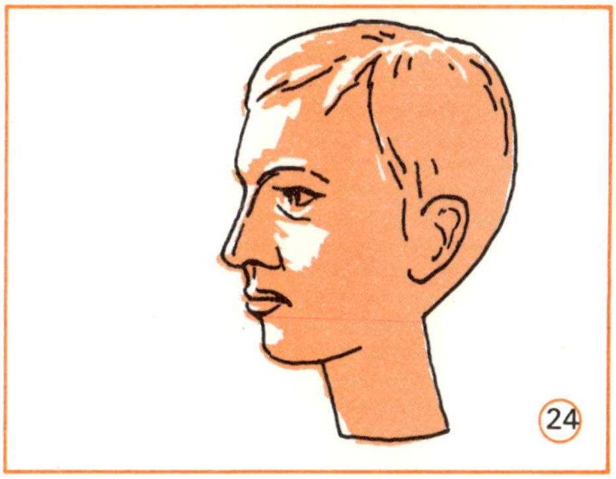

gur über Nase und Rückgrat. Die Bleche müssen sich gut aneinanderfügen. Überstehende Kanten werden mit der Blechschere begradigt. Nun färben wir einen dünnen Gipsbrei mit Bolus oder einem anderen roten Farbpulver und überziehen damit die Plastik millimeterdick. Diese dünne Schicht wird alle Details gut wiedergeben und uns beim Sprengen der Form durch ihre Tönung darauf aufmerksam machen, daß wir gleich am Modell sind und vorsichtig arbeiten müssen. Auf den roten Gips werfen wir sofort von unten aus dem Handgelenk den reichlich angemachten weißen Gipsbrei an, bis eine möglichst gleichmäßige, etwa 5 cm starke Wandung entstanden ist (Abb. 19). Um die Kanten der Bleche frei zu halten, fahren wir zwischendurch immer wieder mit der Ziehklinge darüber. Hat der Gips abgebunden, sprengen wir vorsichtig die Form auseinander, indem wir einen Meißel in die Nähte treiben (Abb. 20). In die entstandene Spalte gießen wir Wasser; dadurch wird der Ton von der Form gelöst. Die an den abgenommenen Formteilen haftenden Tonreste lassen sich entfernen, ohne daß die Modellation der Oberfläche verletzt wird, wenn wir ein Stück gekneteten Ton dagegendrücken. Anschließend wird die Form gut gespült.

Nun bereiten wir das Ausgießen vor. Bei Kleinplastiken ist das recht einfach: Wir isolieren die Formteile von innen mit Seife, Pottasche, Rüböl, Tonschlicker, mit in Terpentin gelöstem Paraffin oder mit in Petroleum gelöstem Stearin (Abb. 21), setzen sie zusammen (Abb. 22) und binden sie mit Stricken fest aneinander oder schlagen Klammern über den Nähten ein.

Kleinplastiken gießen wir voll aus, große Arbeiten werden kaschiert. Dazu schwenken wir dünnen Gipsbrei in der gut verbundenen Form und legen die Oberfläche mit Leinwandstreifen aus, die vorher ebenfalls mit dünnflüssigem Gips getränkt wurden. Bei großen Figuren, die wir zwar kaum modellieren werden, kaschiert man die Formteile einzeln, fügt sie mit Hilfe von Stricken oder Klammern fest zusammen und verbindet sie von innen mit Gips. Kaschierte Abgüsse haben den Vorteil, sehr leicht zu sein.

Mit dem Ausschlagen warten wir, bis der Gips wieder kalt geworden ist. Wir verwenden zuerst einen breiten Meißel, halten ihn senkrecht zur Oberfläche der Figur und sprengen vorsichtig nicht zu große Stücke, an der Formnaht beginnend, ab (Abb. 23).

Kleine Plastiken bearbeiten wir auf dem Schoß, hier liegen sie weich und federnd. Sind wir bei der rosa Schicht angelangt, müssen wir ganz behutsam vorgehen. Wir benutzen dann einen feinen Meißel. Ruhiges und sorgfältiges Arbeiten erspart viel nachträgliches Ausbessern.

Ist die Form abgeschlagen, verputzen wir mit dem Messer oder Zahneisen die Nähte. Löcher feuchten wir mit einem Pinsel an und bessern sie mit dünnflüssigem Gips aus. Sollte die Figur zu trocken geworden sein und der angetragene Gips nicht haften, halten wir sie unter fließendes Wasser. Der fertige Abguß (Abb. 24) kann nun noch mit etwas Tonschlicker eingerieben werden. Das macht ihn wärmer und lebendiger.

RELIEFS

21. Kapitel

Die Bezeichnung Relief, von dem italienischen Wort »relievo« abgeleitet, wurde um 1400 zuerst gebraucht und bedeutet: Erhaben aus einer Fläche herausgearbeitetes Werk.

Im Unterschied zur Vollplastik erscheint das Relief zumeist in Verbindung mit einer Wand oder als eigenständige Wand. Deren Fläche kann als Ganzes gestaltet oder nur mit einem Fries geschmückt sein. Auch ein einzelner Bildstein oder ein Schlußstein, zum Beispiel über einer Tür, ist ein Relief, ebenso ein plastisch gestalteter Wandteller oder eine Kachel. Als kleinste Form des Reliefs gelten Münzen und Medaillen sowie geschnittene Schmucksteine (Gemmen).

Man unterscheidet folgende Reliefarten:

1. Flachrelief (bas-relief; frz.). Die Begrenzung der Bildflächen ist hier vertieft in die Reliefebene eingelassen. Beispiel: Die in Stein gehauenen altägyptischen Reliefs.
2. Halbrelief (mezzorelievo; it.). Hier ragt der Körper halb aus der Reliefebene heraus, wird aber von der umgebenden Fläche noch durch eine vertiefte Rille getrennt.
3. Hochrelief (haut relief; frz.). Der dargestellte Körper ragt sehr plastisch aus der Reliefebene heraus und löst sich teilweise davon. Holzgeschnitzte Altarbilder des Mittelalters sind oft so gestaltet.

Zwischenlösungen sind das versenkte Relief (relief en creux; frz.), bei dem die positive Form in die Reliefebene versenkt erscheint, sowie das negative Relief, bei dem die Darstellung als konkave Form in die Reliefebene eingefügt ist.

Eine strenge Trennung dieser Möglichkeiten wird in der Praxis nicht unbedingt vorgenommen. Man verwendet sowohl die eine als auch die andere Form in ein und demselben Relief, wenn es für die Aussage notwendig und nützlich ist.

Reliefs können aus festen und formbaren Werkstoffen gestaltet sein. Bei der Formgebung fester Materialien wie Holz und Stein wird Substanz abgetragen, bis die gewünschte Figur »freigelegt« ist. Die fertige Arbeit kann einen auffallend kompakten, energiegeladenen Charakter erhalten. Im Gegensatz dazu wird bei formbarem Material, z. B. Ton und Knetmassen, von innen nach außen gearbeitet. Die fertige Arbeit wirkt locker und gelöst.

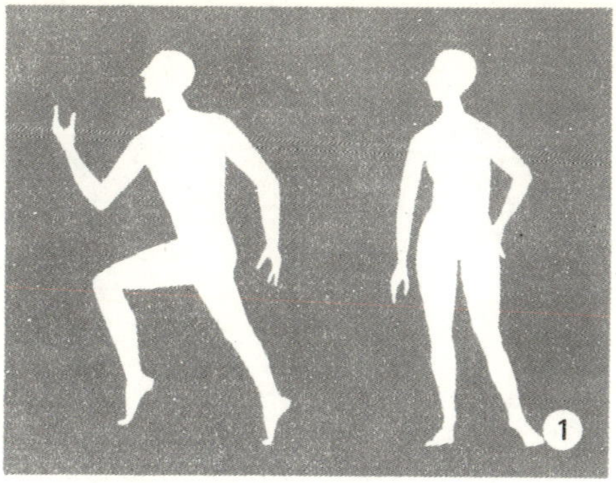

Darstellungsbereich

Im Unterschied zur Plastik hat das Relief nicht nur die Figur als hauptsächlichen Gegenstand der Darstellung. Seine Möglichkeiten reichen weit in das Gebiet der Grafik hinein, wobei als wichtiges Gestaltungsmittel noch der Lichteinfall und die daraus entstehenden Schatten Berücksichtigung finden. Ein Relief sollte deshalb so angebracht werden, daß es Seitenlicht erhält und nicht frontal angestrahlt wird.

Die Fläche des Reliefs erlaubt die Darstellung von Handlungsabläufen und Situationen. Man kann Pflanzen und Landschaften – auch Stadtlandschaften –, Tiere sowie menschliche Figuren einzeln oder in Gruppen gestalten – und nicht zuletzt abstrakte geometrische Motive und Muster, wie sie auch zur Auszier von Gefäßen verwendet werden. Für die Gestaltung der Reliefs gelten die im ersten Kapitel ausführlich beschriebenen Prinzipien der Flächengestaltung. Besondere Bedeutung kommt auch hier der Harmonie der Kontraste zu.

Gestaltungshinweise

Bevor wir uns über die notwendigen technischen Fertigkeiten bei der Herstellung eines Reliefs informieren, noch einige grundlegende Vorbemerkungen.

Die Besonderheit des Reliefs fordert es, solche Formen, die in der Vollplastik stark hervortreten würden, weitgehend flächig zu gestalten. Dabei kann z. B. bei einem rennenden Mann das Laufen durch die Profilansicht der Beine veranschaulicht werden (Abb. 1). Die Schulter mit den Armen wird zur Seite gedreht, um sowohl den verdeckten Arm sichtbar zu machen als auch zu verhindern, daß der vornliegende Arm mit der Schulter zu weit aus der Fläche hervorragt und damit den formalen Zusammenhalt mit der Reliefebene verliert.

Bei einer von vorn oder von hinten dargestellten Figur ist es günstig, den Kopf ins Profil zu drehen.

Das Größenverhältnis von Figuren und Gegenständen weicht im Relief oft von der Realität ab. Gegenstände wie Haus, Baum, Wagen und anderes werden viel kleiner als gewohnt, menschliche Figuren hingegen größer abgebildet.

Überschneidungen gilt es möglichst zu vermeiden. Für die ersten Arbeiten ist ein einzelnes Motiv oder eine einfache Reihung angebracht. Dabei sollten die vor den Hintergrund (erste Reliefebene) gestellten Figuren und Gegenstände insgesamt eine weitere Fläche bilden (zweite Reliefebene). Die interessante Gliederung des gesamten Reliefs wird weitgehend davon bestimmt, wie wir es verstehen, die

Zwischenräume zu den vorgesetzten Bildteilen in Beziehung zu setzen.

Umklappungen von Körpern in die Fläche, das Landkartenbild der Ägypter (Draufsicht), siehe Abb. 2, sowie die Bedeutungsperspektive (Wichtiges wird größer dargestellt als Unwichtiges – Abb. 3) sind bedeutende Möglichkeiten der Aussage.

Wir beginnen am besten mit der Darstellung einfacher Naturformen. Die Natur wird uns immer in unerschöpflichem Maße Motive und Anregungen liefern. An uns liegt es, auszuwählen und Ordnungsprinzipien zu finden.

– Wir suchen die Ordnung im Gewirr einer breitgefächerten Pflanzenrosette oder eines Blattes, in der geballten Form einer Frucht, die aus der Schale quillt (Abb. 4). Das Motiv wird als erhabene, in sich gewölbte Fläche auf die Grundplatte aufgetragen. Die Grundplatte bildet Halt und Rahmen für die geordnete Vielfalt kleiner Formen.

– Wir bilden Ornamente aus den geometrischen Grundformen von Blüten und Früchten, die wir in der Natur gefunden und gezeichnet haben (Abb. 5). Man kann diese Ornamente mit aus Hölzchen gefertigten Stempeln vertieft in die Fläche eindrücken oder als Linie oder Fläche auflegen.

– Wir suchen den Rhythmus in einer Reihung von Gegenständen und ihrer Einordnung in die Fläche des Reliefgrundes (Abb. 6).

– Jetzt erst beginnen wir, auch menschliche Figuren in eine Fläche zu ordnen. Dabei sollte am Beginn eine ruhigstehende Figur dargestellt werden (Abb. 7). Später können zwei und schließlich mehrere Figuren zueinander in Beziehung gesetzt werden (Abb. 8). Wichtig ist, die Figur in ein harmonisches Verhältnis zur Reliefebene zu bringen. Man läßt um die Figuren genügend Freifläche stehen, damit der Rand nicht als Einengung empfunden wird. Jedoch kann eine zu kleine Figur auf einer zu großen Fläche leicht verloren wirken.

Mit einer linearen Zeichnung klärt man die Flächenaufteilung im Maßstab 1:1 auf dem Papier. Dann legen wir alles weg und spielen das Formerlebnis aus dem Gedächtnis auf der Reliefebene aus.

Das Tonrelief

Ein Relief in Ton zu gestalten ist für uns eine der schönsten Möglichkeiten. Wir be-

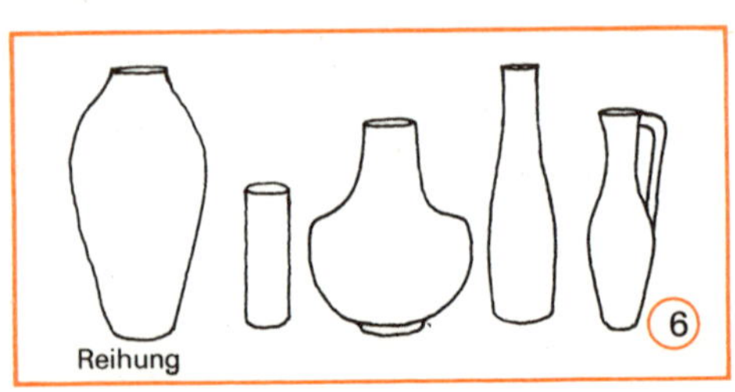

7

8

nötigen dazu: Ton, in gleicher Weise aufbereitet wie zum Modellieren (siehe Kapitel »Keramik«), ein Brett aus Hartholz (Küchenbrett) oder eine Gipsplatte als Unterlage, verschiedene Holz- oder Modellierspachtel (Abb. 9a), ein rostfreies Küchenmesser (b), Messingschlingen (Töpferschlingen) (c), ein Nudelholz (d) sowie drei gerade Leisten verschiedener Größe (e).

Das Holzbrett oder die Gipsplatte wird auf eine wasserunempfindliche Tischplatte (Sprelacart) gelegt. Gutes Licht, möglichst von der Seite oder von vorn, ist unbedingt erforderlich. Man rollt zuerst den gut durchgefeuchteten und blasenfrei geschlagenen Ton mit dem Nudelholz zu einer gleichmäßig starken Schicht (2 bis 3 cm) aus und klopft ihn mit einer Holzleiste fest. Die so hergestellte Reliefgrundplatte wird nun auf die gewünschten Maße geschnitten. Daraufhin tragen wir entweder einen Rand um die gesamte Fläche auf oder nur unten eine erhöhte Kante. Bereits bei diesem Arbeitsgang verwenden wir Tonschlicker (zu weichem Brei angerührten Ton), um die Berührungsflächen von Grundplatte und Rand fest miteinander zu verbinden.

Jetzt kann das Motiv gleichmäßig stark aufgelegt werden. Um einen schmalen Steg zu erhalten, schlickern wir eine Tonwurst und drücken sie gut mit den Fingern an. Breitere Flächen werden zusätzlich festgeklopft, nachdem sie und auch die vorgesehene Stelle der Grundplatte mit Tonschlicker bestrichen wurden. Man achte unbedingt darauf, daß sich alle angetragenen Tonstücke fugenfrei mit der Grundfläche verbinden, damit sie beim Brennen nicht abplatzen – wenn sie sich nicht schon beim Trocknen abheben.

Vorderflächen und Seitenkanten des hervorstehenden Bildteils werden nun bis zur angestrebten Form durchgearbeitet. Man verwendet dazu flache Holzspachtel, Leisten und das Küchenmesser. Wenn man nicht in einem Arbeitsgang fertig wird, deckt man das Relief mit dünner Plastfolie ab, es hält sich so über längere Zeit feucht. Leicht angetrocknete Werkstücke kann man durch Auflegen von feuchten Lappen wieder geschmeidig machen. Das fertige Tonrelief wird samt seiner Unterlage zum Trocknen an einen sicheren Ort gestellt. Damit es sich nicht verzieht oder gar reißt, muß es allmählich trocknen. Sonne und Zugluft schaden hier. Man deckt es am besten lose mit Zeitungspapier ab.

Im lederharten Zustand, wenn sich das

Einzelmotiv

Umklappung

Überschneidung

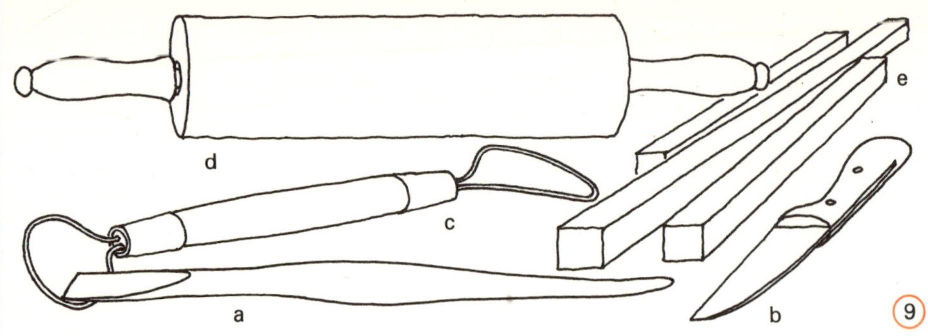

9

Relief nicht mehr ohne weiteres verformt, aber noch feucht und biegsam ist, bringt man die Löcher für die Aufhängung an. Dazu werden mit einem dünnen Hölzchen oder mit einer Stricknadel entweder zwei Stellen der Oberkante von vorn nach hinten oder die beiden oberen Ecken schräg durchstoßen (Abb. 10). Haben wir es versäumt, die Löcher einzustechen, so können wir in das schon getrocknete Relief auf der Rückseite vorsichtig eine Kerbe einschaben (Abb. 11).

Nach dem vollständigen Durchtrocknen, das ein bis zwei Wochen dauert, lassen wir den Tonrohling in einem keramischen Ofen brennen und eventuell glasieren. Wir wenden uns dazu, wie bereits empfohlen, an einen Keramiker.

Oberflächenbehandlung

Zur Oberflächenbehandlung des gebrannten Werkstückes – sofern es unglasiert bleiben soll – bieten sich viele Möglichkeiten an.

Wasser- und staubabweisend wirkt ein dünner Firnisüberzug. Diese Technik war schon in der Antike bekannt. Häufig wird auch Wachs verwendet, das mit einem Borstenpinsel auf dem erwärmten Werkstück verteilt wird. Das Wachs sinkt etwas in den Tonscherben ein und läßt die ursprüngliche Brennfarbe des Tones intensiver und dunkler erscheinen. Man nimmt farbloses oder gelbliches Bohnerwachs. Ein leichtes Überreiben mit einer sauberen Bürste gibt dem Werkstück seidigen Glanz.

Stark verdünnte Mattine, zügig einige Male aufgetragen, eignet sich ebenfalls zur Oberflächenbehandlung.

Genauso wie Gefäße und Figuren können wir unser Relief mit Engoben tönen. Die Engobe wird auf den lederharten Tonrohling gegossen oder getupft und dann mitgebrannt (vgl. Kapitel »Keramik«).

Farbe sollten wir zurückhaltend auf die Terrakotta auftragen, damit der Toncharakter erhalten bleibt. Plakatfarben oder far-

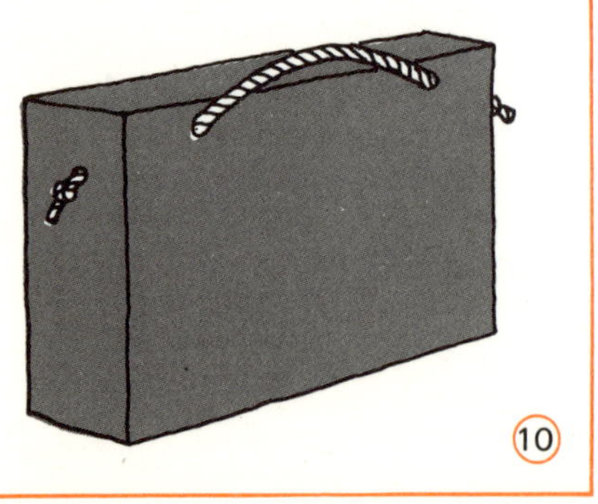
10

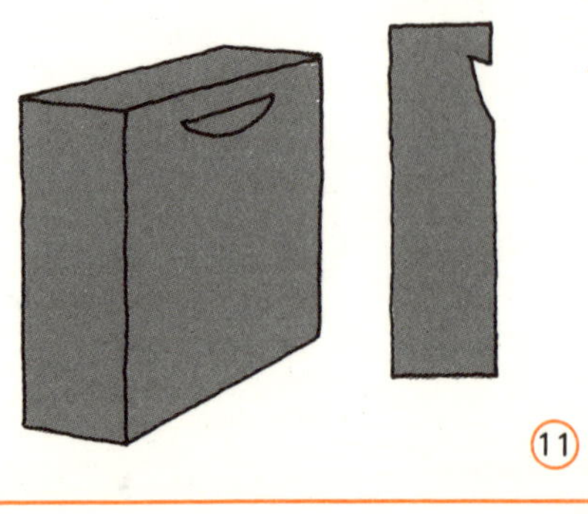
11

bige Lacke verwenden wir besser nicht. Steigern läßt sich die Wirkung des Reliefs, wenn wir trockenes Farbpulver in zur Terrakotta passenden Tönen mit einem Pinsel oder Lappen dünn verteilen und einreiben. Rillen und Vertiefungen nehmen mehr Farbpulver auf und erscheinen plastischer. Anschließend kann man mit einem Fixativröhrchen Mattine darübersprühen. Auch durch getönte Mattine oder Firnis gewinnt das Relief.

Einfärben mit stark verdünnter wasserlöslicher Beize gibt der Terrakotta einen durchgängig anderen Farbton. Man taucht hierzu das Werkstück kurz in die Flüssigkeit und läßt es trocknen. Danach wird mattiert oder gewachst. Auch lasierendes Bemalen mit Aquarellfarben ist möglich, erfordert jedoch eine gewisse Fertigkeit, da der Farbauftrag auf dem Ton nicht mehr geändert werden kann. Man muß aufpassen, daß keine ungewollten Überschneidungen der Farbflächen entstehen, und man darf im Nachbarbereich der ursprünglichen Farbe des Tonscherbens nur sehr dezente Nuancen verwenden. Ein Mattine- oder Wachsauftrag kann den Abschluß bilden.

Vor jeder Farbgestaltung sollte man stets zuerst eine Probe, etwa auf der Unterseite des Werkstückes, vornehmen. Auch bei der endgültigen Oberflächenbehandlung beginnt man mit einer unwichtigen, dem Betrachter nicht so deutlich sichtbaren Stelle. Eine kleine Unsicherheit oder ein Fehler fällt hier nicht so sehr ins Gewicht.

Das Abformen

Soll das fertige Tonrelief nicht als Kachel oder Wandteller gebrannt, sondern in einem anderen haltbaren Material, z. B. Gips, abgegossen werden, dann muß bereits beim Modellieren darauf geachtet werden, daß keine untergriffigen Stellen entstehen. Das heißt, jede aufgetragene Erhöhung muß mit leicht abgeschrägten oder genau senkrechten Seitenflächen auf dem Reliefgrund stehen (Abb. 12). Bei nach innen abgeschrägten Seitenflächen ist das Abnehmen der Form nur noch unter großen Mühen und nicht ohne Fehler möglich.

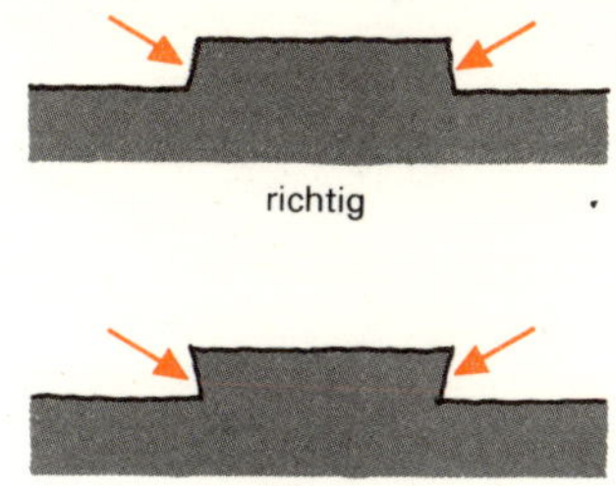

12

Zum Anfertigen der Gipsform benötigen wir: vier Holzleisten, 4 bis 8 cm länger als das Relief und doppelt so hoch wie dieses, Kernseife, zu Brei verrührt, Fett oder Tonschlicker als Isoliermittel, Borstenpinsel, Gummibecher oder -eimer, Spachtel sowie Aluminiumdraht in verschiedenen Stärken. Als Arbeitsunterlage verwenden wir die Holz- oder Gipsplatte, auf der das Relief geformt wurde. Diese Unterlage muß an jeder Seite um 5 bis 10 cm größer sein als das Relief, denn für das Herstellen der Gipsnegativform wird im Abstand von 2 bis 4 cm ein Rahmen aus Holzleisten um die Außenkanten der Reliefplatte als Begrenzung für die Gipsform gelegt (Abb. 13).

Die Begrenzungsleisten sollten den höchsten Punkt des Reliefs um wenigstens die Stärke des Reliefs überragen. Sie werden mit Schraubzwingen, mit schweren Gewichten oder angedrückten Tonklum-

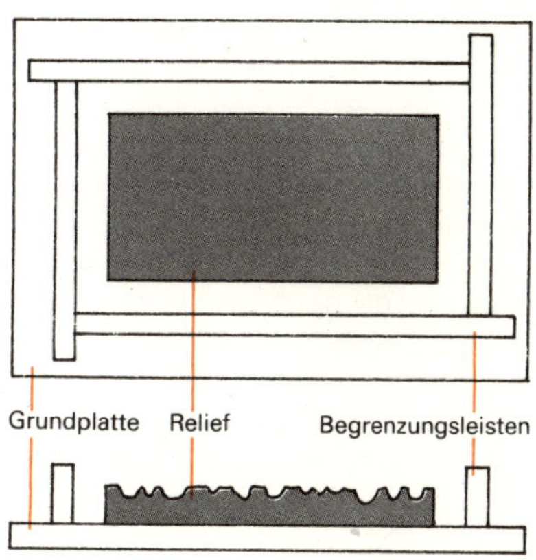

13

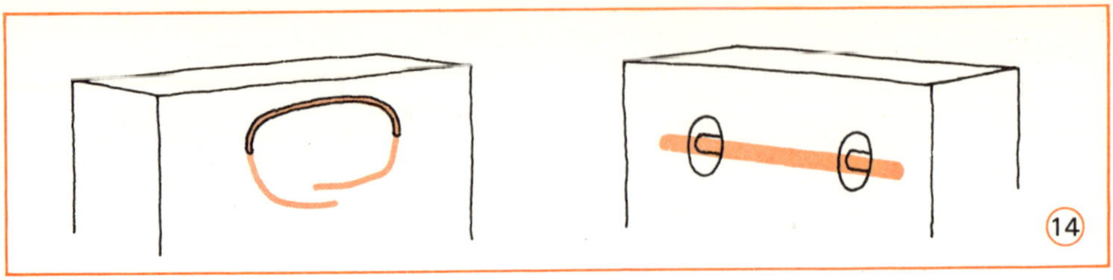

pen in ihrer Lage fixiert. Anschließend müssen wir Leisten und Grundplatte mit Tonschlicker, Fett oder Seife isolieren. Weiterhin bereiten wir einige Stäbe aus Aluminium oder einem anderen nichtrostenden Metall so vor, daß sie in beiden Richtungen in die Form passen. Sie werden, nachdem der angerührte Gips eingegossen wurde und etwas angezogen hat, gitterartig aufgelegt. Die Stäbe sollen zwar im Gips eingelagert sein, jedoch im obersten Drittel der Form verbleiben und keinesfalls auf die Bildfläche des Reliefs absinken. Bei kleinen Formen genügt ein in Gips getränktes Stoffstück auf der Rückseite der Form als Bewehrung, bei noch kleineren, deren Kantenlänge unter 15 cm beträgt, ist auch das nicht mehr nötig.

Sind alle Vorbereitungen getroffen, rühren wir den Gips an (vgl. dazu Kapitel »Keramik«, Abschnitt Gipsformen). Um den weichen Ton nicht zu verformen und keine Luftblasen einzuschließen, gießt man zunächst nur eine dünne Schicht (5 mm) behutsam über die gesamte Bildfläche und bläst den Gips dabei noch vorsichtshalber in Ecken und an Stellen, wo er vielleicht nicht von allein hinfließt. Hat man so die ganze Fläche mit Gips bedeckt, kann die Form vollständig ausgegossen und schließlich mit den Metallstäbchen verstärkt werden. Zuletzt streicht man den überschüssigen Gips ab, indem man eine längere Leiste auf dem Rahmen entlangzieht. Die Form erhält auf diese Weise eine glatte Rückfläche. All das muß ruhig und zügig geschehen, da der angerührte Gips nach einiger Zeit abzubinden beginnt und dann nicht mehr verwendbar ist.

Gipsrelief

Nach dem Abbinden, das sich bekanntlich durch Erhitzen und Wiederabkühlen des Gipses anzeigt, nehmen wir die fertige Form von der Unterlage und klopfen die Holzleisten vorsichtig ab. Anschließend lösen wir das Tonrelief aus der Form und waschen diese mit reichlich Wasser und einem weichen Pinsel aus. Die Form, die nun den Abdruck des Reliefs im Negativ zeigt, kann jetzt für Abgüsse benutzt werden.

Eine »Verlorene Form«, die nach einmaligem Ausgießen mit Gips oder einem anderen festwerdenden Material durch Abschlagen vernichtet wird, sollte möglichst dünnwandig sein. Wir isolieren sie mit Fett, Seife oder Pottasche.

Eine wiederverwendbare Form, für Tonabdrücke zum Beispiel, muß starkwandig sein. Sie wird nicht isoliert. Nach dem Eindrücken des sehr feuchten Tones in die völlig ausgetrocknete Form wartet man, bis der Ton etwas angezogen hat, und löst ihn dann vorsichtig von den Rändern her. Das Werkstück wird ganz herausgenommen, wenn es lederhart ist. Dazu legt man eine Holz- oder Gipsplatte auf die Rückseite des Tonreliefs und wendet diese zusammen mit der Form und dem darin befindlichen Relief. Dann hebt man die Form ab und läßt das Relief auf der Unterlage langsam trocknen, indem man es mit Zeitung abdeckt. Wie beim Original bohren wir die Löcher für die Aufhängung in den noch lederharten Tonabdruck.

Bei einem Gipsrelief gießen wir als Aufhängung eine Drahtschlinge mit ein, oder wir legen nach dem Ausformen des Gipspositivs den an der Oberkante eingelassenen Aluminiumstab an zwei Punkten frei, damit später Angelsehne daran befestigt werden kann (Abb. 14).

Ein Gipsrelief kann mit Wasserfarben getönt oder bemalt und anschließend mit Hilfe eines Stoffballens dünn lackiert werden. Hierbei ist allerdings Vorsicht geboten. Ein matter Seidenglanz wirkt wesentlich angenehmer als der Hochglanz einer zu dick aufgetragenen Lackschicht. Der Gips muß vor dem Lackieren völlig trocken sein.

Reliefs aus Bastlermassen

Außer Ton und Gips bieten sich für kleinere Reliefs neben Modelliermassen vor allem selbsthergestellte Bastlermassen an, wie sie im folgenden beschrieben sind.

Für eine Kleister-Gips-Papiermasse rührt man sich Tapetenkleister an und weicht Zeitungspapierschnitzel ein. Beides bleibt über Nacht stehen und wird am anderen Tag zu einem dicken Brei verknetet, dem man zur besseren Standfestigkeit noch trockenes Gipspulver zufügt. Mit dieser Masse formen wir auf einer wasserfesten Unterlage ein Relief und lassen es anschließend schnell und gründlich trocknen. Um das unansehnliche Grau der Oberfläche abzudecken, empfiehlt sich ein Überzug mit Deckfarben.

Eine andere Variante dieser Masse stellt man aus Makulatur, mit wenig Wasser angefeuchtet, Latex-Binder und etwas Gipspulver oder auch Sand her. Die daraus geformten Reliefs können in getrocknetem Zustand bemalt und lackiert werden. Diese Masse erreicht eine erstaunliche Festigkeit, sie sollte aber nur in einer Stärke von 2 bis 3 cm verarbeitet werden, da sie sonst beim Trocknen reißt.

FOTOS DEKORATIV

22. Kapitel

Jahr für Jahr entsteht eine Vielzahl von Fotos aller Art, die dann in irgendeiner Schublade ihr Dasein fristen. Belassen wir es nicht dabei – machen wir mehr aus unseren Bildern.

Sehr dekorativ wirken z. B. Bildwände mit den Fotos von erlebnisreichen Urlaubstagen. Auf freien Flächen über Liegemöbeln oder Sitzecken angebracht, geben sie dem Wohnbereich eine persönliche, unverwechselbare Atmosphäre; denn die abgelichteten Motive sind ja ein Teil unseres Empfindens und Denkens. Als Träger der Fotos haben sich Leistengitter sowie mit Rupfen (grobes Leinen) oder einer Bastmatte bespannte Leistenrahmen bewährt. Die Fotos werden darauf mit Stecknadeln oder Reißzwecken befestigt. Die Gestaltungsmöglichkeiten probieren wir vorher auf dem Teppich aus.

Fotogramme

Vielseitig verwendbar für dekorative Zwecke ist das Fotogramm. Sein besonderer Reiz liegt in kräftigen Kontrasten, wobei die Bildwirkung nur durch zwei Tonwerte, Schwarz und Weiß, erreicht wird. (Es gibt allerdings auch Ausnahmen.) Fotogramme lassen sich mit geringem technischem Aufwand herstellen. Wir benötigen dazu nicht einmal eine Kamera. Ein Vergrößerungsgerät jedoch erleichtert uns die Arbeit außerordentlich, weil man auf der Grundplatte, unter dem roten Licht des vorgeschalteten Schutzfilters, die Motive gut arrangieren kann.

Als Arbeitsmaterial benötigt man Fotopapier etwa in den Größen 13 cm × 18 cm bis 18 cm × 24 cm und der Gradation »normal« bis »hart« und »extra hart«. Entwickelt wird in einem möglichst kontrastreich arbeitenden Papierentwickler. Ferner brauchen wir Schnellfixiersalz. Die Chemikalien werden, der Gebrauchsanweisung entsprechend, in Wasser aufgelöst und auf 20 °C temperiert.

Motive für unsere Fotogramme finden wir unter anderem in der Natur: Blätter und Gräser bieten geradezu unerschöpfliche Gestaltungsmöglichkeiten. Aber auch Schrauben, Nägel, Büroklammern, Nadeln, Reiskörner, Textilien, Gläser, zähfließende Flüssigkeiten (Fruchtsirup) und aufgeschäumte Waschmittel lassen sich mit Geschick und Phantasie einsetzen. Bei Verwendung von Flüssigkeiten muß das Fotopapier natürlich mit einer Glasplatte abgedeckt werden.

Die ausgewählten Materialien ordnen wir in der Dunkelkammer bei vorgeschaltetem rotem Schutzfilter auf dem Grundbrett des Vergrößerungsgerätes an. Sind wir mit der Gestaltung zufrieden, so belichten wir das Fotopapier mit den daraufliegenden Objekten. Die Belichtungsdauer kann sehr unterschiedlich sein, von 0,5 Sekunden bis zu Minuten, je nach Art und Stärke der Lichtquelle, nach Fotopapier und Entwicklertyp. Will man z. B. Textilien oder Laub »durchleuchten«, ist in der Regel eine lange Belichtungszeit erforderlich. Man muß das ausprobieren. Generell sollten wir möglichst kurz belichten und gut ausentwickeln, wir erhalten dann kontrastreiche Bilder oder Naturdrucke, wie die Fotogramme auch genannt werden. Sie sind dort, wo das Licht ungehindert auftraf, tief geschwärzt, abgedeckte Stellen erscheinen reinweiß, beziehungsweise zeigen sie die Struktur der Textilien oder des Pflanzenmaterials.

Müssen wir beim Anfertigen der Fotogramme ohne Vergrößerungsgerät auskommen, so legen wir unser Arrangement im verdunkelten Raum beim Licht einer Foto-Orange-Lampe auf dem Fotopapier zurecht und schalten in etwa 50 cm Höhe über der Vorlage eine Schreibtischlampe (75 W) kurz ein und sofort wieder aus. Nach dieser Belichtung, die allerdings einiger Übung bedarf, wird normal entwickelt.

Anschließend spülen wir den Entwickler kurz in klarem Wasser ab und bringen das Fotopapier für 10 bis 15 Minuten in das Fixierbad, um das Bild lichtfest zu machen. Die Schlußwässerung – mindestens 30 Minuten lang – können wir bei Tageslicht vornehmen. Sie erfolgt unter fließendem Wasser. Getrocknet werden die Bilder am besten auf einer elektrisch beheizten Trokkenpresse; notfalls kann man sie auch an der Luft flach auslegen und nach dem Trocknen zwischen einigen Büchern glätten.

In einem Bad aus verdünnter Keilitz- oder Faserstiftnachfüllfarbe lassen sich die weißen Flächen des Fotogramms nach Belieben tönen. Natürlich muß danach erneut getrocknet werden.

Fotos dekorativ

Auf ein passendes Format geschnitten, können die fertigen Fotogramme nun auf Klappkarten, Streichholzschachteln, Keksdosen oder andere Behältnisse geklebt, als Bucheinband oder Bezug für Klemmhefter oder Sammelmappen verwendet werden. Zum Aufkleben empfiehlt sich Gummilösung. Sie hat den Vorteil, daß übergetretene Partikeln mit sauberem Finger abzurubbeln sind und daß man die Bilder leicht wieder lösen kann.

Jeder von uns steht vor dem Problem, Ordnung auf engstem Raum halten zu müssen. Ein Fotogramm kann helfen, Nägel, Schrauben, Muttern usw. auf Anhieb zu finden oder Werkzeuge wieder an den vorgesehenen Platz zu räumen.

Mit Hilfe der Fotogrammtechnik lassen sich auch Plakate für die verschiedensten Anlässe herstellen. Zu den charakterisierenden Gegenständen muß dann noch ein informierender Text kommen, der natürlich negativ, d. h. weiß auf schwarzem Grund erscheint. Die Textzeilen fertigt man mit Abreibebuchstaben auf einer farblosen, klaren Folie so an, daß sie gut in das Fotogramm passen. Man kann auch ausgestanzte Buchstaben direkt auf das Fotopapier legen und alles zusammen belichten. Die Schriftherstellung mit gestanzten oder ausgeschnittenen Buchstaben im Schein der Dunkelkammerbeleuchtung ist allerdings etwas mühselig.

Auf ähnliche Weise können wir Schriftzüge für Einladungs- und Glückwunschkarten mit bereits vorhandenen Negativen zusammenkopieren. Indem wir die Schrift partiell mit den schon genannten Farbstoffen einfärben, lassen sich reizvolle Effekte erzielen.

Leuchte aus Fotoleinen

Besonders dekorativ wirkt eine Leuchte, deren Schirm aus einem Fotogramm auf Fotoleinen besteht. Fotoleinen gibt es im Fachhandel in 26 und 52 cm Breite und einer Länge von 5 m. Es handelt sich hier um ein Baumwollgewebe, das mit einer hochempfindlichen Fotoemulsion getränkt ist. Der flexible Werkstoff läßt sich auch in größeren Formaten bequem verarbeiten. Belichtet wird das Material wie Fotopapier normaler Gradation, dabei unterdrückt die strukturierte Oberfläche wie ein Rasterpapier feine Einzelheiten. Die Negative soll-

Fotos dekorativ

ten daher im Tonwert kräftig abgestuft sein, also leicht zur Härte neigen. Eine gleichmäßige Lichtabstrahlung erreichen wir durch ausgewogene Verteilung der schwarzen, weißen und grauen Flächen. Zum Entwickeln können wir alle üblichen Papierentwickler nehmen. Größere Formate werden einfach in einen Eimer mit Entwicklerlösung gestaucht, ohne besondere Rücksicht auf Falten oder Knickstellen. Vor dem Fixieren ist allerdings ein Stoppbad mit Essigsäure oder Kaliummetabisulfit erforderlich, da die vom Gewebe aufgesaugten Mengen des Entwicklers schnellstens neutralisiert werden müssen, sonst würden sich gelbe Flecke bilden. Nach einer ausgiebigen Schlußwässerung trocknen wir das Fotoleinen wie Wäsche an der Luft, bügeln die Rückseite und färben es nach Belieben mit Textil- oder Keilitzfarben, Holzbeizen oder Schwarzem Tee ein.

Fensterverkleidung

Aufgrund seiner guten Transparenz kann belichtetes Fotoleinen auch zum Verkleiden von Fenstern verwendet werden, beispielsweise, um den Blick auf einen unschönen Hinterhof zu verdecken. Farbig getönte Landschaftsbilder sind für diesen Zweck besonders geeignet., Dazu stellt man einen Leistenrahmen entsprechender Größe und Form her, weicht das Fotoleinen erneut in Wasser ein und befestigt es durch Umschlagen und Anheften mit Reißzwecken, kleinen Nägeln oder Heftklammern. Nach etwa 30 Minuten ist das Fotoleinen getrocknet und hat sich vollkommen gespannt, so daß der Rahmen in das Fenster eingesetzt werden kann.

Türverkleidung

Nicht zuletzt empfiehlt sich Fotoleinen zur dekorativen Gestaltung von Wohnungstüren. Es kommt auf solch großen Flächen besonders gut zur Geltung, weil seine strukturierte Oberfläche Lichtreflexe verhindert. Da wir Formate dieser Abmessung kaum selbst entwickeln können, verwenden wir fertig gekaufte Großfotos. Ihre Verarbeitung ist denkbar einfach: Wir weichen die Bahn in der Badewanne ein und lassen sie etwa 10 Minuten abtropfen. Inzwischen hängen wir die Tür aus, legen sie waagerecht auf zwei Hocker, streichen sie mit farblosem Latex ein und reiben das Fotoleinen mit einem Viskoseschwamm blasenfrei auf. Die Bildecken können bis zum Antrocknen belastet oder, wenn es das Motiv erlaubt, mit kleinen Nägeln angeheftet werden. Anschließend schneiden wir die überstehenden Ränder mit einer scharfen Klinge ab.

Fotografik

Einfache Kunstgriffe in der Dunkelkammer ermöglichen es, Fotos von besonderem Reiz herzustellen. Man kann zum Beispiel durch Reduzierung der sonst so erwünschten Grauwertabstufungen einen grafischen Effekt hervorrufen. Dazu verfährt man folgendermaßen: Ein normal belichtetes Negativ wird mit Hilfe des Vergrößerungsgerätes auf hartes oder besser noch extrahartes Filmmaterial vergrößert. (Am besten Planfilm im Format 9 × 12 auf das gewünschte Format – Kleinbild oder 6 × 6 – schneiden und in die Vergrößerungskassette einlegen.) Das Ergebnis ist ein Diapositiv mit stark reduzierten Grauwerten. Durch eine Kontaktkopie – Schicht gegen Schicht – unter einer Glasplatte im Lichtkegel des Vergrößerungsgerätes verschwinden weitere Grauwerte; eine nochmalige Kopie stellt den reinen Schwarz-weiß-Charakter her. Die so entstandene Fotografik kann als Negativ (mit vertauschten Helligkeitswerten) oder nach weiterem Kopieren als Positiv vergrößert werden.

Schließt sich ein Farbbad an – zum Beispiel in Faserstiftfarbe – erhält man eine einfache Farbgrafik. Die hellen Stellen im Positiv oder Negativ nehmen die jeweilige Farbe an. Auch partielles Tönen mittels Faserschreiber ist möglich.

Wer sich den Weg über den Film sparen möchte, kann all diese Schritte nach der ersten Vergrößerung auf extrahartes Papier nur noch von Papier zu Papier machen. Natürlich muß immer Schicht gegen Schicht kopiert werden. Dabei ist eine schwere Glasplatte der korrekten Planlage und Kontaktgabe förderlich. Allerdings bekommt man in diesem Falle Unikate, könnte sich aber ein Repro anfertigen und hätte dann ein Negativ zur weiteren Verwendung in der Hand. Außerdem wird beim Durchleuchten jedesmal die Papierstruktur mitkopiert, was von Fall zu Fall durchaus reizvoll sein kann.

METALL-ARBEITEN

In der Frühzeit der menschlichen Geschichte fanden die künstlerischen Lebensäußerungen des Volkes ihren sinnfälligen Ausdruck im zweckgebundenen Schaffen. Viele Beispiele sind uns überliefert, die deutlich die enge Verbindung von Kunst und Handwerk demonstrieren. Die Menschen gaben ihren Geräten eine schöne, zweckmäßige Form und bereicherten sie durch schmückendes Beiwerk. In der Sprache des Materials gestalteten sie in künstlerisch stilisierter Übersetzung den Formenreichtum der Natur. Handwerkliches Können, gepaart mit einem sicheren Gefühl für materialgerechtes Gestalten, war bis ins 18. Jahrhundert hinein allgemein verbreitet.

Als im Gefolge der industriellen Revolution das metallverarbeitende Handwerk einer leistungsfähigen Metallindustrie wich, beherrschten bald minderwertige Massenartikel den Markt. Man ahmte mit entsprechenden maschinellen Einrichtungen die Eigentümlichkeiten der Handarbeit, wie Hammerschlag, Gravierung usw., nach. Gleichzeitig dominierten naturalistische und überladene Formen, die ein plattes Repräsentationsbedürfnis zum Ausdruck brachten. Erst vor rund sechzig Jahren ging man dazu über, die Gestaltung industrieller Erzeugnisse den Bedingungen der maschinellen Herstellung anzupassen. In jüngster Zeit wird bei modernen Gebrauchsgeräten durch industrielle Formgebung wieder die Übereinstimmung von Gebrauchszweck und Schönheit, von Funktion und Form, erreicht. Außerdem wird das alte Metallhandwerk von einigen künstlerisch begabten Menschen weitergepflegt. Auch Laien finden mehr und mehr Interesse daran. Dieser Beitrag will zu kunsthandwerklicher Metallgestaltung anregen. Er will Verständnis dafür wecken, daß Metall ein lebendiger Werkstoff von großer Ausdruckskraft ist.

Treibarbeiten

23. Kapitel

Während beim Schmieden und Gießen Metalle durch starke Wärmeeinwirkung verformbar gemacht werden, geschieht das Treiben auf kaltem Wege. Durch das Schlagen mit dem Hammer dehnen sich die Metalle und können so zu Hohlteilen getrieben werden.

Werkstoffe

Für Treibarbeiten verwendet man vorwiegend Bleche und Rohre. Es kommen dafür nur wenige Metalle und deren Legierungen in Frage. Man sollte diese Werkstoffe aber gut kennen, nur dann läßt sich die Arbeit richtig planen, und Fehler werden vermieden. Von den umfangreichen Eigenschaften der Metalle interessieren uns vor allem: Härte, Dehnbarkeit (die Eigenschaft, sich plastisch verformen zu lassen), Emaillierbarkeit, Löslichkeit in Säuren, Beschaffenheit der Oberfläche und Schmelzpunkt. Durch Ausglühen kann die Härte der Metalle stark herabgesetzt werden, das erleichtert ihre weitere Bearbeitung. Werkstoffe, deren Eigenschaften nicht von vornherein bekannt sind, sollte man auf jeden Fall zuerst erproben. Das ist besonders wichtig bei Messing, Tombak und Bronze. Für diese Legierungen lassen sich keine verbindlichen Angaben über Härte, Schmelzpunkt und Dehnbarkeit machen.

Leicht-
metalle

Zum Treiben werden Buntmetalle ihrer schön gefärbten und gut polierbaren Oberfläche wegen bevorzugt. Aber auch die meisten Leichtmetalle sind gut dehnbar und eignen sich für Treibzwecke.

Buntmetalle

Buntmetalle sind Werkstoffe aus Kupfer und Kupferlegierungen mit unterschiedlichen Eigenschaften.

Kupfer:	Brinellhärte 50 kp/mm² (im weichgeglühten Zustand 35 kp/mm² – sehr dehnbar – gut emaillierbar – schöne Oberfläche, die leicht oxydiert – Schmelzpunkt 1083 °C – ätzbar mit Eisen(III)-chlorid
Messing:	Legierung aus Kupfer (etwa 56–70 %) und Zink – gut dehnbar – nicht emaillierbar – besonders schöne gelbliche Oberfläche, die schwer oxydiert – ätzbar mit Eisen(III)-chlorid
Tombak:	Kupfer-Zink-Legierung, aber mit höherem Kupferanteil (bis 90 %) – dehnbar – bedingt emaillierbar – ätzbar mit Eisen(III)-chlorid
Bronze:	Kupfer-Zinn-Legierung – sehr hart (Brinellhärte 60–100 kp/mm²) – schlecht dehnbar, bevorzugtes Gußmetall – bedingt emaillierbar – schöne gelbbraune Oberflächenfärbung – ätzbar mit Eisen(III)-chlorid
Neusilber:	Kupfer-Zink-Nickel-Legierung – dehnbar – bedingt emaillierbar – ätzbar mit Eisen(III)-chlorid.

Leichtmetalle werden aus Tonerde, vor allem aus Bauxit, gewonnen und haben eine Dichte unter 4,5. Nach einiger Zeit entsteht eine dünne Oxidschicht, die das Metall vor weiterer Korrosion schützt. Durch Legierung erhalten sie vielfache Eigenschaften, unter anderem auch große Härte.

Aluminium:	nicht emaillierbar – Schmelzpunkt 658 °C – schwierig ätzbar mit verdünntem Eisen(III)-chlorid oder mit Salpeter- und Schwefelsäure.

Anriß und Zuschnitt

Jede Arbeit beginnt mit dem Grobzuschnitt des vorher ausgemessenen und mit einer Stahlnadel oder dem Zirkel angerissenen Werkstückes. Wir benutzen dazu eine Hebelblechschere und führen den Schnitt mit etwa 2 mm Zugabe neben der Anrißlinie aus. Beim Feinzuschnitt mit einer Handblechschere (Figurenschere) brauchen wir dann nur noch einen ganz schmalen Streifen zu entfernen. Die Form wird dadurch sehr genau. Alle Bleche, die nicht geschmeidig genug sind, werden vor dem Zuschnitt geglüht. Man erprobt die Dehnungsfähigkeit durch Umbiegen einer Ecke des Bleches (hartes Blech federt).

Glühen

Geglüht wird im Muffelofen oder über einer offenen Gasflamme. Es erfordert einige Übung, bis man weiß, wann das Glühen zu beenden ist. Wir beobachten dabei, daß nach kurzer Zeit die ganze Oberfläche des Metalls hell anläuft. Bald danach wird sie immer dunkler, bis sich ein leichtes Rot zeigt. Der Vorgang dauert meist nicht länger als 2 bis 4 Minuten, und wir können ihn bei abgedunkeltem Raum gut beobachten. Jetzt muß das Glühen unterbrochen werden. Zur Abkühlung taucht man Buntmetalle gleich in kaltes Wasser. Dabei platzt auch der graue Brennzunder ab, der sich während des Glühens gebildet hat. Eine Biegeprobe zeigt, ob das Metall weich geworden ist. Bei zu langem Glühen ist es sehr schwer, die Zunderschicht zu entfernen. Metalle mit niedrigem Schmelzpunkt, z. B. Leichtmetalle, werden nicht geglüht. Man erhitzt sie nur so lange, bis einige Krümel aufgestreutes Sägemehl zu verkohlen beginnen (250–300 °C). Wegen der häßlichen Flecke, die beim Verkohlen entstehen, streut man das Sägemehl möglichst auf die später weniger sichtbaren Partien des Werkstückes.

Beizen

Zur weiteren Verarbeitung – das gilt besonders für das Emaillieren – muß die Metalloberfläche möglichst chemisch rein sein. Oxidschichten, Fettspuren (Fingerabdrücke) sind zu entfernen. Wir können das mit Schleifmitteln auf mechanischem Wege erreichen. Einfacher und gründlicher geht es durch Beizen in Säure. Für Buntmetalle, insbesondere für Kupfer, eignet sich eine Lösung aus einer Flasche (0,7 l) zehnprozentigem Spritessig und 30 g Speisesalz; nach dem Umrühren wird die Flüssigkeit abgegossen. Die so gewonnene Beize ist ungefährlich und kann mit dem Lappen aufgetragen werden.

Bei stark oxidierten Buntmetallen nehmen wir besser Salpeter- oder Schwefelsäure.

Die Säuren werden mit Wasser bis zu einer Konzentration von höchstens 15 bis 30 Prozent verdünnt (Arbeitsschutz beachten!). Die richtige Stärke läßt sich am besten durch ein Probe ermitteln: Die Konzentration der Säure ist dann richtig, wenn beim Eintauchen des Metalls in ruhiger Folge Bläschen aufsteigen. Bei zu starker Säure wallt die Flüssigkeit auf, und es entweichen braune bis rote Dämpfe. Diese nitrosen Gase sind sehr giftig, sie reizen und schädigen die Atmungsorgane. Man sollte mit Säuren nur an geöffneten Fenstern arbeiten. Die Beizflüssigkeit wird in Fotoschalen oder Glasgefäße gegossen. Als Arbeitsgeräte benutzt man Fotozangen. Damit Spritzer an Haut oder Kleidung beseitigt werden können, muß ein Gefäß mit Frischwasser bereitstehen. Gebeizte Metalle spülen wir ab. Danach müssen sie schnell und gründlich abgetrocknet werden, weil Feuchtigkeit die Oxidbildung fördert. Feingliedrige und andere empfindliche Werkstücke steckt man zum Trocknen in erwärmtes Sägemehl. Leichtmetalle werden nicht gebeizt.

Treiben

Treiben ist Hammerarbeit, die bei entsprechender Übung jeder erlernen kann, der in seinen Wünschen nicht gleich zu hoch greift. Abb. 1 zeigt die dazu benötigten Werkzeuge:
a = Knopf- oder Kugelhammer; b = Treibhammer; c = Schweifhammer; d = Sickenhammer; e = Planierhammer; f = Sattelholz; g = Kittschale; h und i = Bördelstöcke; k = Horn; l = Fauststock; m = Amboß; n = Brettamboß.

Wenn man mit dem Hammer auf Blech schlägt, dehnt es sich an der Aufschlagstelle nach allen Seiten hin aus. Es streckt sich und wird dünner. Darauf beruhen die beiden gebräuchlichsten Treibverfahren: das Aufziehen und das Auftiefen.

Auftiefen

Beim Auftiefen gibt es zwei Techniken, von denen die einfachere das Treiben ins Gesenk ist (Abb. 2). Man benutzt dazu Hohlformen aus Hartholz, die jeder Drechsler und Holzschnitzer herstellen kann. Es ist aber nicht besonders schwer, aus einem Holzklotz die entsprechende Vertiefung selber auszuheben. Das zugeschnittene, geglühte und gereinigte Blech (bei Rundformen Ronde genannt) wird über die Höhlung gelegt und mit behutsamen Hammerschlägen niedergetrieben. Da die Ronde nur am Rand aufliegt, weicht das Metall in die Form hinein aus, bis es überall aufliegt. Dabei dehnt es sich am Boden des entstehenden Gefäßes stärker aus und wird dementsprechend dünner. Der Rand behält seine ursprüngliche Stärke.

Die Arbeit wird mit Treibhämmern ausgeführt, die aus Metall, Kunststoff oder Holz sein können. Ihre Form und Größe richtet sich nach der Art des Werkstückes. Allen gemeinsam ist eine mehr oder weniger abgerundete Bahn (Schlagfläche). Da-

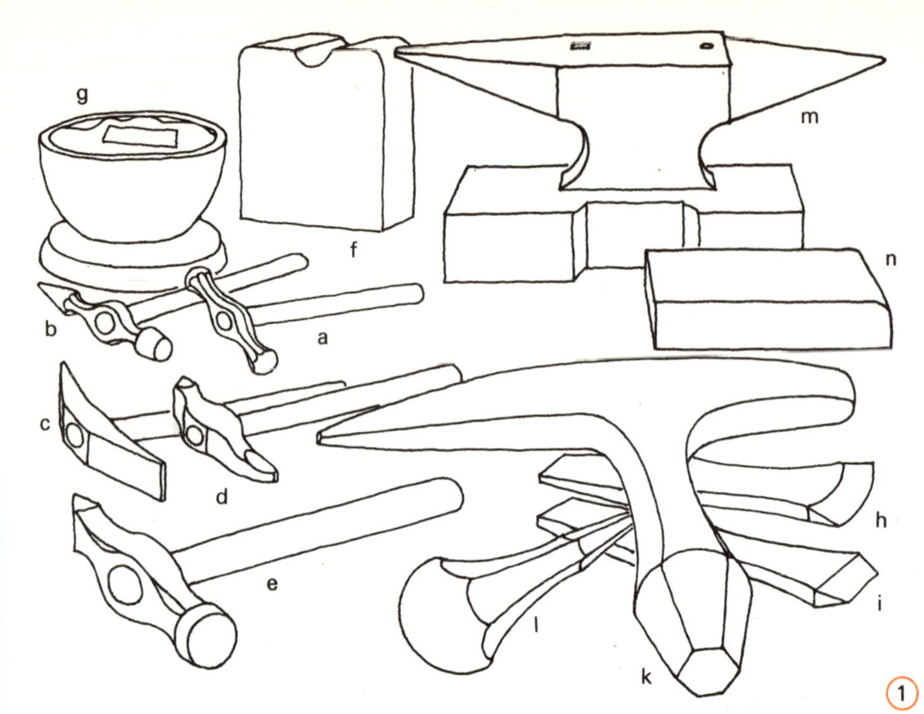

1

durch wird vermieden, daß die Kanten des Hammers Scharten in das Metall schlagen. Das Schlagen erfolgt von der Mitte des Bleches her nach unten und radial gegen die Wandungen der Form. Die Schläge müssen gleichmäßig über die ganze Metalloberfläche erfolgen, zunächst in weiteren Abständen, dann allmählich immer dichter. Man führt den Hammer leicht federnd aus dem Handgelenk ohne allzu großen Kraftaufwand. Anfänger schlagen in der ersten Phase meist zu heftig. Dadurch bilden sich am Rand der Schale Falten, die sofort ausgeglichen werden müssen.

Treibarbeiten sind kein »Ohrenschmaus«. Wenn man die Form auf eine zusammengelegte Decke oder in ein Gefäß mit Sand stellt, wird der unangenehme Blechschall erheblich gedämpft.

Fast fertige Schalen legt man zur Kontrolle mit dem Boden nach oben auf eine Tischfläche und kontrolliert, ob der Rand ringsum gleichmäßig aufliegt. Ist das nicht der Fall, so klopfen wir mit einem Holz-

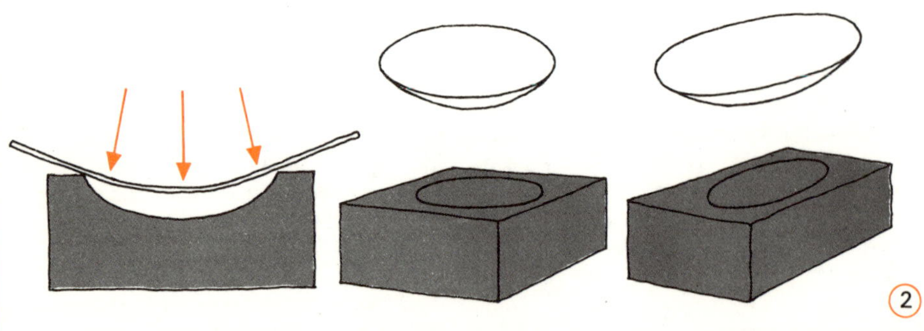
2

hammer leicht gegen den Boden des Gefäßes, bis es nichts mehr zu beanstanden gibt.

Die zweite Methode des Auftiefens wird auf einem Hartholzklotz ausgeführt. Wir benötigen dafür Treibhämmer (auch Kugelhämmer) aus Stahl. Das Blech (Ronde) legen wir auf die Hirnseite (nicht Brettseite) des Holzes und führen den Hammer Schlag für Schlag genau von der Mitte aus spiralförmig langsam nach außen. Dabei wölbt sich das Werkstück allmählich zur Hohlform. Sobald der Blechrand erreicht ist, glühen und beizen wir das Blech erneut und treiben es ein nächstes Mal. Diese Arbeitsgänge werden so oft wiederholt, bis unsere Schale die gewünschte Tiefe erreicht hat. Auf die gleiche Art kann man kleine Schmuckstücke, z. B. Anhänger und Broschen, treiben.

Aufziehen

Beim Aufziehen – das setzt schon etwas Erfahrung voraus – halten wir ein vorbereitetes Blech auf das Sattelholz und schlagen unter Ausnutzung der Kerbe mit der schmal zulaufenden Finne eines Hammers Falten, die radial zum Mittelpunkt des Bleches verlaufen (Abb. 3). Durch diesen Vorgang wird die Ronde partienweise gestaucht, und ihre Ränder richten sich auf. Dabei entsteht ein Hohlkörper, der an »Kuchenformen« erinnert, mit denen Kinder im Sand spielen. Beim nächsten Arbeitsgang werden die Falten von der Außenseite des Gefäßes, also vom Boden her, wieder eingeebnet. Man braucht dafür eine Unterlage aus Stahl, und zwar Fauststock oder Horn. Wir führen den Hammer (wiederum mit der Finne) jetzt quer zur Faltenrichtung (Abb. 4). Dabei streckt sich das Blech, und das Gefäß »wächst« vom Boden her nach außen und oben. So kommt die Formprägung durch die abwechselnd geführten Streck- und Stauchschläge zustande. Die Randpartien werden dabei mehr gestreckt, während der Boden (im Gegensatz zum Auftiefen) unverändert bleibt. Geübte Treibmeister ziehen so aus einem einzigen Stück Metall kunstvolle Becher und Vasen auf. Damit der Treibkörper nicht zu schnell in die Breite geht, ebnen wir die Falten am Rande des Gefäßes zunächst noch nicht ein (etwa ein Drittel der Faltenlänge). Erst wenn das Gefäß hoch genug aufgezogen ist, bearbeiten wir auch die Randzone. Je höher der Treibkörper werden soll, um so häufiger müssen wir den Vorgang des Faltenschlagens wiederholen. Vor jedem dieser Arbeitsgänge wird das Werkstück erneut geglüht, da das Metall beim Schlagen schnell aushärtet.

Bei allen Treibverfahren, insbesondere bei Verwendung von Kugelhämmern, entstehen Schlagspuren, die später wieder beseitigt werden müssen. Dazu stülpt man das Gefäß über eine geeignete Unterlage und überarbeitet es von Grund auf mit einem blankpolierten Planierhammer. Bei dieser Arbeit werden die wulstnarbigen Hammerschläge der groben Arbeit beseitigt. Wir sollten jedoch darauf achten, daß die Lebendigkeit der Handarbeit nicht verlorengeht.

indirektes Treiben

Indirektes Treiben ist erforderlich, wenn bei engen Hohlkörpern wie Rohren und Vasen von innen nach außen getrieben werden soll. Man spannt für die Technik ein Prelleisen in den Schraubstock. Durch Anschlagen mit dem Hammer federt der Stahl dieses Werkzeuges und treibt im Werkstück einen Buckel nach außen

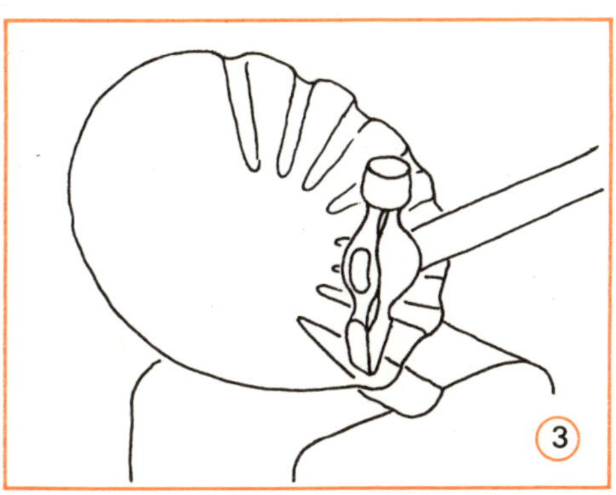

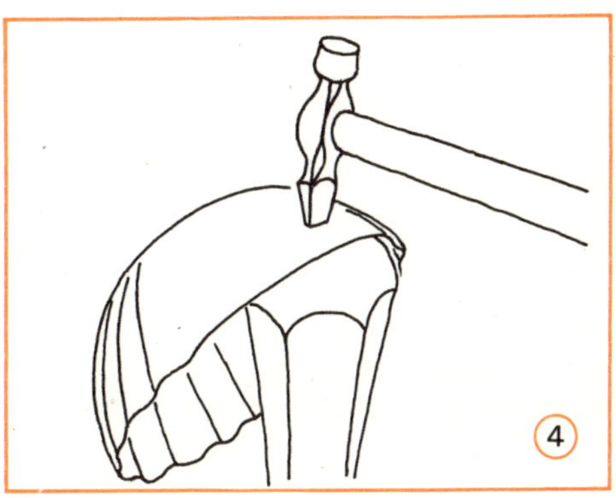

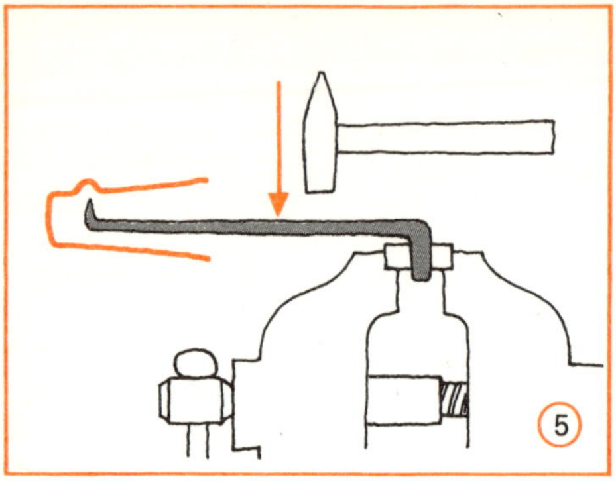

(Abb. 5). Prelleisen, die eine Führungszunge (Taster) besitzen, erleichtern das Auffinden der Stelle, die nach außen getrieben werden soll.

Bördeln

Bördeln: An Treibarbeiten soll der scharfkantige Rand häufig gerundet oder umgeschlagen werden. Dabei biegt man das Blech gewöhnlich um eine Stahlform. Um Spannungen zu vermeiden, benutzt man zuerst einen Holzhammer und abschließend den Stahlhammer. Das Anlegen eines Randes heißt bördeln. Außer unterschiedlichen Ambosssen werden dazu auch Spezialeisen mit dachförmigem Profil, die sogenannten Bördeleisen, benutzt. Sie werden zur Benutzung in einen Schraubstock gespannt. Besonders gleichmäßig rund wird eine Bördelung, wenn man das Blech um einen Draht schlägt, der dann im Rand verbleibt.

Metallverzierung

Ziselieren

Zierformen werden vor allem mit Hammer und Punze in das Blech geschlagen. Punzen sind etwa 10 cm lange Vierkantstähle, die je nach ihrem Verwendungszweck stempelartig geformt sind. Abb. 6 zeigt a – Schrotpunze, b – Modellierpunze, c – Absetzpunze, d – Mattierpunze, e – Hohlperle, f – Perle, g – Doppelperle, h – Figurenpunze und i – Ziselierhammer. Das geglühte Blech liegt zur Bearbeitung auf einer weichen Unterlage aus Pappe, Fußbodenbelag oder Blei. Beim Einschlagen des Werkzeuges weicht das Metall auf dieser Unterlage aus. Es entstehen gerundete plastische Formen. Durch das Einschlagen der Punzen von beiden Seiten des Bleches wirken die Muster negativ und positiv.

Für den Anfang verwenden wir als Punzen Dorne, Locheisen und kleine Meißel, die wir mit Feile und Schmirgel etwas abrunden. Meißel sind auch zum Schroten nötig. Wir verstehen darunter das Einschlagen von scharfkantigen Linienzügen, die durch das genaue Aneinandersetzen einzelner Meißelhiebe zustande kommen. An bronzezeitlichen Geräten und vorgeschichtlichen Goldfunden gibt es Ziselierungen von verblüffender Einfachheit und großer Schönheit. Oft wurde dabei nur ein einziges Werkzeug, die Kugelpunze, verwendet. Durch rhythmisches Aneinanderfügen der Einschläge hat man ausdrucksstarke Flächengestaltungen erzielt. Von solchen Arbeiten sollten wir uns anregen lassen.

Treibpech herstellen

Gewölbte Gegenstände wie hochwandige Schalen und Vasen lassen sich nur auf einer Unterlage aus Treibpech ziselieren. Auch für manches Schmuckstück ist diese zähe Masse unentbehrlich. Man kann Treibpech (Treibkitt) selber herstellen: Zwei Teile schwarzes Pech in einem alten Topf schmelzen und zum Eindicken drei Teile Ziegelmehl oder Gipspulver zugeben. Die Geschmeidigkeit der Masse wird durch Zusätze von Talg erreicht. Treibpech gießt man bis zum Rand in flache Blechgefäße, die über einer Flamme erwärmt werden können. Besonders bewährt haben sich halbkugelförmige Schalen aus

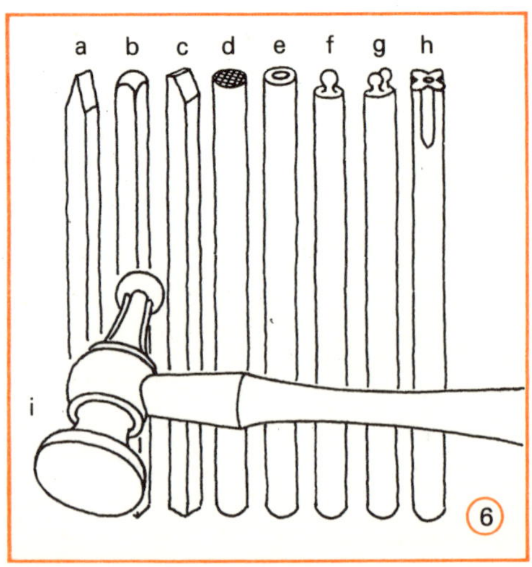

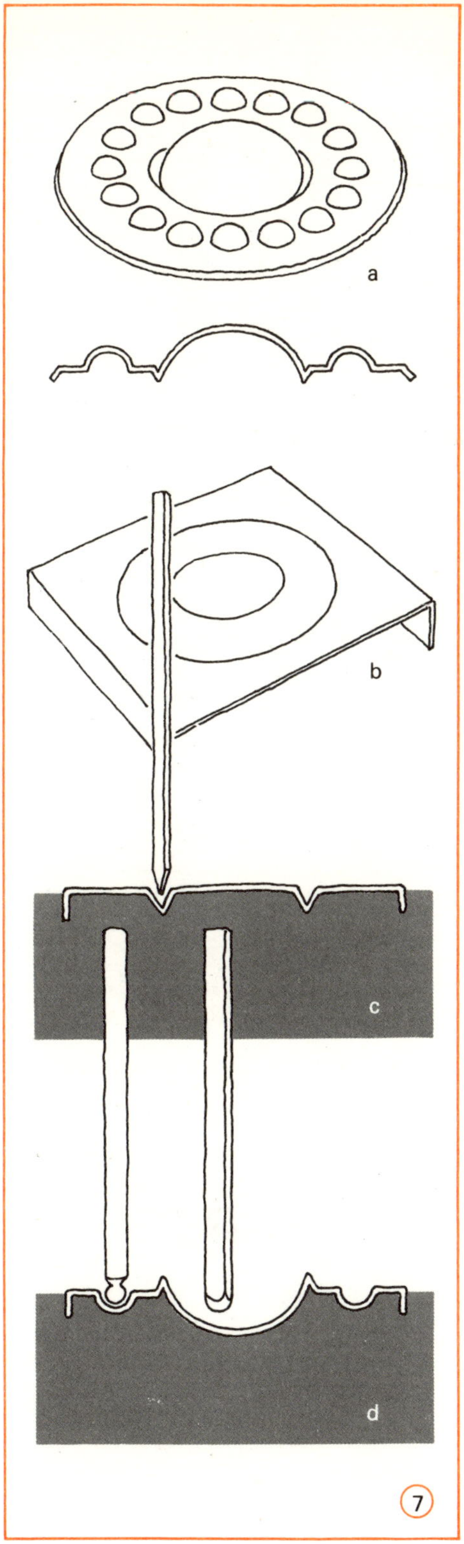

Gußeisen. In einem Holzring gelagert, läßt sich die Halbkugel nach allen Seiten hin drehen.

Scheiben-
brosche

Der Vorgang des Ziselierens soll an einer einfachen Scheibenbrosche erläutert werden (Abb. 7). Bei diesem Werkstück stehen alle getriebenen Formen als Buckel erhaben über der Ebene des Bleches (a). Zum besseren Verständnis wollen wir die Betrachtungsseite des Schmuckstückes »Bildseite« nennen. Die Buckel müssen also von der Rückseite her nach vorn getrieben werden. Für die kleinen Buckel benutzt man dabei Perlpunzen, für den Mittelteil Modellierpunzen. Der Mittelteil wird außerdem durch eine Schrotlinie begrenzt. Diese grabenartige Vertiefung schlägt man vor dem Modellieren ein. Die Zeichnung zeigt den Arbeitsablauf für die Brosche schematisch in drei Teilschritten: Nachdem ein Kupferstreifen vorbereitet (geglüht und gebeizt) wurde, werden mit dem Zirkel Umriß und Mittelteil vorgerissen (b). Zur Bearbeitung kitten wir das Werkstück in eine eiserne Schale voll Treibpech ein. Damit es nicht verrutschen kann, biegt man zwei sich gegenüberliegende Ränder des Bleches um, ehe man es fest auf das Pech drückt.

Beim zweiten Teilschritt wird mit der meißelartigen Punze die Schrotlinie eingeschlagen (c). Man arbeitet in diesem Fall auf der Bildseite der Brosche.

Beim dritten Arbeitsgang werden die Buckel nach vorn getrieben (d). Dazu nehmen wir das Werkstück aus der Einbettung heraus (Anwärmen der Schale), wenden das Kupfer und drücken es nunmehr mit der Bildseite nach unten erneut in das Pech. Zur Stabilisierung biegen wir vorher die beiden anderen Ränder des Bleches nach unten um. Die Brosche wird also von beiden Seiten bearbeitet. Bei komplizierten Werkstücken muß das Blech häufig gewendet werden.

Es gibt für die Treibziselierung kein festes Rezept. Jeder Treibmeister legt seine Arbeitsschritte individuell fest. Er geht dabei von der besonderen Form des Werkstückes und natürlich von seinen Erfahrungen aus. Dem Lernenden sei empfohlen, folgenden Weg einzuhalten: erst schroten, dann absetzen, schließlich modellieren. Mit Abb. 8 wollen wir uns noch einmal diese Arbeitsschritte veranschaulichen:

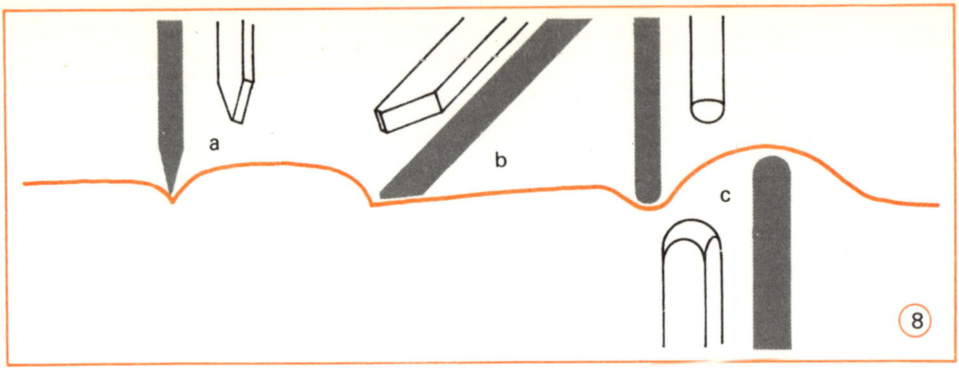

8

Schroten

Schroten: Hierbei werden die Umrißlinien eines vorgezeichneten Motivs mit der Schrotpunze vertieft (a). Das Werkzeug halten wir mit Daumen, Zeige- und Mittelfinger der linken Hand. Die beiden übrigen Finger gleiten über das Metall und korrigieren die Lage der Schrotpunze. Wir neigen sie dabei leicht rückwärts zum Körper, damit sie beim Anschlag nicht hüpft. Während der Ziselierhammer in regelmäßiger Folge auf die Punze trifft, wird diese immer weitergezogen. So entsteht eine weiche, vertiefte Schrotlinie. Es ist auch üblich, mit Schrotlinien versehene Bleche zu wenden. Dann sieht man statt eines »Grabens« den leicht erhabenen Grat.

Absetzen

Absetzen: Bei fortschreitender Ziselierarbeit setzt man nach dem Schroten häufig den Grund ab (b). Das Schmuckmotiv hebt sich dadurch immer mehr vom Untergrund ab, und es entsteht ein Relief. Wir benutzen dafür Absetzpunzen. Bei jedem Anschlag mit dem Hammer wird der Grund um die geschrotete Linie stark niedergedrückt. Größere Freiflächen kann man außerdem durch Hammerschlag oder mit einer Mattpunze körnen. Dadurch entsteht ein Strukturunterschied zwischen Schmuckform und Umgebung. Einfache Ziselierungen sind nach dem Schroten und Absetzen bereits fertiggestellt.

Modellieren

Modellieren: Beim Modellieren werden gewölbte Formen und auch sanft verlaufende Übergänge geschaffen (c). Man arbeitet dabei wechselseitig. Gut veranschaulichen läßt sich das am Beispiel einer Maske bzw. eines Gesichts: Vorstehende Partien wie Nase und Lippen müssen von der Rückseite nach vorn getrieben, Nasenlöcher und Mundlinie dagegen von der

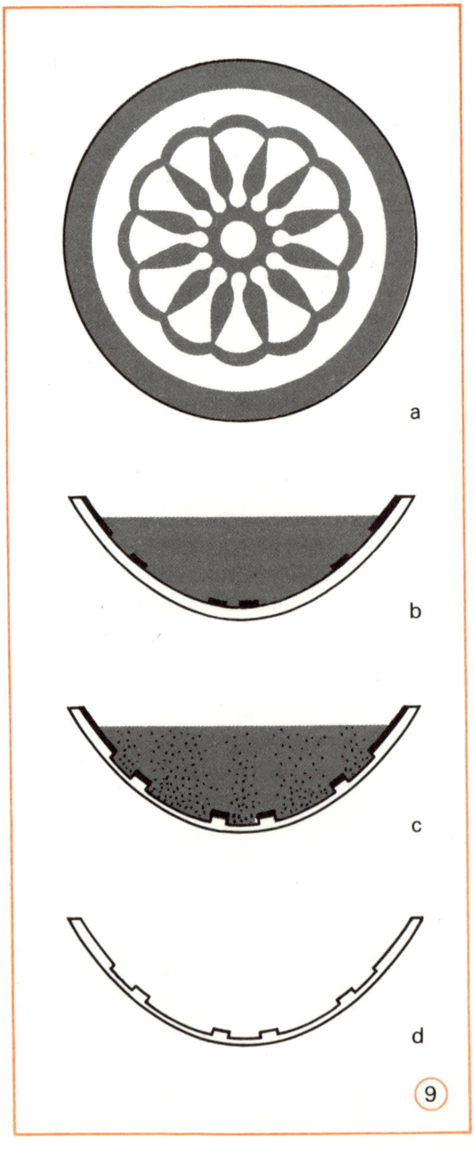

9

Voranstehende Seite:
133 Fotografik »Katze«

134 Fotogramm mit Kastanienblatt
135 Neujahrskarte

136–138 Verschiedene Fotogramme

Folgende Seiten:
139 Der grusinische Dichter Schota Rustaweli, Metalltreibarbeit
140 Porträt der Zarin Tamara, Metalltreibarbeit

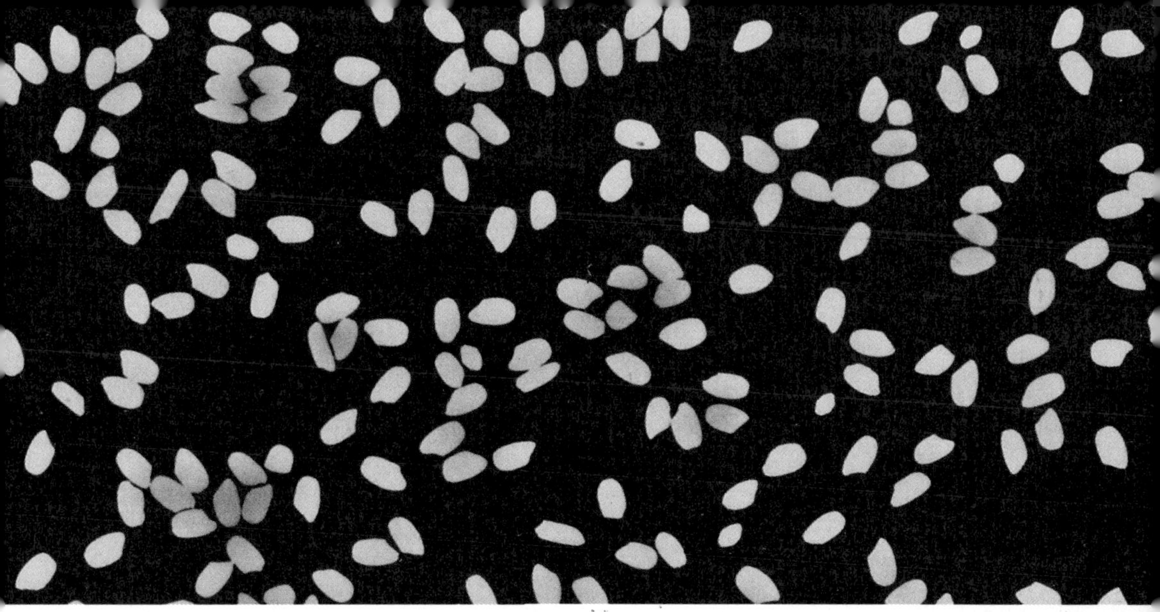

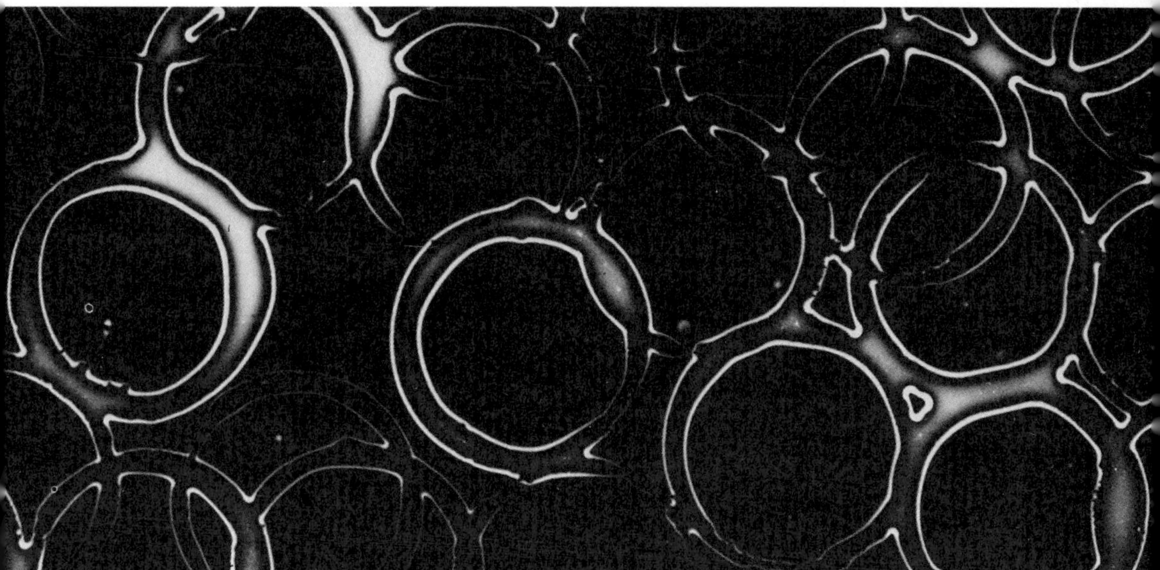

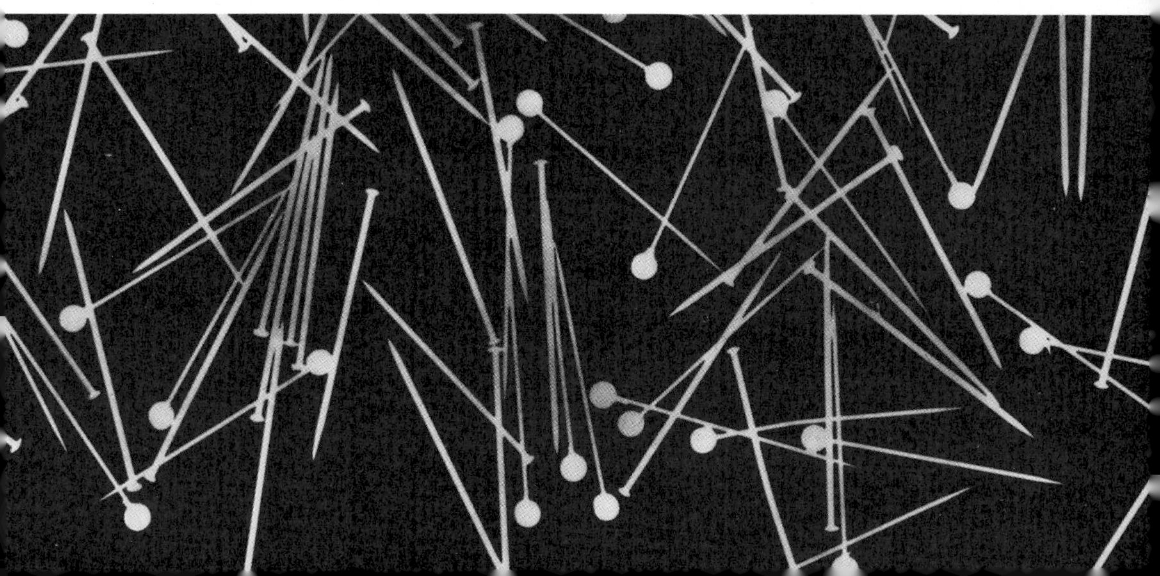

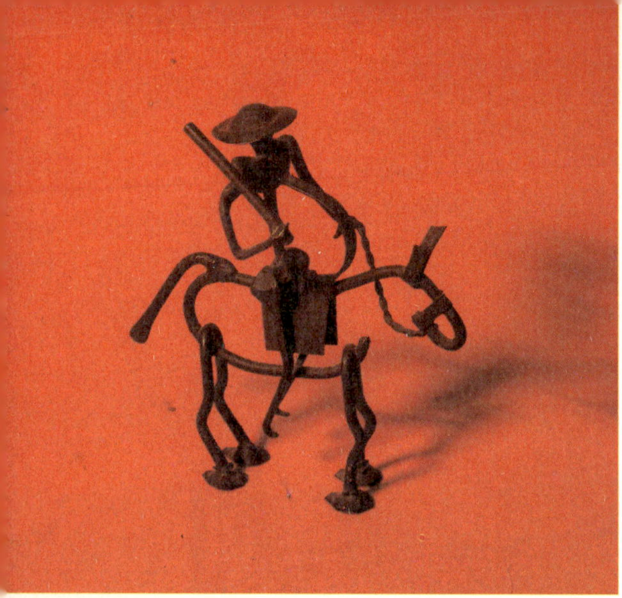

141 Metallplastik, aus Hufnägeln geformt
142 Emailminiatur »Blumenkorb«
143 »Ungarin in Volkstracht«, Stegemail
144 Hahn in Stegemail

145 Emailminiaturen mit floralen Motiven
146 Emailschmuck

Folgende Seite:
147 Emailmosaik »Blumenwiese«
148 In Email eingefangene Zirkusatmosphäre, »Elefant«

Bildseite nach hinten gedrückt werden. Der Ziseleur arbeitet mit verschiedensten Schlagstählen und Hämmern im Sinne einer Negativform. Das Fortschreiten seiner Arbeit kann er dadurch kontrollieren, daß er die Vertiefungen der Form mit Plastilin ausfüllt. Wenn er die Knetmasse wieder herausnimmt, hat er ein erhabenes Relief, das ihm den Stand der Arbeit veranschaulicht.

Ätzen

Getriebene Stücke aller Art werden auch gern durch Ätzen verziert. Man kann mit dieser Technik Ornamente, Schrift und Zeichnungen hervorbringen. Das Prinzip besteht darin, daß das Metall teilweise mit einer säurefesten Schicht überzogen wird. Die Ätzflüssigkeit greift alle nicht geschützten Partien an und trägt dort das Metall gleichmäßig ab, so daß Vertiefungen entstehen. Als Abdeckmittel wird hauptsächlich Asphaltlack verwendet. Falls er zu dickflüssig ist, verdünnt man ihn mit Terpentinöl. In der richtigen Konsistenz sieht der Lack kaffeebraun aus. Zum Ätzen zarter, vertiefter Linienzüge wird die ganze Oberfläche des Metalls mit verdünntem Asphaltlack überzogen (Einstreichen mit weichem Pinsel oder Tauchen). Ist der Lack nach kurzer Zeit trocken, pausen wir mittels Kohle oder Rötel eine klare Vorzeichnung auf. Die zu ätzenden Linien werden mit Radiernadeln oder spitzen Messerklingen herausgeschabt. Das Metall brauchen wir dabei nicht anzuritzen. Splittert der Lack unter der Nadel, so ist die Schicht zu dick aufgetragen. Zum Ätzen tauchen wir den Gegenstand in Säure. Dabei müssen wir beachten, daß Rückseite und Kanten durch Asphaltlack geschützt sind. Die Dauer der Säureeinwirkung hängt von der Art des Metalls ab und natürlich auch davon, wie tief geätzt werden soll. Bei Linienzügen in Kupfer reicht eine Stunde meist aus.

Sollen größere Flächen tief geätzt werden, kann die Ätzdauer bis zu zehn Stunden betragen. Um die Tiefe einer Ätzung richtig beurteilen zu können, empfiehlt es sich, einen Probestreifen des gleichen Metalls mit in die Säure zu legen, der wie das Werkstück vorbehandelt worden ist. Will man wissen, wie die Ätzung fortschreitet, nimmt man die Probe heraus und entfernt zur Kontrolle an einer Stelle den Asphaltlack. Genügt die Ätztiefe nicht, wird diese Probe bis zur nächsten Kontrolle wieder in die Säure gelegt.

Die Technik, vertiefte Linienzüge zu ätzen, die auch der Radierung entspricht, wollen wir Tiefätzung nennen. Im Gegensatz dazu steht die Hochätzung. Bei diesem Verfahren wird das Motiv direkt mit Asphaltlack aufgezeichnet. Die gesamte Umgebung hingegen bleibt frei, so daß die Säure ungehindert einwirken kann. Im Ergebnis erscheint das Motiv erhaben wie das eines Stempels auf dem abgetragenen Grund. Es versteht sich, daß wir beim Hochätzen mehr Säure verbrauchen als beim Tiefätzen. Die Ätzung dauert außerdem länger. Der Lack muß deshalb dick aufgetragen werden.

Tiefätzung
Hochätzung

Abb. 9 verdeutlicht die Hochätzung einer Schale: a) Motivzeichnung mit dickem Asphaltlack, b) die mit Säure gefüllte Schale, c) Einwirkung der Säure, d) geätzte Schale nach Entfernen des Asphaltlacks.

Die zum Ätzen geeigneten Mittel finden wir in der Tabelle.

Soll Aluminium besonders tief geätzt werden, verwendet man eine Mischung aus 70prozentiger Salpeter- und Schwefelsäure zu gleichen Teilen und setzt 3 bis

Metall bzw. Legierung	Ätzmittel	Verdünnung
Kupfer	Eisen(III)-chlorid	1 l Wasser
Messing	(400 g)	
Tombak	oder Salpetersäure	3 Teile Wasser
Bronze	(70prozentig)	
Zink	wie Buntmetalle	
Aluminium	Eisen(III)-chlorid	2 Teile Wasser

Metallarbeiten

5 Teile Wasser zu. Anstelle von Asphaltlack sollte man bei diesem scharfen Ätzmittel besser Nitrolack verwenden.

Beim Ätzen von Leichtmetallen tritt eine starke Wärmeentwicklung auf. Wir müssen deshalb auf Plastschalen als Ätzgefäße verzichten. Kunststoffzangen zum Hantieren, eine Brille als Augenschutz und frisches Wasser, um Spritzer an Haut und Kleidung abwischen zu können, sollten bei der Arbeit mit Salpeter- und Schwefelsäure immer zur Hand sein. Für das Verdünnen hochprozentiger Säuren gilt die alte Regel« »Erst das Wasser, dann die Säure, sonst geschieht das Ungeheure!« Die hier angegebenen Mischungsverhältnisse müssen zum Teil verändert werden, weil die Lösungsfähigkeit einzelner Metallarten unterschiedlich ist. Wir beobachten am besten an den aufsteigenden Bläschen die Aktivität der Säure (siehe Beizen).

Lot

Bei Eisen(III)-chlorid kann man das aber nicht beobachten. Wir kontrollieren hier lediglich, ob der Asphaltlack nicht abblättert. Im übrigen ist dieses Ätzmittel relativ ungefährlich. Man kann mit bloßer Hand in die Flüssigkeit hineingreifen. Im Lösungsverhältnis von 400 g Eisen(III)-chlorid auf 1 l Wasser erhält man es im Handel, es ist die höchstmögliche Konzentration. In leicht verdünnter Form (400 g auf 1,5 bis 2 l Wasser) ätzt es schneller. Zur Verdünnung genügt reines Leitungswasser. Der Ätzprozeß wird gefördert, wenn man die Flüssigkeit leicht bewegt. Vorschlag: Rundhölzchen unter die Säureschale legen und schaukeln. Es ist ratsam, in Abständen von 20 bis 30 Minuten die Ätzung zu unterbrechen und das Werkstück unter fließendem Wasser zu spülen. Man kontrolliert dabei, ob der Asphaltlack an allen Stellen gehalten hat (sonst sofort ausbessern!).

Flußmittel

Meistens wird nicht tiefer als 0,3 mm geätzt. Bei tieferen Ätzungen kommt es vor, daß das Ätzmittel den Schutzlack unterfrißt. Wir können das auf folgende Weise verhindern:

- Vorätzung bis zur Tiefe von 0,3 mm,
- Abwaschen des Asphaltlackes mit Waschbenzin,
- Aufwalzen einer Buchdruckfarbe,
- Überpudern der Farbe mit zerkleinertem Kolophonium aus feinem Leinenbeutel,
- Abpusten der überschüssigen Kolophoniumteilchen,
- Erhitzen der Platte, bis sich die Farbe mit dem Puder verbindet und leicht über die Kanten der Ätzung fließt (Flankenschutz).

Dieser Ätzgrund ist besonders widerstandsfähig für längeres Ätzen. Bei sehr tiefer Ätzung muß das Verfahren wiederholt werden.

Löten

Beim Löten kommt es darauf an, Metallteile dauerhaft miteinander zu verbinden. So werden z. B. Nadeln, Broschenhaken, Stege und Scharniere an Schmuckstücken durch Löten befestigt. Als »Verbinder« dient ein Metall mit geringerem Schmelzpunkt, aber ähnlichen Eigenschaften wie die zu lötenden Teile. Wir bezeichnen es als Lot.

Beim Lötvorgang wird das Lot zum Schmelzen gebracht, während die zu lötenden Metalle nur so weit erwärmt werden, daß sie an der Oberfläche schmelzen. Zu diesem Zeitpunkt erfolgt eine Diffusion des Lotes in die Legierungen. Die Arbeitstemperatur liegt meistens etwas höher als die Schmelztemperatur des Lotes. Damit sich das Lot beim Schmelzen gut ausbreitet und in die Fugen zwischen die zu verbindenden Teile fließt, setzt man etwas Flußmittel hinzu. Flußmittel verringern die Oberflächenspannung und verhindern, daß sich das Lot beim Schmelzen kugelartig zusammenzieht. Flußmittel sorgen auch dafür, daß sich an der Lötstelle keine Oxidhaut bildet. Eine solche Haut würde die feste Verbindung beeinträchtigen. Den unterschiedlichen Schmelzpunkten der Lote entsprechend, unterscheidet man Weichlötungen (unter 450 °C) von Hartlötungen (über 650 °C). Die Weichlote bestehen vor allem aus Blei-Zinn-Legierungen, die Hartlote aus Silberlegierungen oder Messing. Hart gelötete Verbindungen sind besonders fest und dauerhaft. Die Hartlötung verlangt aber besondere Einrichtungen und größere Erfahrungen.

Arbeitsverfahren

Zunächst müssen die zu verbindenden Metallteile gut angepaßt werden, damit Metall auf Metall liegt und eine gleichmäßige Fuge entsteht. Danach wird gefrischt. Frischen ist das Säubern der Stellen, an denen die Verbindung erfolgt. Wir benutzen dazu Dreikantschaber, Sandpapier und andere Schleifmittel oder aber Säuren. Als Wärmequellen für die Weichlötung nimmt man Lötkolben oder die offene Flamme. Die Größe des Kolbens richtet sich dabei nach der Stärke bzw. Größe des Werkstükkes. Mit einem zu kleinen Kolben gelingt es nicht, die Lötstelle auf die für eine feste Verbindung erforderliche Hitze zu bringen. Zum Löten mit dem Kolben fährt man mit der heißen Kolbenspitze zunächst mehrfach über einen Salmiakstein, damit sie metallisch blank wird. Nun wird die Spitze mit etwas Zinn benetzt, das dann beim Lötvorgang an das Metall abgegeben wird. Zuvor wird die gefrischte Lötstelle mit einem Flußmittel (Lötwasser, Lötfett) benetzt. Nach dem Erkalten des Werkstükkes probiert man, ob die Verbindung fest ist.

Bei größeren Werkstücken ist die Flammenlötung vorzuziehen. Man arbeitet dabei mit einer Lötlampe oder Flammlötpistole. Vorher wird etwas Lötzinn ausgewalzt oder mit dem Hammer flachgeschlagen. Davon schneidet man quer zur Laufrichtung kleine Stückchen (Paillen) ab. Die Paillen sollen schmal und lang sowie möglichst dünn sein. Man ordnet diese Stückchen der Länge nach neben der Lötfuge an, die vorher mit Flußmittel benetzt wurde. Als Flußmittel eignet sich bei der Flammenlötung pulverförmiges Kolophonium. Das ganze Werkstück wird nun möglichst gleichmäßig erwärmt, indem man mit der Flamme langsam darüber kreist. Vermeiden sollte man, daß die Flamme direkt auf das Lot gerichtet wird. Wenn das Zinn durch die Erwärmung des gesamten Werkstückes von allein schmilzt, ist die Verbindung dauerhaft. Als Unterlage für die Flammenlötung verwendet man Holzkohle oder sandgefüllte flache Gefäße. Oft müssen die zu lötenden Teile gehalten werden, dazu benutzt man Lötpinzetten, Kornzangen, aber auch Klammern, Nadeln und andere Hilfsgeräte. Manchmal wickelt man einfach feinen Bindedraht herum und schnürt die Teile fest zusammen, wie bei der Fußschale auf den Abb. 10a und 10b zu sehen. Im Innern des mit Draht fixierten Standringes erkennen wir die eingelegten Zinnstücken (Abb. 10b). – Die Abb. 10c und 10d zeigen, wie eine Gürtelschließe zum Anlöten der Bügel mit einem Stück Draht und zwei umgebogenen Stecknadeln auf der Lötkohle befestigt wird.

Das Hartlöten entspricht der Technik der Flammenlötung, bis auf die höhere Temperatur. Als Wärmequellen benutzt man meistens Gaslöteinrichtungen. Sie sind so konstruiert, daß Stadtgas oder Propangas durch ein Rohr geleitet wird, durch ein zweites wird Frischluft zugeführt (Blasebalg). Die Zusammensetzung des Gas-Luft-Gemisches läßt sich regeln; es wird durch eine Düse ausgestoßen. Sollen kleinere Teile, z. B. Kettenglieder, hart gelötet wer-

Metall-arbeiten

Weichlöten

Flammen-löten
Hartlöten

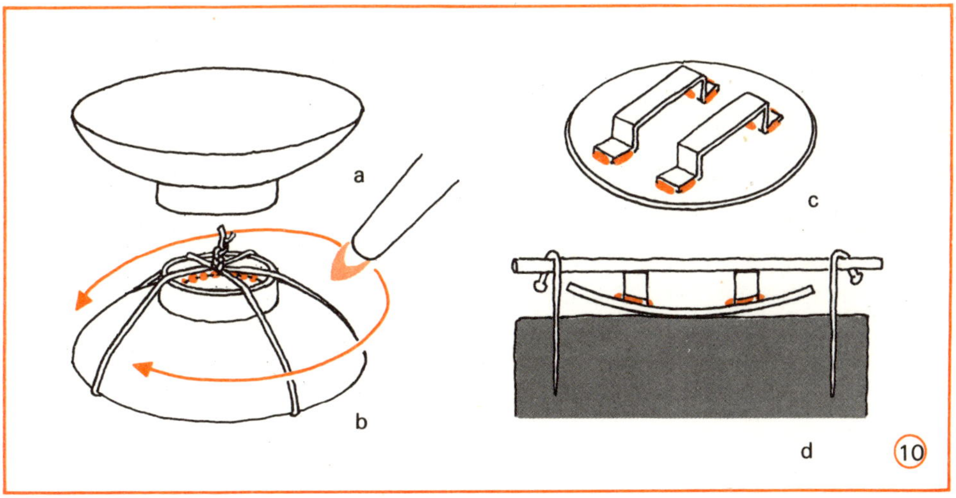

10

den, darf man nicht mit der großen Flamme über das Werkstück gehen. Man benutzt in diesem Fall ein kleines Mundrohr, das in die Flamme geführt wird und durch Anblasen einen nadelspitzen Flammenkegel erzeugt, der sich präzis auf die Lötstelle richten läßt. Als Flußmittel für die Hartlötung werden Chemikalien (meist pulverförmig) benutzt, die als Hauptbestandteile Borsäure bzw. Borax enthalten. In der Goldschmiedepraxis verwendet man als Flußmittel vor allem Fluoron. Erfahrungen beim Löten helfen, die richtige Menge an Lot einzusetzen. Der Spruch »Viel hilft viel« gilt hier nicht. Es wird nur so viel Lot benötigt, daß die Lötfuge davon ausgefüllt wird. Jeder Überschuß muß nachträglich mühevoll entfernt werden, wenn das Werkstück sauber aussehen soll.

Schleifen und Polieren

Für die Formqualität und den künstlerischen Wert einer Treibarbeit ist es nicht unwichtig, ob ihre Oberfläche blank, matt oder patiniert gehalten wird. Danach richtet sich die Nachbehandlung. Die meisten Gegenstände werden geschliffen, um eine gleichmäßige Oberflächenstruktur zu schaffen und Spuren der Bearbeitung zu beseitigen. Das trifft auch für Werkstücke zu, die man noch polieren will. Beim Schleifen werden durch scharfkantige Schleifmittel feinste Späne abgehoben. Es gehört daher zu den Zerspanungsverfahren. Hier einige Hinweise, die die Abschlußbehandlung fertiger Werkstücke erleichtern sollen.

Sehr unebene Metalloberflächen werden zunächst vorgekratzt oder geschmirgelt. Zum Kratzen benutzt man Bürsten aus Stahldraht, Messing oder Neusilber. Das können Handbürsten sein oder solche, die wie Schleifscheiben an Maschinen laufen. Zum Schmirgeln nimmt man Papier oder Leinenstücke, die mit einer Schicht von scharfkantigen Kristallen überzogen sind. Sie werden nach den jeweiligen Korngrößen der Schleifmittel in Gruppen eingeteilt. Die Nummern 8 bis 12 bedeuten sehr grobe, 14 bis 20 grobe, 30 bis 60 mittlere, 70 bis 120 feine und 150 bis 240 sehr feine Körnungen. In der Regel benutzt man für Metallarbeiten mittlere und feine Schleifmittel. Zum Abschmirgeln und Vorschleifen an Maschinen hat sich besonders die Vistrolle bewährt. Als Schleifmittel werden verschiedene Steine oder Holzkohle verwendet. Bimsstein und Holzkohle sind besonders weich, Schiefer und Kunststeine mittelwertig bis sehr hart. Letztere werden vor allem aus Siliziumcarbid, Bauxid, Korund und Kalziumcarbonat hergestellt. Schleifsteine benetzt man mit Wasser oder Öl (Ölsteine), damit sich die abgetragenen Metallteilchen nicht in den Poren des Steines festsetzen und ihn verschmieren. Die Schleifrichtung wird während der Arbeit des öfteren verändert, um zu verhindern, daß sich Schleifrillen bilden.

Zu den losen Schleifmitteln gehören Pasten und Pulver, die, vor Gebrauch mit Wasser oder Öl zu einem Brei verrührt, dann auf ein entsprechendes Werkzeug aufgetragen werden. An Maschinen nimmt man als Schleifmittelträger Lindenholzscheiben oder Hartfilze.

Je feiner die verwendeten Schleifmittel sind, um so mehr geht das Schleifen ins Polieren über. Eine genaue Grenze ist kaum zu ziehen. Der Unterschied liegt darin, daß Schleifmittel scharfkantig sind und somit durch einen dem Fräsen ähnlichen Prozeß Metallteilchen abtragen, wohingegen die im Korn rundlichen Poliermittel bei starkem Druck die Metalloberfläche glätten. Zum Polieren benutzt man auf Filz, Bürsten oder Lappen (Schwabbelscheiben) aufgetragene Pasten oder Pulver. Sie sind meist fein geschlämmt, mit Kreide oder Fett versetzt (z. B. Tripel, Polierrot usw.).

Polierte Gegenstände werden anschließend entfettet. Man verwendet dazu Spiritus, Benzin oder die nicht brennbaren Chlorwasserstoffe Tri und Per (Trichloräthylen, Perchlorsäure).

EMAIL

Als Email kennen wir einfache emaillierte Kochtöpfe und Schilder aus Stahlblech, aber auch kunsthandwerkliche Gegenstände: Schalen, Dosen, Leuchter und Schmuck.

Die Schönheit der farbigen Schmelzflüsse, die Vielfältigkeit ihrer Gestaltung und Anwendung machen die Kunst des Emaillierens nahezu zeitlos. Über zwei Jahrtausende läßt sich ihre Entwicklung zurückverfolgen. In der Frühzeit der Emailgestaltung wurden die Farben in Zellen (cloisons) eingeschmolzen, die aus feinen Goldbändern gebogen und dem Metallgrund aufgelötet waren. Dieses Verfahren erlebte im 6. Jahrhundert in Byzanz seinen Höhepunkt und ist seit dem 10./11. Jahrhundert auch in Deutschland verbreitet. In Verbindung mit der Gravierkunst der Goldschmiede entwickelte sich dann im 12. Jahrhundert der Grubenschmelz und im Anschluß daran der Tiefschnittschmelz. Bei beiden Techniken werden Vertiefungen in das Metall gestochen und mit Email ausgefüllt.

Anders verhält es sich beim Maleremail. Hierbei wird eine Zeichnung auf meist dunklen Emailgrund aufgesetzt und mit transparenten Farben überschmolzen. Die Emailleure Pénicaud und Limousin begründeten das Maleremail im 16. Jahrhundert in den bekannten Werkstätten von Limoges (Frankreich). Später entwickelte sich daraus eine Art Miniaturmalerei, deren Erzeugnisse – kleine Bildnisse, Blumenstücke und Landschaften, auf Dosen und Uhrdeckel gemalt – bis ins 19. Jahrhundert beliebt waren. Emaillierarbeiten werden auch heute von Goldschmieden und Kunsthandwerkern ausgeführt. Sie sind wieder zum besonderen Attribut der Mode geworden.

Material und Geräte

Emails sind eine Art Glasfuß, der durch Schwermetalloxide gefärbt wurde.

Je nach Lichtdurchlässigkeit werden die Emails als opak = deckend, opal = halbdekkend und als transparent oder translucid = durchscheinend bezeichnet. Farblose Grundemails nennt man Fondant. Zum Zerstoßen des meist in groben Stük-

24. Kapitel

ken gelieferten Emails (Granulat) wird ein eiserner Mörser benutzt. Besser noch bewährt sich eine alte Handkaffeemühle mit kegelförmigem Mahlwerk. Man entfernt von dieser Mühle die Handkurbel und spannt die frei gewordene Welle in das Bohrfutter einer Ständerbohrmaschine. Das Farbpulver sollte mindestens die Feinheit von Kochsalz haben. So zerkleinertes Email kann mit einem Haarsieb gleichmäßig aufgestreut werden. Da beim Zerkleinern immer etwas Metallabrieb in das Mahlgut gelangt, breiten wir es anschließend aus und entfernen die feinen Metallspäne mit einem Magneten. Feingemahlenes Email sollten wir außerdem abschlämmen, weil es oft durch Schwebeteilchen getrübt wird. Dazu gibt man Emailpulver in ein Glas und läßt es mehrmals unter einem Wasserstrahl aufwallen. Die leichten Schwebeteilchen gelangen nach oben und können mit dem Wasser abgegossen werden. Das Pulver wird danach auf Papier getrocknet. Transparente Emails sollte man erst wenige Tage vor dem Gebrauch zerkleinern, da lange gelagertes Email seine Reinheit verliert. Wir bewahren die Pulver in beschrifteten Weithalsflaschen oder auch in kleineren Einweckgläsern auf.

Zum Emaillieren lassen sich alle Wärmequellen mit Temperaturen bis zu 1000 °C verwenden. Besonders vorteilhaft und einfach zu bedienen sind jedoch elektrisch beheizte Muffelöfen (siehe Abb. 1). Bis zu einer Leistung von 3 kW können sie noch an jedes normale Stromnetz angeschlossen werden. Außer bei sehr kleinen Öfen braucht man allerdings eine Zuleitung mit stärkerem Querschnitt und eine höhere Absicherung. Auf jeden Fall muß ein Elektriker die Anlage wegen des notwendigen Schutzkontaktes überprüfen.

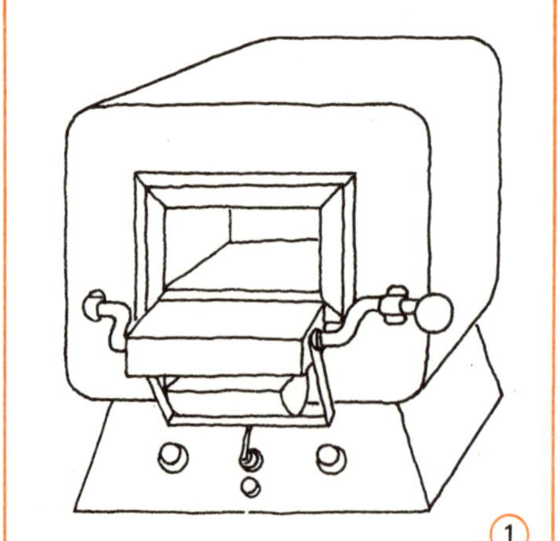

1

Neben den Ofen gehört eine Kachel oder ein Ziegelstein als Unterlage zum Abkühlen gebrannter Emailwerkstücke sowie ein Eimer Wasser als Brandschutz.

An Emailliergeräten und Zubehör brauchen wir (vgl. Abb. 2): Ziehhaken, Weithalsflasche (Pulverflasche), Magnet, feines Sieb, Feder, Pinsel und Löffelchen zum Auftragen von Email, Stahlschieber mit langem Stiel und Tiegelzange (50 bis 60 cm lang) zum Beschicken des Ofens, Pinzette, Figurenblechschere, kleine Rundzange sowie Handschuhe und diverse Brennunterlagen.

Die für das Emaillieren geeigneten Metalle sind im Kapitel »Metallarbeit«, Abschnitt Werkstoffe, besonders angezeigt. Außer den dort aufgeführten Buntmetallen ist es aber auch möglich, Eisen- und Stahlbleche zu emaillieren. Sie müssen dazu eine Grundschicht erhalten, z. B. Fondant. Darauf können allerdings nur opake Farben (Deckfarben) verwendet werden. Auf die besondere Schönheit transparenter Emails, die den Metallgrund durchschimmern lassen, muß man hier also verzichten. Deshalb wird auf Eisen meist eine malerische Wirkung angestrebt: Man trägt feingemahlenes Email mit Borstenpinseln auf, wobei sich durch eingestreute größere Emailstücke interessante Strukturen ergeben.

Die zu emaillierenden Metalle, darauf sei ausdrücklich hingewiesen, müssen völlig fett-, schmutz- und oxidfrei sein; die Farbschicht haftet sonst nicht. Wir erreichen das durch Beizen. Der Vorgang ist ausführlich im Kapitel »Metallarbeit« beschrieben. Ergänzend sei hier erwähnt, daß Eisen und Stahl mit verdünnter Salzsäure gebeizt werden.

Arbeitsverfahren

Zum Brennen von Email heizt man den Ofen auf etwa 900 °C auf, was bei größe-

2

ren Öfen ungefähr zwei Stunden dauert. Das mit Email beschichtete Werkstück wird auf einer Brennunterlage mit Hilfe des Schiebers und der Tiegelzange in den Muffelofen gebracht. Als Unterlage verwenden wir ein Stahldrahtgeflecht (Einsatzrastel) oder der Form des Werkstückes angepaßte Stahlblechträger. Anregungen für die Herstellung von Brennunterlagen, die ein beidseitiges Emaillieren ermöglichen, können wir Abb. 3 entnehmen.

Um die Emailarbeit vor dem vom Blech abspringenden Brennzunder zu schützen und abtropfendes Email aufzufangen, sollten bei flachen Werkstücken Keramikscherben oder Schamottestückchen auf die Brennunterlage gelegt werden. Spitze Brennunterlagen werden ohne diesen Schutz verwendet.

Der Brand geht in vier Phasen vor sich, die schnell hintereinander ablaufen:

1. Rösten: Das Email zeigt ein stumpfes Rötlichbraun, und es bilden sich Risse.
2. Sintern: Das Email beginnt zu verkleben, die Oberfläche ist buckelig und von mattem Glanz.
3. Zähfließen: Das Email zerfließt.
4. Glanzbrand: Eine vollkommen ebene und glänzende Schicht entsteht.

Jetzt muß das Werkstück sofort herausgenommen werden, sonst wird das Email gasförmig. Das glühende Email muß nun abkühlen, erst danach zeigt es auch seine richtige Färbung. Bei diesem Vorgang treten oft Spannungen auf und das Stück verzieht sich. Einfache Platten sollte man deshalb beim Abkühlen mit Gewichten beschweren. Sie gleichen die Spannung aus. Über Schmuckgegenstände stülpt man einen Blumentopf, und größere Arbeiten werden zunächst in eine vorgeheizte Backröhre geschoben und erst nach einiger Zeit herausgenommen.

Gestaltungstechniken

Beim Emaillieren flächiger Werkstücke wird meistens erst eine durchgehende Grundschicht aufgesiebt. Durchscheinendes (translucides) Email trägt man verhält-

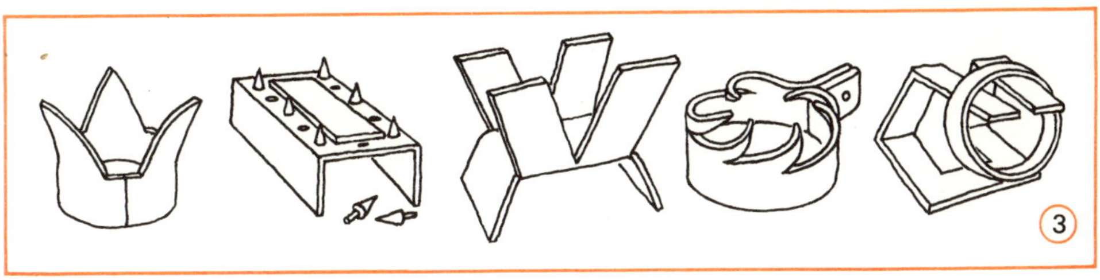

3

nismäßig dünn auf und brennt bei starker Hitze (900 °C). Ist die Temperatur zu niedrig oder die Schicht zu dick, so wirkt das Email trüb. Opake Farben dagegen können etwas dicker aufgetragen werden, sie schmelzen auch bei geringerer Temperatur gut aus. Für die Stärke der Schicht gibt es eine Faustregel, die man sich merken sollte: Auf fertig gebrannten Stücken darf die Farbschicht niemals stärker als das Metall sein, sonst springt das Email ab. Bei manchen Verfahren (z. B. Stegemail) muß das Email aber sehr dick aufgetragen werden. In diesem Fall wird auch die Rückseite des Metalls emailliert (Gegenemail).

Streu- und Siebemail

Man kann auf der vorgesiebten und noch nicht gebrannten Grundschicht sofort weiterarbeiten. Es werden zueinander passende Farben mit kleinen Löffeln, Schütten oder auch mit den Fingern aufgetragen. Kleine Emailstückchen und grießförmiges Email können die Gestaltung bereichern. Es entsteht auf diese Weise eine farbige, fleckhafte Struktur. Man sollte bei dieser Technik nicht versuchen, gegenständlich oder ornamental zu arbeiten. Ein besonderer Effekt entsteht, wenn aufgestreute Farben während des Brennens mit einem Haken ineinandergezogen werden (feuergezogenes Email). Man wartet dabei die dritte Brennphase ab, wenn das Email auseinanderzufließen beginnt. Bei diesen Arbeiten trägt man die einzelnen Farben in kleinen Häufchen auf, damit sie sich gut durcheinanderziehen lassen. Der Haken wird dabei in schleifenartigen Bewegungen über die Platte geführt. Allerdings neigen alle gestreuten und feuergezogenen Emails zu unkontrollierbaren Effekten, sie sind eigentlich keine echten Gestaltungen.

Gute Gestaltungsmöglichkeiten bietet die Einbeziehung von Schablonen. Schon einfache Baumblätter oder Scherenschnitte (Faltschnitte) lassen sich als Schablonen verwenden (siehe Abb. 4). Meistens brennt man eine farbige Schicht als Untergrund, legt die Schablone auf und übersiebt alles mit einer dunkleren oder helleren Emailschicht. Anschließend wird die Schablone vorsichtig abgehoben und das Werkstück erneut gebrannt.

Um tiefe Schalen und andere steilwandige Körper zu emaillieren, muß man einen Klebstoff verwenden. Wegen ihrer Reinheit haben sich eingedickter Saft aus Quittenkernen oder aber Tragant (Tragacantha), das aus einer Steppenpflanze gewonnen wird, bewährt. Wir können aber auch auf andere wasserlösliche Klebstoffe, z. B. Büroleim, zurückgreifen. Der Leim wird mit dem Pinsel aufgetragen und eventuell mit den Fingerspitzen zu einer gleichmäßig dünnen Schicht verrieben. Eine Schale, deren Innenseite mit Klebstoff benetzt ist, hält man etwas schräg, damit zunächst die steilwandigen Ränder mit Emailpulver eingesiebt werden können. Den Boden emailliert man zuletzt. Anschließend kann die eigentliche Gestaltung beginnen,

4

wobei weitere Farben aufgestreut oder aufgesiebt werden. Für den Anfänger ist es leichter, zunächst eine Grundschicht vorzubrennen. Die Farbgestaltung erfolgt danach in einem zweiten Brand. Ist das Kupfer dick genug (1 bis 2 mm), so braucht die Rückseite der Schale nicht mehr emailliert zu werden, sonst ist ein Gegenemail notwendig. Dazu drehen wir die Schale um und gehen genau so vor wie bei der Innenseite. Wo das aus gestalterischen Gründen nicht möglich ist, muß die Rückseite zuerst gebrannt werden. Wir dürfen die Schale dann beim Brennen der Innenseite nicht einfach auf die Standfläche setzen, sondern müssen sie auf einer Spezialeinrichtung lagern (Abb. 3). Nicht nötig ist dies, wenn der Boden ein Fußteil besitzt.

Die bisher beschriebenen Verfahren haben sich hauptsächlich um die Jahrhundertwende herausgebildet. Diesen stehen die seit Jahrhunderten bekannten, aus der Goldschmiedekunst hervorgegangenen klassischen Verfahren, wie Zellenschmelz und Grubenschmelz, gegenüber.

Zellenschmelz

Charakteristisch für dieses Verfahren sind feine, etwa millimeterbreite Stege aus Blech oder flachgewalzten Drähten. Nach einem Entwurf biegt man daraus Ornamente und Figuren. Die Stege bilden die Umrißlinien. Die dazwischenliegenden Flächen (Zellen) werden mit Email ausgefüllt. Einfachere Emailarbeiten in dieser Technik nennt man Stegemail (Beispiele zeigt Abb. 5). Die heute vorwiegend aus Ostasien kommenden, sehr detailreichen Zellenschmelze werden als Cloisonnè (frz.) bezeichnet.

Stegemail

Die Technik des Stegemails ist leicht zu erlernen. Für die Stege walzt man Kupfer- oder Messingdraht aus oder schlägt ihn mit dem Hammer auf einem Amboß etwas flach und glüht ihn anschließend aus. Der Draht wird hochkant verarbeitet. Zum Biegen der Stege nimmt man kleine Rund-, Spitzoval- und Flachzangen. Dabei müssen wir folgendes beachten: Die Stege sollten möglichst plan aufliegen – kurze Stege schmelzen besser ein als lange –, alle Teile müssen so gebogen werden, daß sie nicht umfallen können (gerade Stücke mit Endungswinkeln versehen).

Die auf blankes Kupfer gesetzten Stege werden, entsprechend dem Entwurf, mit einer Pinzette ausgerichtet und gleichmäßig auf etwa halbe Steghöhe mit Email übersiebt. Beim Brand schmelzen sie in die Grundschicht ein. Bei der nun folgenden Farbgestaltung tragen wir pulverförmiges Email mit kleinen Schütten (z. B. Stahlfedern) auf (Abb. 6). Fällt dabei etwas ins falsche Feld, können wir die fremden Farbpartikeln mit angefeuchteter Pinselspitze wieder herauslesen. Im allgemeinen genügen zwei oder drei Aufschüttungen und Brände zur Fertigstellung der Arbeit. Die Stege ragen dabei noch etwas über die Emailschicht hinaus und wirken als Relief. Sie werden anschließend vorsichtig ge-

5

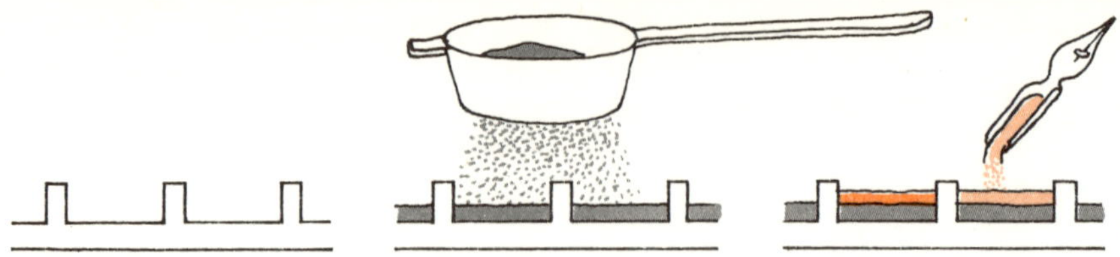
6

schliffen und poliert. Man kann aber das Email auch bis zum Rand der Stege auftragen und so schleifen, daß eine völlig ebene Oberfläche entsteht. Dies ist für Cloisonnèarbeiten typisch. Das vom Schleifen matte Email kann durch den Glanzbrand im Ofen oder durch Polieren auf Hochglanz gebracht werden. Ein Wachsauftrag bewirkt Seidenglanz.

Etwas einfacher zu handhaben sind naß angesetzte Emailfarben. Dafür reibt man das Emailpulver mit etwas destilliertem Wasser und Tragant in einem Schälchen an. Es wird mit Metallspateln, Stiften oder feinen Pinseln aufgetragen. In diesem Fall besteht kaum Gefahr, daß etwas danebenfällt. Vor dem Brand muß das Email allerdings trocknen. Zurückbleibendes Wasser verursacht Blasen und Löcher in der Farbfläche. Anstelle von Wasser kann die Farbe auch mit Terpentin angerieben werden. Den Ölüberschuß muß man in diesem Fall über einer Wärmequelle abrauchen lassen.

Aus Runddrähten oder verzierten Drähten angefertigte Stegemailarbeiten nennt man Draht- oder Filigranemail. Bei letztgenanntem Verfahren wird der Draht wie in der Filigrantechnik vorher gekordelt oder geflochten. Dazu werden oft sehr feine Drähte genommen. Bei Filigranemails trägt man nur ein- oder zweimal Email auf, damit die Zierwirkung des Drahtes erhalten bleibt. Die Reinigung solcher Drähte nach dem Brand ist sehr zeitaufwendig. Wir schützen sie deshalb vor Brennzunder, indem wir sie vor dem Emaillieren mit einer Borsilicatlösung überziehen.

Drahtemail

Grubenschmelz

Bei dieser Technik werden aus dickerem Kupfer Vertiefungen (Gruben) herausgeätzt und so mit Email ausgefüllt, daß nach dem letzten Brand Farbfläche und Kupfer in einer Ebene liegen. Zum Ätzen wird die Oberfläche des Metalls bis auf die vorgezeichneten Gruben mit Asphaltlack abgedeckt (Abb. 7) und der Säure ausgesetzt (siehe Kapitel »Metallarbeiten«).

Eine andere Möglichkeit besteht darin, das Motiv wie bei einer Laubsägearbeit auszusägen oder mit kleinen Meißeln herauszustemmen. Wird diese Durchbrucharbeit dann mit Kupferblechen unterlegt, entstehen ebenfalls Gruben.

Größere Vertiefungen darf man nicht auf einmal füllen und brennen. Genau wie beim Stegemail sind zwei oder drei Auffüllungen und Brände erforderlich, damit das Email nicht reißt.

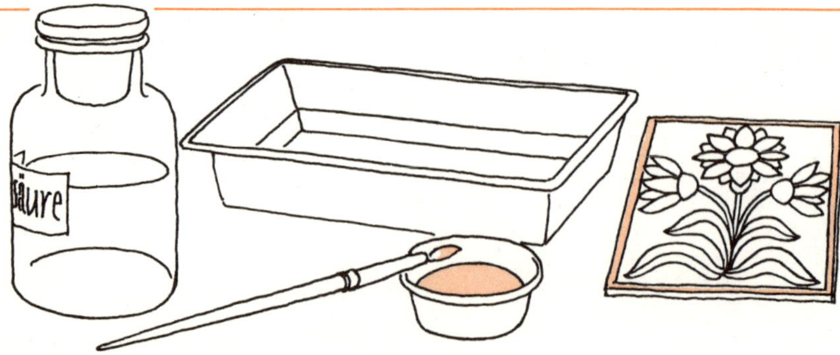

7

Fehler	Ursachen
Die Emailschicht ist buckelig und uneben:	zu kurzer Brand
Schwarze Ränder und Löcher:	Emailauftrag zu dünn; Brand zu scharf oder zu lange
Blasen und Poren:	Email enthielt Wasser; zu scharf gebrannt oder schlechte Reinigung des Metalls
Opakes Email wird durchsichtig:	zu große Hitze
Transparente Emails sind trüb:	Email nicht abgeschlämmt oder zu dick aufgetragen; zu milder Brand
Sprünge und Risse:	Spannungen beim Abkühlen; zu dicker Emailauftrag
Abplatzen des Emails:	schlechte Reinigung des Metalls und Spannungen beim Abkühlen; zu dicker Emailauftrag

Nach dem Emaillieren wird das Werkstück im ganzen geschliffen und poliert. Anschließend überziehen wir blanke Metallteile mit farblosem Lack, damit sie nicht oxidieren können. Die Reinigung der Emailflächen erfolgt in warmem Wasser, dem ein Geschirrspülmittel zugesetzt wurde.

Hinweise für den Arbeitsschutz

1. Schwere und spitze Gegenstände während der Arbeit so ablegen, daß sie nicht vom Tisch fallen können (Gefahr von Fußverletzungen).
2. Werkzeuge – insbesondere Hämmer und Feilen – müssen mit ordentlichem Stiel oder Heft versehen sein.
3. An Bohr- und Schleifmaschinen langes Haar durch Kopfbedeckung schützen. Beim Schleifen mit rotierenden Stahlbürsten Brille verwenden.
4. Stromanlagen durch Elektriker überprüfen lassen. Nur Geräte mit Schutzkontakt benutzen.
5. Feuergefährliche und giftige Substanzen in verschlossenen, vorschriftsmäßig gekennzeichneten Behältnissen aufbewahren – Säuren nur in beschrifteten Spezialflaschen. Nicht mit brennbarem Material zusammen lagern.
6. Beim Umgang mit Säure Augen schützen, Spritzer an Haut und Kleidung mit Wasser spülen, Beizgase nicht einatmen. Beim Verdünnen grundsätzlich die Säure in das Wasser gießen, nie umgekehrt!

ANHANG

Verzeichnis der Gestalter

Arbeitsgemeinschaft Keramik im Haus der Jungen Pioniere Berlin: Schwarz-weißer Krug

Blischer, Dessau: Keramikhahn

Carola Deutscher, Berlin: Windlicht, Relief aus Bastlermasse

Karl Deutscher, Berlin: Keramikfigur »Dame mit gelbem Hut«, Fotogramme, Fotografik »Katze«, Neujahrskarte

Feierabendheim »Daniel Vergara« Berlin: Kuscheltier »Ente«

Feierabendheim »Ottomar Geschke« Berlin: Gestrickte Handpuppen

Brigitte Finsterbusch, Berlin: Nadelspitze »Drei Mädchen«, Häkelei mit Nadelspitze, 3 Bilder in Flechtwebtechnik, Tischdecke mit Motiven in Teneriffaspitze und Hohlsaumstickerei

Sybille Förster, Zwickau: Webminiaturen »Theater«, »Zauberfisch«, »Zirkustor«, »Landschaft«, Rahmen mit angefangener Webminiatur

Erika Graetz, Berlin: Kuscheltiere »Marienkäfer«, »Esel«, »Raupe«, »Frosch«

Heide Greiner, Berlin: Emailminiaturen mit floralen Motiven, Emailminiatur »Blumenkorb«

Koba Guruli, Tbilissi: Metalltreibarbeiten »Schota Rustaweli«, »Zarin Tamara«

Kreta Holitčkova, ČSSR: Salzteigfiguren

Prof. Rudolf Kaiser, Zeuthen: In Gips vervielfältigtes Tonrelief mit Neujahrsglückwunsch

Edi Kallista, Berlin: Raumdekoration aus Papier, Papierplastiken »Dirigent«, »Professoren«

Keramikzirkel des Pionierhauses »German Titow« Berlin: Terrakotta »Mann mit Hund«, Vase mit Reliefdekor, Keramikrelief »Don Quijote und Sancho Pansa«

Helga Köhler, Berlin: Batik-Wandschmuck »Katze«, »Ente«

Barbara König, Birkenwerder: Weihnachtsschmuck aus Stroh, Applikation »Blumen und Schmetterlinge«, Weste mit Applikation, Papierkorb und Henkelkorb aus Ruten, Osterschmuck, Marionette

Liselotte Lange, Kirchberg: Strohplastiken

Margarete Langnickel, Berlin: Emailschmuck, Papiercollage »Warm und kalt«

Inge Liebscher, Berlin: Stoffcollage »Meerespflanzen«, Glasmonotypien (Arbeitsproben), Stoffmalerei (Entwurf), Klappkarte mit Glasmonotypie

Inge Merthe, Berlin: Emailmosaik »Blumenwiese«, Stoffmalerei (Blusenärmel), Glasdruck (Schal), Kartoffelstempeldruck (Entwürfe)

Siegrid Meyer, Bischofswerda: Gestickte Glückwunschkarte

Erika Müller, Berlin: Kuscheltier »Katze«

Wolfram Petri, Berlin: Emailarbeiten »Hahn«, »Ungarin«, »Elefant«

Annemarie Polte, Berlin: Engobierte Keramikplatte »Reiter«, Keramikfiguren mit türkisfarbener Glasur, Reliefs »Mädchenkopf«, »Schmetterling«, »Blauer Vogel«, Pfeiftier, Terrakotta »Pferd«

Puppentheater des Pionierhauses »German Titow« Berlin (Leiterin Heilwig Krug): Handpuppen aus Stoff

Ruth Pydde, Berlin: Perlwebrahmen mit Schlauchkette und Band in indianischer Perlweberei, Perlschmuck

Renate Roloff, Berlin: Papiercollage »Regenbogen«, Papier-Stoff-Collage »Weißer Baum«, Emailschmuck, Lederarmband, Osterschmuck, Materialcollage »Landschaft am Meer«

Rügen-Keramik: Keramikrelief »Distel«

Renate Schamal, Zeuthen: Gefäße in Plättchenkeramik

Harry Schmidt, Bermsgrün: Figürliche Schnitzerei »Reh«, Schaukelpferd mit Husar, Figuren aus Naturmaterial, Astfiguren

Günther Schulz, Greifswald: Geschnitzte Kettenanhänger

Textilstudio des Kulturparks Schloßinsel Berlin-Köpenick: Materialcollage »Unter Wasser«

Textilzirkel des VEB ROBOTRON, Optima-Büromaschinenwerk Erfurt: Makramee »Thüringer Brautpaar«

Karin Thierbach, Berlin: Marmorpapier, Wachsgrafiken, Figuren aus Modelliermasse (außer Katze)

Jürgen Wagener, Berlin: Holzspielzeug

Steffi Wendl, Michendorf: Stickerei »Markttag in Böhmen«

Margot Wolff, Schöneiche: Lederweste mit Pelzbesatz und Emailknöpfen, Ledergürtel, Osterschmuck, Schal in Wachsbatik, Materialcollagen »Blaue Blume«, »Lebensuhr«, Emailschmuck (Kollektion), Glasmonotypie »Dezembersonne«

Fotonachweis

Burchert, Ulrich (Berlin): 23, 71

Deutscher, Karl (Berlin): 13–20, 22, 24, 25, 43–45, 49–52, 62–67, 69, 92, 93, 102–104, 108–110, 112–122, 124–131, 133–141, 143, 144, 148

Meissner, Hans (Berlin): 12

Pochanke, Irmgard (Berlin): 11

Reinhold, Werner (Leipzig): 1

Reuter, Helga (Berlin): 2–10, 21, 53–57, 68, 70, 72–80, 86–91, 94, 105–107, 111, 123, 132

Foto-Weigel (Schwarzenberg/Erzgeb.): 95–101

Werner, Andreas (Reinsdorf): 58–61, 81–85

Wolff, Margot (Schöneiche): 26–42, 46–48, 142, 145–147

Folgende Exponate wurden freundlicherweise vom Museum für Volkskunde, Berlin, zur Verfügung gestellt:

Stickmustervorlagen Blumen- und Jagdhornmotiv (Inventarnummer 31/72,5), Schmetterlinge (Inventarnummer 31/72,18 und -21), Ranken und Kanten aus Musterbuch von 1803 (Inventarnummer 30/72), gestickte Glückwunschkarte »Rebenträger« (Inventarnummer 3/82), Paradehandtuch und Wandbehang mit eingelesenem Muster (Inventarnummer 292/68 und 141/64), Kettenanhänger aus Holz (Inventarnummer 102/82 f.), Bauernschrank aus dem Vogtland (Inventarnummer 231/81), Rokkennadel (Inventarnummer 9/56,4 c), Keramikhahn (Inventarnummer 245/75), Häkelspitzen, Brettchenweberei.

Register